高等职业教育旅游大类"十三五"规划教材

总主编

马 勇　教育部高等学校旅游管理类专业教学指导委员会副主任
　　　　湖北大学旅游发展研究院院长，教授、博士生导师

编 委（排名不分先后）

朱承强　全国旅游职业教育教学指导委员会委员
　　　　上海师范大学MTA教育中心主任
　　　　上海旅游高等专科学校酒店研究院院长，教授

郑耀星　全国旅游职业教育教学指导委员会委员
　　　　中国旅游协会理事，福建师范大学教授、博士生导师

王昆欣　全国旅游职业教育教学指导委员会委员
　　　　浙江旅游职业学院党委书记，教授

谢 苏　全国旅游职业教育教学指导委员会委员
　　　　武汉职业技术学院旅游与航空服务学院名誉院长，教授

狄保荣　全国旅游职业教育教学指导委员会委员
　　　　中国旅游协会旅游教育分会副会长，教授

邱 萍　全国旅游职业教育教学指导委员会委员
　　　　四川旅游学院旅游发展研究中心主任，教授

韩 军　全国旅游职业教育教学指导委员会委员
　　　　贵州商学院旅游管理学院院长，教授

郭 沙　全国旅游职业教育教学指导委员会委员
　　　　武汉职业技术学院旅游与航空服务学院院长，副教授

罗兹柏　中国旅游未来研究会副会长，重庆旅游发展研究中心主任，教授
杨如安　重庆旅游职业学院院长，教授
徐文苑　天津职业大学旅游管理学院教授
叶娅丽　成都纺织高等专科学校旅游教研室主任，教授
赵利民　深圳信息职业技术学院旅游英语专业教研室主任，教授
刘亚轩　河南牧业经济学院旅游管理系副教授
张树坤　湖北职业技术学院旅游与酒店管理学院院长，副教授
熊鹤群　武汉职业技术学院旅游与航空服务学院党委书记，副教授
韩 鹏　武汉职业技术学院旅游与航空服务学院酒店管理教研室主任，副教授
沈晨仕　湖州职业技术学院人文旅游分院副院长，副教授
褚 倍　浙江旅游职业学院人力资源管理专业带头人，副教授
孙东亮　天津青年职业学院旅游专业负责人，副教授
闫立媛　天津职业大学旅游管理学院旅游系专业带头人，副教授
殷开明　重庆城市管理职业学院副教授
莫志明　重庆城市管理职业学院副教授
蒋永业　武汉职业技术学院旅游与航空服务学院讲师
朱丽男　青岛酒店管理职业技术学院旅游教研室主任，讲师
温 燕　浙江旅游职业学院讲师
张丽娜　湖州职业技术学院讲师

高等职业教育旅游大类"十三五"规划教材

总主编 ◎ 马 勇

中国旅游地理

主 编 ◎ 汪 姣　杨如安
副主编 ◎ 张世艳　向桂林
　　　　吴海燕　郭艳芳

Chinese Tourism Geography

华中科技大学出版社
http://www.hustp.com
中国·武汉

内 容 提 要

本书结合旅游行业需求及我国高职高专人才培养目标,以项目引领和任务驱动的形式全面地介绍了中国旅游地理知识。全书共分为三大模块,12个项目,主要介绍了中国自然旅游资源、中国人文旅游资源、中国旅游交通、旅游线路设计及中国八大旅游区等内容。本书是由高职高专一线教师结合多年旅游教学实践编写而成的,在内容的选取及编排上,注重将适度的理论知识和必要的技能训练相结合,突出职业能力的培养。本书图文并茂,通俗易懂,形象生动,实用性强。

本书可作为旅游管理、导游、旅行社经营管理、景区开发与管理等专业的教材,还可作为高等院校旅游相关专业教学的参考书,同时也是旅游从业人员理想的自学读物。

图书在版编目(CIP)数据

中国旅游地理/汪姣,杨如安主编. —武汉:华中科技大学出版社,2017.8(2022.8重印)
高等职业教育旅游大类"十三五"规划教材
ISBN 978-7-5680-3009-0

Ⅰ.①中… Ⅱ.①汪… ②杨… Ⅲ.①旅游地理学-中国-高等职业教育-教材 Ⅳ.①F592.99

中国版本图书馆CIP数据核字(2017)第135081号

中国旅游地理 汪 姣 杨如安 主编
Zhongguo Lüyou Dili

策划编辑:李家乐
责任编辑:封力煊
封面设计:原色设计
责任校对:张会军
责任监印:周治超
出版发行:华中科技大学出版社(中国·武汉)   电话:(027)81321913
　　　　　武汉市东湖新技术开发区华工科技园　　　邮编:430223
录　　排:华中科技大学惠友文印中心
印　　刷:武汉科源印刷设计有限公司
开　　本:787mm×1092mm　1/16
印　　张:20　插页:2
字　　数:490千字
版　　次:2022年8月第1版第4次印刷
定　　价:49.80元

本书若有印装质量问题,请向出版社营销中心调换
全国免费服务热线:400-6679-118　竭诚为您服务
版权所有　侵权必究

总序 Introduction

大众旅游时代,旅游业作为国民经济战略性支柱产业,对拉动经济增长和实现人民幸福发挥了重要作用。2015年,中国旅游业步入了提质增效时期,旅游业总收入超过4万亿元,对GDP(国内生产总值)的综合贡献率高达10.51%,成为推动我国供给侧改革的新的增长点。伴随着旅游产业的迅猛发展,旅游人才供不应求,因此,如何满足社会日益增长的对高素质旅游人才的需要,丰富旅游人才层次,壮大旅游人才规模,释放旅游人才红利,提升旅游专业学生和从业人员的人文素养、职业道德和职业技能,成为当今旅游职业教育界亟须解决的课题。

2014年国务院印发《关于加快发展现代职业教育的决定》,表明党中央、国务院对中国职业教育的高度重视,标志着我国旅游职业教育进入了重要战略机遇期。教育部2015年颁布的《普通高等学校高等职业教育(专科)专业目录(2015年)》中,在旅游大类下设置了旅游类、餐饮类与会展类共12个专业,这为全国旅游职业教育发展提供了切实指引,为培养面向中国旅游业大转型、大发展的高素质旅游职业经理人和应用型人才提供了良好的成长平台。同年,国家旅游局联合教育部发布的《加快发展现代旅游职业教育的指导意见》中,提出加快构建现代旅游职业教育体系,深化产教融合、校企合作,培养适应旅游产业发展需求的高素质技术技能和管理服务人才。正是基于旅游大类职业教育变革转型的大背景,出版高质量和高水准的"全国高等职业教育旅游大类'十三五'规划教材"成为当前旅游职业教育发展的现实需要。

基于此,在教育部高等学校旅游管理类专业教学指导委员会和全国旅游职业教育教学指导委员会的大力支持下,在"十三五"开局之时,我们率先在全国组织编撰出版了"全国高等职业教育旅游大类'十三五'规划教材"。该套教材特邀教育部高等学校旅游管理类专业教学指导委员会副主任、中国旅游协会教育分会副会长、中组部国家"万人计划"教学名师马勇教授担任总主编。为了全方位提升旅游人才的培养规格和育人质量，为我国旅游业的发展提供强有力的人力保障与智力支撑，同时还邀请了全国近百所旅游职业院校的知名教授、学科专业带头人、一线骨干"双师型"教师和"教练型"名师，以及旅游行业专家等参与本套教材的编撰工作。

为了更好地适应"十三五"时期新形势下旅游高素质技术技能和管理服务人才培养与旅游从业人员的实际需要，本套教材在以下四大方向实现了创新与突破。

一是坚持以"新理念"为引领，通过适时把握我国旅游职业教育人才的最新培养目标，借鉴优质高等职业院校骨干专业建设经验，围绕提高旅游专业学生人文素养、职业道德、职业技能和可持续发展能力，尽可能全面地凸显旅游行业的新动态与新热点。

二是坚持以"名团队"为核心，由中国旅游教育界的知名专家学者、骨干"双师型"教师和业界精英人士组成编写团队，他们教学与实践经验丰富，保证了教材的优良品质。

三是坚持以"全资源"为抓手，全面发挥"互联网＋"的优势，依托配套的数字出版物，提供教学大纲、PPT、教学视频、习题集和相关专业网站链接等教学资源，强调线上线下互为配套，打造独特的立体教材。

四是坚持以"双模式"为支撑，本套教材分为章节制与项目任务制两种体例，根据课程性质与教材内容弹性选择，积极推行项目教学与案例教学。一方面增加项目导入、同步案例、同步思考、知识活页等模块，以多案例的模式引导学生学习与思考，增强学生的分析能力；另一方面，增加实训操练模块，加大实践教学比例，提升学生的技术技能。

本套教材的组织策划与编写出版，得到了全国旅游业内专家学者和业界精英的大力支持与积极参与，在此一并表示衷心的感谢！应该指出的是，编撰一套高质量的教材是一项十分艰巨的任务，本套教材中难免存在一些疏忽与缺失，希望广大读者批评指正，以期在教材修订再版时予以补充、完善。希望这套教材能够满足"十三五"时期旅游职业教育发展的新要求，让我们一起为现代旅游职业教育的新发展而共同努力吧！

规划教材编委会
2016 年 5 月

前言 Preface

随着人类社会的发展,旅游活动大规模兴起。旅游业已成为当今世界发展势头最为强劲和最大的产业之一。为了适应新形势对旅游职业教育的要求,按照教育部《关于深化职业教育教学改革 全面提高人才培养质量的若干意见》(教职成〔2015〕6号)文件要求,我们结合旅游行业需求,与时俱进,整理编写了这本教材。

本教材分为三大模块,分别为中国旅游资源、中国旅游交通与线路设计、中国八大旅游区。模块一是对中国旅游资源进行分类介绍,分析其成因、旅游吸引力及代表性景点。模块二是对中国旅游交通和线路设计内容进行简要介绍,为本门课程要求的核心技能"旅游线路设计",做好理论基础储备。模块三是介绍中国八大旅游区,从各旅游区的自然地理环境、人文地理环境、旅游资源特点分别进行阐述,以各省、市、自治区的旅游概况、民俗风情、重点旅游景区、主要旅游线路为主要内容进行阐述。

本教材主要特色体现在以下几个方面。

(1) 体系完整。本教材共分为三大模块,12个项目,主要包括中国旅游资源、中国旅游交通与旅游线路设计、中国八大旅游区介绍等内容。在内容的选取及编排上,注重将适度的理论知识和必要的技能训练相结合,突出职业能力的培养。

(2) 图文并茂。为培养学生的区域空间概念和思维能力,本书中还插入了大量图片,特别是各省、市、自治区的旅游资源分布图,图文并茂,形象生动,通俗易懂。

(3) 时代性强。本书参考了最新的国内知名线路,各省、市、自治区的旅游热点景区,世界遗产目录等内容,将最新资料信息呈现出来,及时反映了当前旅游市场的热点。

(4) 实用性强。书中只有少量的、必需的理论阐述,绝大部分内容为

各省、市、自治区的旅游景区、景点介绍。部分"知识衔接"作为内容的补充和拓展说明,加强学生对知识的理解。

为了便于学生学习,本教材在每一个项目前设置了"项目目标"和"项目核心",在每一个学习任务前设置了"任务导入"、"任务分析",明确学生学习目标。在项目最后设置了"项目训练",训练学生运用所学专业知识解决具体问题的能力,提升学生的职业技能。

本教材由汪姣、杨如安担任主编,郭艳芳、张世艳、向桂林、吴海燕担任副主编。具体分工如下:汪姣设计编写大纲及撰写项目一、项目二、项目三、项目四等内容;向桂林撰写项目五、项目六;吴海燕撰写项目七、项目八、项目九;张世艳撰写项目十、项目十一、项目十二;杨如安、郭艳芳负责统稿,并为本书提供了丰富的素材和有益的建议。

我们在教材的编写过程中,参考和借鉴了许多专家、学者的相关著作和研究成果以及大量的优秀教材,在此向这些作者们表示感谢。另外,还有一些素材,因来自于一些网站,已难寻出处,在此一并对相关作者表示感谢!

由于时间仓促,加之编者水平有限,书中难免有疏漏之处,恳请专家、读者批评指正。

编　者
2016 年 12 月

目录 Contents

模块一　中国旅游资源

项目一　中国自然旅游资源

任务一　地貌旅游资源　/4
任务二　水域风光旅游资源　/9
任务三　气象、气候旅游资源　/13
任务四　生物旅游资源　/18

项目二　中国人文旅游资源

任务一　历史遗迹旅游资源　/24
任务二　古建筑旅游资源　/27
任务三　古陵墓旅游资源　/32
任务四　园林旅游资源　/34
任务五　宗教旅游资源　/37
任务六　民俗旅游资源　/40

模块二　中国旅游交通与线路设计

项目三　中国旅游交通

任务一　旅游交通与旅游　/48
任务二　中国旅游交通　/50

项目四　旅游线路设计

任务一　旅游线路的概述　/57
任务二　旅游线路设计　/59

模块三　中国八大旅游区

项目五　东北旅游区

任务一　东北旅游区的概况　/74
任务二　黑龙江省　/77
任务三　吉林省　/84
任务四　辽宁省　/90

项目六　华北旅游区

任务一　华北旅游区概况　/99
任务二　北京市　/101
任务三　天津市　/108
任务四　河北省　/113
任务五　山东省　/118
任务六　河南省　/124
任务七　山西省　/130
任务八　陕西省　/137

项目七　华东旅游区

任务一　华东旅游区的概况　/147
任务二　上海市　/149
任务三　江苏省　/154
任务四　浙江省　/160
任务五　安徽省　/165

项目八　华中旅游区

任务一　华中旅游区概况　/172
任务二　湖北省　/174
任务三　湖南省　/180
任务四　江西省　/185

项目九　华南旅游区

任务一　华南旅游区概况　/193
任务二　福建省　/195
任务三　广东省　/200
任务四　海南省　/206
任务五　香港特别行政区　/211
任务六　澳门特别行政区　/216
任务七　宝岛台湾　/221

项目十　西南旅游区

任务一　西南旅游区概况　/229
任务二　四川省　/231
任务三　重庆市　/239
任务四　广西壮族自治区　/246
任务五　贵州省　/251
任务六　云南省　/256

项目十一　西北旅游区

任务一　西北旅游区概况　/267
任务二　甘肃省　/269
任务三　宁夏回族自治区　/275
任务四　新疆维吾尔自治区　/280
任务五　内蒙古自治区　/287

项目十二　青藏旅游区

任务一　青藏旅游区概况　/294
任务二　青海省　/296
任务三　西藏自治区　/302

本课程阅读推荐　/309
参考文献　/310

模块一

中国旅游资源

Zhongguo Lüyou Ziyuan

项目一
中国自然旅游资源

项目目标

职业知识目标：
1. 掌握各类自然旅游资源形成的原因。
2. 熟悉中国自然旅游资源类型及代表性景观。

职业能力目标：
1. 能准确识别出各种自然旅游资源所属类型。
2. 能熟练讲解各种类型旅游资源的成因。

职业素质目标：
1. 通过学习我国自然旅游资源，激发学生热爱自然、热爱祖国的情感。
2. 通过对自然旅游资源成因及代表景观性学习，锻炼学生撰写导游词的能力及讲解能力。

项目核心

自然旅游资源；地貌旅游资源；水域风光旅游资源；气象、气候旅游资源；生物旅游资源

自然旅游资源是指以大自然造物为吸引力本源的旅游资源。在由各种自然要素、自然物质和自然现象所生成的自然环境或自然景观中，凡是具有观赏、游览、疗养、科学考察或借以开展其他活动的价值，从而能够引起旅游者来访兴趣的，都属于自然旅游资源的范畴。根据《中国旅游资源普查规范》，自然旅游资源分为四大类，即地貌景观类、水域风光类、天气气象类和生物景观类。

任务一　地貌旅游资源

任务导入

某学院旅游管理专业学生将组织一次地质考察活动,计划到陕西华山、云南石林、广东丹霞山、四川海螺沟等地参观考察,请分析这些旅游地的旅游资源类型及形成原因,并做好讲解准备。

任务分析

在这个任务中,首先要分析陕西华山、云南石林、广东丹霞山、四川海螺沟所属的地貌类型,它们分别属于花岗岩地貌、岩溶地貌、丹霞地貌和冰川地貌。要完成讲解工作,就必须了解这四类旅游资源形成的原因、旅游价值等,并准备好各景点的讲解词。

地貌也称"地形",是各种地表形态的总称。它不仅对人类的生活产生着重要的影响,而且是自然风景的重要组成部分。在我国,除高山、极高山多数分布于青藏高原外,中国北方多大山脉、大高原、大平原,总体上给人以雄浑博大之感;南方则多为中小型山脉、丘陵与小平原、盆地交错分布,多数地区植被覆盖率很高,河流纵横,湖泊棋布,总体上给人以纤巧秀丽之感。因此,人们常将中国风景概括为"北雄南秀"。其实,雄、奇、险、秀、幽、旷等多种美感的产生,都同地貌有着直接关系。

一、地貌旅游资源的概念及分类

地貌旅游资源是具有观赏价值和一定吸引功能的地表形态的总称。地貌旅游资源按规模可分为大尺度地貌、中尺度地貌、小尺度地貌三个层次;按基本形态分类可分为平原、盆地、高原、山地、丘陵五种形态;按地貌成因可分为花岗岩地貌、火山熔岩地貌、岩溶地貌、丹霞地貌、风沙地貌、黄土地貌、冰川地貌、海岸地貌等旅游资源。

二、地貌旅游资源的形成

地球表面的形态多种多样,是内、外力地质作用对地壳综合作用的结果。内力作用造成了地表的起伏,控制了海陆分布的轮廓及山地、高原、盆地和平原的地域配置,决定了地貌的构造。而外力,如流水、风力、太阳辐射、大气和生物的生长活动等,通过多种方式,对地壳表层物质不断进行风化、剥蚀、搬运和堆积,从而形成了现代地面的各种形态。由于地貌成因不同,不同地貌其外显景观也各不相同,一些观赏价值较高的就成为重要的旅游资源。

三、主要的地貌旅游资源

（一）花岗岩地貌

花岗岩地貌是指在花岗岩体上发育的地貌。花岗岩地貌节理发育，经抬升作用可形成高大挺拔的山体，其主峰突出，山岩陡峭险峻，气势宏伟，岩石裸露，沿节理、断裂有强烈的风化剥蚀和流水切割，多奇峰、深壑、怪石，球状风化作用突出，可形成"石蛋"，最典型的为"风动石"。中国花岗岩地貌分布广泛，其中以黄山、华山、泰山景色最为著名。黄山景色奇特，有"奇松、怪石、云海、温泉"四绝。故前人有"五岳归来不看山，黄山归来不看岳"之说。华山素有"自古华山一条路"之称，泰山是"五岳独尊"，它们矗立在平原之上，分别以"险"和"雄"名闻天下。此外，安徽天柱山、江西三清山、青岛崂山、厦门鼓浪屿、泉州清源山、天津蓟县盘山等都是著名的花岗岩风景区。

（二）火山熔岩地貌

火山熔岩地貌是火山喷发时，岩浆从地壳断裂处溢出、沿地面流动冷却形成的各种地形。火山地貌景观主要由火山锥、火山湖、熔岩台地组成。熔岩阻塞河道还形成熔岩堰塞湖，如中国牡丹江上游的镜泊湖。

中国熔岩地貌主要分布在3个地带：环蒙古高原带，如山西大同、黑龙江五大连池；青藏高原带，如云南腾冲火山群，此处的热气田散布着因含硫黄而呈黄色的锥状气孔，常年热气蒸腾，热水塘翻花冒泡，作为自然奇观，腾冲已建火山博物馆；环太平洋带，如黑龙江长白山、台湾大屯火山群。长白山的"地下森林"、大屯的温泉举世闻名。

（三）岩溶地貌

岩溶地貌又名喀斯特地貌，是具有溶蚀力的水对可溶性岩石（碳酸盐类岩石）进行溶蚀等作用所形成的地表和地下形态的总称。1781年，奥地利地理学家首先在斯洛文尼亚地区的喀斯特高原发现了这种地貌，即以此地命名。事实上，中国明末的徐霞客在此之前已对此种地貌进行了大量、详尽的考察，并对其中某些地质现象做出了解释和命名，其时间早于西方学者100多年。

我国的岩溶地貌分布广泛，是世界上岩溶地貌分布最广、最典型的国家，面积约为100多万平方千米。其中以广西、贵州和云南东部最为广泛和典型，为世界上最大的岩溶地貌典型发育地区。岩溶地貌在地面上分为岩溶孤峰和峰林、石林岩溶洼地、岩溶漏斗、岩溶残丘等。地下则为溶洞与地下河等。岩溶作用形成千姿百态的奇石，包括钟乳石、石花、石笋、石幔、石珍珠、卷曲石、石边坝等。广西桂林至阳朔的漓江两岸是世界上规模最大、风景最优美的岩溶风景区之一，素有"甲天下"和"碧莲玉笋世界"之美誉。唐代诗人有"江作青罗带，山如碧玉簪"之名句。此外，还有被称为"造型地貌博物馆"的云南路南石林，广东肇庆星湖的岩溶峰林景区，被誉为中国第一洞的贵州织金洞等，都是著名的岩溶景区。

"中国南方喀斯特"是世界自然遗产。2007年6月27日在第31届世界遗产大会上，云南石林、贵州荔波、重庆武隆组成第一期"中国南方喀斯特"进行申报，并入选世界自然遗产；2014年6月23日在第38届世界遗产大会上，广西桂林、贵州施秉、重庆金佛山和广西环江组成"中国南方喀斯特二期"项目入选世界自然遗产，作为对"中国南方喀斯特"的拓展。

(四)丹霞地貌

丹霞地貌大体上呈红色,是红色沙砾岩经长期的风化剥离以及流水的侵蚀作用而形成的山峰和奇岩怪石的特殊地貌。我国的丹霞地貌分布广泛,以广东省韶关市仁化县的丹霞山最为出名,丹霞山是世界上"丹霞"地貌的命名地。

武夷山玉女峰、大王峰、鹰嘴岩,承德磬锤峰、蛤蟆石、双塔山,广东坪石金鸡岭,湖南张家界金鞭溪等,都是著名的丹霞地貌造型。在南方地区雨量多,因而常有"丹山碧水相映"之趣。2010年8月1日,第34届世界遗产大会审议通过了将中国湖南崀山、广东丹霞山、福建泰宁、贵州赤水、江西龙虎山和浙江江郎山联合申报的"中国丹霞地貌"列入"世界自然遗产名录"。

知识衔接

中国最美的七大丹霞地貌

《中国国家地理》杂志曾评选出中国最美的七大丹霞地貌,它们分别是:

1. 广东省韶关市仁化县的丹霞山

丹霞山是国家级重点风景名胜区,被誉为"中国红石公园"。丹霞山由红色沙砾岩构成,以赤壁丹崖为特色。丹霞山海拔四百多米,并不算高,但它远看好像染上了红霞,近看又色彩斑斓。许多悬崖峭壁和奇岩美洞都在这幅充满神秘的画卷中充分地展现了出来。

2. 福建省南平市武夷山

武夷山位于福建省西北部的武夷山脉北段,目前是世界自然与文化双重遗产。景区中清澈碧绿的九曲溪绕行在群山峻岭之中。发育典型的丹霞单面山、块状山和柱状山临水而立,千姿百态。武夷山的景区及景点众多,每个景区和每处景点均有不同的风格和韵味,让你能充分地享受到武夷山绚丽多彩的一面。

3. 福建省三明市泰宁县大金湖

大金湖景区是由4个独具风格的小盆地组成。清澈碧绿的湖水和周围千姿百态的丹山构成了动态与静态的完美结合,被誉为"天下第一湖山"而闻名中外。景区内的部分山峰相当古老,成为中国东南沿海省区中最为古老的丹霞地貌。景区内还拥有大量千奇百怪的洞穴,蜂窝型洞穴随处可见。洞穴群以规模大、千奇百怪、形态各异而堪称"丹霞地貌洞穴博物馆"。

4. 江西省鹰潭市贵溪市龙虎山

龙虎山是我国四大道教名山之一,并且是我国丹霞地貌中发育程度最好、发育最完整的地区。整个景区内的山峰、洞穴、奇石构成了其完整而又独特的丹霞地貌特征。

5. 湘桂两省交界处的崀山和八角寨

崀山并不是个别的山体,而是当地整个山水的总称。崀山不但有千姿百态的山峰、清澈碧绿的湖水、绚丽多姿的怪石,而且有大片的珍奇林区,林区内的动植物云集,银杉、华南虎等动植物成为崀山中一道独特的人文风景线。

八角寨位于广西壮族自治区境内,与崀山较近,虽说两大景区分布在两省区,但两景区均位于两省区交界处,只不过一个属于湖南,一个属于广西而已。八角寨是因为其主峰有八个翘角而得名,丹霞地貌分布40多平方公里,其发育的丰富程度及品位属世界罕见,因此被称为"丹霞之魂"。景区内主要的丹霞地貌分为丹霞峰林、丹霞孤峰、丹霞峰丘和丹霞微观地貌四大类,每类地貌均独具一格,风格迥异,令人流连忘返。

　　6. 甘肃省张掖市丹霞地貌

　　张掖的丹霞地貌具有造型奇特、色彩斑斓和气势磅礴等特点,景观以孤立的山峰和陡峭的奇岩怪石为主,主要有七彩峡、七彩塔、七彩湖等奇妙的景观。这里既有塞北风情又有南国风韵,所以张掖就有了这样一句话"不望祁连山顶雪,错把张掖当江南"。

　　7. 贵州省遵义市赤水市丹霞地貌

　　赤水的丹霞地貌以其艳丽鲜红的丹霞赤壁,拔地而起的孤峰窄脊,仪态万千的奇山异石,巨大的岩廊洞穴和优美的丹霞峡谷与绿色森林、飞瀑流泉相映成趣,形成了独特的发育较完整的丹霞地貌。

(五) 风沙地貌

　　风沙地貌是干旱地区由于强劲风力的侵蚀、搬运和堆积作用而形成的地貌总称。风沙地貌分为风蚀地貌和风积地貌两类。

　　风蚀地貌又分为风蚀柱、风蚀谷、风蚀残丘、风蚀洼地和雅丹地貌等形态。风蚀柱是垂直裂隙发育的基岩,经长期风蚀,形成一些孤立的石柱,称为风蚀柱。"雅丹"是维吾尔语,意即具有陡壁的风蚀垄槽。干旱地区湖积和冲积平原常因干缩而产生龟裂,主要由定向风沿着裂隙不断吹蚀,使裂隙逐渐扩大而成沟槽,沟槽之间形成高可达5~10米的垄脊。这种地貌在塔里木盆地的罗布泊地区最为典型。

　　风积地貌主要是指各种类型的沙丘,包括新月形沙丘和纵向沙垄。在我国西北地区,此种地貌分布广泛。其中以宁夏中卫的沙坡头、甘肃敦煌月牙泉鸣沙山最为典型。

(六) 黄土地貌

　　黄土地貌是黄土堆积过程中遭受强烈侵蚀的产物。风是黄土堆积的主要动力,侵蚀以流水作用为主。黄土塬、梁、峁等地貌类型主要由堆积作用形成;各种沟谷则是强烈侵蚀的结果。典型的黄土地貌有以下特征:①沟谷众多、地面破碎;②侵蚀方式独特、过程迅速;③沟道流域内有多级地形面。世界上最大的黄土地貌就是位于黄河上中游地区的黄土高原。

知识衔接

黄土高原

黄土高原在中国中部偏北,包括太行山以西、秦岭以北、青海日月山以东、长城以南的广大地区,跨山西、陕西、甘肃、青海、宁夏及河南等省区。除少数石质山地外,高原上覆盖深厚的黄土层。黄土颗粒细,土质松软,含有丰富的矿物质养分,利于耕作,盆地和河谷农垦历史悠久,是中国古代文化的摇篮。但由于缺乏植被保护,加以夏雨集中,且多暴雨,在流水的长期侵蚀下地面被分割得非常破碎,形成沟壑交错其间的塬、梁、峁。

黄土高原水土流失严重。黄河每年经陕县下泄的泥沙约16亿吨,其中90%来自黄土高原,随泥沙流失的氮磷钾养分3000余万吨。综合治理黄土高原是中国改造自然工程中的重点项目,治理方针是以水土保持为中心,改土与治水相结合,治坡与治沟相结合,工程措施与生物措施相结合,实行农林牧综合发展,这种治理措施已取得重大成绩。

(七)冰川地貌

冰川地貌是指由冰川的侵蚀和堆积作用形成的地表形态。冰川地貌分为冰川侵蚀地貌和冰川堆积地貌。

具有观赏性的冰川景观类型多种多样,典型的如冰川、冰洞、冰巢、冰塔、"U"形谷、冰斗、角峰、刃脊等。我国现代冰川大量分布在西部高山地区。天山地区的冰川集中在乌鲁木齐到库车的两侧山地中。乌鲁木齐以南100公里处的胜利达坂,有冰川77条,晶莹眩目;四川贡嘎山东坡的海螺沟,冰川从4800米高处的雪线流下,落差超过1000米,似一幅巨大的冰瀑布;云南玉龙雪山的冰川是亚洲纬度最低的现代冰川,而且拥有第四纪冰期的冰川遗迹,各类冰川地貌齐全,被称为我国的"冰川博物馆"。

(八)海岸地貌

海岸地貌,是指海岸地带受波浪、海流、潮流等外力因素综合作用而形成的地貌。它包括海蚀地貌和海积地貌两大类,前者有海蚀平台、海蚀柱、海蚀洞、海蚀拱桥、海蚀碑和海蚀崖等;后者有海滩、沙坝、沙嘴和泻湖等。海岸地貌旅游资源不仅能供人观光游览,更重要的是能为游人提供"3S"旅游环境(Sun(阳光)、Sea(海洋)、Sand(沙滩))。我国海岸线漫长,海岸地貌旅游资源丰富。海南三亚亚龙湾、厦门鼓浪屿、台湾清水断崖、广西红树林海岸、大连金石滩、河北昌黎海岸、秦皇岛北戴河、山东青岛海滨等都是著名的海岸地貌旅游资源。

任务二 水域风光旅游资源

任务导入

某单位组织受到奖励的10余名员工到云南进行一次旅游活动,计划到昆明的滇池、大理的蝴蝶泉、丽江虎跳峡等地观光游览,请做好接待准备。

任务分析

在这个任务中,首先要分析昆明的滇池、大理的蝴蝶泉、丽江虎跳峡所属的资源类型,它们分别属于水域风光资源中的湖泊、泉水、峡谷景观。其次,要做好讲解工作,就必须熟悉这三类旅游资源的吸引力因素、旅游价值等,并准备好各景点的导游词。

水是自然界分布最广、最活跃的因素之一,同时又是大自然景观最基本的造景条件之一。大多数风景以有水为佳。名山不可缺水,溪流瀑布使山地变得生动活泼,云雾使群山时隐时现,产生了缥缈朦胧之美,远比一览无余增色。古人云:"山无云则不秀,无水则不媚"。人们对水在风景构成中的作用给予很高的评价,称水为"风景的血脉"。

一、水域风光旅游资源的概念

各种形态的水体在地质地貌、气候、生物以及人类活动等因素的配合下,形成不同类型的水体景观,即水域风光。凡能吸引旅游者进行观光游览、度假健身、参与体验等活动的各种水体资源,都可视为水域风光旅游资源。水域风光旅游资源包括海滨、河流、湖泊、瀑布、泉水等类型。

二、水域风光的旅游吸引力因素

水域风光具有形、声、色、味、影等方面的美感,成为其旅游吸引力因素。

(一) 水形美

水形是指水体不同的形状。地球上的水体呈现出不同的形状,给人不同的美感。如波澜壮阔的海洋,一平如镜的湖泊,蜿蜒曲折的小溪,滔滔奔流的江河,跌宕如飞的瀑布,澄碧晶莹的泉水等,都以不同的形态对游人产生强烈的吸引力。

（二）水声美

水声是指水体流动或冲击时所发出的声音。各种水体的运动或流动，都能产生一种特有的声音，这种声音通过人的听觉器官，就会形成一种听觉美感。惊涛拍岸的潮流，空山雄浑的飞瀑，叮咚作响的清泉以及恬静的涓涓细流，各种声响给人以音乐美的享受。

（三）水色美

水色是指水体的颜色。水本身是无色的，但是由于水体处在不同的地理环境中，所含矿物质及洁净程度不同，或者受光照的影响，则呈现出不同的颜色。蔚蓝色的天空映在湖里，湖水呈现湛蓝色；我国的黄河因含沙量大，成为世界上特有的黄色巨流等。

（四）水味美

水味是指水体的味道。水本是无色无味的液体，而自然界的水因为所含成分不同，会有不同的味道。未被污染的泉水常具有"清冽甘美、爽人可口"的味道，给人以清心、静心、养心的享受。

（五）水影美

水影是指映在水中的倒影。蓝天白云、山石树木、桥梁建筑等，都会在水体中形成倒影。水中的倒影能增加水体的层次，扩大空间。岸上岸下，桥上桥下，实物水影相互辉映，使自然风光更加绚丽多姿。如新疆天山上的天池，紧依博格达雪峰，峰湖相映，成为传说中的"瑶池仙境"。

三、主要的水域风光旅游资源

（一）海滨

我国面临世界第一大洋——太平洋，海岸线总长约为1.8万千米，蕴藏着极为丰富的旅游资源。蓝天、白云、碧海、细浪、沙滩、椰林构成迷人的海滨风光，成为水域风光类旅游资源的重要组成部分。

目前，我国已经形成了数以百计的海滨旅游度假胜地，其中较为著名的海滨旅游胜地有：大连、北戴河、青岛、连云港、舟山、厦门、汕头、湛江、北海、三亚、台湾等。我国海滨旅游还有一些特殊的项目，如我国山东蓬莱和浙江舟山群岛的普陀山等地，还会看到海市蜃楼奇景；大连等许多城市建立海底世界，海南三亚及广东电白放鸡岛等地建立潜水观光旅游点等等，这些崭新的海滨旅游项目，已经成为当今世界的热门旅游活动。

（二）河流

河流旅游资源指水量充盈、环境优美的天然河流段落，包括风景河段和漂流河段。

我国河流众多，流域面积超过1000平方千米的河流有1500多条。中国第一大河——长江，是著名的"黄金水道"和"黄金旅游线"。中国第二大河——黄河，孕育了古老的中华文明，文化古迹众多，高原风光，塞上江南，黄土风貌，平畴沃野，地上悬河等都对游客有极强的吸引力。我国著名的风景河段有长江三峡、浙江的新安江-富春江、楠溪江；贵州省的荔波樟江、舞阳河;湖南的湘江、猛洞河;四川的大渡河;湖北的香溪、神龙溪;云南的大盈江、瑞丽江;海南岛的万泉河;东北的松花江、牡丹江、乌苏里江、鸭绿江等。我国多高山大河,故多峡谷。除长江三峡外,还有虎跳峡、怒江大峡谷、澜沧江梅里大峡谷、大渡河金口大峡谷、太行山大峡谷和台湾太鲁阁大峡谷等。

漂流河段的选择,除了与风景河段一样要求"山清水秀"外。还必须考虑水流速度和安全因素。目前,神州大地可进行漂流的河流不下上百条,最具代表性的漂流河段有湘西猛洞河和福建武夷山的九曲溪。

(三) 湖泊

湖泊是指四周有岸的水域,包括天然湖泊、水库、沼塘等。湖泊有多种分类方法:按湖盆的成因可划分为构造湖、火口湖、堰塞湖、风蚀湖、潟湖、岩溶湖、河迹湖、人工湖;按湖水温度可划分为冷湖、温湖、暖湖;按湖水矿化度可划分为淡水湖、咸水湖、盐湖。

我国湖泊众多,分布范围广而不均匀,以青藏高原和长江中下游平原分布最为集中。长江中下游平原湖区中,鄱阳湖、洞庭湖、太湖、洪泽湖、巢湖为我国五大淡水湖泊,其中鄱阳湖是我国面积最大的淡水湖。青藏高原湖区是世界上海拔最高的高原湖区,其中青海湖是我国面积最大的湖泊,纳木错为海拔最高的湖泊。察尔汗盐湖是我国最大的盐湖。我国不少湖区风景秀丽,如西湖、太湖、滇池、洱海、天池、月牙泉等,都是著名的旅游胜地。

知识衔接

月 牙 泉

历来水火不能相容,沙漠清泉难以共存。但在鸣沙山中,却能看到沙漠与清泉相伴为邻的奇景,这就是天下沙漠第一泉——月牙泉。月牙泉东西长300余米,南北宽50余米,泉形酷似月牙,四周是高耸的沙山。有人说,月牙泉像一位绝世佳人的眼睛——是那样的清澈、美丽、多情;有人说,月牙泉像一位窈窕淑女的嘴唇——是那样神秘、温柔、诱人;有人说,月牙泉是一牙白兰瓜——是那样碧绿、甘甜、晶莹。其实,月牙泉最像初五的一弯新月,落在黄沙里。泉水清凉澄明,味美甘甜,在沙山的怀抱中娴静地躺了几千年,虽常常受到狂风、沙尘的袭击,却依然碧波荡漾,水声潺潺,是当之无愧的沙漠第一泉。

月牙泉内游鱼成群,岸边绿草如茵。据传,泉里的鱼称"铁背鱼",能医治疑难杂病;岸边的草称"七星草",有强身健体的作用。据说,吃了鱼和草,可以长生不老。因此,月牙泉又被称为"药泉"。月牙泉边,白杨亭亭玉立,垂柳舞带飘丝,沙枣花香气袭人,丛丛芦苇摇曳,对对野鸟飞翔,风景如诗如画。泉南岸台地上原建有娘娘殿、龙王宫、药王洞、玉泉楼、雷音寺等雕梁画栋、钩心斗角的大片古建筑群。

月牙泉,梦一般的谜,千百年来不为流沙而淹没,不因干旱而枯竭。在茫茫大漠中有此一泉,在黑风黄沙中有此一水,在满目荒凉中有此一景,深得天地之韵律,造化之神奇,令人神醉情驰。

(四)瀑布

瀑布是指从陡坡或悬崖处倾泻下来的水流。瀑布的生成与地质构造、岩石性质及冰川作用等有密切关系,一般可分为岩溶性瀑布、构造岩层型瀑布、火山熔岩瀑布、山崩泥石流型瀑布、冰川型瀑布等。

瀑布是自然山水结合的产物,具有声音美、色彩美、形态美的特点。我国国土辽阔,地质构造复杂,成瀑条件优越,南北各地有众多举世闻名的瀑布。其中最为著名的有黄果树瀑布、黄河壶口瀑布、黑龙江吊水楼瀑布,这三个瀑布并称"中国三大瀑布"。

1. 黄果树瀑布

黄果树瀑布位于中国贵州省安顺市镇宁布依族苗族自治县,因当地一种常见的植物"黄果树"而得名。瀑布高77.8米,宽101米。黄果树瀑布不止一道瀑布,以它为核心,在它的上游和下游20千米的河段上,共形成了雄、奇、险、秀风格各异的瀑布18道。1999年被吉尼斯总部评为世界上最大的瀑布群,列入吉尼斯世界纪录。

2. 壶口瀑布

壶口瀑布是黄河上的著名瀑布,其奔腾汹涌的气势是中华民族精神的象征。东濒山西省临汾市吉县壶口镇,西临陕西省延安市宜川县壶口乡。黄河至此,两岸石壁峭立,河口收束狭如壶口,故名壶口瀑布。瀑布落差9米,蕴藏丰富的水力资源。壶口瀑布是中国第二大瀑布,也是世界上最大的黄色瀑布。

3. 吊水楼瀑布

吊水楼瀑布又称镜泊湖瀑布,它位于黑龙江省宁安市西南。瀑布幅宽约70余米,雨水量大时,幅宽达300余米。落差20米。每逢雨季或汛期,水声如雷,激流呼啸飞泻,水石相击,白流滔滔,水雾蒸腾出缤纷的彩虹。

除三大瀑布外,国内知名的瀑布景观还有:浙江雁荡山的大龙湫瀑布,广西德天瀑布,四川海螺沟的冰川瀑布,四川九寨沟诺日朗瀑布、树正瀑布等。

(五)泉水

泉是地下水流出地表的天然露头。只有在适宜的地形、地质、水文等条件下才出现。按温度,泉可分为冷泉、温泉、热泉、沸泉;按泉水出露地表的性质,可划分为上升泉和下降泉;按泉水性质、溢出特征和奇异形态,还可划分为间歇泉、甘泉、苦泉、气泉、矿泉、喷泉、乳泉、喊泉等。

中国是多泉的国家,著名的泉水资源有济南趵突泉、陕西华清池、太原难老泉、杭州虎跑泉、大理的蝴蝶泉等。在中国历史上,不同时代、不同人的评定中,曾被评为"天下第一泉"的先后有北京玉泉、镇江中泠泉、庐山谷帘泉、济南趵突泉、峨眉山玉液泉、云南安宁碧玉泉等。它们的共同特点是水质极好,所含杂质很少,甘醇可口,最宜品茗。

泉水除了具有观赏、品茗功能外,还具有医疗保健功能,特别是温泉。中国温泉有2600多处,居世界首位,而且分布较为普遍,以西藏、云南、台湾、福建为温泉密集区。由于泉水中含有钙、镁、钾、钠、碘、氡、二氧化硅、硫化氢等化学元素和矿物质,所以对一些皮肤病、风湿病、关节炎、高血压、神经衰弱、慢性胃炎、肠炎等疾病有很好的疗效。中国以有医疗价值而闻名的泉有汤岗子温泉、五大连池温泉、从化温泉、福州温泉等。

> **知识衔接**
>
> ### 汤岗子温泉
>
> 汤岗子温泉位于鞍山市南郊 15 公里①处,是驰名中外的旅游、疗养胜地。
>
> 汤岗子温泉泉水温度高 72 ℃、清澈透明,无色无味,含有人体所需多种微量元素,有润肤、活络、健体、祛病之疗效,常饮可健脾开胃,浴后可令人心旷神怡。现建有著名的汤岗子康复理疗中心(鞍山汤岗子医院),利用泉水、矿泥及中西式疗法和 60 余种治疗手段。
>
> 汤岗子温泉风光秀丽,人文景观众多,犹如世外桃源。这里林木葱郁、空气清新、环境幽静、塔亭相映、一片湖光山色。末代皇帝洗浴过的"龙宫",至今保存完好,室内有"扬帆远航"、"鸳鸯戏水"和日本民间故事的彩壁画,栩栩如生,现已向游人开放。
>
> 汤岗子温泉以其悠久的历史、得天独厚的自然资源和人文景观,融康复、理疗、旅游于一处而名扬四海,每年都吸引大批的海内外游客前来观光和疗养。

任务三 气象、气候旅游资源

任务导入

某高校学生一行 6 人利用寒假时间,自行组织到东北地区进行一次旅游活动,计划到哈尔滨参加国际冰雪节,到亚布力滑雪场滑雪,到雪乡看童话世界,到吉林看雾凇,假如你是他们的同学,对东北比较熟悉,请做好接待准备。

任务分析

在这个任务中,首先要熟悉哈尔滨冰雪节,亚布力滑雪场,雪乡,吉林雾凇都属于气候类旅游资源,它们属于冰雪和雾凇景观。要做好接待工作,就必须熟悉这些旅游资源的成因、吸引力因素和旅游价值等,并做好讲解准备。

气象、气候是自然地理环境的组成要素之一。气候的差异性及其分布规律,形成了自然

---

① 1 公里=1 千米。

地理环境及人文地理环境的差异性,同时决定着自然地理环境,影响着人文地理环境的分布规律。由于气象气候的地域差异,造成自然旅游资源及旅游活动项目的地域性;由于气象气候的季节性节律变化,导致旅游业淡、旺季交替的变化节律。因而气候与旅游有着密不可分的关系。

一、气象、气候旅游资源的概念

气象是地球外围大气层中经常出现的大气物理现象和物理过程的总称。它包括:冷、热、干、湿、风、云、雨、雪、霜、雾、雷、电、虹、霞、光等。气象是瞬息万变的。气候则是指某一地区多年天气状况的综合,不仅包括该地相继稳定发生的天气状况,也包括偶尔出现的极端天气状况。

所谓气象、气候旅游资源,是指对旅游者具有吸引力作用的气象景观和气候条件。其中气象旅游资源包括吸引旅游者的各种大气物理现象及其过程;气候旅游资源一方面指能吸引旅游者的宜人气候条件,另一方面指以气候为背景,与其他景物结合共同形成的具有吸引力的某一地区整体环境景观。

二、气象、气候资源的旅游吸引力因素

(一) 观赏与体验

气象景观造型美、色彩美、动态美,具有较强的观赏价值,再加上其瞬息万变、变幻莫测、虚无缥缈的特点,更增添了几多魅力。独特的气象气候要素构成奇异的自然景观,对旅游者有着很大的吸引力。黄山吸引着无数中外游客前来观光游览,游客在赞叹黄山的奇松、怪石的同时,更为神奇多彩的气象景观所陶醉。无论是白云滚滚、银浪滔滔的黄山云海,飘忽不定、变幻无穷的黄山云雾,美妙绝伦的黄山日出、日落,鲜为人见的黄山奇景佛光,还是冬日里形成的"梨花盛开"的雾凇奇观,雪后初晴的黄山银白色世界,都会使游人流连忘返。

除了观赏外,气象气候还有体验功能,这是由于温度、湿度、风、光照等都能给人带来直接的身体体验、感觉。坐在海边的礁石上,感觉海风轻轻拂面,嗅着有淡淡咸味的空气,看远处落日余晖,归帆点点,听身边浪涛拍岸,海鸥啼鸣。这种"亲身体验"的感觉往往能给游客留下深刻的印象,是更高层次的旅游形式,也成为旅游者进一步追寻的内容。

(二) 休闲度假

人们对气候的感觉,最敏感的是气温、湿度和风的状况,所以一般多以气温、湿度和风的配合状况来表示一个地区的气候舒适度。由于地面、植被、水体及周围环境的不同,引起近地面层的热量与水分状况的差异,这种差异就使得一些区域的气候条件具有了相对的优越性,有利于开展避暑、消寒等度假活动。例如,我国的庐山、北戴河、海南三亚,这些地方要么夏季凉快清爽,要么冬季温暖湿润,充足的阳光,成为著名的度假胜地。

(三) 疗养健身

气候条件是疗养活动所必需的一个重要环境条件,许多"气候宜人"的环境适合开展疗养旅游活动。一般来说,洁净的空气,适宜的温度、湿度状况,充足的阳光及宜人的景色对人的身体保健和病体康复有积极作用,有利于开展疗养活动。森林覆盖好的山区,湖滨、海滨

往往成为主要的疗养场所。

三、主要的气象、气候旅游资源

(一) 云、雾、雨景

云、雾、雨所构成的气象奇观是温暖湿润地区或温湿季节出现的气象景观。薄云、淡雾、细雨好似奇妙的轻纱,赋予大自然一种朦胧美。透过云、雾、雨观看风景时,其中景物若隐若现,模模糊糊,虚虚实实,令人捉摸不定,于是产生飘若入仙般的虚幻、玄妙、神秘之美感,给人留下充分遐想的余地。空旷的原野、平静的水面如此,起伏错落的山区更佳。在我国,以薄云、淡雾、细雨命名的佳景颇多。例如,蓬莱的"漏天银雨"、峨眉山的"洪椿晓雨"、济南的"鹊华烟雨"、重庆的"巴山夜雨"等,"江南烟雨"、"潇湘夜雨"也是历来备受文人的称道。

流云飞雾变化莫测,气势磅礴,是云雾赋予大自然的另一种景观。如果说薄云、淡雾、细雨只是对其他实体景观的叠加,以重新构景,那么流云飞雾则是云雾自身构成的云海景观。变幻莫测、多姿多彩的云海给人美的享受,这些多发生在风景名胜山地,如黄山、泰山、峨眉山、齐云山、阿里山的云海,都是享誉国内外的奇景。

景点讲解案例　黄山云海

　　云海是黄山第一奇观,黄山自古就有黄海之称。黄山的四绝中,首推的就是云海了,由此可见,云海是装扮这个"人间仙境"的神奇美容师。山以海名,谁曰不奇?奇妙之处,就在似海非海,山峰云雾相幻化,意象万千! 按地理分布,黄山可分为五个海域:莲花峰、天都峰以南为南海,也称前海;玉屏峰的文殊台就是观前海的最佳处,云围雾绕,高低沉浮,"自然彩笔来天地,画出东南四五峰"。狮子峰、始信峰以北为北海,又称后海。狮子峰顶与清凉台,既是观云海的佳处,也是观日出的极好所在。空气环流,瞬息万变,旭日初升,浮光跃金,更是艳丽不可方物。白鹅岭东为东海,于东海门迎风伫立,可一览云海缥缈。丹霞峰、飞来峰西边为西海,理想观赏点是排云亭,烟霞夕照,神为之移。光明顶前为天海,位于前、后、东、西四海中间,海拔1800米,地势平坦,云雾从足底升起,云天一色,故以"天海"名之。若是登临黄山三大主峰(莲花、天都、光明顶),则全部五海,可纵览无遗。

　　黄山每年平均有255.9个雾日,一般来说,每年的11月到第二年的5月是观赏黄山云海的最佳季节,尤其是雨雪天之后,逢日出及日落之前,云海必现并且最为壮观。希望我们到黄山也能一饱眼福。

　　黄山云海不仅本身是一种独特的自然景观,而且还把黄山峰林装扮得犹如蓬莱仙境,令人置身其中,神思飞越,浮想联翩,仿佛进入梦幻世界。当云海上升到一定高度时,远近山峦,在云海中出没无常,宛若大海中的无数岛屿,时隐时现于"波涛"之上。贡阳山麓的"五老荡船"在云海中显得尤为逼真;西海的"仙人踩高跷",在飞云弥漫舒展时,现出移步踏云的奇姿;光明顶西南面的茫茫大海上,一只惟妙惟肖的巨龟向着陡峭的峰峦游动,原来那"龟"是在云海上露出的山尖。唯有飘忽不定的云海在高度、浓淡恰到好处时才能产生如此奇妙的景象,对旅游者来说,这

是一种奇巧美的幸运偶遇。云海出现时,则天上闪烁着耀眼的金辉,群山披上了斑斓的锦衣,璀璨夺目,瞬息万变。云海表现出来的种种动态美,大大丰富了山水风景的表情和神采。黄山的奇峰、怪石只有依赖飘忽不定的云雾的烘托才显得扑朔迷离,怪石愈怪,奇峰更奇,使它们增添了诱人的艺术魅力。

黄山峰石在云海中时隐时现,似真似幻,使人感到一种缥缈的仙境般的美。云海中的景物往往若隐若现,模模糊糊,虚虚实实,令观者捉摸不定,于是产生幽邃、神秘、玄妙之感,给人一种朦胧的美。峰石的实景和云海的虚景绝妙的配合,一片烟水迷离之景,是诗情,是画意,是含而不露的含蓄美。它给人留有驰骋想象的余地,能引起游人无限的冥想和遐思。烟云飘动,山峰似乎也在移动,变幻无常的云海也势必会给风景美造成"象皆不定"的变异性。行云随山形呈现出多姿的运动形态,山形则必然与行云发生位移而活,它们既对立而又统一,动由静止,静由动活,不可分割。这种动静交错转化,就是美学上形式美法则高级形式——多样统一的表现之一,也是我们的美感源泉之一。因此,我们旅游时,应该学会从动静对比,虚实相济,变化和统一等方面把握云气景色的美。

(二) 冰雪景

冰雪景观是寒冷季节或高寒气候区才能见到的气象景观。冰雪的洁白给人纯洁无瑕、冰清玉洁的美感。同时,冰雪借助于地形、树木、建筑等因素,形成许多造型生动别致的奇妙景观。毛泽东一首《沁园春·雪》高度概括和赞美了雪景的壮观美感。由于冰雪景观的极高观赏价值,使其成为许多地区发展旅游业的重要资源。我国许多风景名胜区都有著名的雪景,如西湖十景中的"断桥残雪"、峨眉十景中的"大坪霁雪"、台湾八景"玉山积雪"、黑龙江的童话雪乡、冰雪大世界等。

另外,冰雪资源可开展滑雪、冰上运动等活动。我国适于开展冰雪运动的旅游资源主要分布在东北三省、内蒙古自治区的东北部和我国西部地区。主要滑雪场有:亚布力滑雪场、松花湖滑雪场、北大湖滑雪场、海拉尔滑雪场、黑龙江的玉泉、二龙山、桃山滑雪场、西岭雪山滑雪场等。

(三) 日出、日落与霞景

日出、日落的壮丽景观是由于大气的折射作用,在太阳周边产生红色或黄色、硕大的椭圆形影像,太阳跃然而出、而没瞬间的那种动态美以及托衬太阳的彩云霞光的景观。这种景观只有在天地交界处的地平线或海平线才能看到,因此,最佳的观景点多在海滨和山巅。如:泰山的日观峰、庐山的汉阳峰、黄山的翠屏楼、华山的东峰、衡山的祝融峰、峨眉山的金顶、九华山的天台、北戴河海滨的鹰角亭、普陀山海滨等,都是我国观日出的最佳位置,而观日落则以庐山天池亭最佳。

霞是斜射的阳光被大气微粒散射后,剩余的色光映照在天空和云层上所呈现的光彩,多出现在日出、日落的时候。由于大气微粒对长波光散射的强度低,所以朝霞和晚霞多呈红、橙、黄等颜色,且云量越大,红色越浓。当朝霞和晚霞与周围其他风物景致交相辉映时,常构成一幅幅壮美的画卷。在我国许多风景名胜区内,都留下了古人对其赞美的绝句。例如,泰山岱顶四大奇观之一的"晚霞夕照"、陕西临潼的"骊山晚照"、浙江东钱湖十景中的"霞屿锁岚"、贵州毕节八景中的"东壁朝霞"、天子山四大奇观中的"霞日"等等。

(四) 雾凇景

雾凇是雾气在低于0 ℃的附着物上直接凝华而成的产物。白色、不透明的小冰粒集聚、包裹在附着物的外围,呈絮状。雾凇与冰雪不同,其景致的美感不表现为覆盖地物的宏观造型,而是保持一切原有形态的微观造型。因此,更多的是婀娜多姿,特别是河边的垂柳。我国著名的雾凇景观出现在吉林市的松花江畔,每年10月到次年4月,沿江树上挂满雾凇,真可谓"忽如一夜春风来,千树万树梨花开"。根据雾凇形成的物理过程,这一奇景的观赏分三个时段,分别为:夜看雾、早看挂、近午赏落花。吉林雾凇每年出现60余天,以自然奇观的盛名而享誉海内外,吉林雾凇与桂林山水、路南石林、长江三峡并称为我国四大自然奇观。

(五) 佛光景

佛光也叫宝光,是一种神奇的光学现象。当阳光照在云雾表面,经过衍射和漫反射作用形成的自然奇观。佛光出现的条件为,天空晴朗无风,阳光、云层和人体(或物体)三者同处于倾斜45°的一条直线上,其本质是太阳自观赏者的身后,将人影投射到观赏者面前的云彩之上,云彩中的细小冰晶与水滴形成独特的圆圈形彩虹,人影正在其中。而且"光环随人动,人影在环中",好似佛像头上的彩色光圈,故名佛光。在国内,以峨眉山的峨眉宝光最为著名。在其他的地方也常有佛光出现,如安徽黄山、山东泰山、江西庐山等地。佛光出现的次数,光环美丽的程度,因雾日的多少、空气湿度的大小而不同。峨眉山佛光之所以著名,是由于此处云雾天数最多,湿度条件最高,风速最小,因此佛光现象出现的次数最多,色彩也最鲜艳。

知识衔接

峨眉佛光之谜

有"天下秀"之称的峨眉山,千百年来一直蒙着一层神秘的面纱,尤其是主峰金顶一带偶尔出现的"佛光",更增神秘和灵异之感。

金顶海拔3077米,与相邻的千佛顶、万佛顶三峰并峙,犹如笔架一般。三峰东临悬崖,峭壁高达2000多米,这种得天独厚的地势形成了峨眉山特有的"海底云"。在天气晴朗的日子里,人们登上金顶,但见白云茫茫,好像大海汪洋,游人宛如置身孤岛一般。正当游人对眼前如梦如幻的"仙境"赞叹不已时,突然,面前的深谷云底中,出现了一轮巨大的光环,光环开始为白色,渐渐地,白色变成彩色。如果"运气"好的话,游人还会看到光环中有硕大的影子显现。影随人动,或抬手,或举足,栩栩如生,令人惊异。这一神秘现象,被佛家弟子称为"佛光"或者"宝光"。

历史上,峨眉山佛光很早就有记载。相传东汉永平年间,有位采药蒲公为一只仙鹿所引,登上金顶后,惊奇地发现了佛光。后经印度宝掌和尚指引,认识到佛光就是"普贤祥瑞"。蒲公于是在金顶建造了普光殿(也称光相寺)供奉菩萨,从此开创了峨眉山佛教的历史。千百年来,无数虔诚的善男信女登上金顶,在目睹了神奇的佛光后,无不惊奇为"菩萨显灵"。

那么,"佛光"是不是真的菩萨显灵呢?

气象专家介绍,其实佛光是峨眉山特殊的地理环境造成的,是太阳光线和人们玩的把戏。原来在峨眉山的"海底云"中,空气湿度很大,这为太阳光线提供了充裕的"游戏场所"。在云层之上,当太阳金灿灿地散发出万道金光时,云雾水滴中的空隙便会发生光的衍射作用,从而产生内紫外红的彩色光环,色带排列正好与虹相反。如果观者与太阳和光环恰好在一直线上,就可以看见人影映于光环之内,人行影亦行,人舞影亦舞,于是乎一些游人就飘飘"遇仙"了。

(六)蜃景

蜃景,即"海市蜃楼",是地面或水面景物反射的光线,在密度不同的稳定大气中传播,发生折射和全反射而形成的幻景景观。蜃景分"上现蜃景"、"下现蜃景"和"侧现蜃景"等类型。这种现象多在夏季出现在沿海或沙漠地带,在山区也时有发生。我国山东蓬莱海边常可看到上现蜃景,沙漠中常见下现蜃景。

任务四 生物旅游资源

任务导入

某高校学生一行30人,准备到西南地区进行一次旅游活动,计划到贵州梵净山看鸽子树、黔金丝猴,到四川卧龙自然保护区看大熊猫,假如你是知丘旅行社的一名导游员,请做好接待准备。

任务分析

在这个任务中,首先要熟悉鸽子树、黔金丝猴、卧龙自然保护区都属于生物类旅游资源。要做好接待工作,就必须熟悉这些动、植物资源的吸引力因素、旅游价值及分布情况,并准备好导游词。

动物与植物是生物的主体部分,也是自然环境的重要组成部分,可单独成为旅游资源,也可与其他自然景观一起构成旅游资源。

一、生物旅游资源的概念

生物旅游资源,是指能够开发利用并能满足旅游者的旅游需求,由生物个体、种群、群落及生态系统所构成的各种生物过程与现象的总称。生物旅游资源一般包括珍稀树种、奇花异草、珍禽异兽、古树名木、古生物化石、成片的森林等。而体现在具体环境上的野生动植物自然保护区、森林公园、植物园、动物园、观光果园、花圃、狩猎场、水族馆等,都是生物旅游资源集中的旅游区。

二、生物资源的旅游吸引力因素

在生物界中,某些生物之所以成为旅游资源,是因为它们或具有较高的美学观赏价值,或因其独特性吸引人们,或是因现存数量极为稀少、具有较高科学考察价值,或是以其固有特征被人类赋予某一精神象征,动植物的美、特、稀等特征使其成为自然界中最具吸引力的旅游资源之一。

(一)色彩美和形态美

植物的茎、叶、花色彩斑斓,随季节变化,给游人以丰富的色彩美。动物的斑斓色彩同样吸引着旅游者的目光。植物的花、叶、果实,动物的特殊形态也是吸引力的一部分,如西湖的垂柳、黄山的迎客松、动物园的长颈鹿等。动植物的色彩、形态启发着人们对美的追求,强烈地吸引着旅游者。

(二)奇特美和珍稀美

生物是环境的产物,不同的地理环境下,生物资源呈现出不同的特征。热带的植物叶大、常绿、秋冬不落叶,寒带的植物多为针状叶,秋冬落叶;热带地区有茂密的热带雨林、独树成林的大榕树、大象和孔雀,海洋中的热带观赏鱼;北极有北极熊、南极有企鹅等,各个地方都存在着适应当地环境的生物奇观。正是由于这些生物的奇特性满足了旅游者猎奇的心理,使之成为重要的旅游吸引力因素。

珍稀的物种既具有较高科学价值,又具有旅游观赏价值。如在我国幸存下来的银杏树;黄山特有的迎客松、团结松等名松;我国一类保护动物中的大熊猫、东北虎、金丝猴、白鳍豚、白唇鹿、藏羚羊、丹顶鹤、褐马鸡、亚洲象、扬子鳄、华南虎等都是重要的旅游吸引力因素。

(三)悠久美和寓意美

某些生物是沧桑历史的见证者,如原产于我国的银杏、水杉等,都是"活化石"。另外,某些树龄较长、知名度高的古树名木,由于它们历史悠久、具有奇特造型,有特殊功能,都是有价值的旅游资源。

生物资源具有丰富的寓意。在世界上许多国家、地区或民族,对某些动植物赋予特殊意义,如以雄鹰、雄狮来象征民族的威武,坚强不屈。在我国,牡丹寓意富贵吉祥,荷花寓意"出淤泥而不染"的高洁品格,更有梅、兰、竹、菊被誉为"花草四君子"。

三、主要的生物旅游资源

(一)植物旅游资源

1. 观赏植物

植物有形、色、味、态、意等诸多美感,在旅游景观中是重要的构景元素和欣赏对象。我国观赏植物资源丰富,最具观赏价值的是我国十大传统名花:牡丹、月季、菊花、兰花、荷花、山茶、水仙、梅花、杜鹃、桂花。

2. 珍稀植物

我国植物资源丰富,种类繁多。已被列为国家一级保护植物,有银杏、银杉、珙桐、水杉、秃杉、人参、金花茶、望天树等。这些珍稀濒危植物是人类保护的主要对象,既具有科学价值,又具有旅游观赏价值。

知识衔接

珙 桐

珙桐属于落叶乔木,花奇色美,是1000万年前新生代第三纪留下的孑遗植物,有"植物活化石"之称。在第四纪冰川时期,大部分地区的珙桐相继灭绝,只有在我国南方的一些地区幸存下来,因而成为植物界今天的"活化石"。珙桐是我国独有的珍惜名贵观赏植物,国家一级重点保护植物中的珍品。它也是世界著名的珍贵观赏树,因其花形酷似展翅飞翔的白鸽而被西方植物学家命名为"中国鸽子树",是和平的象征。在我国,珙桐分布很广。贵州的梵净山、湖北的神农架、四川的峨眉山等处都有珙桐生长,在桑植县天平山海拔700米处,还发现了上千亩的珙桐纯林,这也是目前发现的珙桐最集中的地方。自从1869年珙桐在四川穆坪被发现以后,珙桐先后为各国所引种,以致成为各国人民喜爱的名贵观赏树种。

3. 森林旅游资源

我国森林面积居世界第六位,目前林区开展的旅游活动主要有观光、康乐度假、科学考察、探险猎奇、采集狩猎等。为充分保护和合理开发森林旅游资源,我国吸取了国外的成功经验,建立了森林公园,如张家界国家森林公园、塔里木胡杨林国家森林公园、四川九寨国家森林公园、山西五台山国家森林公园、重庆仙女山国家森林公园等。截至2016年2月,全国共建立各级森林公园3200多处,规划总面积占陆地国土总面积1.87%,其中国家级森林公园826处。

4. 草原旅游资源

草原以其广袤、多彩的自然景观,悠久的游牧文化,成为现代旅游的热点。在草原上,不同地区的地貌、水文、动植物,组合成其特有的地表景观,如阿尔金山荒漠景观、呼伦贝尔草原景观、锡林郭勒大草原等;草原上的植物群落随着季节的变化展现出不同的风貌,这些都具有观赏价值。在草原上还可开展骑马、狩猎、野营、美食、动植物考察、体验少数民族的传统文化、风俗习惯等旅游活动。

我国草原主要分布于西部半干旱地区及高寒地区。草原面积辽阔,类型多样,野生动植物资源丰富。著名的草原有:内蒙古呼伦贝尔草原、内蒙古锡林郭勒草原、新疆伊犁草原、川西高寒草原、那曲高寒草原、祁连山草原等。

(二) 动物旅游资源

我国动物种类多,数量大,仅脊椎动物有3700种,兽类420种,哺乳动物占世界的11.2%,鸟类1175种,占世界的15.3%;两栖及爬行类520种,占世界的8%。

1. 观赏动物

动物是自然界的宝贵财富,拥有灵活多样的特色造景功能,是重要的旅游资源。动物不同的形态外貌、生活习性、活动特点、鸣叫声音,既可供观赏娱乐,同时还可开展狩猎、垂钓等旅游活动。我国主要的观赏动物有:东北虎、长颈鹿(观形);坡鹿(观色);孔雀、大熊猫(观态);夜莺、百灵、弹琴蛙(听声)等。

此外,有动物个体因某种原因而聚集形成的特殊动物群,既是科考人员进行科学研究的对象,又是具有观赏性的旅游吸引物。例如,大连的蛇岛、青海湖的鸟岛、台湾高雄的蝴蝶谷、海南陵水县的猴岛、西沙和南沙等处的珊瑚岛等。

2. 珍稀动物

珍稀动物是指野生动物中具有较高社会价值、现存数量又极为稀少的珍贵稀有动物。我国幅员辽阔,动物区系组成丰富,特产种属多。1989年,经国务院批准并颁布的《国家重点保护野生动物名录》中,收录包括了大熊猫、金丝猴、长臂猿、白鳍豚、白唇鹿、雪豹、东北虎、华南虎、梅花鹿、藏羚羊、扬子鳄、亚洲象等在内的90多种国家一级保护动物。其中,大熊猫、金丝猴、白鳍豚和白唇鹿被称为我国四大国宝动物。

(三)自然保护区

自然保护区是指国家为了保护自然环境和自然资源,将一定面积的陆地和水体划分出来,并经各级人民政府批准而进行特殊保护和管理的区域。自然保护区可开展的旅游活动主要包括科考旅游、健身旅游、文化娱乐型旅游和观赏游览型旅游等内容。

我国自然保护区的发展经历了60多年的历程,1956年,我国建立了第一个自然保护区——广东鼎湖山自然保护区。截至2015年年底,全国共建立各种类型、不同级别的自然保护区2740个,总面积约14703万公顷[①]。其中陆地面积约14247万公顷,占全国陆地面积的14.8%。国家级自然保护区428个,面积9649万公顷。有32处自然保护区加入联合国教科文组织"人与生物圈"保护区网络,有20多处保护区成为世界自然遗产地组成部分。

知识衔接

鼎湖山自然保护区概况

鼎湖山是岭南四大名山之一,于肇庆城区东北18公里,位于东经112°30′39″~112°33′41″,北纬23°09′21″~23°11′30″。因地球上北回归线穿过的地方大都是沙漠或干草原,所以鼎湖山又被中外学者誉为"北回归线上的绿宝石"。

1956年,鼎湖山成为我国第一个自然保护区。1979年又成为我国第一批加入联合国教科文组织"人与生物圈"计划的保护区,建立了"人与生物圈"研究中心,成为国际性的学术交流和研究基地。1982年国务院又将星湖风景名胜区(含七星岩、鼎湖山)列为全国第一批44个国家级重点风景名胜区之一。

鼎湖山面积11.55平方公里,最高处的鸡笼山顶高1000.3米,从山麓到山顶依次分布着河岸林、沟谷常绿阔叶林、季风常绿阔叶林、山地常绿阔叶林、灌丛草地等森林类型。而保存较好的南亚热带季风常绿阔叶林是有400多年历史的原始森林。鼎湖山因其特殊的研究价值闻名海内外,被誉为华南生物种类的"基因储存库"和"活的自然博物馆"。

---

① 1公顷=10000平方米。

本项目分为地貌旅游资源、水域风光旅游资源、气象、气候旅游资源和生物旅游资源四项任务,通过对各类自然旅游资源的概念和旅游吸引力因素的分析,熟悉各类自然旅游资源的代表景观,从而全面掌握自然旅游资源的相关知识与内容体系,为后续学习做好准备。

请学生收集自己家乡的自然旅游资源,并做成PPT进行展示。

项目二
中国人文旅游资源

项目目标

职业知识目标：
1. 了解中国主要人文旅游资源的旅游价值与分布状况。
2. 掌握中国人文旅游资源主要类别及代表性景观。

职业能力目标：
1. 能准确识别出各种人文旅游资源所属类型。
2. 能熟练讲解人文旅游资源形成的历史文化。

职业素质目标：
1. 通过学习我国人文旅游资源，使学生感受我国悠久的历史和古代劳动者的聪明才智，激发学生热爱祖国的情感。
2. 通过对人文旅游资源历史文化及代表性景观学习，锻炼学生撰写导游词的能力及讲解能力。

项目核心

人文旅游资源；历史遗迹；古建筑；古陵墓；园林；宗教；民俗风情

人文旅游资源又称人文景观旅游资源，是人类创造的，反映各时代、各民族政治、经济、文化和社会风俗民情状况，具有旅游功能的事物和因素。它们是人类历史文化的结晶，是民族风貌的集中反映，既包含人类历史长河中遗留的精神与物质财富，也包括当今人类社会的各个侧面。人文旅游资源由于分类目的和依据不同，所划分的类型也就不同。本书将其划分为历史遗迹类、古建筑类、古陵墓类、古典园林类、宗教类和民俗风情六类旅游资源。

任务一 历史遗迹旅游资源

任务导入

某国外文化考察团一行20人将在中国进行一次丝绸之路考察活动，计划到陕西西安、甘肃兰州、武威、张掖、敦煌、嘉峪关、青海西宁、新疆吐鲁番、乌鲁木齐、克拉玛依等地参观考察，请分析这条丝绸之路，并做好接待准备。

任务分析

在这个任务中，首先要了解丝绸之路的历史，熟知丝绸之路在中国境内所涵盖的地域以及丝绸之路沿线众多的历史文化古迹。其次，还要考虑交通、住宿、餐饮等问题。

一、历史遗迹旅游资源的概述

历史遗迹是指人类活动的遗迹、遗物和发掘的地址。它是民族、国家历史的记录，反映了各个历史时代的政治、经济、文化、科技、建筑、艺术、风俗等特点和水平，具有重大的历史价值。那些能够对旅游者产生吸引力、满足旅游体验要求、能够为旅游业所利用，并产生效益的历史遗迹就是历史遗迹旅游资源。历史遗迹类旅游资源分为古人类遗址、古城帝都、古道路遗址、古战场遗址、名人遗迹和近代革命活动遗址等类型。

二、主要的历史遗迹旅游资源

（一）古人类遗址

古人类遗址是指自人类发展到有文字记载以前的人类历史遗址，包括古人类化石、原始部落遗址、生产和生活器具、原始艺术及劳动产品等。由于这些遗迹和遗物的古老及反映人类起源的独特性质，使得它们成为人文旅游资源中年代最古老的景观。人们通过对古人类遗址的游览，可以获得关于人类起源、史前人类建筑、生存环境、生产和活动工具等方面的知识。

古人类遗址按生产工具性质可分为旧石器时代遗址和新石器时代遗址。中国的旧石器时代，在距今250万年至1万年之间，现已发现的旧石器时代人类化石有云南元谋人、重庆巫山猿人、陕西蓝田猿人、周口店北京猿人、内蒙古河套猿人等。其中北京周口店龙骨山村北京猿人遗址是我国最早发现的，也是当今世界上发现古人类遗址化石材料最齐全、最丰富的一处,是中外古人类遗址旅游价值最大的游览胜地之一。

新石器时代距今约 8000 多年,这个时期的人类已开始定居生活,广泛使用磨制石器,能制造陶器和纺织,从事畜牧业和农业。在我国,著名的新石器时代古人类遗址有仰韶文化、马家窑文化、大汶口文化、龙山文化、河姆渡文化等遗址。

(二) 古城帝都遗址

中国历史经历了许多朝代的更替,不同的朝代不仅建有自己的都城和城市体系,而且各诸侯国、邦国也都有自己的都城和城市。经过百年的风雨沧桑,许多历史都城已经荒废,但仍有不少古城名都经过修葺改造,至今光彩依然,如北京、西安等。

中国是一个文明古国,古都遗址较多,著名的有殷商都城遗址"殷墟",周朝都城遗址"丰镐遗址",秦都"咸阳遗址",汉代都城"长安遗址"等。其中殷墟遗址,位于河南安阳市北的小屯村一带,横跨洹河两岸。在其范围内出土了大批精致的随葬品,著名的"司母戊"青铜大方鼎,是我国至今发现的最大的青铜器,在世界青铜文化中也是罕见的。甲骨文也是殷墟最重要的发现之一。安阳殷墟生动形象地展示了殷商后期社会的真实面貌和中国文化高度发展的水平。

(三) 古道路遗址

古代人们为了政治、军事以及商贸往来,很早就开始修筑和开凿道路。在中国,周朝已经开始注意道路的修整,春秋战国时期开始修建穿越秦岭大巴山的道路,秦始皇统一中国后大规模修筑道路,形成了以咸阳为中心的四通八达的道路网。汉唐时期,随着疆域的开拓,国际交往的增多和经济贸易往来的发展更是广开道路,开辟了举世闻名的丝绸之路、唐蕃古道等。这些古代道路在历史上都发挥了重要作用,历经修补、改建,在沿途形成了众多的城镇、关隘。但随着时代的变迁、社会的兴衰,古道大多已被废弃成为历史遗迹。

古道路遗迹中以**丝绸之路**为典型。丝绸之路是中国汉代开创的将中国的丝织品从长安经康居、安息、叙利亚运往地中海各国的一条道路。它是一条连亚、欧、非三大洲的陆上交通线。在这条路上,有风光壮丽的高山、大河、沙漠、戈壁,有引人遐思的长城古道、烽燧,还有艺术荟萃的石窟、佛龛和文物,如图 2-1 所示。

此外,我国古道路还有南方丝绸之路和海上丝绸之路。

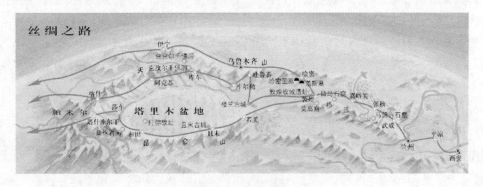

图 2-1 丝绸之路

知识衔接

茶马古道

在横断山脉的高山峡谷,在滇、川、藏"大三角"地带的丛林草莽之中,绵延盘旋着一条神秘的古道,这就是世界上地势最高的文化传播古道之一的"茶马古道"。其中丽江古城的拉市海附近、大理白族自治州剑川县的沙溪古镇、祥云县的云南驿、普洱市的那柯里是保存较完好的茶马古道遗址。

茶马古道起源于唐宋时期的"茶马互市"。因康藏属高寒地区,海拔都在三四千米以上,糌粑、奶类、酥油、牛羊肉是藏民的主食。在高寒地区,需要摄入含热量高的脂肪,但没有蔬菜,糌粑又燥热,过多的脂肪在人体内不易分解,而茶叶既能够分解脂肪,又防止燥热,故藏民在长期的生活中,创造了喝酥油茶的高原生活习惯,但藏区不产茶。而在内地,民间役使和军队征战都需要大量的骡马,但供不应求,而藏区和川、滇边地则产良马。于是,具有互补性的茶和马的交易即"茶马互市"便应运而生。这样,藏区和川、滇边地出产的骡马、毛皮、药材等和川滇及内地出产的茶叶、布匹、盐和日用器皿等等,在横断山区的高山深谷间南来北往,流动不息,并随着社会经济的发展而日趋繁荣,形成一条延续至今的"茶马古道"。

历史上的茶马古道并不只一条,而是一个庞大的交通网络。它是以川藏道、滇藏道与青藏道(甘青道)三条大道为主线,辅以众多的支线、附线构成的道路系统。地跨川、滇、青、藏,向外延伸至南亚、西亚、中亚和东南亚,远达欧洲。三条大道中,以川藏道开通最早,运输量最大,历史作用较大。

(四)古战场遗址

古战场一般都有险要的据守地形,并留下战争遗迹。古代的战场遗址、遗迹及有关历史事件无不吸引着游人前往怀古凭吊及观赏。我国较著名的古战场遗址有赤壁之战遗址、垓下之战遗址、五丈原之战遗址、重庆钓鱼城等地。

钓鱼城古战场遗址位于重庆市合川区东城半岛的钓鱼山上,其地雄关高峙,控扼三江(嘉陵江、涪江、渠江在周围交汇萦绕),自古为"巴蜀要冲"。在13世纪的抗蒙(元)战争中,合川钓鱼城作为川渝地区山城防御体系的重要组成部分,"婴城固守"达36年之久,对当时国内及欧亚地区的战争形势产生了深远影响。钓鱼城在古代战争史上,有特别重要的地位,吸引了许多中外学者、专家前来考察、凭吊,被欧洲人称为"东方的麦加城"。

(五)历史名人遗迹

历史名人是指对政治、经济、文化有贡献、有影响的人物。他们的事迹在历史上有记载,在人民群众中广为流传,成为后人楷模,并得到后人崇敬和缅怀。历史名人的诞生地、活动地、纪念性建筑,如故居、碑刻、祠堂等,供后人瞻仰、凭吊,成为历史文化景观。

历史名人有帝王、政治家、知名学者、人民心目中的英雄、宗教人士、科学家等。如"千古一帝"的秦始皇,五次出游,每到一地,都有他的遗迹;诸葛亮,隐居南阳,后入蜀,南征北伐,被视为"神人",全国的武侯祠有20余处;孙中山是近代史上的史诗人物,以他的名字命名的街区、学校遍及全国。特别是广州中山市翠亨村和上海的中山故居,广州市中山纪念堂,北京香山中山纪念堂和衣冠冢,南京临时大总统办公室原址和中山陵等。

(六)近现代重要史迹

近现代重要史迹是指中国自1840年鸦片战争至今发生的重大事件或举行的重大活动所留下来的遗迹和遗物。这些史迹不仅是进行近现代史教育和科学研究的良好场所,而且还吸引着大量游客,成为人文旅游资源的重要组成部分。

近现代重要史迹大体包括革命遗址、重要会议会址、烈士陵园、革命纪念性建筑等。例如,延安革命遗址、重庆和南京八路军办事处、中共一大会址、遵义会议会址、遵义红军革命烈士陵园、歌乐山烈士陵园等。革命纪念性建筑是指为纪念革命先烈、革命事件等目的而专门设立的建筑物,如纪念碑、纪念堂、纪念馆等。

任务二　古建筑旅游资源

任务导入

某国外旅游团一行15人将在中国北京进行为期3天的旅游活动,计划到北京故宫、天坛、长城等地参观考察,并体验入住北京的四合院,请分析这些旅游资源的类型及历史背景,并做好讲解准备。

任务分析

在这个任务中,首先要分析故宫、天坛、长城、四合院等所属的旅游资源类型,它们分别属于古建筑旅游资源中的宫殿建筑、祭祀建筑、军事防御工程和民居建筑,要完成讲解工作,就必须知道这四类旅游资源的历史、旅游价值等,并准备好各景点的讲解词。

一、古建筑旅游资源的概述

古建筑是指古代人们运用一定的建筑技术和建筑艺术,建成供人类生产、生活和其他活动使用的房屋或场所。它是一定区域的民族在某一历史时期所创造的建筑物,具有鲜明的地域性、时代性、科学性和艺术性,古建筑被喻为"凝固的音乐"和"石头的史书"。中国古建筑以其悠久的历史、独特的结构体系、丰富的建筑造型、优美的艺术装饰闻名于世。凡是能够吸引旅游者前来观赏,并产生社会效益和经济效益的古建筑,都可称为古建筑旅游资源。古建筑旅游资源按性质和功能分为宫殿建筑、祭祀建筑、民居建筑、伟大工程等。

二、主要的古建筑旅游资源

(一)宫殿建筑

宫殿是帝王权利的象征,历代帝王修建过许多宫殿。这些宫殿气势恢宏、巍峨壮丽,令人叹为观止。宫殿建筑体现了中国建筑的最高成就,突出了皇权至上的思想和严格的等级观念。中国历史上出现过许多著名的宫殿建筑,如秦朝的阿房宫,汉朝长安的长乐宫、未央宫和建章宫。唐代的大明宫、太极宫、兴庆宫等,可惜这些宫殿皆已不存在了。目前,我国保存完好的宫殿有三处,即北京的明清故宫、沈阳的清故宫和拉萨的布达拉宫,其中保存得最完好,而且规模最宏伟、最有代表性的宫殿是北京故宫,俗称"紫禁城"。

(二)祭祀建筑

奴隶社会和封建社会时期,治理国家的思想主要体现于两个方面:其一崇尚自然,其二崇尚祖先。历代帝王都十分重视对天地神灵的祭祀活动。坛庙、祠堂是就用来祭祀天地神灵、山川河岳、祖宗英烈和圣哲先贤的礼制性建筑物。

1. 坛庙

坛庙是祭祀天地和祖宗神灵的建筑。太庙和社稷坛是皇家专门用于祭祀活动的最早礼制建筑。随着礼制建筑思想的发展,明代礼制建筑发展到了顶峰,古都北京的祭祀建筑,规模和数量均超过历朝都城,号称九坛十八庙,有天坛、地坛、社稷坛、日坛、月坛、先农坛、太庙、历代帝王庙、孔庙等坛庙建筑。

国内代表性的坛庙有天坛、岱庙、孔庙等。北京天坛,始建于明永乐十八年(1420年),清乾隆、光绪时曾重修改建。为明、清两代帝王祭祀皇天、祈祷五谷丰登之场所;岱庙,又名东岳庙、泰岳庙、岱岳庙,是泰山规模最大的建筑群,也是秦汉以来历代帝王举行封禅大典的地方;曲阜孔庙是祭奠孔子的庙宇,始建于公元前478年。孔庙呈长方形,建筑群仿皇宫建制,九进院落、三路布局、左右对称。建筑群规模仅次于北京故宫古建筑群,是全国孔庙中规模最大、时代最早、规制最高的一座。

2. 名祠和宗祠

祠是封建制度下,社会公众或某阶层为共同祭祀先贤而修建的建筑群。如四川成都的武侯祠,是为纪念三国蜀丞相诸葛亮而建。包公祠,是纪念北宋包拯的专祠。

宗祠又名祠堂,是宗法制度下同族人供奉和祭祀祖先的地方,也是家族议事、学堂及履行族法、家法之地。如胡氏宗祠,位于安徽绩溪县,初建于宋,明兵部尚书胡宗宪在嘉靖时对祠堂进行大修,因此建筑具有明代风格,其中雕刻艺术有徽派"木雕艺术厅堂"的称誉。

(三)伟大工程

古代伟大工程是指古代劳动人民修建的,对国家政治、经济、军事和科学技术产生巨大影响的工程,它主要包括重大的军事防御工程、水利工程、桥梁工程等。伟大工程集中反映了一个国家和民族的科学技术智慧,体现了民族的精神和文化,所以,它们是重要的人文旅游资源。

1. 军事防御工程

长城是古代军事防御工程的典型代表。长城是古代中国在不同的时期,为了抵御塞北游牧部落联盟侵袭而修筑的规模浩大的军事工程的统称。如今保存下来的比较完好的长城,就是明长城的主要部分。它全长 6700 千米,号称"万里长城"。长城是我国古代劳动人民创造的伟大的奇迹,是中国悠久历史的见证。它与故宫,泰山,秦始皇兵马俑同为我国的第一批世界遗产,被世人视为中国的象征。1987 年 12 月,长城被列为世界文化遗产。

绵延万里的长城它并不只是一道单独的城墙,而是由城墙、关隘、敌台、烽火台以及城堡等等多种防御工事所组成的一个完整的防御工程体系。这一防御工程体系,由各级军事指挥系统层层指挥、节节控制。长城西起甘肃的嘉峪关,东至鸭绿江西岸,横跨甘、宁、陕、晋、冀等省区,逶迤绵延,巍然耸立。长城是古代一项军事防御工程,其重要价值就在于军事。据统计,自秦至清的 2000 多年间,在长城沿线进行的战争就有 350 多次。它为保护中原人民的生活安定和发展经济,以及保护丝绸之路的商旅往来都起过积极作用。

目前,作为旅游资源开发的长城游览点主要有八达岭长城、慕田峪长城、山海关长城,嘉峪关长城、司马台长城等。

2. 水利工程

人类在利用和改造水资源方面,创造了许多举世闻名的伟大工程,如都江堰、京杭大运河、灵渠、坎儿井,它们不仅在历史上发挥了巨大的作用,而且至今仍然起着作用。这些伟大工程,不但令后人惊叹,同时也为后人造就了独特的景色。对旅游者来说它们是历史吸引和自然吸引的综合体。

都江堰,位于四川都江堰市境内,是战国秦昭王时(公元前 306—公元前 251 年)由蜀郡太守李冰父子所领导,在岷江上游修建的伟大水利工程,其设计之科学,利用地形地势之巧妙,令人赞叹不已。都江堰工程由鱼嘴、飞沙堰、宝瓶口三部分组成。鱼嘴是江心分水岭,把岷江分为内外二江,外流正流,内江导入平原为灌溉水源,宝瓶口和飞沙堰共同调节内江水量,飞沙堰还可减少内江泥沙的淤积。水过宝瓶口由总灌渠入各支渠,灌溉着数 1000 平方公里田地,使川西平原成为"天府之国"。都江堰在新中国成立后经过修建与扩建,现在已能灌溉 5000 多平方公里农田,作为全世界至今为止,年代最久、唯一留存、以无坝引水为特征的宏大水利工程。

京杭大运河,是世界上最长的人工运河,也是古代水利工程的代表(见图 2-2)。它全长 1794 千米,南北贯穿京、津、冀、鲁、苏、浙 6 省市,沟通了海河、黄河、淮河、长江、钱塘江五大水系。京杭大运河始凿于公元前 5 世纪,后屡经扩张延伸,尤其隋、元两代大规模扩张、疏浚,终于形成重要的南北水道,使南粮北运得到漕运之便,也为今天的南水北调创造了条件。京杭大运河对中国南北地区之间的经济、文化发展与交流,特别是对沿线地区工农业经济的发展和城镇的兴起均起到了推动作用。2014 年,"大运河"作为文化遗产正式列入世界遗产名录。

图 2-2　京杭大运河路线图

坎儿井，是"井穴"的意思，早在《史记》中便有记载，时称"井渠"，新疆维吾尔语则称之为"坎儿孜"。坎儿井是荒漠地区特殊的灌溉系统，普遍存在于新疆吐鲁番地区。坎儿井与万里长城、京杭大运河并称为中国古代三大工程。坎儿井的结构，大体上是由竖井、地下渠道、地面渠道和"涝坝"（小型蓄水池）四部分组成。吐鲁番盆地北部的博格达山和西部的喀拉乌成山，春夏时节有大量积雪和雨水流下山谷，潜入戈壁滩下。人们利用山的坡度，巧妙地创造了坎儿井，引地下潜流灌溉农田。坎儿井不因炎热、狂风而使水分大量蒸发，因而流量稳定，保证了自流灌溉，如图 2-3 所示。

3. 桥梁工程

中国是桥的故乡，自古就有"桥的国度"之称。桥发展于隋，兴盛于宋，遍布在神州大地的桥编织成四通八达的交通网络，连接着祖国的四面八方。我国古代桥梁的建筑艺术，有不少是世界桥梁史上的创举，充分显示了我国古代劳动人民的非凡智慧。其中河北的赵州桥、北京的卢沟桥、广东的广济桥（湘子桥）和福建的洛阳桥并称为中国四大古桥。

赵州桥，又名安济桥，建于隋大业（605—618 年）期间，是著名匠师李春建造。桥长 50.82 米，跨径 37.02 米，是当今世界上跨径最大、建造最早的单孔敞肩型石拱桥，也是我国现存最古老的大跨径石拱桥。这座桥建造在河北省赵县城南五里的洨河上，气势宏伟，造型优美，结构奇特，远远看去，好像初露云端的一轮明月，又像挂在空中的一道雨后彩虹，十分

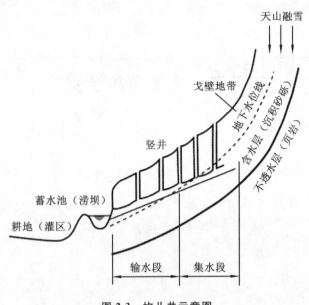

图 2-3　坎儿井示意图

美丽壮观。

卢沟桥位于北京城西南,跨永定河之上,它是北京最古老的石造多孔联拱桥。始建于金大定二十九年(1189年),成于明昌三年(1192年)。至今已有八百多年的历史。桥全长212.2米,宽9.3米。桥的两侧有281根望柱,每根望柱上有金、元、明、清历代雕刻的石狮,这些石狮神态各异,栩栩如生。许多小狮或藏或露,变化万千,难以计算之故,所以自古有"卢沟桥石狮数不清"的歇后语流传。桥畔两头还各筑有一座正方形的汉白玉碑亭,每根亭柱上有盘龙纹饰雕刻。尤以桥的东端北侧御碑亭的石碑上,刻有清乾隆皇帝御笔亲题的"卢沟晓月"最为知名,"卢沟晓月"也是著名的"燕京八景"之一。

洛阳桥在今惠安、洛江分界的洛阳江入海口,又名"万安桥"。于北宋皇祐五年至嘉祐四年(1053—1059年)由郡守蔡襄主持建造,历六年竣工,是我国古代著名的梁式石桥。因在江海交汇处造桥,江阔水深,工程艰巨,造桥者首创"筏型基础"以造桥墩,种植牡蛎以固桥基,是我国古代重要的科学创新。

广济桥,俗称湘子桥,位于潮州古城东门外,横跨韩江,联结东西两岸,为古代广东通向闽浙交通要津,也是潮州八景之一。广济桥以集梁桥、浮桥、拱桥于一体的独特风格,是我国古桥的孤例,被著名桥梁专家茅以升誉为"世界上最早的启闭式桥梁"。

(四) 民居建筑

中国是一个幅员辽阔、历史悠久、民族众多的国家,在漫长的农业社会中,生产力的水平比较落后,人们为了获得比较理想的栖息环境,以朴素的生态观,顺应自然和以最简便的手法创造了宜人的居住环境。因此,中国各地区的自然环境和人文环境不同,各地民居也显现出多样化的面貌。中国古民居建筑最有特色、最有代表性的是北京四合院、陕西的窑洞、广东围龙屋、广西的"杆栏式"和云南的"一颗印",它们被称为中国五大特色古民居建筑。

中国旅游地理

任务三 古陵墓旅游资源

任务导入

国内一考古文化团15人将在中国进行为期5天的考察活动,计划到秦始皇陵、乾陵、明十三陵、清东陵、清西陵等地参观考察,请分析这些陵墓的历史背景,并做好讲解准备。

任务分析

在这个任务中,就必须熟悉陵墓类旅游资源的历史、旅游价值等,并准备好各景点的讲解词。

一、古陵墓旅游资源的概述

中国古人有"灵魂不灭"和"厚葬以明孝"的文化意识,普遍重视丧葬。先人死后,以陵墓安葬,表示对先人的尊敬与怀念。在古陵墓中,帝王陵墓的规模最为庞大,古代帝王官宦都是选择所谓"乾坤聚秀之区,阴阳汇合之所"来建造陵墓的。陵区建筑规模大、用材优、技艺精,并且风景优美、山清水秀,在建筑上反映了当时的建筑思想和艺术水平,因此陵区本身就是一处风景旅游地。

二、古代帝王陵墓的发展演变

我国从第一个奴隶制王朝夏到最后一个封建王朝,历时三千余年,共有帝王五百余人。帝王陵寝不仅数量众多、历史悠久、在世界上独一无二,而且布局严谨、建筑宏伟、工艺精湛,具有独特的风格,在世界文化史上占有重要的地位。我国古代帝王陵墓形制发展经历了以下几个重要阶段:

(一)方上——秦汉

根据考古学家的发掘,早在夏商时期我国就出现了具有一定规模的君王陵墓区。这时帝王陵寝的陵区规划、陵园建筑、陵墓形制以及随葬制度已经初具雏形,经过2000余年的发展,到秦汉时期基本定型。

秦始皇陵封土采用方上形制,顶部平坦,陵体四周筑有两层城垣。始皇陵是目前已知的中国封建社会规模最大的一座帝王陵墓,也是我国古代陵寝发展史上的里程碑。汉承秦制,墓室深埋地下,累土为方锥形去其上部,作为陵体,形状酷似覆斗。陵园前开始出现神道,两侧建有石雕刻和石建筑。汉代帝王陵墓以武帝茂陵规模最大。

（二）以山为陵——隋唐

唐朝是中国封建社会的高峰时期，在陵墓建造上比前代更加追求陵冢的高大。为了显示雄伟壮观，防止盗墓和水土流失，唐太宗开创了以山为陵的先河，选择有气势的山脉为陵体，开凿墓室。平面布局是在山陵四周建筑方形陵墙围绕，四面建门，门外立石狮，四角建角楼，神道顺地势向南延伸，两侧的石人石狮比前代增多。这种利用天然山势环境，加以人工规划而建成的庞大陵区，更能体现出封建帝王唯我独尊的心理取向和一统华夏的强大意志。

（三）宝城宝顶——明清

明清时对陵寝制度又做了一次重大的改革。朱元璋开启了明代的统治，其孝陵的封土形式及布局也成了明清两朝皇陵的标准格式。孝陵没有模仿唐代的以山为陵，而是采取"宝城宝顶"的建制，既威严肃穆，又防止雨水冲刷，起到良好的保护作用。十三陵延续这种建制，集中建造在一起，各陵既各自独立，又有共同的入口和共同的神道，组成一个统一的既完整又有气势的皇陵区。

三、主要的古陵墓旅游资源

（一）秦始皇陵

秦始皇陵，为中国历史上第一位皇帝——秦始皇嬴政的陵墓，是世界第八大奇迹，世界文化遗产，国家重点文物保护单位。秦始皇陵位于陕西省西安市临潼区骊山脚下。据史书记载，秦始皇嬴政从13岁即位时就开始营建陵园，由丞相李斯主持规划设计，大将章邯监工，修筑时间长达38年，工程之浩大、气魄之宏伟，创历代封建统治者奢侈厚葬之先例。现存陵冢高76米，陵园布置仿秦都咸阳，分内外两城，内城周长2.5公里，外城周长6.3公里。陵冢位于内城西南，坐西面东，放置棺椁和陪葬器物的地方，为秦始皇陵建筑群的核心，目前尚未发掘。据史料记载，秦陵中还建有各式宫殿，陈列着许多奇异珍宝。秦陵四周分布着大量形制不同、内涵各异的陪葬坑和墓葬，现已探明的有400多个。秦始皇陵是世界上规模最大、结构最奇特、内涵最丰富的帝王陵墓。

（二）乾陵

乾陵是中国乃至世界上独一无二的一座两朝帝王、一对夫妻皇帝合葬陵。里面埋葬着唐王朝第三位皇帝高宗李治和中国历史上唯一的女皇帝武则天。乾陵建于公元684年，历时23年才修建完成。乾陵最著名的就是它气势磅礴的陵园规划，以及地表上大量的唐代石刻。除主墓外，乾陵还有十七个小型陪葬墓，葬有其他皇室成员与功臣。乾陵是唐十八陵中主墓保存最完好的一个。

（三）明十三陵

明十三陵是中国明朝皇帝的墓葬群，坐落在北京西北郊昌平区境内的天寿山。这里自永乐七年（1409年）五月始作长陵，到明朝最后的皇帝崇祯葬入思陵止，其间230多年，先后修建了十三座皇帝陵墓、七座妃子墓、一座太监墓。

明长陵位于天寿山主峰南麓，是明朝第三位皇帝成祖文皇帝朱棣（年号"永乐"）和皇后

徐氏的合葬陵寝。在十三陵中建筑规模最大,营建时间最早,地面建筑也保存得最为完好。它是十三陵中的祖陵,也是陵区内最主要的旅游景点之一。

明定陵是明代第十三位皇帝神宗显皇帝朱翊钧(年号"万历")的陵墓。这里还葬有他的两个皇后。该陵坐落在大峪山下,位于长陵西南方,建于1584—1590年。主要建筑有祾恩门、祾恩殿、宝城、明楼和地下宫殿等。它是十三陵中唯一一座被发掘了的陵墓,定陵地宫可供游人参观。

(四)清东陵和清西陵

清东陵和清西陵是中国现存规模最大、保存最完整的帝王陵墓群。与历代帝王陵园相比,它的年代距今最近,影响也较大,在陵寝发展史上处于突出的地位。清东陵位于河北遵化市境内,而西陵位于河北西北易县,两者成两翼齐飞之势相互遥望又得兼顾"风水"。清西陵是中国清朝前期、中期、晚期陵寝建筑艺术的代表作品。四座帝陵建筑规模宏大、布局合理、宫殿辉煌、石雕精美、形式多样、内涵丰、保存完整;后妃园寝严格按照封建等级制度的规格建造,虽久经大自然的风雨剥蚀,其规模与原貌仍存。

任务四 园林旅游资源

任务导入

国内一旅游团25人将在苏州进行为期2天的游览观光活动,计划重点到苏州四大园林进行参观,请分析这些园林建立的历史背景,并做好讲解准备。

任务分析

在这个任务中,就必须熟悉园林类旅游资源的发展历史、旅游价值等,并准备好各景点的讲解词。

一、园林旅游资源的概述

园林即"在一定的地域运用工程技术和艺术手段,通过改造地形,或进一步筑山、叠石、理水,种植树木花草,营造建筑和布置园路等途径创作而成的美丽自然环境和游憩境域"。园林具有观赏游览、读书养性、休憩娱乐、陶冶情操的功能。我国自然式山水风景园林如同我国的建筑、绘画一样在世界上独树一帜,别具艺术情趣和观赏价值。

二、中国园林的发展历史

中国古典园林,又称"中国传统园林"或"古代园林"。它有着悠久的历史,据相关典籍记载,我国造园始于商周,称之为"囿"。最初的囿,就是把自然景色优美的地方圈起来,放养禽兽,供帝王狩猎,所以也叫游囿。

汉代起称苑。汉代在秦的基础上把早期的游囿,发展到以园林为主的帝王苑囿行宫,除布置园景供皇帝游憩之外,还举行朝贺,处理朝政。汉高祖的"未央宫",汉文帝的"思贤园",汉武帝的"上林苑",梁孝王的"东苑",宣帝的"乐游园"等,都是这一时期的著名苑囿。

魏晋南北朝是我国社会发展史上的一个重要时期,一度社会经济繁荣,文化昌盛,士大夫阶层追求自然环境美,游历名山大川成为社会上层普遍风尚。文人、画家参与造园。佛教的传入及老庄哲学的流行,使园林转向崇尚自然。这个时期私家园林也逐渐增多。

唐宋时期园林达到成熟阶段。官僚及文人墨客自建园林或参与造园工作,将诗与画融入园林的布局与造景中,反映了当时社会上层阶级的诗意化生活要求。另外,唐宋写意山水园林在体现自然美的技巧上取得了很大的成就,如叠石、堆山、理水等。

明、清是中国园林创作的高峰期,园林艺术进入精深发展阶段。无论是江南的私家园林,还是北方的皇家园林,在设计和建造上都达到了高峰。现代保存下来的园林大多属于明清时代,这些园林充分体现了中国古典园林的独特风格和高超的造园艺术。

三、中国古典园林的分类

(一)按园林所有者的身份划分

1. 皇家园林

皇家园林是专供帝王休憩游乐的园林。它有以下特点:一是规模宏大,以自然山水为依托;二是园中建筑色彩富丽堂皇,装饰多以龙凤图案为主;三是建筑物体量较大。园中有行宫,园中有园,吸收了全国各地园林的长处。现存著名的皇家园林有北京颐和园、北京北海、承德避暑山庄等。

2. 私家园林

私家园林是皇家的宗室外戚、王公官吏、富商大贾等修建的园林。这些园林大多建在城内,与住宅相结合,主要特点是占地面积小,建筑物小巧玲珑,色彩淡雅素净,园中多用假山假水。例如,苏州的拙政园、留园、扬州个园、北京的恭王府等。

3. 寺观园林

寺观园林是由寺观、名胜古迹和自然风景组成的宗教性自然风景区,多分布在远离城市的地方。中国寺观园林分布非常广泛,遍及名山大川,数量远远超过皇家园林和私家园林,如北京潭柘寺、白云观、镇江金山寺等。

4. 公共园林

公共园林主要是经长期开发而逐步形成的具有公园性质的园林,如杭州西湖、济南趵突泉、北京什刹海等。

(二)按园林风格划分

1. 北方园林

北方园林由于受北方自然地理条件的限制,河溪湖泊和常绿树木较少,但范围较大,又因大多位于古都之中,所以建筑富丽堂皇,风格趋于粗犷豪放。北方园林的代表大多集中于北京、西安、开封、洛阳,其中尤以北京为代表。

2. 江南园林

江南园林是分布在长江三角洲一带的私家园林。由于江南人口较密,而江南园林又多在城市,所以园林地域范围小,又因河湖、园石、常绿树较多,所以园林景致细腻精美。其特点为明媚秀丽、淡雅朴素、曲折幽深,但面积小,略感局促。其代表大多集中于南京、上海、无锡、苏州、杭州、扬州等地,尤以苏州园林为代表。

3. 岭南园林

岭南园林是指明清时期闽、粤地区发展起来的私家园林。由于其发展历史较晚,曾师法北方园林与江南园林,同时又受到近代西方构园方法的影响,集三方造园手法之长,结合本地自然环境的特点,风格独具。岭南园林也以小巧的庭院为主,但要比江南园林宽敞,在建筑装饰中喜欢采用西方式的彩色玻璃及花砖等。由于气候炎热,在园林建筑上,水庭、船厅等形式运用比较多。由于地理纬度较低,园林内的植物以榕树、木棉树和藤本植物为主,具有明显的热带和南亚热带景观特色。保留至今较为著名的岭南园林主要分布在珠江三角洲一带,有广东番禺的余荫山房、顺德的清晖园、佛山的梁园和东莞的可园等。

4. 少数民族园林

少数民族园林指我国一些少数民族的庭院、寺庙内的园林。例如,西藏的罗布林卡,新疆、宁夏一些伊斯兰教的清真寺内的园林等,其中罗布林卡规模较大,花木繁盛,宫殿建筑精美别致,具有浓厚的民族色彩和宗教氛围,为中国古代最著名的藏式园林。

景点讲解案例　苏州园林

苏州素有"园林之城"美誉。苏州园林源远流长,全盛时200多处园林遍布古城内外,至今保存完好的尚存数十处,代表了中国江南园林风格。苏州古典园林以其古、秀、精、雅、多而享有"江南园林甲天下,苏州园林甲江南"之誉,是苏州独有的旅游资源。1997年12月4日联合国世界遗产委员会第21届全体会议批准了以拙政园、留园、网师园、环秀山庄为典型例证的苏州古典园林列入《世界遗产名录》;2000年11月30日,联合国教科文组织世界遗产委员会第24届会议批准沧浪亭、狮子林、艺圃、耦园、退思园增补列入《世界遗产名录》。

苏州的造园家运用独特的造园手法,在有限的空间里,通过叠山理水,栽植花木,配置园林建筑,并用大量的匾额、楹联、书画、雕刻、碑石、家具陈设和各式摆件等来反映古代哲理观念、文化意识和审美情趣,从而形成充满诗情画意的文人写意山水园林,使人"不出城廓而获山水之怡,身居闹市而得林泉之趣",达到"虽由人作,宛若天开"的艺术境地。

任务五　宗教旅游资源

任务导入

国内一宗教考察旅游团 15 人将在国内进行为期 10 天的宗教考察活动，计划到中国的佛教名山四川峨眉山、浙江普陀山、山西五台山、安徽九华山进行考察，请做好讲解准备。

任务分析

在这个任务中，就必须熟悉我国宗教的发展历史、宗教旅游资源的概况、旅游价值等，并准备好各景点的讲解词。

一、宗教旅游资源的概述

宗教是人类历史上一种古老而又普遍的社会文化现象，而宗教旅游资源的形成，一般都是宗教与当时政治、经济、社会文化等因素相互影响、相互作用的结果。这多种因素的互动及长期积淀才形成了现存的宗教旅游资源。所以，宗教旅游资源是指能激发旅游者的旅游动机，具有一定旅游价值和旅游功能，并能产生良好的经济效应、社会效应和生态效应的各种宗教事物或现象的总和。它们既具有宗教内涵，又具有丰富的历史、社会、文化、艺术、民俗方面的深厚底蕴。宗教旅游资源种类与内容非常丰富，根据宗教文化的内容，可以分为宗教圣地、宗教名山、宗教建筑和宗教文化艺术等。

二、主要的宗教旅游资源

（一）宗教圣地

宗教圣地是指历史悠久、规模宏大、宗教建筑密集、辐射范围广、八方信徒仰慕的大型宗教活动场所。宗教圣地旅游资源即指由宗教圣地及宗教圣地文化构成的旅游资源。我国著名的佛教圣地有山西五台山、浙江普陀山、安徽九华山和四川峨眉山。其中峨眉山为普贤菩萨的道场；九华山为地藏菩萨的道场；普陀山为观音菩萨的道场；五台山为文殊菩萨的道场。道教圣地有江西龙虎山、湖北武当山、四川青城山、安徽齐云山等。

（二）宗教名山

除了宗教圣地，我国还有众多的宗教名山旅游资源。著名的宗教名山旅游资源有：鸡足山、千山、天台山、天童山等佛教名山旅游资源；泰山、华山、衡山、恒山、嵩山、崂山、罗浮山等道教名山旅游资源。这些旅游资源不仅数量多，分布广，而且内涵深刻、意蕴丰富。

（三）宗教建筑

宗教建筑旅游资源数量众多，规模宏大，分布广泛，造型特殊，结构奇巧，风格独特，保存完整，在宗教旅游资源中首屈一指。我国宗教建筑旅游资源主要有佛教的寺庙和塔、道教的道观和伊斯兰教的清真寺等。

佛教建筑，属于东方建筑，种类繁多，建筑追求布局艺术。寺庙和佛塔为佛教主要建筑。寺庙又由庵、堂、丛林、刹、禅林、宫等组成。如中国的佛教建筑，用一进进院落构成布局严谨的建筑群体，内设天王殿、大雄宝殿、七佛殿、菩萨殿、五百罗汉堂、藏经阁等单体建筑。由于受各地建筑风格的影响，形成了汉地佛教寺庙、藏传佛教寺庙、喇嘛庙、南传佛教寺庙和汉藏混合型寺庙等多种类型。比较著名的有承德避暑山庄的外八庙、拉萨的布达拉宫和大昭寺、青海的塔尔寺、杭州的灵隐寺、福建泉州的开元寺、河南嵩山的少林寺、北京的碧云寺等。塔在佛教建筑中最为醒目。佛塔造型美观，多建于山巅、水边或空旷之地。中国塔一般由地宫、塔基、塔身和塔刹组成。中国四大名塔为河南登封的嵩岳寺塔、山西应县的释迦塔、云南大理的千寻塔和山西洪洞的飞虹塔。此外，享誉国内外的名塔还有泉州开元寺双塔，江苏苏州的云岩寺塔等。

道教宫观的建筑形式和布局与佛教寺院的建筑大体相仿，一般采用中轴线、院落式布局，只是殿堂的名称与所供奉的神像不同而已。主要殿堂有山门殿、灵宫殿、三清殿、玉皇殿、三官殿等。北京白云观是道教全真派的圣地，号称"全真第一丛林"，是我国北方道教的中心，现为中国道教协会所在地。

清真寺是我国对伊斯兰教寺院的统称。国外绝大多数伊斯兰教寺院和我国沿海、新疆的某些清真寺，均采取阿拉伯或中亚风格，大殿上均有圆顶建筑，有的还单独建有尖塔。中国内地大部分著名清真寺大多采纳以中国传统的殿宇式四合院为主的建筑形式。清真寺中的礼拜殿是其主要建筑，殿内不设偶像，殿内佛龛必须背向麦加。寺内的装饰忌用动物图案，而多采用几何纹、植物纹、山水、日月、阿拉伯文字等。我国著名的清真寺有新疆的艾提尕尔清真寺、青海的东关清真大寺、陕西西安的化觉巷清真大寺和银川南关清真大寺。

（四）宗教文化艺术

宗教文化艺术主要包括宗教石窟、宗教绘画艺术。石窟艺术是佛教建筑、雕塑、绘画、书法的综合艺术。我国共有石窟200多处，其规模和数量均位居世界之首。敦煌莫高窟、大同云冈石窟、洛阳龙门石窟和甘肃麦积山石窟被称为中国四大石窟。

佛教雕塑主要是指寺院和石窟中雕刻、塑造的佛像以及各种金、石、玉、木、陶等雕刻而成的器皿等艺术品。佛教造像是最有艺术表现力、最吸引人的注意力和观赏兴趣的旅游景观。例如：四川省乐山市凌云山上的石刻弥勒坐像，通高约71米，是当今世界最高大的一尊佛像；北京雍和宫万福阁里供奉的白檀木大佛，全高26米，直径3米，是我国最大的一尊独木雕佛，有极高的艺术价值。

佛教壁画是佛教绘画旅游资源的主要部分，它是指在石窟的石壁或寺庙的墙壁上所做的画。我国著名的佛教壁画有甘肃敦煌莫高窟的壁画，新疆克孜尔石窟的壁画等。帛画是画在丝织品上的画。藏传佛教地区的佛教帛画称唐卡。青海省塔尔寺"三绝艺术"中有两绝是佛教绘画,即堆绣和壁画,还有一绝是酥油花。

> **知识衔接**
>
> ### 大足石刻
>
> 　　大足石刻是位于重庆大足区境内所有石窟造像的总称,迄今公布为文物保护单位的石窟多达75处,雕像五万余尊,它代表了公元9—13世纪世界石窟艺术的最高水平,是人类石窟艺术史上最后的丰碑。大足石刻始凿于公元7世纪的初唐时期,在9—13世纪的两宋时期达到鼎盛。它从不同侧面展示了唐、宋时期中国石窟艺术风格的重大发展和变化,具有前期石窟不可替代的历史、艺术、科学价值,并以规模宏大、雕刻精美、题材多样、内涵丰富、保存完好而著称于世。1999年12月,以宝顶山、北山、南山、石门山、石篆山五山为代表的大足石刻,被联合国教科文组织列入《世界遗产名录》。
>
> 　　北山石刻,位于大足区主城北1.5公里的北山山巅(俗称佛湾),由唐末昌州刺史、昌普渝合四州都指挥韦君靖于唐景福元年(892年)首先开凿,后经地方官绅、士庶、僧尼等相继营建,至南宋绍兴末年(1162年),方具现存规模。北山石刻造像依岩而建,造像崖面长约300米,高7~10米,形若新月。龛窟密如蜂房,分为南、北两段,通编为290号,其中造像264龛窟,近万尊,阴刻图1幅,经幢8座。北山石刻造像主要为世俗祈佛出资雕刻,题材丰富,以密宗造像为主,约占总数的二分之一以上。北山石刻晚唐造像题材有12种类型,以观音及观音、地藏合龛和阿弥陀佛胁侍观音、地藏居多。晚唐造像端庄丰满,气质浑厚,衣纹细密,薄衣贴体,具有盛唐遗风。北山石刻宋代造像有21种题材,尤以观音最为突出,被誉为"中国观音造像陈列馆"。宋代造像人物个性鲜明,体态优雅,比例匀称,穿戴艳丽,极富装饰之美。北山石刻现存碑碣7通。其中,刻于公元895年的《韦君靖碑》,具有补唐史之阙的重要价值;北山石刻以其精美典雅,时代特征显著,雕刻细腻,技艺精绝,保存完好而著称于世,又集晚唐、五代、两宋作品于一体,展示了晚唐以后各个时期石窟艺术的不同风貌和发展演变,被誉为"唐宋石刻艺术陈列馆"。
>
> 　　宝顶山摩崖造像由南宋名僧赵智凤于南宋淳熙至淳祐年间(1174—1252年)主持开凿而成,前后历时70余年,是一处以大佛湾、小佛湾为主体,包括转法轮塔(倒塔)、珠始山、佛祖岩等外围造像,以及圣寿寺、广大寺等庙宇在内的大型石窟造像群。宝顶山摩崖造像规模宏大,内容丰富。图文并茂,构图严谨,教义体系完备。文字通俗,言简意赅。注重阐述哲理,涵盖社会思想博大,把佛教的基本教义与中国儒家的伦理、理学的心性以及道教的学说融为一体,博采兼收,具有极大的社会鉴戒作用,显示了中国宋代佛学思想的特征。生活气息浓郁,地方特色鲜明,是石窟艺术民族化、生活化的典范,反映出源于印度的石窟艺术至此已完成了中国化进程。造像以能晓之以理,动之以情,诱之以福乐,威之以祸苦为创作原则,并能融科学原理于艺术造型之中,是石窟艺术的集大成之作。

任务六　民俗旅游资源

任务导入

国内一旅游团 15 人将到云南进行为期一周的游览观光活动,计划重点体验部分少数民族的民俗风情,如大理白族、丽江纳西族、西双版纳傣族等,请分析这些民族民俗风情的特色,并做好讲解准备。

任务分析

在这个任务中,必须熟知大理白族、丽江纳西族、西双版纳傣族等民族的风俗风情,如传统民居、饮食习俗、传统服饰、节庆活动等内容,并做好各民族民俗文化的讲解准备。

一、民俗旅游资源的概述

民俗是指各民族独特的生活习惯和生活方式。它包括居住、饮食、服饰、生产、岁时、婚丧嫁娶、宗教信仰、禁忌、口头文学、心理特征、审美情趣等。民俗的形成与地理环境、政治、经济、民族、宗教等诸因素关系密切。它是在共同地域、共同历史的作用下,形成积久成习的文化传统。民俗旅游资源的类型与民俗的类型有关,主要包括传统民居、饮食习俗、传统服饰、节庆活动等。

二、主要的民俗旅游资源

(一) 传统民居

民居同人们的生活密切相关,受气候、地形、土质、民族文化和生产力水平等诸多因素的影响,各地民居具有鲜明的民族特点和浓厚的地方特色。

1. 庭院式民居

这是中国传统民居最主要的形式,数量多,分布广。这种住宅以木构架房屋为主,在南北向的主轴线上建正厅或正房,正房前面左右对峙建东、西厢房。这种一正两厢组成院子,即通常所说的"四合院"、"三合院"。长辈住正房,晚辈住厢房,妇女住内院,来客和男仆住外院,这种分配符合中国封建社会家庭尊卑、长幼、内外的礼法要求。这种形式的住宅以北京的四合院最具代表性。

2. 黄土窑洞

中国北方黄河中上游地区窑洞式住宅较多,在陕西、甘肃、河南、山西等黄土地区,人们利用黄土层厚、质地均一、壁立不倒的特性,沿水平方向挖出拱形窑洞,并将数洞相连,在洞内加砌砖石,建造窑洞。窑洞防火,防噪音,冬暖夏凉,节省土地,经济适用,将自然图景和生活图景有机结合,是因地制宜的完美建筑形式,渗透着人们对黄土地的热爱和眷恋。窑洞主要有三种类型:靠崖式窑洞、独立式窑洞和下沉式窑洞。

3. 江南水乡民居

江南水乡民居以苏州为代表。素有"东方威尼斯"之称的苏州水网密布,地势平坦,房屋多依水而建,门、台阶、过道均设在水旁,民居自然融于水、路、桥之中,多楼房,砖瓦结构为主。青砖蓝瓦、玲珑剔透的建筑风格,形成了江南地区纤巧、细腻、温情的水乡民居文化。由于气候湿热,为便于通风隔热潮防雨,院落中多设天井,墙壁和屋顶较薄,有的有较宽的门廊或宽敞的厅阁。

4. 干栏式民居

干栏式民居主要分布在中国西南的云南、贵州、广东、广西等地区,为傣族、景颇族、壮族等少数民族的住宅形式。它是一种下部架空的住宅,具有通风、防盗、防潮、防兽等特点。这种楼居形式把空间形态、依山就势的支撑、悬挑和错层以及木构件的卯榫技术推向了极高的水平。其特点是用竹或木为柱梁搭成小楼,上层住人,下层作牲畜圈或储存杂物之用。《旧唐书》曰:"人并楼居,登梯而上,号为干栏。"

5. 碉房

碉房是青藏高原以及内蒙古部分地区常见的居住建筑形式。当地并无专名,外地人因其用土或石砌筑,形似碉堡,故称碉房。碉房一般为2~3层。底层养牲畜,楼上住人。过游牧生活的蒙、藏等民族的住房还有"毡帐",这是一种便于装卸运输的可移动的帐篷。

6. 蒙古包

蒙古包是内蒙古地区典型的帐幕式住宅,以毡包最多见。内蒙古温带草原的牧民,由于游牧生活的需要,故多以易于拆卸迁徙的毡包为住所。传统上蒙古族牧民逐水草而居,每年大的迁徙有4次,有"春洼、夏岗、秋平、冬阳"之说,因此,蒙古包是草原地区流动放牧的产物。

(二) 饮食习俗

民以食为天。饮食在人们的生活中占有十分重要的位置。中国的饮食文化历史源远流长,博大精深。它经历了几千年的发展,逐渐形成了自己独特的饮食民俗。中国汉族地区的菜肴主要有八大地方菜系,各种菜肴的选料、口味、烹饪技艺、造型等各不相同,构成了丰富多彩的饮食文化。各少数民族多有自己的饮食习俗与爱好,其风味饮食,更是名目繁多,特色鲜明。例如,蒙古族的全羊席,傣族的竹筒饭,朝鲜族的烧烤、泡菜,维吾尔族的烤羊肉串,藏族的糌粑、酥油茶,壮族的五色饭及布依族的鸡肉稀饭等都很有特色。

(三) 传统服饰

1. 汉族服饰

旗袍原来是清代满族服饰,我国近代妇女普遍穿用。旗袍以它浓郁的民族风格,体现了中华民族传统的服饰美,不仅成为中国女装的代表,也被认为是"东方传统女装"的象征。中山装是辛亥革命后开始流行的男式上衣。我国福建省惠安地区女装在汉族服饰中很有特点。惠安女离家外出,总是离不开竹斗笠和花头巾,把整个脸部裹住。惠安女穿的上衣特别短,可露出肚脐,下身穿的宽脚长裤,裤脚又长又大,民间有"封建头、民主肚、经济衫、浪费裤"的说法。

2. 少数民族服饰

苗族姑娘喜戴银饰,苗家姑娘盛装的服饰常常有数公斤重,有的是几代人积累继承下来的。素有"花衣银装赛天仙"的美称。苗家银饰的工艺,华丽考究、巧夺天工。苗家姑娘的裙子叫百褶裙,一条裙子上有褶 500 多个,而且层数很多,有的多达三四十层。这些裙子从纺织布到漂染缝制,一直到最后绘图绣花,都是姑娘们自己独立完成。

藏袍是藏族人民所穿的长袍。袍长及脚,衣襟在身体的右面,系腰带。领口、袖口、衣襟上有彩色布条或细毛皮镶边。袍内穿绸或布长袖衬衫,男子下穿裤,女子下穿裙,喜欢在袍前面扎一条红绿相间、用染色羊毛织成的围裙——邦登,习惯袒露右肩臂。藏族同胞特别喜爱"哈达",把它看作是最珍贵的礼物。"哈达"是雪白的织品,一般宽二三十厘米、长一至两米,用纱或丝绸织成。每有喜庆之事,或远客来临,或拜会尊长,或远行送别,都要献哈达以示敬意。

蒙古族男女老幼一年四季都穿长袍,俗称蒙古袍。春秋穿夹袍,夏季穿单袍,冬季穿皮袍、棉袍。男袍比较肥大,女袍则比较紧身,以显示出女子身材的苗条和健美。蒙古袍的特点是袖长而宽大,高领、右衽,多数地区下摆不开衩。袍子的边缘、袖口、领口多以绸缎花边,"盘肠"、"云卷"图案或虎、豹、水獭、貂鼠等皮毛装饰。蒙古族男子多喜欢穿蓝色、棕色,女子则喜欢穿红、粉、绿、天蓝色。

傣族服饰淡雅美观,既讲究实用,又有很强的装饰意味。傣族男子一般喜穿无领对襟或大襟小袖短衫,下着长管裤,多用白布、氽红布或蓝布包头。妇女服饰,因地区而异。德宏一带傣族妇女,婚前多穿浅色大襟短衫,下穿长裤,束一小围腰,婚后穿对襟短衫,花色或黑色筒裙。西双版纳的傣族妇女上着白色或天蓝色等紧身内衣,大襟或对襟圆领窄袖衫,下身多为花色长筒裙。

知识衔接

来自远古的回响——赫哲族鱼皮衣

赫哲族只有四千人,是我国人口最少的 6 个民族之一,人口虽少,却拥有着极其悠久的历史,追溯其根源,早在商周时代,就有关于赫哲人祖先的传说。赫哲族最直接的远祖是隋唐时称作"靺鞨"的"黑水部"之先民。至辽金元明时期,赫哲族的先祖又被称为"女真"、"女直"。直到清康熙二年,"赫哲"这个称谓才被正式确定下来,它来源于赫哲人自称的"赫真",意为"下游"、"东方",即居住在"下游"、"东方"的人们。

勤劳善良的赫哲族人创造了灿烂的民族文化,其中最具魅力的当属其独特的传统服饰——鱼皮衣。赫哲人聚集的小村落,位处我国极北之地,与世隔绝没有棉麻制品,可以用来做衣服的原料只有鱼皮兽皮,鱼又是相对容易得到的,因此聪慧的赫哲人创造了用鱼皮制衣的技艺,历史上"鱼皮部"的别称因此得来。

鱼皮衣有轻薄、保暖、耐磨、防潮的特点,且不透水。冬天穿上狩猎可以抗寒耐磨,春秋穿上捕鱼可御寒防水。据说鱼皮衣的柔韧性是牛皮的三倍。

赫哲族是世界上唯一一个长期以鱼皮作为服装的民族,但是近几十年来,随着赫哲民族经济文化的发展进步和纺织、化纤等各种现代服装面料的大量输入,鱼皮服饰在现实生活中已不见了,而是成为一种工艺品,被人高价买去收藏,或者是珍藏在博物馆中,故大多数人已经忘记或是根本就不知道。

(四)节庆活动

1. 全国性节日

全国性节日主要有元旦、春节、五一国际劳动节、十一国庆节等。主要的岁时节日有清明节、端午节、中秋节、重阳节等。

2. 少数民族节日

1)泼水节

泼水节是傣族、阿昌族、布朗族、德昂族、佤族等人民辞旧迎新的年节。在傣历六月中旬(农历清明节后10天左右)举行。男女老少不分亲疏、长幼、性别、民族,都互相泼水,互致祝福。

2)火把节

火把节是居住在云南、四川境内的彝、白、布朗、纳西、傈僳、拉祜、普米等族人民的传统节日。每年农历六月二十四日,彝族男女老少都穿着节日盛装,聚集在一起,白天饮酒庆贺,进行斗牛、摔跤、赛马、射箭等活动。到晚上举行篝火晚会,高举火把游行。无数火把在田间、山林穿越游动,景色十分壮观。

3)三月街

三月街是云南白族人民盛大的传统节日。每年农历三月十五日至二十日在大理城西的苍山脚下举行,是滇西北具有浓郁民族特色和乡土风味的盛大物资交流、民族体育和文艺大会。

4)花儿会

花儿会是甘肃、宁夏、青海等地一年一度的群众性赛歌会。每年6月6日,当地各族人民从各地汇集到甘肃省康乐县境内的莲花山参加花儿会,人数多则数万。

5)那达慕大会

"那达慕"蒙古语是娱乐或游戏的意思。那达慕大会是蒙古族一年一度传统的群众性盛大节日,主要活动内容是摔跤、赛马、射箭。此外,还有歌舞、贸易、电影、文艺、体育、物资交

流等活动。

6）歌圩节

歌圩节是广西壮族人民聚会唱歌的民间节日。这一天,家家户户做五色糯米饭,染彩色蛋,欢度节日。歌节一般每次持续两三天,地点在离村不远的空地上,用竹子和布匹搭成歌棚,接待外村歌手。对歌以未婚男女青年为主体,老人小孩都有来旁观助兴。

本项目分为历史遗迹旅游资源、古建筑旅游资源、古陵墓旅游资源、古典园林旅游资源、宗教旅游资源和民俗风情旅游资源六项任务,通过对各类旅游资源的了解,熟悉各类旅游资源的主要代表,从而全面掌握人文旅游资源的相关知识与内容体系,为后续学习做好准备。

请学生收集自己家乡的人文旅游资源,并进行展示。

模块二

中国旅游交通与线路设计

Zhongguo Lüyou Jiaotong yu Xianlu Sheji

项目三
中国旅游交通

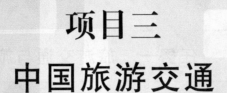

项目目标

职业知识目标：
1. 了解旅游交通的特点。
2. 了解旅游交通和旅游的关系。
3. 熟悉各类型旅游交通的优点、缺点。

职业能力目标：
1. 熟悉中国旅游交通，为自助出行选择合理的交通方式。
2. 能运用旅游交通与线路设计的相关知识，设计旅游线路。

职业素质目标：
通过查找旅游交通地图，培养学生读图、识图能力。

项目核心

旅游交通；公路旅游交通；铁路旅游交通，水路旅游交通；航空旅游交通；特种旅游交通

任务一　旅游交通与旅游

任务导入

重庆某高校学生一行20人，将利用暑假到北京进行为期一周的旅游活动，计划到北京故宫、颐和园、天坛、奥运村、八达岭长城、北京大学等景点进行参观游览，假如你是重庆知丘旅行社的工作人员，请为他们设计一条合理的旅游线路。

任务分析

在这个任务中，除了要熟悉这些景点所处位置，还必须熟悉重庆至北京的交通状况以及北京市境内的交通状况。

一、旅游交通概述

旅游交通是指旅游者利用某种手段和途径，实现从一个地点到达另外一个地点的空间转移过程。它既是旅游者抵达目的地的手段，同时也是在目的地内活动往来的手段。

旅游活动一个重要的特点是具有异地性，旅游者要离开自己的常住地前往另一地区游览、参观，而要实现这种异地访问必然需要交通的连接，旅游交通为旅游业及旅游活动的发展提供了重要的工具。但旅游交通不仅仅是作为一种空间转移的工具，有些特殊的旅游交通也是吸引旅游者的重要资源。

二、旅游交通的特点

（一）游览性

游览性是旅游交通区别于普通交通运输最明显的特征。这一特性无论是在交通路线设置，还是在交通设施上都表现了出来。

首先，旅游交通一般只在旅游客源地与目的地间进行直达运输，或者在若干旅游目的地之间进行环状运输，使旅游者迅速到达，便于游览，使一次旅行能到达尽量多的旅游景点。

其次，在旅游交通的设施方面，旅游交通工具一般都装饰豪华，车窗宽大而明亮，便于人们领略沿途风光，很好地体现了旅游交通的旅游性特点。

再次，某些特殊形式的旅游交通本身就是游览项目，如羊皮筏子、游船、索道、缆车、轿子、滑竿、马匹、骆驼等，因其本身具有民族特色和地方风格，既方便了旅游者，又能满足人们求知、求异、求奇的心理,对旅游者有很大的吸引力。

(二) 季节性

旅游活动受季节、天气及休假时间的影响,会呈现出较强的季节性,使得旅游交通也具有季节性的特点。然而,旅游交通服务是一个过程,生产和消费同步进行,不可贮存。运输力量在一定的时期内是一个定值。当旅游旺季到来时,游客人数的变动必然导致旅游交通在运力方面的紧张,相反旅游淡季时运力还会过剩。对此旅游交通部门往往利用票价浮动的杠杆来调节旅游需求。如民航部门在旅游淡季对机票进行打折;铁路、公路和水运部门在旅游旺季提高票价调节客流等。

(三) 舒适性

旅游交通强调舒适性。不论是飞机还是车、船,在车厢设施、服务质量、服务项目等方面,都追求舒适性。旅游交通工具往往带有空调、音像设备、角度可调的高靠背椅等,这样游客在乘坐时能使身体得到休息,精神得以放松。这些完备的旅游交通设施可以为游客提供更舒适的旅游服务,使旅游者在完成旅游活动的同时,可以得到更好的休息环境。

(四) 区域性

旅游交通本身具有一定的区域性。旅游交通线路根据旅游客流的因素,集中分布在旅游客源地与目的地以及旅游目的地内各旅游集散地之间,具有明显的区域特征。旅游交通从其运送游客的区域空间及人们的旅游过程来看,可以分为大、中、小三个范围。大范围的旅游交通,指的是从旅游客源地到旅游目的地所依托的中心城市之间的交通,它的地域空间主要是跨国或跨省;其交通方式主要是航空、铁路和高速公路。中范围的旅游交通,是指从旅游中心城市到旅游景点之间的交通;它的交通方式主要是铁路、公路和水路交通。小范围的旅游交通,是指风景区内部连接各景点之间的旅游交通;其交通方式主要是徒步或特种旅游交通,如索道、游船、骑马、滑竿等。

三、旅游交通与旅游的关系

(一) 旅游交通是实现旅游活动的前提条件

旅游业服务的对象是旅游者,而旅游者大多来自旅游目的地以外的客源地,旅游者要完成从客源地到目的地的空间转移,必须借助一定的交通工具才能实现。因此旅游活动的实现,首先必须解决交通运输工具的问题。旅游业发展的历程也印证了这一点,交通工具的更新换代、交通条件的日益改善为旅游活动的顺利开展提供了有利的条件,也为旅游业的发展奠定了基础。

(二) 旅游交通是旅游目的地发展的重要保障

旅游目的地在发展过程中首先要解决的问题是提高旅游目的地的可进入性,即提高旅游者进入旅游目的地的畅通和便利程度。只有旅游者来访参观,旅游资源和服务设施才能发挥作用、创造效益。发展旅游交通,就是要实现旅游者"进得来、散得开、出得去"的目标。实践证明,旅游交通条件完善,旅游资源丰富的地区,旅游业往往得到较快的发展,旅游人数逐年增加。相反,在一些旅游交通欠发达或不发达地区,即使拥有丰富独特的旅游资源,旅

游者也难以或无法到达,更谈不上旅游活动的顺利开展了。

（三）旅游交通是旅游收入的重要来源

旅游交通的费用是旅游者必须支付的费用,属于基础性旅游消费,占整个旅游开支较大的比重,也是旅游业收入的重要来源之一。旅游交通费用的多少跟旅行距离的长短和交通工具的选择方式密切相关,旅行距离越长、选择的交通工具现代化程度越高,旅游交通的费用开支就越多,占整个旅游支出的比重也就越大。据统计,旅游交通费用一般占到旅游者总支出的20%～40%,而在远距离的国际旅游中,这个比重则更大,如欧美来华的旅游者往返的交通费要占到全部旅游费用的一半以上。

（四）旅游交通丰富了旅游活动的内容

旅游交通工具发展到今天,已不再仅仅是人们解决旅游活动中空间转移问题的一种手段或途径,很多情况下旅游者乘坐交通工具本身就是享受旅行的过程,是一种旅游体验或经历。旅游交通工具的多种多样,一定程度上丰富了旅游活动的内容。例如,乘坐豪华邮轮进行海上巡游、乘坐竹筏进行漂流、骑骆驼穿越沙漠、乘坐热气球空中飞行、驾驶摩托车自助旅游等,这些方式或是充满着冒险挑战的意味,或是表现出浓郁的地方色彩和民族特色,对旅游者具有极强的吸引力。

任务二　中国旅游交通

中国旅游交通主要包括公路旅游交通、铁路旅游交通、水路旅游交通、航空旅游交通和特种旅游交通五种类型。

一、中国公路旅游交通

公路旅游交通是世界上最受欢迎的短途运输方式。公路交通的主要运输工具是汽车,汽车旅游是世界旅游交通发展的大趋势之一。随着我国高速公路网的修建,轿车越来越多地进入家庭,汽车旅游也表现出强劲的发展势头。在很多地区的旅行社已经开展了自驾游的旅游项目,一些拥有轿车的家庭也会采取驾车自助出游的方式。乘坐汽车旅游的优点是:对自然交通条件适应性强、可以任意选择旅游点、扩大旅游活动的范围。缺点是:运载量小、运费高、受气候变化影响大、污染程度高、安全系数低、适合于短途旅游。

目前,我国公路网已覆盖全国所有省、自治区和直辖市,而且全国97%的乡镇通了公路。以国道为主干线,以省道、县乡道路为支线的全国公路网已初步形成。国道主干线工程是我国规划建设的以高速公路为主的公路网主骨架,总里程约3.5万公里,纵贯东西和横穿国境南北的"五纵七横"12条。"五纵七横"国道主干线在2007年全面建成。

12条主干道中,"五纵"是指同江—三亚、北京—福州、北京—珠海、二连浩特—河口、重庆—湛江;"七横"是指绥芬河—满洲里、丹东—拉萨、青岛—银川、连云港—霍尔果斯、上海—成都、上海—瑞丽、衡阳—昆明。12条主干道的具体走向是:

(1) 同江—哈尔滨—沈阳—大连—烟台—青岛—连云港—上海—宁波—福州—广州—海口—三亚。

(2) 北京—天津—济南—南京—杭州—宁波—福州。

(3) 北京—石家庄—郑州—武汉—长沙—广州—珠海。

(4) 二连浩特—大同—太原—西安—成都—昆明—河口。

(5) 重庆—贵阳—南宁—湛江。

(6) 绥芬河—哈尔滨—满洲里。

(7) 丹东—沈阳—北京—呼和浩特—银川—兰州—西宁—拉萨。

(8) 青岛—济南—石家庄—太原—银川。

(9) 连云港—郑州—西安—兰州—乌鲁木齐—霍尔果斯。

(10) 上海—南京—合肥—武汉—重庆—成都。

(11) 上海—杭州—南昌—长沙—贵阳—昆明—瑞丽。

(12) 衡阳—桂林—南宁—昆明。

知识衔接

中国人的景观大道 G318

318国道始建于1950年,1954年建成。起点为上海人民广场,途径江苏、浙江、安徽、湖北、重庆、四川,终点为西藏聂拉木县樟木镇友谊桥,全长5476公里,是中国目前最长的国道。2006年,被中国国家地理杂志评为中国人的景观大道。

从上海到西藏樟木的318国道,是中国乃至世界的一条美景高度集中的景观长廊,自然景观类型之齐全多样,异彩纷呈,世所罕见;从海平面的长江口到地球之巅的珠穆朗玛;从中国地势的第三阶梯到第一阶梯;从盆地到平原、高原;从丘陵到低山、中山、高山、极高山;从淡水湖到咸水湖;从雨林到灌丛、草原、荒漠……优美壮丽同在,幽景、旷景并存。这条路还是人文的巡礼和历史的隧道;从浙江河姆渡7000多年前的水稻到昌都卡诺遗址的小米;从良渚文化的玉到三星堆的铜;从周庄、同里的老屋到丹巴的碉楼;从唐蕃古道到藏彝大走廊……东西汉藏、南北羌彝,无分尊卑、多元一体。

这样一条大道,路虽人为,景乃天造,钟自然之大美,显人文之深奥。完全可以称之为中国人的景观大道。

二、中国铁路旅游交通

铁路交通是发展较早的一种交通,它的出现促进了旅游业的发展,是现代空间转移的主要形式。在我国,铁路旅游交通一直居于主要地位,是国内的长距离旅游交通的主要旅行方式。铁路旅游交通的优点是运量大、速度快、价格低、安全系数高、连续性强、受气候条件影响较小。不足之处是灵活性差、建设周期长、建设投资大、耗能较大等。

由于航空、高速公路及汽车的发展,乘坐火车出游的游客大量减少。为了改变铁路旅游交通在竞争中的不利地位,许多国家都在对铁路交通进行改革,如提高列车运行速度、增加旅游直达快车、改善列车乘坐条件等措施。随着高铁技术的不断走向成熟,高铁的影响力在不断地扩大,在我国,成网运营的高铁已经深深地改变了旅客的出行。我国也正在由"交通大国"迈向"交通强国"。

目前中国铁路网已基本形成,铁路干线纵贯南北,横穿东西。其中我国纵贯南北的铁路主要有:

1. 京哈线和京广线

京哈线起于北京,经天津、河北、辽宁、吉林、黑龙江等省市,终点在东北北部最大城市哈尔滨,全长1388公里,是东北通往首都和全国各地的一条铁路干线。京广线,北起首都北京,南到广州,全长2313公里。这条铁路穿越河北、河南、湖北、湖南、广东5省,跨过海河、黄河、淮河、长江、珠江五大水系,是我国中部南北运输的大动脉。

2. 京九线

京九线起于北京,经天津、河北、山东、河南、安徽、湖北、江西、广东9省市和香港特别行政区,是一条南北干线,对于缓解南北铁路运输的紧张状况起重要作用。同时加强了内地与港澳地区的联系,有利于维持港澳地区的长期稳定和繁荣。

3. 京沪线

起于北京,经天津、河北、山东、江苏、安徽等省市,南达上海,是我国东部南北交通的大动脉,所经地区人口稠密、工农业发达,人员和物资交流频繁。

4. 宝成线和成昆线

宝成线起于陕西宝鸡,穿秦岭山地,达"天府之国"成都,是联系关中与川内西北与西南的重要干线。成昆线北起成都,南至"春城"昆明,是我国西南的又一重要干线。

5. 太焦—焦枝—枝柳线

北起有"煤海"之称的山西省会太原,南至西南地区的对外联系的"出海前哨"广西柳州,成为与京广线平行,穿越腹地的又一条"小京广"。

除了上述纵贯南北的大铁路外,我国还有一些重要的横贯东西的铁路干线,它们是:

1. 京包线和包兰线

从首都北京到"草原钢都"包头,再从包头到西北工业中心的兰州,这一干线加强了首都与西北地区的联系。

2. 陇海线和兰新线

陇海线东起连云港,西至兰州;兰新线从兰州到乌鲁木齐。这两条铁路是横贯我国东西的大动脉,后与原苏联阿拉图接轨,成为"欧亚大陆桥",对开发我国西部地区与加强对欧洲的联系具有重大意义,它与京广线构成我国铁路的主要骨架。

3. 沪杭线、浙赣线、湘黔线和贵昆线

沪杭线从上海到杭州;浙赣线从杭州到株洲;湘黔线从株洲到贵阳;贵昆线从贵阳到昆明。

这些铁路线构成我国南部横贯东西的大动脉,它把我国经济落后而资源较丰富的西南地区联结起来,对密切这两个地区的经济联系、发展经济、巩固国防具有重要的意义。

铁路对一个地区的经济建设具有巨大推动作用,尤其是高速铁路,能够带动相关产业结构优化升级的同时,其作为最快捷的运输方式,可以大大促进旅游业的发展。国家发改委、交通运输部以及铁路总公司于2016年联合印发《中长期铁路网规划》,将中国高铁网正式由"四纵四横"升级为"八纵八横"。到2030年,将基本实现内外互联互通、区际多路畅通、省会高铁连通、地市快速通达、县域基本覆盖。中国铁路将进入一个崭新的铁路网时代,将更好地发挥铁路对经济社会发展的保障作用。

知识衔接

青藏铁路

青藏铁路东起青海西宁,南至西藏拉萨,全长1956千米,被誉为"天路",是实施西部大开发战略的标志性工程,是中国新世纪四大工程之一。2006年7月1日,青藏铁路正式通车运营。

青藏铁路西宁至格尔木段814千米,已于1979年铺通,1984年投入运营。青藏铁路格拉段东起青海格尔木,西至西藏拉萨市,全长1142千米,其中新建线路1110千米,于2001年6月29日正式开工。途经纳赤台、五道梁、沱沱河、雁石坪,翻越唐古拉山,再经西藏自治区安多、那曲、当雄、羊八井到拉萨。其中海拔4000米以上的路段960千米,多年冻土地段550千米,翻越唐古拉山的铁路最高点海拔5072米,是世界上海拔最高、在冻土上路程最长、克服了世界级困难的高原铁路。2014年8月15日,青藏铁路延伸线拉日铁路开通运营。

青藏铁路推动西藏进入铁路时代,密切了西藏与祖国内地的时空联系,拉动了青藏带的经济发展,被人们称为发展路、团结路、幸福路。这条神奇的天路犹如吉祥哈达,载着雪域儿女驶向发展和幸福之园。

三、中国水路旅游交通

水路旅游交通是利用自然和人工水域作为航线,以船舶作为主要交通工具载客的一种运输方式。根据航线的不同,水路旅游交通分为远洋航运、沿海航运和内河航运。在各种旅游交通的价格中,乘坐轮船的价格最为便宜,且运载量远远超过了大型飞机。现代水路旅游交通中,游轮是一种比较受欢迎的交通工具。旅游客轮有"流动的旅馆"之美誉,游客不仅可以在游轮上食宿,因游船活动空间大,还配有各种大众娱乐设施,游客可以在船上享受悠闲舒适的旅游生活。在巡游过程中可以在不同地点登岸游览观光,也可以在船上尽情地观赏湖光山色、两岸美景。

水路旅游交通具有运载力大、能耗小、成本低、舒适等优点。大型的游轮一次可以运载数百至上千名旅客。不利的方面是:行驶速度慢,受季节、气候和水域情况的影响,准时性、

连续性和灵活性相对较差、时间较长。

我国水路旅游的热点地区主要集中在陆岛、海峡之间,比如渤海湾、琼州海峡、桂林漓江以及长江三峡等地区。

四、中国航空旅游交通

航空交通在各种交通运输方式中历史最短、发展最快,是各种类型旅游交通中速度最快,交通线路最短,可以跨越地面上的各种自然障碍的交通工具。它可以按旅行社的要求定时间、定航线,乘坐时舒适、安全、省时,因而深受旅游者的欢迎。航空交通是远距离旅行的主要交通方式。

航空旅游交通分为定期航班服务和旅游包机服务。定期航班服务是航空公司在国内航线和国际航线上按照对外公布的航班时刻表飞行的航空服务;旅游包机服务是一种不定期的航空包乘服务业务。没有固定的时间和航线,可根据旅客的需要调整,方便了旅游者。尽管宽体载客飞机相继问世,使得飞机的载客量大为增加,也更为舒适。但是航空旅游交通也有其不足之处,飞机的购置费用太高、耗能大、运量相对小、受气候条件的影响大等,只适合远距离、点对点之间的旅行,不适合做近距离的运输。因此,航空旅游交通必须和其他交通工具相互配合、取长补短,共同完成旅游交通服务。

经过几十年的建设和发展,中国机场体系已初步建立,机场密度逐渐加大,机场等级和规模逐步提高,现代化程度不断增强,初步形成了以北京、上海、广州等枢纽机场为中心,以成都、昆明、重庆、西安、乌鲁木齐、武汉、沈阳、深圳、杭州等省会或重点城市机场为骨干以及众多其他城市干、支线机场相配合的基本格局。截至2015年5月,我国有200多座民用机场,同时,全国有30多座机场处于在建状态,还有60多座机场正处于扩建之中。根据规划,预计到2020年年底中国的机场数量将增加到260个,形成北方、华东、中南、西南、西北五大区域机场群。

五、中国特种旅游交通

特种旅游交通主要是指为满足旅游者某种特殊需求而产生的旅游交通方式。除了为旅游者提供空间转移服务之外,还可以满足游客的娱乐需求。根据其自身的特殊性,特种旅游交通可分为以下几类:

(1) 用于景点和景区内的专门交通工具,如观光游览车、电瓶车等。

(2) 在景点和景区内的某些特殊地段,为了旅客旅行安全或减少行走距离、节省体力而设置的交通工具,如缆车、索道、渡船等。

(3) 有探险娱乐及在特殊需要情况下使用的交通工具,如帆船、飞翔伞、热气球等。

(4) 带有娱乐性质,辅助旅游者游览观赏的旅游交通工具,如轿子、滑竿、马匹、骆驼等。

特种旅游交通优点是:因有些项目带有娱乐、观赏性质,可以提高旅游价值,进而招徕游客;还便于辅助老弱病残游客完成旅游活动。不足之处就是有些特种旅游交通会造成与风景名胜的不协调现象。

本项目分为旅游交通与旅游、中国旅游交通两项任务,通过了解旅游交通概念、特点及与旅游的关系,熟悉中国公路旅游交通、铁路旅游交通、水路旅游交通、航空旅游交通和特种旅游交通五种类型,从而全面掌握中国旅游交通的相关知识与内容体系,为后续各区域旅游路线设计做好准备。

请同学们查阅旅游交通地图,根据家乡旅游交通现状及各类旅游交通的优劣,合理安排一条自助出行线路。

项目四
旅游线路设计

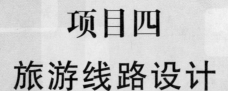

项目目标

职业知识目标:
1. 了解旅游线路的概念及分类。
2. 掌握旅游线路设计的原则。

职业能力目标:
1. 遵循旅游线路设计原则,能够设计出合理的旅游线路。
2. 能分析旅游线路的合理性。

职业素质目标:
1. 通过小组合作,培养学生团队合作意识。
2. 通过线路设计培养学生学习的积极性。

项目核心

旅游线路;旅游线路的类型;旅游线路设计内容;旅游线路设计的原则

任务一 旅游线路的概述

任务导入

重庆某高校学生一行20人,将利用暑假到四川进行为期一周的旅游活动,计划必去的城市有成都、乐山,必去的景点有武侯祠、都江堰、峨眉山、九寨沟,请为他们设计一条合适的旅游路线。

任务分析

在这个任务中,必须熟悉四川的旅游资源及旅游交通情况,掌握旅游线路设计的原则和方法。

一、旅游线路的概念

旅游线路是指在一定的旅游区域内,旅游经营者针对旅游客源市场的需求,凭借交通路线和交通工具,遵循一定原则,将若干旅游地的旅游吸引物、旅游设施和旅游服务等合理地贯穿起来,为旅游者开展旅游活动而进行设计的游览路线。旅游线路是旅游产品的重要组成部分,是联结旅游者、旅游企业及相关部门、旅游目的地的重要纽带,对区域旅游开发、旅游企业的生存与发展、旅游者的旅游体验等都有重要意义。

旅游线路,在时间上是从旅游者接受旅游经营者提供的服务开始,直至脱离这种服务为止;在内容上包括旅游过程中旅游者利用和享用的一切因素,涉及行、食、住、游、购、娱等诸要素;从旅游服务贯穿于整个旅游过程这一角度看,旅游线路又是旅游产品销售的实际形式。

二、旅游线路的类型

根据旅游线路的概念,按照各种不同的分类标准,旅游线路有不同的类型。

(一)按旅游者活动行为划分

按旅游者活动行为划分,旅游线路分为游览观光型和度假疗养型。

游览观光型旅游线路,游客的目的主要在于观赏,线路中包括多个旅游目的地,同一旅游者重复利用同一路线的可能性小,其成本相对较高。

度假疗养型旅游线路,主要为度假旅游者设计。度假旅游者的目的在于休息或疗养,不很在乎景观的多样性变化,因此,度假型线路所串联的旅游目的地相对较少,有时甚至可以是一两个旅游点,同一旅游者重复利用同一线路的可能性大。

(二) 按旅游线路的结构划分

按旅游线路的结构划分,可分为环状旅游线路和节点状旅游线路。

环状旅游线路,该线路一般适用于大、中尺度的旅游活动。例如,针对入境旅游者,我国以北京(入境)为起点的东线和西线串联合并而成旅游环状线路:东线主要有北京—南京、苏州—上海、杭州—广州、香港(出境);西线主要有北京(入境)—西安—成都、昆明—桂林—广州、香港(出境)。这类旅游线路的特点:一是跨度大,主要由航空交通联结,铁路或公路主要用于连接交通站点相对密集的区段;二是所选各点均为知名度较高的精华旅游城市或风景旅游地;三是基本不走回头路,对境外游客的出入境地点一般安排在不同口岸。

节点状旅游线路,该线路是一种小尺度的旅游线路。旅游者选择一个中心城市或自己的常居地为节点,然后以此为中心向四周旅游点作往返性的短途旅游。这类旅游线路在国内游客出游中较为常见。原因在于:其一,节点多为旅游地或旅游点的依托城市,游客对中心城市有归属感,食、宿、行、购等条件较好;其二,节点的交通联系更为方便;其三,游览游程短,可以在短期内往返;其四,经济适用,多种因素促使游客宁愿走回头路,而不选择环线。

(三) 按旅游活动的内容划分

按旅游活动的内容划分,可分为综合性旅游线路和专题性旅游线路。

综合性旅游线路所串联的各点旅游资源性质各不相同,整条线路表现为综合性特色。例如我国"华东五市游"旅游线路中,旅游地包括上海、南京、无锡、苏州、杭州等地。上海是现代化大都市,南京和杭州是我国古都,苏州为著名的园林城市,无锡有太湖景色、三国城和水浒城,五座城市各具特色,形成一条代表中国文化的典型线路。综合性线路能满足大众旅游者的需求,能让旅游者获得更多旅游体验。

专题性旅游线路是一种以某一主题内容为基本思想串联各点而成的旅游路线。全线各点的旅游景物或活动有比较专一的内容和属性,因而具有较强的文化性、知识性和趣味性,受到兴趣爱好不同的游客欢迎。例如,丝绸之路游、宗教文化游、冰雪旅游、江南水乡游、摄影游等。

(四) 按照旅游组织的形式划分

按照旅游组织的形式划分,可分为传统的包价旅游线路和灵便式包价旅游。

传统的包价旅游线路全程所需的所有行程及所需的服务都由旅行社负责安排。灵便式包价旅游可分为:①拼合选择式旅游线路——整个旅程有几种分段组合线路,游客可以自己选择拼合,并可在旅游过程中改变原有选择;②跳跃式旅游线路——旅游部门只提供旅程中几小段路线或大段服务,其余皆由旅游者自己设计。

任务二　旅游线路设计

一、旅游线路设计的内容

旅游线路有很多构成要素，从旅游供给角度来考虑，各旅游线路都是由旅游资源、旅游设施、旅游可进入性、旅游成本等要素所构成，它们就是旅游线路设计所要研究的主要内容。

（一）旅游资源

旅游资源，又称旅游吸引物，指旅游地吸引旅游者的所有因素总和，不仅包括旅游资源，还把接待设施和优良的服务，甚至快速舒适的旅游交通条件也涵盖在内。

旅游资源是进行旅游线路设计的核心和物质基础，是旅游者选择和购买旅游线路的决定性因素。旅游资源的吸引力决定了旅游线路的主题与特色，旅游线路的设计必须最大限度地体现出旅游资源的价值。

（二）旅游设施

旅游设施是指完成旅游活动所必备的各种设施、设备和相关物质条件的总称，是旅行社向旅游者提供旅游线路所凭借的服务性载体。旅游设施不是旅游者选择和购买旅游线路的决定因素，但它能影响旅游活动开展得顺利与否以及旅游服务质量的高低。

旅游设施一般包括专门设施和基础设施两大类。专门设施是指旅游经营者专为旅游者提供服务的凭借物。通常包括住宿、餐饮、娱乐、购物、游览设施等。基础设施是指旅游目的地建设的基础设施。主要包括道路、桥梁、供电、供热、供水、排污、消防、照明、通信、路标、停车场等，还包括旅游地在环境绿化、美化、卫生等各方面的建设。

在旅游线路设计中必须充分考虑旅游者的客观条件与旅游过程中设施的数量、种类、质量、消费档次以及空间布局的方便性等因素，使旅游者获得最佳旅游效果。

（三）旅游可进入性

旅游可进入性是指旅游者进入旅游目的地的难易程度和时效性。旅游者是否能够按时顺利到达旅游目的地是构成旅游线路设计的重要因素。因此旅游可进入性是连接旅游者需求与各种具体旅游产品的纽带，是旅游线路实现其价值的前提条件。旅游可进入性的具体内容包括交通状况、通信条件、手续的繁简程度、旅游地的社会环境。

（四）旅游成本

1. 旅游时间

旅游时间包括旅游线路总的旅游所需的时间以及整个旅游过程中的时间安排。因旅游客源地、旅游目的地、旅游者闲暇时间、旅游季节等不同，旅游线路中的时间安排也不一样。从旅游经营者角度，考虑旅游时间与旅游消费的关系。旅游者逗留的时间越长，旅游经营者获利也就越多。

2. 旅游价格

旅游价格（费用）是旅游者为满足其旅游活动的需要所购买的旅游产品价值的货币表现。它受到很多外在因素的影响，如旅游供求关系、市场竞争价格、汇率变动及通货膨胀等因素，都会对旅游价格产生一定的影响。我国的旅游市场价格体系主要由旅游景区景点门票价格、旅行社价格、旅游饭店价格、旅游交通价格、旅游商品价格等相关价格要素构成。

（五）旅游服务

旅游服务是旅游经营者向旅游者提供劳务的过程，旅游服务质量直接影响旅游线路的质量，没有上乘的旅游服务水平，就没有优质的旅游线路。因而旅游服务是旅游线路设计的核心内容，旅游服务的存在与旅游线路设计的实现密切相关。

二、旅游线路设计原则

在生活节奏不断加快的今天，对于多数旅游者来说，在舒适度不受影响或体力许可的前提下，能花较少的费用和较短的时间尽可能游览更多的风景名胜，是他们最大的愿望。而这一目标的实现要求旅游线路的设计必须遵循科学的原则，只有在正确的原则指引下才能够设计出合理的旅游线路。

（一）市场导向原则

旅游者来自不同的国家和地区，具有不同的身份以及不同的旅游目的，因而，不同的游客有不同的需求。而随着社会经济的发展，旅游市场的总体需求也在不断变化。成功的旅游线路设计必须坚持市场导向原则，首先预测市场的需求趋势，把握旅游市场的变化状况，针对不同的旅游者群体设计出不同的旅游线路，从而打开销路，实现其价值。旅游者对旅游线路选择的基本出发点是：时间最省、路径最短、价格最低、景点内容最丰富、最有价值。旅游线路设计者应根据不同的游客需求设计出各具特色的线路，而不能千篇一律，缺少生机。再者，旅游者的需求决定了旅游线路的设计方向。根据旅游者需求的特点，同时结合不同时期的风尚和潮流，设计出适合市场需求的旅游线路产品，可以创造性地引导旅游消费。

（二）突出特色原则

特色是旅游产品生命力所在。旅游线路的设计促使有关部门、单位以及个人依托当地丰厚的旅游资源和自身条件，发挥聪明才智，精心打造和组合与众不同、具有持久吸引力的旅游产品和旅游线路，从而推动旅游产品结构和旅游方式的完善。有的景区资源丰富，但缺乏特色产品，影响力小，在很大程度上是由于线路整合缺乏合理性、有效性。在重点突出人无我有、人有我特主题的同时，还应围绕主题安排丰富多彩的旅游项目。由于人类求新求异的心理，单一的观光功能景区难以吸引游客回头，即使是一些著名景区，游客通常观点也是"不可不来，不可再来"。因此，在产品设计上应尽量突出自己的特色，唯此才能具有较大的旅游吸引力。

（三）多样化原则

旅游线路的安排要注意旅游景区（点）及活动内容的多样化，如在一个景点参观一些古代庙宇、佛塔等古迹，而在下一个旅游景点，则可品尝一些名扬四海的美味佳肴，再下一个景点,又可欣赏风景优美、民风淳朴的宁静小镇等。总之,在设计旅游线路时,为增加旅游乐趣,要使景点选择尽量富于变化,避免单调重复。

(四)结构合理原则

旅游线路设计中,选取的旅游景点之间距离要适中,景点数量要适宜;同一线路的旅游点游览顺序要科学,尽量避免走重复路线,各旅游景点特色差异突出。一条好的旅游线路好比一首成功的交响乐,有时是激昂跌宕的旋律,有时是平缓的过度,都应当有序幕、发展、高潮和尾声。在旅游线路的设计中,应充分考虑旅游者的心理与精力,将游客的心理、兴致与景观特色分布结合起来,注意高潮景点在线路上的分布与布局。旅游活动不能安排得太紧凑,应该有张有弛,而非走马观花,疲于奔命。旅游线路的结构顺序与节奏不同,产生的效果也不同。

(五)安全性原则

就旅游消费心理而言,安全是人们最基本的需要。出门旅游,旅游者最担心的就是安全问题;组织旅游团,旅行社最担心的也是安全问题,因而在旅游线路设计时,应遵循"安全第一"的原则。在旅游线路设计的过程中,必须重视旅游景点、旅游项目的安全性,把旅游者的安全放在首要地位,"安全第一,预防为主";必须高标准、严要求地对待旅游工作的每一个环节,对容易危及旅游者人身安全的重点部门、地段、项目,提出相应的要求并采取必要的措施,消除各种潜在隐患,尽量避免旅游安全事故的发生。旅游安全涉及旅行社、旅游饭店、旅游车船公司、旅游景点景区、旅游购物商店、旅游娱乐场所和其他旅游经营企业,常见的旅游安全事故包括交通事故、治安事故(如盗窃、抢劫、诈骗、行凶等),以及火灾、食物中毒等。

知识衔接

中国十大精品旅游线路

2016年由国家旅游局主办,中青旅遨游网承办,人民网、新华网协办的"中国十大精品旅游线路"评选活动已经顺利结束。经网络投票初选、专家投票复评等环节,最终评出了"中国十大精品旅游线路"。

1. 丝绸之路精品旅游线路

【推荐理由】

这条线路可以让你近距离感受丝绸之路的无穷魅力,在这条具有历史意义的国际通道上,五彩丝绸、中国瓷器和香料络绎于途,为古代东西方之间经济、文化交流做出了重要贡献。沿线的自然景观,奇特而壮丽。青海湖鸟岛、巴音布鲁克草原的天鹅自然保护区和天山深处的天池、青海的盐湖、罗布泊的雅丹地貌、吐鲁番的火焰山和克拉玛依的魔鬼城等,让人流连忘返。

【线路描述】

丝绸之路在中国境内所涵盖的地域,跨越了中国的陕西、甘肃、宁夏、青海、新疆等省和自治区,如图4-1所示。陕西是中华民族的发祥地之一,也是文物古迹荟萃之地。同时,陕甘茶马古道是古丝绸之路的主要路线之一,茶马古道穿过川、滇、甘、青和西藏之间的民族走廊地带,是多民族休养生息的地方,更是多民族演绎历史悲喜剧的大舞台,存在着永远发掘不尽的文化宝藏,值得人们追思和体味。

图4-1　丝绸之路精品旅游线路

【线路串联城市及主推景点】

西安(5A 秦始皇陵兵马俑)—兰州—西宁—青海湖—茶卡盐湖—柴达木盆地—敦煌(5A 鸣沙山、月牙泉)—嘉峪关(5A 嘉峪关)—张掖市(5A 七彩丹霞)。

2. 京杭运河精品旅游线路

【推荐理由】

这条线路可以带你领略中国也是世界上最长的古代运河。北起北京,南至杭州,流经天津、河北、山东、江苏和浙江四省两市,沟通海河、黄河、淮河、长江和钱塘江五大水系,京杭大运河对中国南北地区之间的经济、文化发展与交流,特别是对沿线地区工农业经济的发展和城镇的兴起均起到了推动作用。通过这条线路,你可以感受到古代中国人民的智慧与创造力。

【线路描述】

线路从北京出发,途经天津、沧州、德州、济宁、枣庄、淮安、无锡、苏州、嘉兴、杭州、绍兴,最后到达宁波,如图4-2所示。横跨北京、天津、河北、山东、江苏和浙江四省两市,线路中既有远近驰名的故宫博物院,也有极具艺术魅力的苏州园林,历史文化氛围浓厚。

【线路串联城市及主推景点】

北京(5A 故宫)—天津(5A 盘山)—沧州—德州—济宁(5A 孔府孔庙孔林)—枣庄(5A 台儿庄古城)—淮安(5A 周恩来故居)—无锡(5A 灵山大佛)—苏州(5A 周庄)—嘉兴(5A 乌镇)—杭州(5A 西湖)—绍兴—宁波(5A 奉化溪口)。

图 4-2　京杭运河精品旅游线路

3. 长江精品旅游线路

【推荐理由】

长江是中国古老文明的摇篮,积淀了中华文化5000年悠久历史,蕴藏着极为丰富的旅游资源。长江流域精品旅游线路涵盖青藏铁路、江边古城、三峡大坝、香格里拉、江南水乡、熊猫故里以及丝绸和陶瓷艺术发源地等自然和人文景观。同时,长江沿线少数民族众多,途径诸多历史文化名城,再加上三峡的秀美、武当的灵动,可以说是文化、历史、美景三者合而为一,是不可多得的精品旅游线路。

【线路描述】

长江精品旅游线路,发源于青海省唐古拉山,干流自西而东流经重庆、湖北、湖南。世界第三大河的长江,一路上气势磅礴,大小湖泊与干支流众多,可谓"远似银藤挂果瓜,近如烈马啸天发。雄浑壮阔七千里,通络润滋亿万家。"长江流域幅员广阔,历史悠久,景观纷呈,旅游资源富甲全国。其中重庆、宜昌、武汉等历史文化名城,以及风景名胜长江三峡、中山陵园、黄鹤楼公园等都是全国著名的游览胜地。

【线路串联城市及主推景点】

南京(5A中山陵园)—合肥—武汉(5A黄鹤楼公园)—宜昌—重庆(5A长江三峡)—宜宾。

4. 黄河精品旅游线路

【推荐理由】

黄河像一条金色的巨龙,奔腾不息,横亘在中国中部大地上。几千年来,她孕育了中华民族的文化,凝聚了华夏子孙的精神和力量。沿着黄河线游览,不但可以领略黄河的磅礴气势、峡谷平湖等胜景和两岸独特风光,更能饱览沿途众多的名胜古迹,体察独特的乡风民俗,探究中华民族之源。

【线路描述】

黄河,中国北部大河,全长约5464公里,流域面积约752443平方公里,世界第六大长河,中国第二长河。黄河发源于青海省青藏高原的巴颜喀拉山脉北麓约古宗列盆地的玛曲,呈"几"字形。自西向东分别流经青海、四川、甘肃、宁夏、内蒙古、陕西、山西、河南及山东9个省(自治区),最后流入渤海,如图4-3所示。沿途流经青海龙羊峡水库、甘肃刘家峡、宁夏沙坡头、山西壶口瀑布、内蒙古成吉思汗陵、河南三门峡水库、洛阳龙门石窟、山东济南趵突泉、曲阜孔府孔庙孔林、泰安泰山、黄河大观等著名风景区。

【线路串联城市及主推景点】

济南(5A趵突泉)—郑州(5A少林寺)—洛阳(5A龙门石窟)—延安(5A黄帝陵)—包头—银川—兰州。

5. 珠江精品旅游线路

【推荐理由】

跨越六省(区)和香港、澳门特别行政区,孕育岭南文化,一条河流承载的文明

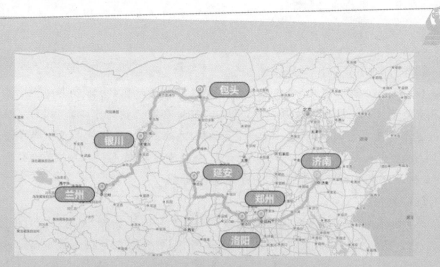

图 4-3 黄河精品旅游线路

凝重而雄浑。此条线路带你重温珠江灿烂的历史文化,展示珠江曾有的、正在慢慢消失的以及延续至今的灵动文明。从珠江源开始,顺着江流而下,河道弯弯,百川归海,母亲河的灿烂文化将在我们关注的目光里一一展现。

【线路描述】

从昆明出发,途径曲靖、贵阳、安顺、桂林、广州,广州河段风光旖旎,两岸的名胜古迹和特色建筑物数不胜数,最后经过上游河段韶关市,抵达南昌,完成奇妙之旅,如图 4-4 所示。

图 4-4 珠江精品旅游线路

【线路串联城市及主推景点】

昆明(5A 石林风景区)—曲靖市(5A 马雄山)—贵阳—安顺(5A 黄果树瀑布)—桂林(喀斯特地貌)—广州(5A 白云山景区)—韶关—南昌。

6. 北方冰雪精品旅游线路

【推荐理由】

推动辽宁、吉林、黑龙江、内蒙古等冰雪旅游重点地区，向冰雪名城＋冰雪名镇＋冰雪景区三位一体方向发展，精心营造城市和旅游名镇的冰雪氛围，打造城市主干街道冰雪景观。例如，特色冰雪景区，冰梨、冰糖葫芦、杀年猪等龙江冬季餐饮习惯，在景区有冰苍、狗爬犁、滑冰、冬钓、扭秧歌等冬季特色娱乐项目，游客能全方位、多体验地感知北国冰雪世界，感受冰情雪韵。

【线路描述】

北方冰雪精品旅游线路自大连出发，抵达终点鄂尔多斯，大连、沈阳、长春、哈尔滨、呼和浩特、赤峰、满洲里、包头、鄂尔多斯，带领大家充分领略最美丽的冰雪风光，冰雪艺术、冰雪文化、滑雪旅游、冰雪养生、冰雪娱乐、冰雪民俗、冰雪健身于一体，真正把冰雪线路做到极致，为游客提供最难忘、最深刻的冰雪盛宴。

【线路串联城市及主推景点】

大连（5A 老虎滩海洋公园、老虎滩极地馆、金石滩景区）—沈阳—长春（5A 伪满皇宫博物院、净月潭景区、长影世纪城景区）—哈尔滨（5A 太阳岛）—呼和浩特（大昭寺）—赤峰（乌兰布统景区）—满洲里（套娃广场）—包头（石门风景区、五当召）—鄂尔多斯（成吉思汗陵、鄂尔多斯草原）。

7. 香格里拉精品旅游线路

【推荐理由】

云南、西藏、四川同处大香格里拉旅游生态圈，圈内具有丰富独特的旅游资源和多样性的自然风光、多样性的人文风情、多样性的气候，在民俗风情、历史文化，地区特色等领域又体现出资源差异性和区域互补性，具备了打造大环线精品自驾旅游的得天独厚的基础和条件，是世界最具旅游开发价值的区域，尤其是一个开展自驾车旅游的圣地。

【线路描述】

香格里拉是一颗明珠，这里有连绵的雪峰，原始的森林还有各种珍稀动物，是人间的天堂。这条西南风景线贯穿了云南、西藏、四川的精品旅游景点，如图 4-5 所示。

飞来寺在一座巍然蠢立的高山中，它的建筑是依山而建的，集合了奇、险、美的特点。这里冬暖夏凉，又是佛教圣地，因此在这里可以让忙碌的你放松心情，陶冶情操。

松赞林寺是我国最大的藏传佛教寺院，这里的建筑金碧辉煌，有气势宏伟的佛像，还有清澈的溪流流经寺院，为这里寺院增添了几分诗意。

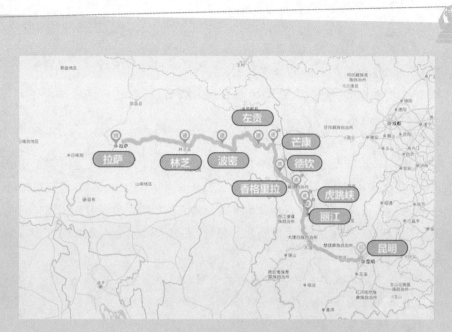

图 4-5　香格里拉精品旅游线路

　　普达措公园是一个没有污染的世界,这里的水质和空气均达到国家一级标准,这里清澈的湖水和蔚蓝的天空,让你能够尽情地陶冶情操和放松心灵。

　　碧塔海,这里最吸引人的是塔装的小山和宁静的湖水,因为这里的水质没有污染,所以,这里有我国最珍贵的鱼种——碧塔重唇鱼,它有三片嘴唇。这里是藏族人心里的"神山圣水",无时无刻不在宣扬着佛教的博大精深。

　　梅里雪山有云南的第一高峰——卡瓦格博,它是藏传佛教的保护神。雪山的山势险峻,有不同的气候带,整个雪峰峭拔,还不时有云海为它披上了一层神秘的面纱。运气好的话,你可以看到在骄阳照耀下的雪山冰川融化,成百上千的冰体坍塌,发出如雷的声音,整个气势是多么的宏伟壮观,令人惊心动魄。

　　明永冰川,它山顶的冰雪终年不化,就像一个梦里的景色,让人们赋予了很多很多的梦幻传说。在雪山下不时有清脆的歌声传来,还有蝴蝶、蜜蜂在飞舞,美丽的格桑花在这里绽放,寺院的钟声,都给这里的雪山增添了诗情画意。

【线路串联城市及主推景点】

　　昆明(5A 石林风景区)—丽江(5A 玉龙雪山景区、丽江古城)—虎跳峡—香格里拉(5A 普达措国家公园)—德钦(梅里雪山)—芒康—左贡(帕巴拉神湖)—波密(米堆冰川)—林芝(南迦巴瓦峰、桃花沟)—拉萨(5A 布达拉宫)。

8. 南海风情精品旅游线路

【推荐理由】

久负盛名的三亚、北部湾，神秘的西沙、东沙、南沙，这样一条线路走下来才算是真正地领略南海风情。

【线路描述】

这条线路从三亚出发，途径海口、西沙、东沙、南沙，最终抵达北部湾。让您在了解佛教文化、福寿文化、民间传说，观摩历代诗文摩崖石刻的同时，还可以在热带雨林中体验"森"呼吸，在槟榔谷体验少数民族文化；更重要的是可以让您在近距离接触西沙、南沙、东沙、北部湾景区美景的同时，更深入地感受南海风情。

【线路串联城市及主推景点】

三亚（5A 南山文化旅游区、5A 南山大小洞天旅游区、5A 呀诺达雨林文化旅游区、5A 分界洲岛旅游区、5A 槟榔谷黎苗文化旅游区）—海口（骑楼老街）—西沙—东沙—南沙—北部湾。

9. 海上丝绸之路精品旅游线路

【推荐理由】

海上丝绸之路是古代中国与外国交通贸易和文化交往的海上通道，是已知的最为古老的海上航线。此线路贯穿中国沿海主要城市及港澳台地区，可以让您领略现代海上丝绸之路看不尽的风光、赏不完的历史文化、体验不够的民俗，以及现代海上丝绸之路特有的海洋文化与地域风情，如图4-6所示。

图4-6　海上丝绸之路精品旅游线路

【线路串联城市及主推景点】

上海(5A 东方明珠)—宁波(5A 奉化溪口)—福州—泉州—漳州—广州(5A 长隆旅游度假区)—湛江—北海—海口—香港—澳门—台湾。

10. 长征红色记忆精品旅游线路

【推荐理由】

这条线路是一条红色之旅,通过这条线路我们可以感受到红军两万五千里长征的不易,也可以近距离接触革命先烈们的曾经奋斗过、生活过的地方。感受现在幸福生活来之不易,接受爱国主义教育,静静倾听祖国的往事与历史的心跳。

【线路描述】

这条线路从河南省信阳罗山县何家冲出发,终点在革命老区陕西延安。途经井冈山、瑞金、遵义、娄山关、泸定、会宁,如图 4-7 所示。横跨河南、江西、陕西、贵州、甘肃;线路经过诸多革命老区,还有长征路上的著名事件发生地,无论是"飞夺泸定桥"的泸定,还是转折点"遵义会议"的遵义,都是值得去感受的红色经典。

图 4-7　长征红色记忆精品旅游线路

【线路串联城市及主推景点】

龙岩(长汀—连城—上杭)—三明(宁化—建宁—泰宁)—何家冲—井冈山(5A 井冈山)—瑞金—遵义—娄山关—泸定—会宁—延安。

本项目分为旅游线路概述和旅游线路设计两项任务,通过对旅游线路的概念及分类的了解,熟悉旅游线路设计的内容,掌握旅游线路设计的原则,从而全面掌握旅游线路设计相关知识与内容体系,为后续各区域旅游路线设计做好理论准备。

请同学们根据家乡旅游交通和旅游资源情况,遵循旅游线路设计原则,设计出一条合理的旅游线路。

模块三

中国八大旅游区

Zhongguo Bada Lüyouqu

项目五
东北旅游区

项目目标

职业知识目标：
1. 掌握东北旅游区的地理环境特点、旅游资源特征。
2. 熟悉东北旅游区主要的旅游城市与旅游景区的特色。
3. 熟悉东北旅游区主要的旅游线路。

职业能力目标：
1. 能分析东北旅游区地理环境与旅游资源的关系。
2. 能依据东北旅游区旅游资源的特点，设计有特色的东北旅游区旅游线路。
3. 能撰写东北旅游区特色旅游景区的讲解词。

职业素质目标：
1. 通过旅游线路的设计，培养学生学习的主动性，提高学生解决问题的能力。
2. 通过景点的讲解，培养学生良好的语言表达能力。

项目核心

东北旅游区旅游资源特征；东北旅游区主要的旅游城市；东北旅游区主要的旅游景区及特色；东北旅游区主要的旅游线路

任务一　东北旅游区的概况

任务导入

重庆市某高校的10位同学,将于元月份至东北旅游区,开展为期一周的旅游活动,委托重庆知丘旅行社承担组团工作。请为他们设计旅游线路并做好景点讲解工作。

任务分析

在这个任务中,首先必须了解东北旅游区的地理环境和旅游资源特点,熟悉主要的旅游城市和景区。其次,需要分析该团队的旅游需求与团队特点,才能进行旅游线路的设计和导游词的撰写。

东北旅游区位于我国东北,包括黑龙江、吉林和辽宁三省。本区以茫茫林海和北国风光为特色,美丽的山川、湖泊、海滨风情为主的自然风貌,悠久的历史遗存和民族民俗文化等人文旅游资源以及发达的交通,为本区开展国内旅游和国际旅游提供了得天独厚的条件。

一、自然地理环境

(一)山环水绕,平原辽阔

本区的地表结构,基本呈现出三种带状分布。外围区域为黑龙江、乌苏里江、图们江、鸭绿江等江河流域以及黄海、渤海两大海域。中部区域为山地分布,西侧的大兴安岭,海拔多在1000米左右,由火山岩构成,形态浑圆;北侧的小兴安岭和五大连池火山群,地壳活动较为活跃;东侧的长白山地,是东北地区的生态屏障。内部区域为广阔的东北平原,由三江平原、松嫩平原、辽河平原共同组成,是我国土壤最肥沃、面积最广阔的平原。

(二)温带、寒温带季风气候

本区属于典型的温带湿润、半湿润季风性气候。气候特征表现为:冬季寒冷而漫长,夏季温湿而短促,降水在7月份和8月份比较集中,春、秋两季较为短暂,春季多大风、少雨,秋季天高气爽。

东北地区1月平均温度在-20℃以下,漠河地区曾经达到最低温度-52.3℃。冬季一般长达半年,地面封冻时间比较长,有大片冻土分布。同时,有来自海上的湿润气流进入本区,因而本区多雨多雪。这种特殊的气候形成了东北地区千里冰封、万里雪飘的美丽风光。东北地区的夏季则降水量非常充足,占到全年总降水量的50%～70%。虽然各地气温有差别,但是,7月份的平均气温也只有20 ℃～25 ℃,因而无酷暑,适合避暑纳凉。

(三)动植物资源丰富

本区气候温暖湿润,山地多,原始森林分布广阔。本区由北至南分别为亚寒带针叶林、温带针阔混交林、暖温带阔叶林、温带森林草甸草原,这些森林和草原为野生动植物的生长提供了良好的生长和繁殖条件。东北地区是我国非常重要的野生动物产地,主要的珍禽野兽有紫貂、梅花鹿、猞猁、熊、麝、东北虎等。著名的东北三宝——人参、貂皮、鹿茸。东北四野味——飞龙、熊掌、麒面、猴头,都是本地的特产。为了更好地保护这些珍稀宝贵的动植物资源,东北区已经建立了长白山自然保护区、扎龙自然保护区、老铁山自然保护区等十多个国家级、省级的自然保护区。

二、人文地理环境

(一)民族文化丰富多彩

本区少数民族众多,有满族、蒙古族、朝鲜族、达斡尔族、鄂温克族、赫哲族等少数民族。其中,满族人数位居第一,占到了全国满族人口的83%。朝鲜族主要聚居在延边、牡丹江、丹东等地区,占到了全国朝鲜族人口的99%。各民族的生产生活方式各不相同:汉族、朝鲜族主要以农耕为主;蒙古族主要以畜牧为主;赫哲族主要以捕鱼为主;鄂伦春族、鄂温克族主要以狩猎为主。

长期以来,各民族睦邻友好,和平共处,构成了东北地区多姿多彩、独具特色的民族民俗旅游资源。

(二)交通运输便捷发达

本区是我国最早发展铁路交通运输的区域,现已形成了以铁路为骨干,包括公路、航空、内河及海上航运在内的四通八达的交通脉络。铁路在东北地区的交通运输网络中居于主导地位。全区有铁路线70多条,形成了由滨洲、滨绥、哈大、沈山为骨干,以沈阳、四平、长春、哈尔滨为枢纽的"丁"字形铁路骨架。高速公路也在本区发展迅速,形成了以大城市为中心、不同层次的公路辐射网。京哈、沈大、哈同、佳鹤、长春—珲春、长春—伊通、沈丹构成了本区公路网的骨干。公路运输网深入了广大农村地区,在铁路不能到达的地方,对铁路运输起辅助作用。航空运输主要以沈阳、长春、哈尔滨、大连四个城市为中心,直通全国各大城市。东北地区的水路交通分为内河运输和海上运输两个部分:内河航运以黑龙江和松花江的航运为主,海上运输以大连和营口为重要港口。东北地区便捷发达的交通为本区旅游业的发展提供了重要支撑。

(三)经济实力雄厚

东北地区是我国重要的老工业基地,工业历史悠久,制造产业技术雄厚。特别是交通运输设备制造、电器机械仪器制造、仪器仪表等行业较为突出,在全国同类行业中处于领先位置。在国家实施振兴东北老工业基地战略以来,东北地区或将成为继珠江三角洲、长江三角洲、环渤海地区后的第四大经济区。

东北地区山环水绕,沃野千里,广袤的黑土地盛产大豆、高粱、水稻、玉米,其商品粮产量达到了全国的三分之一。松嫩平原的玉米生产优势区,高产、高油、高蛋白大豆优势区,三江平原水稻优势区,为保障国家粮食安全做出了重要贡献。

三、旅游资源特点

(一) 冰雪资源得天独厚

东北地区冬季寒冷而漫长,积雪期长,积雪深,雪质稳定;冰川、湖面等冰期长,冰面光滑、冰层厚。这些独特的气候资源使得东北拥有丰富的冰雪旅游资源。到了寒冬到来之时,正是东北地区开展冰雪旅游的最佳时节,一年一度的哈尔滨冰雪旅游节、吉林雾凇旅游节、北大湖滑雪场、亚布力滑雪场等都是本区独具魅力的旅游地,看冰灯雪雕、滑雪、滑冰、堆雪人、坐雪橇等各种冰雪体育活动也足以让游客们沉醉其中。

(二) 海滨避暑资源丰富

东北地区南部拥有漫长的海岸线,海岸类型丰富多样,既有怪石嶙峋、礁林散步的基岩海岸,也有以湿地景观为特色的淤泥质海岸,还有水质优良、滩平坡缓的天然海水浴场的沙砾质海岸。东北地区气候湿润,无酷暑,清凉安逸,避暑胜地分布广泛,尤其以大连最为著名。大连风景迷人,有多个海滨浴场和沙滩,是我国著名的海滨度假旅游城市。

(三) 火山熔岩地貌奇特

东北地区位于太平洋板块与亚欧大陆板块的俯冲地带,火山活动频繁,在全国也属罕见。因此,东北地区成为我国火山熔岩地貌数量最丰富、类型最繁杂、分布区域最广阔的地区。本区有火山230多座,占全国火山总数的30%。例如,五大连池火山群、长白山火山群、龙岗火山群、伊通火山群等,其中,五大连池素有"火山地貌博物馆"之称。因火山活动区地热资源丰富,温泉相伴分布,主要有五大连池地热洞、长白山温泉、鞍山汤岗子温泉、本溪温泉、兴城温泉等。

(四) 边贸旅游发达

东北地区周边有俄罗斯、朝鲜、蒙古等国家,适合开展边贸旅游。其中,黑龙江通过黑河、抚远等城市与俄罗斯开展边界贸易;吉林通过图们、延吉、集安等城市与俄罗斯、朝鲜开展边境贸易;辽宁通过丹东等城市与朝鲜开展边界贸易。

(五) 名胜古迹众多

东北地区保留了从公元前1世纪至今,不同时代珍贵的文物古迹。其中,以高句丽、辽、金、明、清时代的遗迹居多,尤其以清代遗迹保存得最为完整,且历史价值、旅游价值极高。例如,清关外三陵(福陵、昭陵、永陵)及沈阳故宫,明代古城——宁远卫城等。除此之外,本区还保留了大量的佛教、道教建筑,如著名的北镇庙、奉国寺、医巫闾山的寺庙群等。

任务二 黑龙江省

任务导入

中国青年旅行社组织了由 30 位游客组成的旅行团游览黑龙江。请为他们设计旅游路线,并做好景点讲解工作。

任务分析

在这个任务中,需要注意把握旅游线路设计的原则,并熟悉黑龙江的旅游资源、旅游特色和旅游线路等,掌握导游词的写作方法与技巧。

一、旅游概况

黑龙江省位于我国的东北部,是我国位置最北、纬度最高的省份。北部地区夏至前后可以看见北极光,东部的乌苏里镇是祖国最早升起太阳的地方。黑龙江省面积 45.39 万平方公里,人口 3800 万左右,省会为哈尔滨。因省内的最大河流是黑龙江而得名。黑龙江省旅游资源分布,如图 5-1 所示。

黑龙江省自古以来是我国少数民族繁衍生息的地方,现已发现 4.2 万年前的先民遗址——嘎仙洞,拓跋鲜卑祖先最初居住的旧墟石室。在极具特色的少数民族中,有以捕鱼为生的赫哲族,有以狩猎为业的鄂伦春族和以牧业为主的达斡尔族等。黑龙江省动植物资源丰富,大小兴安岭的原始森林中,古松参天蔽日,平原地区绿草茵茵、繁花似锦。黑龙江省的野生动物中有 32 种被列为国家保护动物。冰雪、珍稀动植物成为黑龙江省旅游的特色,滑雪、游湖、赏冰,处处能够领略到北国风光、晶莹世界的魅力。

二、民俗风情

(一) 饮食文化

黑龙江人大部分为山东移民的后代。山东人带来了齐鲁文化,包括鲁菜,加上土著的满洲饮食文化和俄罗斯饮食文化,三种饮食文化交汇、融合,逐步形成了独具特色的黑龙江饮食文化。

黑龙江菜以烹制山蔬、野味、肉禽和淡水鱼虾技艺见长,讲究口味的香醇、鲜嫩、爽润、咸淡相宜,以珍、鲜、清、补和绿色天然食品著称,具有浓厚的北国风光的特色。其特点为:选料严谨,讲究珍、鲜、清、补;刀法精湛,讲究造型;烹制技法多样,味香、味鲜、味咸、味爽;合理配

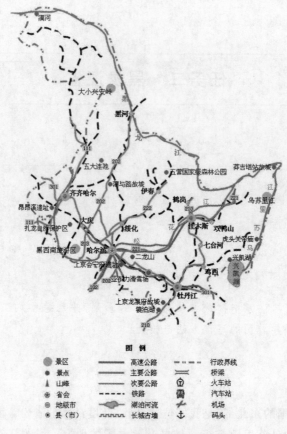

图 5-1 黑龙江省旅游资源分布图

料,讲究营养健身。代表菜有红烧大马哈鱼、烤狗肉、叉烧野猪肉、烩鹿尾、飞龙汤等。

1. 烂炖

所谓"烂炖",是把肉、各种蔬菜以及粉条、豆制品等放在一起炖制。满族早年以渔猎为生,住在野外,迁徙不定,烹饪器具只吊锅一种,就只有炖了。氽白肉(血肠)是地道的满族菜。

2. "列巴"和"沙一克"

"列巴"和"沙一克"都是俄罗斯风味的面包,是哈尔滨人最爱吃的食品。列巴,汉语叫大面包,小的1斤重,大的3斤重,酸甜可口,松软香酥。沙一克,是一种椭圆形白面包,属俄式传统食品。它以面粉、酒花、食盐为主要原料,经加工制作烘烤而成。

(二)民间艺术

黑龙江的民间艺术颇为丰富。戏剧类有东北二人转,雕刻艺术类有冰雕、木雕、根雕、浮雕、书皮画等形式。

1. 东北二人转

二人转已有300余年历史,是在东北秧歌、民歌基础上,吸收借鉴了莲花落、评剧、皮影等艺术,逐渐发展起来的,流传于吉林、辽宁、黑龙江。龙江剧是新中国成立以来在二人转基础上形成的新剧种,乡土味浓郁。

2. 冰雕艺术

冰雕是我国北方的民间艺术,它是以冰块为原料,用雕刻工具将基雕刻成立体形象,然后摆在户外,供人们观赏。冰雕艺术自 20 世纪 60 年代初在哈尔滨发展起来,至今已产生广泛影响。冰雕在哈尔滨早已形成一种文化——冰雪文化。

(三)地方特产

黑龙江的特产丰富。有红肠、榛子、熊胆、林蛙油、人参、鹿茸、大马哈鱼、蘑菇、松子、山野菜及虎骨、珍贵毛皮等;民族风味有赫哲族风味杀生鱼,鄂伦春族风味手把肉、烤肉串等。黑龙江工艺品特产有黑陶、鱼皮画、麦秸画、山核桃制品等。

三、主要旅游城市和景区

(一)哈尔滨

哈尔滨是黑龙江省省会,是中国东北地区北部的政治、经济、文化中心,被誉为欧亚大陆桥的明珠,也是中国著名的历史文化名城、热点旅游城市和国际冰雪文化名城。哈尔滨有"冰城"、"天鹅项下的珍珠"以及"东方莫斯科"、"东方小巴黎"之美称,有中央大街、圣·索菲亚教堂、防洪纪念塔、太阳岛等景点。一年一度的哈尔滨冰灯游园会、哈尔滨国际冰雪节等大型活动显示了哈尔滨深厚的文化底蕴。

1. 中央大街

哈尔滨最有"洋味"的街道当属中央大街。它北起松花江防洪纪念塔,南至经纬街,全长 1450 米。全街建有欧式及仿欧式建筑 70 余栋,汇集了文艺复兴、巴洛克、折中主义及现代多种建筑风格,是一条国内罕见的建筑艺术长廊。1996 年 8 月,哈尔滨市政府决定将其改造成步行街;1997 年 6 月 1 日正式开通,是亚洲目前最大、最长的步行街之一。中央大街是哈尔滨的缩影,哈尔滨的独特建筑文化和哈尔滨人的欧式生活,都在这里有明显的体现。

2. 圣·索菲亚教堂

圣·索菲亚教堂是哈尔滨的教堂中规模较大和较早建成的一座,是远东地区最大的东正教教堂,如图 5-2 所示。教堂为拜占庭式建筑,通高 53.35 米,占地面积 721 平方米。这座诞生近百年的建筑充溢着迷人的色彩,教堂内的壁画、吊灯、钟楼及穹顶和唱诗台无一不显示丰富多彩的人文景观和匠心独具的艺术特色,具有较高的历史文化价值和建筑艺术观赏价值。

图 5-2 圣·索菲亚教堂

3. 亚布力滑雪场

亚布力滑雪场位于尚志市东南部,距哈尔滨市 190 公里。俄语原名亚布洛尼,是"果木园"之意。清朝时期为皇室及贵族的狩猎围场。亚布力滑雪场是目前国内最大的滑雪场,也是我国目前最大的综合性雪上训练中心。亚布力滑雪旅游度假区,处于群山环抱之中,林密雪厚,风景壮观。锅盔山主峰三锅盔已经辟为大型旅游滑雪场,大锅盔和二锅盔曾是第三届亚洲冬季运动会赛道,现在是国家滑雪运动员

的训练基地。亚布力滑雪场的设施非常完善,有亚洲最长的高山滑雪道。滑雪场内还有长达5公里的环形越野雪道及雪地摩托、雪橇专用道。这里的极端最低气温是-44℃,平均气温-10℃,积雪期为170天,滑雪期近150天,每年的11月中旬至次年3月下旬是这里的最佳滑雪期。

知识衔接

哈尔滨冰雪大世界

哈尔滨冰雪大世界始创于1999年,是哈尔滨凭借冰雪时节优势,而推出的大型冰雪艺术精品工程,以展示北方名城哈尔滨冰雪文化和冰雪旅游魅力。

2016年12月22日,第十七届哈尔滨冰雪大世界试开园营业。本届冰雪大世界以"冰筑丝路·雪耀龙疆"为主题,总体分为冰筑魅力、丝路探险、雪耀奥运、龙江印象四大主题区,冰雪景观数量达74个,总用冰雪量突破33万立方米。整体设计利用场地空间特质,突破以往格局,打造功能结构最完整、空间层次最立体、体验活动最丰富的园区。

冰筑魅力区为主要冰建展示区。冰酷欧陆、童话王国、梦幻时空、热舞撒哈拉、天耀中华五大冰雪景观簇拥在魅力主塔四周,集中展现冰雪建筑的艺术之美。丝路探险区为冰雕展示区。登上园区北侧的雪山,到达丝路探险区,立于山顶,璀璨夺目的冰雕艺术区,精彩纷呈的雪上表演,尽收眼底。欢乐雪圈、滑雪场、320米冰滑梯等项目将让你体会酣畅淋漓的快感。雪耀奥运区设置了摇摆冰滑车、冰壶、滑冰助手、能量单车、滚雪桶、七彩滑板等共20余项冰雪娱乐活动,雪雕万里长城也是一大看点。龙江印象区首次将俄罗斯雅库茨克主题园引入园区,品味俄式建筑的魅力,让游客仿佛置身于冰天雪地的俄罗斯街头,零距离感受扑面而来的异域风情。

(二) 牡丹江市

牡丹江市,因松花江上最大的支流牡丹江横跨市区而得名。牡丹江市资源富庶,风光秀美,有世界闻名的高山堰塞湖——镜泊湖、中国北方目前最大的人工湖——莲花湖、火山口地下原始森林、牡丹峰国家森林公园等风景名胜古迹30余处。

1. 镜泊湖

镜泊湖位于牡丹江市的西南面,总面积1200平方公里,是我国北方著名的风景区和避暑胜地,被誉为"北方的西湖",如图5-3所示。镜泊湖底曾是牡丹江上游的古河道,大约1万年前火山喷发,形成了我国最大的高山堰塞湖。镜泊湖南北长45公里,东西为狭长形,最宽处达6公里,全湖蜿蜒曲折,呈"S"形。湖岸多港湾,湖中大小岛屿星罗棋布,而最著名的湖中八大景犹如八颗光彩照人的明珠镶嵌在这条飘绕在万绿丛中的缎带上。湖中从北向南分布着吊水楼瀑布、白石砬子、大孤山、小孤山、珍珠门、城墙砬子、道士山、老鸹砬子等景观。

八大景中,以吊水楼瀑布最为著名,后人有诗赞曰:"飞落千堆雪,雷鸣万里秋。深潭霞飞雾漫,更有露浸岸秀。"吊水楼瀑布是我国第三大瀑布。

2. 中国雪乡

中国雪乡位于黑龙江省牡丹江市境内的大海林的双峰林场,占地面积500公顷①,海拔1500米左右,如图5-4所示。受日本海暖湿气流和贝加尔湖冷空气影响,冬季降雪期长,雪期长达7个月,积雪厚度可达2米左右。雪质好、黏度高,积雪从房檐悬挂到地面形成了独特的"雪帘",雪乡受山区小气候影响,每年秋冬开始,就风雪涌山,是全国降雪量最大的地区,素有"中国雪乡"的美誉。

图5-3 镜泊湖风光

图5-4 中国雪乡

(三)五大连池

五大连池位于黑龙江省北部五大连池市,是我国著名的火山游览胜地,如图5-5所示。1719—1721年,火山喷发,熔岩阻塞白河河道,形成五个相互连接的湖泊,因而名为"五大连池"。五大连池风景区有景色奇特的火山风光、丰富完整的火山地貌和有疗效显著的矿泉"圣水",是一个集游览观光、疗养休息、科学考察多种功能为一体的综合性天然风景名胜区,每年6—9月为其旅游最佳季节。

图5-5 五大连池

景点讲解案例 五大连池导游词

各位游客:

大家好!欢迎大家到五大连池观光旅游。很荣幸能陪伴大家领略神奇的火山风光,希望我的讲解能让大家满意。

五大连池名胜风景区,坐落在讷谟河畔,面积1060多平方公里。风景区主要由14座新期和老期的火山、5个火山堰塞湖、60多平方公里的"石龙"和具有很高医疗保健价值的低温冷泉构成。这里旅游资源十分丰富,山凝秀、水含幽、熔岩巧

---

① 1公顷=10000平方米。

叠、药泉神奇,被誉为我国天然火山公园,翻开的火山教科书和著名旅游疗养的胜地。

五大连池的火山呈"井"字形排列,它们分别为:药泉山、卧虎山、笔架山、南格拉球山、北格拉球山、东焦得布山、西焦得布山、莫拉布山、尾山、影背山、东龙门山、西龙门山、老黑山、火烧山,等等。在火山喷发的同进,滚滚的熔岩把讷谟尔河的支流——白河拦腰截成五段,形成了五个彼此相连呈串珠状的火山堰塞湖,即头池、二池、三池、四池、五池,人们称之为五大连池。五大连池盈盈碧水,点缀在14座火山之间,与广阔的玄武岩台地融合在一起,绘成一组奇特的山、水、石景观。

五大连池不但火山自然景观独特,而且还蕴藏着丰富的具有神奇疗效的矿泉水。

关于五大连池的矿泉水,有一个美好的传说。相传很久以前,五大连池一带,古树参天,野草茂密。一位鄂伦春猎人,寻找射中的一只梅花鹿。鹿带着箭伤在前面跑,猎人循着血迹在后面追。这只鹿不往深山里跑,却跑进一个池子里,猎人觉得有些古怪,便躲在岩边观察,只见这只梅花鹿一边洗伤口,一边用舌头舔,上岸后,血不流了,健步跑进深山。猎人到泉边用手捧起水喝了一口,顿觉精神振奋。以后,猎人只要有点小病小灾,就到泉边饮水治疗,都是水到病除。从此,人们就把这泉水奉为"圣水",以后的每年农历五月初五,人们都到此饮"零点水"。据说,饮到"零点水"的人可以消灾祛病、益寿延年。

(四)扎龙自然保护区

扎龙自然保护区是中国著名的珍贵水禽自然保护区,位于乌裕尔河下游,西北距齐齐哈尔市30公里。这里,主要保护对象是丹顶鹤以及其他野生珍禽,被誉为鸟和水禽的天然乐园。扎龙自然保护区占地21万公顷,芦苇沼泽广袤辽远,湖泊星罗棋布,苇草肥美,鱼虾丰盛,环境幽静,风光绮丽,是鸟类繁衍的天堂。每年四五月或八九月,约有二三百种野生珍禽云集于此,蔚为壮观。

扎龙自然保护区以鹤著称于世,全世界共有15种鹤,此区即有6种,它们是丹顶鹤、白头鹤、白枕鹤、蓑羽鹤、白鹤和灰鹤。丹顶鹤又称仙鹤,是十分珍贵的名禽,此区现有500多只,约占全世界丹顶鹤总数的四分之一,所以,此区被称为丹顶鹤的故乡。

(五)漠河

漠河位于我国最北端,隶属于黑龙江大兴安岭地区。漠河位于北纬的高纬度地带,因而有"白夜"和"北极光"两大天然奇景,也被称为"中国北极村",如图5-6所示。

每年夏季,漠河的白天越来越长,晚上也相应地越来越短,尤其是夏至前后半个月,每晚只有子夜时分一两个钟头,天色稍微昏暗一些,随后又是朝霞似锦,旭日高悬,黑夜变成了"白夜"。冬季,情况正好相反。独特的地理位置,造成每年冬至前后,昼短夜长,白天只有7个小时左右。而夏至来临时,又变为昼长夜短,甚至出现黎明与晚霞同现天空的极昼现象,因此,漠河又被称为"不夜城"。

图 5-6　漠河北极光

四、主要旅游线路

(一)"醉美东极游"旅游线路

该线路的主要景点包括:牡丹江—镜泊湖—兴凯湖—虎头—饶河—黑瞎子岛。

线路特色:一路走向中国最东极,尽览中国东北地区最美丽的湖泊——镜泊湖、最壮观的界湖——兴凯湖、最具震撼力的和平纪念地——虎头、最具影响力的中俄旅游岛——黑瞎子岛,欣赏中俄界江——乌苏里江的迷人风光。

(二)"情系黑土地西部游"旅游线路

该线路的主要景点包括:大庆—连环湖—齐齐哈尔—五大连池—黑河—北极村。

线路特色:既可以游览最具黑龙江地域风情和历史文化的特色景点,感受浓郁的黑土情怀,又可以体验中俄两国异域风情,游览中国最北极和中俄两国大界江——黑龙江。

(三)"神州北极游"旅游线路

该线路的主要景点包括:大庆—连环湖—齐齐哈尔—加格达奇—北极村。

线路特色:走进茫茫大兴安岭,观赏加格达奇原始森林风情;到中国最北部的神州北极——漠河北极村,领略时光逆转的神奇画面,看冰雪留痕,陶醉"神州北极"秀美风光。

(四)"浪漫中俄风情游"旅游线路

该线路的主要景点包括:大庆—兰西—五大连池—孙吴—锦河农场—黑河—俄罗斯布拉戈维申斯克。

线路特色:参观兰西关东民俗村、锦河农场"闯关东"影视基地;游览五大连池旅游名镇的火山奇观;参观孙吴胜山要塞遗址;欣赏锦河大峡谷深谷杜鹃;感受黑河"中俄双子城"的魅力,出境游览俄罗斯布拉戈维申斯克市异域风光。

(五)"名湖、名山、名城、名人游"旅游线路

该线路的主要景点包括:牡丹江—镜泊湖—海林农场—海林—亚布力—金龙山—哈尔滨—大庆—五大连池。

线路特色:走在关东地,尽览欧陆风情冰城哈尔滨,赏海林农场、北欧风光,参观抗日英雄金佐镇将军事迹,游大庆,连环湖泡温泉,五大连池登火山、赏花、饮矿泉。

线路设计案例 哈尔滨、太阳岛雪雕、亚布力滑雪四日游

第一天:哈尔滨火车站或机场接团,沿途导游介绍哈尔滨的建城历史。

第二天:早上5:00抵达哈尔滨乘车赴亚洲最大的国际滑雪中心——亚布力滑雪场,沿途欣赏千里冰封、万里雪飘的北国风光。午餐后亚布力激情滑雪2小时,自费参观世界第一滑道(全长2680米,48个弯道),高山观雪景,晚餐后宿东北火炕。

第三天:早上7:30早餐,参观风车山庄、"大地之子"风车网阵、木屋别墅,观国家跳台滑雪队训练,打雪仗、堆雪人,午餐后乘旅游巴士返回哈尔滨市区,晚餐后参观冰雪大世界。

第四天:早餐后乘游览哈尔滨市容,途中车览松花江公路大桥、冬季的松花江,游览银装素裹的太阳岛公园,果戈里大街,午餐品尝东北饺子宴,下午游览哈尔滨城标——防洪纪念塔,江畔公园——斯大林公园,可自费参加勇敢者的活动——冰上四项活动(冰橇、冰道、冰帆、冬泳),极具欧洲风情的百年老街——中央大街,远东地区最大的东正教教堂——圣·索菲亚教堂广场,俄罗斯工艺品店,东北土特产商店。

任务三 吉林省

任务导入

广州某驴友俱乐部组织了30位驴友,准备到吉林省游览一周。请为他们设计旅游线路,并准备主要景点讲解。

任务分析

在这个任务中,需要注意把握旅游线路设计的原则,熟悉吉林省的旅游资源、旅游特色和旅游线路等,掌握导游词的写作方法与技巧。同时,还要考虑本团队的特殊性。驴友一般追求自然、随性,因而在景点的选择上,需要进行挑选。

一、旅游概况

吉林省地处我国东北地区中部,松花江畔,面积18多万平方公里,人口约2600万,省会为长春,如图5-7所示。吉林省东部长白山区,有浩瀚的原始森林和丰富的矿产资源,是一

座立体资源宝库和世界著名的生态环境保护区,素以"林海雪原"著称,又是东北三宝人参、鹿茸、貂皮的主要产地。滔滔的松花江从长白山发源,蜿蜒千里,向西流经吉林全境,为此,人们常常用"白山松水"来代表这片蕴藏着无限生机的土地。

汉代高句丽地方政权和唐代的渤海国前期都城,分别在吉林省长白山区和集安、敦化、珲春、临江等地,这一带古城址历史遗存十分丰富。长白山区还是我国朝鲜族、满族文化的发祥地区之一。

图 5-7 吉林省旅游地图

二、民俗风情

(一)饮食文化

吉林菜兼取京、鲁和西菜的烹调精华,可以概括为善制野味,讲究火候,醇厚香浓,朴素实惠。吉林菜用料广泛而讲究精细,十分注重地方特产原料的使用,用特产烹制的长白山珍宴、松花江水味宴、江城蚕豆宴、参花药膳宴、梅花鹿全席等名扬四海。吉林菜厚重朴实,给人以天然去雕饰的美感。宴席中特别注重大件菜的配置,菜以盘大量多、讲求丰满实惠而闻名。

著名美味佳肴有:猪肉炖粉条、小鸡炖蘑菇、白肉血肠、酸菜火锅、鹿茸羹、炸蛤蟆、人参鸡。朝鲜族风味菜肴有:狗肉、狗肉火锅、生拌牛肉、红焖狍子肉、鲶鱼炖茄子、炒肉拉皮、带馅麻花、朝鲜族冷面、雪衣豆沙、打糕等。

知识衔接

朝鲜族冷面

冷面,起源于高丽王朝时期,已有200多年的历史。朝鲜族冷面,是从19世纪末随朝鲜族人口迁入而传入中国,至今约有150年,是我国朝鲜族最具代表性的饮食。

朝鲜族自古有在农历正月初四中午吃冷面的习俗,说是这一天吃上长长的冷面,就会长命百岁,故冷面又被称作"长寿面"。朝鲜族冷面主要分为两大流派,即以荞麦面为代表的冷面和以土豆面为代表的冷面。其中,尤以荞麦面冷面为著称。面条煮熟后要用凉开水进行冷却,然后挽成一团放入碗中。配卤的浇头一般由切成片状的熟牛肉、猪肉、鸡肉等,再加上泡菜、熟鸡蛋、切成片状的黄瓜和梨等,全部整齐码放于面条之上,最后倒入萝卜泡菜汤或牛肉熬制的高汤。土豆冷面也很有特点,土豆的独特苦味与芝麻香味搭配,味道奇特。此外,还有新的冷面品种和制作方法,如玉米冷面,配汤不用肉汤,而用黄瓜冷汤加上用卷心菜泡的蔬菜汤。面条装盘后,放上炒卷心菜、炒木耳、煮鸡蛋等,伴着辣白菜一起吃。冷面是夏季的最爱,但在其他季节人们也吃得不亦乐乎。

(二) 民间艺术

吉林省的民间艺术多姿多彩。例如,东北大秧歌、踩高跷等;工艺类民间艺术如树雕、剪纸、乡村民间画、根须画、葫芦艺、满族剪纸、吉林彩绘雕刻葫芦等。

流行在吉林的秧歌,是一种融舞蹈、歌唱、戏剧为一体,以舞为主的民间艺术。从表演形式上可分为地秧歌、高跷秧歌、寸子秧歌,以及抬杆、背杆、橛杆等多种表现形式。通常还把耍龙灯、舞狮子、跑旱船、推车、打霸王鞭等民间舞蹈结合在一起。

(三) 地方特产

吉林省盛产中药材,多达70余种,最常见的药材有人参、党参、高丽峰、黄芪、贝母、细章、天麻、红景天、灵芝等。动物药有鹿茸、鹿鞭、鹿心血、鹿胎、熊胆、麝香、田鸡油等。当地著名的土特产品还有红景天、林蛙、不老草、灵芝、蕨菜、黑木耳、山葡萄等。轻工业名产有长春人参烟、吉林三宝酒、通化葡萄酒等。

三、主要旅游城市及景区

(一) 长春

长春是吉林省省会。清代末年,长春作为中东铁路大站被俄国侵占。1931年九一八事变后,长春成为伪满洲国的国都,称为"新京"。长春市素有"汽车城"、"电影城"、"科技文化城"、"森林城"的美誉。

1. 伪满皇宫博物院

伪满皇宫博物院是建立在伪满皇宫旧址上的宫廷遗址博物馆,如图5-8所示。伪满皇宫是中国清朝末代皇帝爱新觉罗·溥仪充当伪满洲国皇帝时居住的宫殿,是日本帝国主义武力侵占中国东北,推行法西斯殖民统治的历史见证。伪满皇宫地处长春市东北隅的光复北路5号,占地面积约13.7万平方米。其主体建筑有溥仪用于办公、处理政务、举行大典的勤民楼和同德殿;溥仪及其后妃日常生活的居处寝宫缉熙楼;用于供奉列祖列宗的怀远楼;用于举行大型宴会的嘉乐殿、清宴堂。另外,还有书画楼、中膳房、洋膳房、御花园、假山、防空洞、游泳池等附属设施,至今仍保存完好。现在,伪满皇宫博物院已成为吉林省长春市的重要旅游景点和爱国主义教育基地。

图5-8　伪满皇宫博物院

2. 净月潭

净月潭是国家5A级旅游景区,国家级风景名胜区,国家森林公园,国家级水利风景区,国家级全民健身户外活动基地。景区内的森林为人工建造,含有30个树种的完整森林生态体系,得天独厚的区位优势,使之成为喧嚣都市中的一块净土,有"亚洲第一大人工林海"、"绿海明珠"、"都市氧吧"之美誉,是长春市的城市名片。

(二) 吉林

吉林市是吉林省的第二大城市,也是我国唯一一个与省名相同的城市。吉林市有着悠久的历史,穿城而过的松花江水,孕育了古老的民族和文化。1994年,吉林市被国务院命名为"中国历史文化名城"。吉林原名"吉林乌拉",满语的意思是"沿江的城池"。城市四面环山,三面临水,自然景观得天独厚,有"北国江城"之称。

1. 吉林雾凇

图5-9　吉林雾凇

吉林雾凇与桂林山水、云南石林和长江三峡并称为中国四大自然奇观。隆冬时节,松花江十里长堤上的垂柳青枝变成琼枝玉树,一片晶莹洁白,江岸雾凇缭绕,人在其中,犹入仙境,如图5-9所示。吉林雾凇的形成是由于松花江两岸树茂枝繁,冬天不冻的江水腾起来的雾,遇到寒冷的空气在树上凝结为霜花,气象学称之为"雾凇",也称为"树挂"。"树挂"是雾气和水汽遇冷凝结在枝叶上的冰晶,分为粒状和晶状两种。吉林的雾凇属于晶状。吉林雾凇出现于每年的11月下旬至来年的三四月。

景点讲解案例　　吉林雾凇

各位游客朋友,大家好,首先对各位的到来表示最衷心的欢迎。今天我将荣幸地作为导游带领各位去参观吉林雾凇。

吉林雾凇以其"冬天里的春天"般诗情画意的美,同钱塘潮涌、泰山日出和黄山云雾并称为中国四大气象景观。隆冬时节,当北国大地万木萧条的时候,走进吉林

市,你却会看到一道神奇而美丽的风景。沿着松花江的堤岸望去,松、柳凝霜挂雪,戴玉披银,如朵朵白云,排排雪浪,十分壮观,这就是被人们称为"雾凇"的奇观。雾凇又称"树挂",是雾气和水汽遇冷凝结在枝叶上的冰晶,分为粒状和晶状两种。粒状雾凇结构紧密,形成一粒粒很小的冰块,而晶状雾凇结构比较松散,呈较大的片状。吉林的雾凇就属于晶状,它必须在有水汽、-25℃以下、风力不超过3级的天气里才能形成,而吉林市独特的地理环境恰恰是雾凇的温床。

观赏雾凇,主要分为三个时段,即夜看雾、晨看挂、待到近午赏落花。夜看雾,是在雾凇形成的前夜观看江上出现的雾景。晨看挂,是早起看"树挂",十里江堤黑森森的树木,一夜之间变成一片银白;棵棵杨柳宛若玉枝垂挂,簇簇松针恰似银菊怒放,晶莹多姿。待到近午赏落花,是指"树挂"脱落时的情景,一般在上午10时左右,"树挂"开始一片一片脱落,接着是成串地往下滑落,微风吹起脱落的银片在空中飞舞,明丽的阳光辉映到上面,在空中形成了五颜六色的雪帘。请大家尽情地与美丽的雾凇合影留念吧!

2. 松花湖

松花湖位于吉林市东南约24公里的松花江上游,是丰满水电站大坝拦截江水而形成的河流型湖泊。松花湖的总面积达480平方公里,它水域辽阔,湖泊繁多,状如蛟龙。湖形狭长,是一个上窄下宽,随着山势而迂回曲折的美丽湖泊。松花湖的最大水深有70余米,总蓄水量可达110亿立方米,堪称我国最大型的人工湖泊之一。

松花湖每年都有近半年的雪期。在寒冷的冬季,这里变成了运动的乐园,位于湖畔的大青山滑雪场是全国最大的高山雪场。这里群山环绕,风力不大,雪质优良,可开展滑雪、溜冰、狩猎等丰富多彩的活动。

(三) 长白山

长白山是风光秀丽、景色迷人的关东第一山,因其主峰白头山多白色浮石与积雪而得名,素有"千年积雪万年松,直上人间第一峰"的美誉。长白山是东北海拔最高、喷口最大的火山体,长白山顶部的火山口湖,是我国最大的火山口湖,四周奇峰林立,池水碧绿清澈,是松花江、图们江、鸭绿江的三江之源。该湖面海拔2194米,是我国最高的高山湖泊,面积约9.82平方公里,平均水深204米,最深处373米。晴天湖水湛蓝,微微涟漪;阴天则水雾蒙蒙,清浪拍岸。

天池北侧,是久负盛名的长白山瀑布,也是天池唯一的"门户"。长白山顶,天池的水从缺口处奔腾而下,像是一条翻滚的巨龙。在长白山景区北坡,距长白山瀑布下约1公里处,有一奇特的天然温泉群——聚龙温泉群,这里的温泉水温均在60℃以上,最高的可达82℃,若将鸡蛋放置在泉眼处,很快便会被煮熟。长白山温泉群不仅水温较高,四季不变,而且温泉中饱含硫化氢、镁、钙等多种对人体有益的矿物质,具有极高的医疗价值。

(四) 高句丽王城文化遗址

高句丽王城文化遗址位于吉林省集安市,包括国内城、丸都山城、王陵及贵族墓葬。在集安市周围的平原上,分布了1万多座高句丽时代的古墓,这就是闻名海内外的"洞沟古墓群"。洞沟古墓群中以将军坟、太王陵为代表的14座大型高句丽王陵及大量的王室贵族壁画墓,从不同侧面反映了高句丽的历史进程,也是高句丽留给人类弥足珍贵的文化艺术瑰宝。将军坟,据考为二十代王长寿王陵,墓体呈方锥形,共有7层阶梯,因造型颇似古埃及法老的陵墓,被誉为"东方金字塔",如图5-10所示。太王陵是长寿王为纪念第十九代王而修建,太王碑上镌刻了大量的太王的政绩及高句丽王朝的传说,被誉为"东方第一碑"。

图5-10　长寿王陵

四、主要旅游线路

(一) 朝鲜族民族风情游

该线路的主要景点包括:长春—伪满皇宫博物院—长影世纪城—长白山(天池、瀑布、温泉、地下森林)—延吉(大长今的故乡)。

线路特色:这里有末代皇帝的"监狱"——长春伪满皇宫,中国好莱坞——长春电影制片厂,中国十大名山之一——长白山,朝鲜族风情的大长今的故乡——阿里郎民俗风情园,可以领略到浓郁的朝鲜族风土人情。

(二) 秀水古迹游

该线路的主要景点包括:松原—查干湖—白城—向海—向海香海寺—向海仙鹤岛。

线路特色:赴松原,可游览查干湖、圣水湖畔的拍摄基地、松原最大的喇嘛庙妙音寺,具有蒙古族风情的成吉思汗召等景观;赴白城,可游向海国家级森林公园,观赏向海全景,参观珍禽博物馆,参观向海庙、千鸟巢、仙鹤岛等景点。

(三) 长白山水风光游

该线路的主要景点包括:二道白河—长白山—长白山天池—长白山瀑布—长白山小天池—镜泊湖—吊水楼瀑布。

线路特色:在二道白河体验长白山漂流,游览长白山的峡谷浮石林、冰水泉,游览世界上海拔最高的火山口湖——长白山天池,观赏世界落差最大的火山湖瀑布——长白瀑布,观聚龙温泉群,看中国最大的高山堰塞湖——镜泊湖、吊水楼瀑布。

线路设计案例　　延边—长白山—延边冬季滑雪四日游

第一天:延吉接团,晚餐后入住宾馆。

第二天:早餐后赴长白山,下午抵达长白山山门,换乘倒站车抵达冰雪基地进入长白山。乘坐摩托车欣赏茫茫林海,观光古老的原始森林和皑皑白雪,下午滑雪。晚上自费洗温泉浴。晚餐后入住宾馆。

第三天:早餐后赏雪、滑雪,或者在温泉中露天冬游,乘雪地车进入原始森林游玩,享受高山滑雪的乐趣,还可以徒步登山游览天池、瀑布,晚餐后入住宾馆。

第四天:早餐后返回延吉,沿途观赏长白山奇景雾凇及雪松,风味午餐后下午

观赏图们江,中朝边境风光,晚餐后送团结束行程。

任务四 辽宁省

任务导入

东北二人转久负盛名。来自上海的张先生和朋友一行6人,打算去辽宁的刘老根大舞台,亲切感受二人转的魅力,同时游览辽宁省。请为他们设计旅游线路,并准备主要景点讲解。

任务分析

在这个任务中,需要把握旅游线路设计的原则,熟悉辽宁的旅游资源、人文风情、旅游特色和旅游线路等,掌握导游词的写作方法与技巧。

一、旅游概况

辽宁位于我国东北地区的南部沿海,西北部与内蒙古接壤,西南部毗邻河北省,东北部与吉林省的长白山区相连,东部则与朝鲜隔鸭绿江遥遥相望。辽宁省面积14.59万平方公里,人口约4238万,省会为沈阳。

辽宁历史悠久,战国属燕,秦属辽东、辽西等郡,汉代属幽州,辽金为东京,清为奉天省。辽宁省是中国最后一个封建王朝——清朝(1644—1911年)的发祥地。至今,这里的一宫三陵,即沈阳故宫和新宾永陵、沈阳福陵、沈阳昭陵仍然保存完好。

辽东半岛因其地理位置与自然条件,被称为东北"金三角",如图5-11所示。辽东半岛是中国历史上曾多次修筑长城的地区,以建平县烧锅营子燕长城遗址、锦州九门口明长城保存较好。旅顺口、锦州等地战略地位重要,曾分别是甲午海战、日俄战争与解放战争的战场或基地。

二、民俗风情

(一)饮食文化

辽菜是在满族菜、东北菜的基础上,吸取鲁菜和京菜之长,形成了自己的独特风格。辽宁菜特点是一菜多味、咸甜分明、酥烂香脆、明油亮芡、讲究造型。辽宁是满族聚居的主要省

图 5-11 辽宁省旅游地图

份,因此辽菜受满清宫廷菜和王府菜影响较大,讲究用料和造型,无论是器皿还是色、香、味、形都很考究。辽菜中的全羊席更有名,它是继满汉全席后的宫廷大宴之一,为宫廷招待信奉伊斯兰教客人的最高宴席。辽宁著名菜点有:白肉血肠、烤明虾、鲜活白蟹、蒸加吉鱼、红梅鱼肚、金钱飞龙鸟、扒三白、沈阳回头、马家烧卖、老边饺子、吊炉饼、海城馅饼、糊塌子等。

(二) 民间艺术

辽宁民间艺术多彩多姿,既有辽南皮影、辽西刺绣、朝阳剪纸、民间绘画等手工技艺,又有东北二人转、喜剧小品、民间歌舞表演艺术。

1. 二人转

二人转,史称小秧歌、双玩艺、蹦蹦,又称过口、双条边曲、风柳、春歌、半班戏、东北地方戏等。它植根于东北民间文化,属于中国走唱类曲艺曲种。二人转在东北大秧歌和河北莲花落的基础上发展而来,是一种说唱艺术,唱词诙谐幽默,富有生活气息。二人转从创立至今,已有 300 多年历史。现在,它由众多优秀的艺术家精湛地演绎着,以灿烂的生命力绽放在国内和国际舞台上。

2. 辽南皮影

皮影也叫灯影,由驴皮制成,在辽宁最盛行的时期是清末、民国年间。音乐、唱腔特别丰富,大致有三赶七、硬唱、七言句子、五字锦、十字锦、答拉嘴组成的唱词类别。辽南皮影戏道白清晰,唱腔优美,既有皮影古韵,又有现代唱腔,成为辽南地区乡土气息浓郁的剧种,为辽南乃至辽宁大众深爱。

(三) 地方特产

辽宁省为全国著名温带水果产区之一,主要产苹果、梨、山楂、板栗等。辽南苹果、辽西梨著称全国,辽东半岛上的熊岳城有"苹果城"之称。东北三宝中的人参、鹿茸都在全国占重要地位。柞蚕产量居全国之首。辽宁省还有辽五味、辽细辛、丹东丝绸、天然色地毯、喀左紫砂陶器、玉石雕刻、锦州玛瑙雕刻、大连贝雕画、沈阳羽毛画和沈阳绢花等地方特产。

三、主要旅游城市及景区

(一) 沈阳

沈阳市位于松辽平原的东部,辽宁省的中部,为辽宁省省会,也是我国著名的重工业城市。沈阳因地处浑河(古称沈水)之北,中国古代习惯于把水的北面称之为阳,沈阳的名字便由此而来。清太祖(努尔哈赤)创建后金,曾定都于此,后又迁都北京。尽管如此,沈阳一直被叫作"奉天",而且历代多位皇帝曾经到此避难和游玩,因此,沈阳市的旅游景观丰富多彩,以名胜古迹最为突出。

1. 沈阳故宫博物院

沈阳故宫博物院始建于1625年,其占地面积为6.7万平方米,共有建筑100余座300余间,沈阳故宫博物院内建筑物保存完好,是我国仅存的两大宫殿建筑群之一。

清入关前,其皇宫设在沈阳,迁都北京后,这座皇宫被称为"陪都宫殿",后来又被称为"沈阳故宫",如图5-12所示。它是清代初年的皇宫,在建筑艺术上继承中国古代建筑传统,融汉、满、蒙各族艺术于一体。沈阳故宫以崇政殿为中心,从大清门到清宁宫为一条中轴线,将故宫分为东、中、西三路。中路为故宫主体,崇政殿为主体的核心,是皇太极处理朝政之所。东路建筑以大政殿为中心,两翼辅以王亭、八旗亭。大政殿是用来举行大典,如颁布诏书,宣布军队出征,迎接将士凯旋和皇帝即位等的地方。西路建筑以文溯阁为中心,配以仰熙斋、嘉荫堂等,是贮藏《四库全书》和皇帝读书的地方。新中国成立后,沈阳故宫被辟为沈阳故宫博物院。

图5-12 沈阳故宫博物院一角

2. 张氏帅府

"张氏帅府"又称"大帅府"、"小帅府",是奉系军阀首领张作霖及其长子张学良的官邸和私宅,始建于1914年,占地29146平方米,总建筑面积27570平方米。由东院、中院、西院和院外的不同风格的建筑群组成,是我国近代优秀建筑群之一。东院由大、小青楼和帅府花园等组成。西院有七座红楼建筑群。张氏帅府中曾发生过多起震惊中外的事件:张作霖在此成为"东北王";皇姑屯事件后,"大帅"身负重伤,死在帅府;张学良在这里宣布东北易帜,维护了祖国统一。新中国成立后,政府多次拨款维修这一建筑群,将其列为省级文物保护单位。

(二) 大连

大连地处辽东半岛的南端,西濒渤海,东临黄海。大连四面山环水绕,风光旖旎,气候宜人,是我国著名的海滨旅游城市。大连的社会文化生活十分活跃,已成为闻名遐迩的"服装城"、"足球城"、"旅游城"。

1. 金石滩旅游度假区

金石滩旅游度假区位于大连东北端的黄海之滨,距大连市中心50公里。这里三面环海,冬暖夏凉,气候宜人,延绵30多公里的海岸线,凝聚了3亿~9亿年地质奇观,诞生于6亿年前的震旦纪岩石形成壮丽的奇石景观,被称为"凝固的动物世界"、"天然地质博物馆"。

金石滩由东部半岛、西部半岛和两个半岛之间的开阔腹地和海水浴场组成。这里有金石世界名人蜡像馆、大连金石滩地质博物馆、金石缘公园、大连滨海国家地质公园、中华武馆、毛泽东像章陈列馆等项目。金石滩现已成为人们避暑消夏的首选之地。凉爽宜人的气候、可口诱人的海鲜、绮丽迷人的海岸、优质完备的设施、风格各异的建筑、神秘古老的奇石、独具特色的展馆、疯狂刺激的活动以及全国规模最大的、国际化的主题公园,吸引了上百万的海内外宾客来此游玩。

2. 大连圣亚海洋世界

大连圣亚海洋世界,被称为中国最浪漫的海洋主题乐园。它共有圣亚海洋世界、圣亚极地世界、圣亚深海传奇、圣亚珊瑚世界、圣亚恐龙传奇五大场馆,是集海洋极地环境模拟、海洋动物展示表演、购物、娱乐、休闲于一体的综合性旅游项目。

它坐落在星海湾旅游区内,是中外合资建成的海底通道式水族馆。这里有亚洲最长的海底透明通道,将您带进全景式的海底世界。乘上缓缓前行的海底列车,置身于透明的拱形通道中,神奇迷离的海底景观将围绕在您的上方和四周。7000余尾200多种世界各地的珍奇鱼种,凶猛威武的鲨鱼、头大无比的鳐鱼、色彩斑斓的热带鱼,大大小小的鱼群竞相变换队形,向您展示优美奇丽的海底梦幻世界。大连圣亚海洋世界以丰富的展示手段和生动的水生环境造景,再现了海底的美丽与神气,如图5-13所示。

3. 极地海洋动物馆

老虎滩极地海洋动物馆,坐落在大连老虎滩风景区,这里依山、傍海,景色迷人。极地海洋动物馆建筑面积3.6万平方米,占地面积2万平方米,是目前世界最大也是中国唯一的一家拥有海洋动物最多、展示极地动物品种最全的场馆,被国家海洋局极地办公室授予"极地科普教育基地"的荣誉称号,如图5-14所示。

全馆分为三大部分：第一部分是极地动物展示，主要展示南极和北极的海洋动物，人们可以在模拟的极地环境中观赏北极熊、白鲸、海象、企鹅、海豹、海狗、海狮等十几种极地动物，领略极地风光的情趣，感受冰雪世界的魅力；第二部分是海洋动物表演场，游人可在这里观看虎鲸、海豚、海狮等的精彩演出；第三部分是鲨鱼展示，几十个品种、300余条鲨鱼的千姿百态在这里一览无余，惊险刺激的"人鲨共舞"场面更是令人赞叹不已。

图5-13　圣亚海洋世界水族馆

图5-14　极地动物馆企鹅表演

（三）鞍山

鞍山坐落在美丽富饶的辽东半岛，是中国著名的钢铁工业基地，素有"钢都"之称。同时也是中国北方重要的旅游城市，是融自然风光、宗教文化、温泉康复、冶铁历史和满族风情为一体的旅游胜地。

1. 千山

千山，位于辽宁省鞍山市东南17公里处，为中国国家重点风景名胜区。南临渤海，北接长白山，以峰秀、石俏、谷幽、庙古、佛高、松奇、花盛而著称，素有"东北明珠"之誉。千山由近千座状似莲花的奇峰组成，自然风光十分秀丽。在众多的奇峰中，最为奇特的是千山大佛。大佛由整座山峰构成，端坐于千朵莲花山之中，为千山增添了神秘色彩。

2. 汤岗子温泉

汤岗子温泉，坐落在鞍山市南郊15公里的娘娘庙山脚下，这里林木葱郁、环境幽静、一片湖光山色，是中国四大温泉康复中心之一。汤岗子温泉以其悠久的历史、得天独厚的自然资源和人文景观，融康复、理疗、旅游于一体而名扬四海。

汤岗子温泉发现于唐代，迄今已有1300多年的历史。温泉每天涌出的泉水约有1000吨，水温高达72 ℃。泉水清澄透明，富含20种元素，如钾、钠、镁、硫、铝、氯、氡等。汤岗子温泉中所含的氡，极具医疗价值。

"到汤岗子来，不被泥埋等于白来"。这里有迄今为止亚洲唯一的温度高达45 ℃的湿润泥土，如图5-15所示。热矿泥的形成是在几亿年前的火山爆发后火山灰的堆积物，经过近亿年的温泉滋养等理化作用而形成的，颗粒均匀、柔软、细腻，对治疗风湿、类风湿、关节病、神经衰弱、软组织损伤及解除疲劳等有奇

图5-15　汤岗子温泉之特色泥疗

特的疗效。

（四）本溪

本溪是东北老工业基地，矿藏丰富，被誉为"地质博物馆"，是中国著名的钢铁城市，以产优质焦煤、低磷铁、特种钢而著称。本溪市除了矿产丰富，也是个青山叠叠，绿水悠悠，河流纵横的好地方，是辽宁东部重要的水源涵养地。

本溪水洞风景名胜区，以本溪水洞为主体，融山、水、洞、泉、湖、古人类文化遗址于一体。它是我国北方最富有特色的国家级风景旅游区。水洞是数百万年前形成的大型石灰岩充水溶洞，洞内深邃宽阔，是世界上已发现的最长的充水溶洞，现开发地下暗河长3000米，水流终年不竭，清澈见底。洞口呈半月形，进入洞口是个大厅，可容千人，大厅右侧有个300米长的旱洞，洞府高低错落，洞中有洞，各有洞天，洞顶和岩壁钟乳石多沿裂隙成群发育，呈现各式物象，不加修凿，自然成趣，宛若龙宫仙境。

景点讲解案例　　本溪水洞

亲爱的各位游客，你们好！欢迎你们的到来！今天很开心能做大家的导游，带领大家一起去游玩辽宁省著名的本溪水洞。

本溪水洞位于距本溪市35公里的东部山区太子河畔，是数百万年前第三纪后期形成的大型石灰岩冲水岩洞。这里风光十分秀美，以洞奇、石异、水幽而著称。

请随我乘船游览水洞。水洞又称"九曲银河"，面积3.6万平方米。洞中的暗河四季不竭，平均水深1.5米，最深处可达7米。水洞按其景观形体可分为"二门、三峡、七宫、九曲"，共有100余处景观。大家请看，那是"宝莲灯"，前面是"芙蓉峡"。莲花本应向上开放，这里却是倒悬。继续前行，便是"广寒宫"，也就是嫦娥住的地方。出了"广寒宫"，便是"双剑峡"。钟乳石就犹如利剑，高悬在上，在此游览，真是"船在水中行，人在剑丛过"。过了"双剑峡"，就是"九曲银河"的第一门——剑门。穿过剑门，豁然开朗，洞体突然高大宽敞起来，是九曲银河洞最奇、最美之处。现在进入"九曲银河"的第二门——虎闸门。看，那块岩石真是貌似一只凶猛的大虎。前方进入"玉象峡"，这是"九曲银河"最长的一段，约700米。现在看到的这座"大斜塔"，斜度竟然超过比萨斜塔30°，堪称世界之最。游客朋友们，现在我们看到的是"冰雪世界"——北极宫。北极宫是九曲银河中最大的宫。过了大雪山，前方的是"九曲银河"第六宫——玉女宫。河中岛上的那个石笋，多像一位亭亭玉立的少女啊！现在看到的是九曲银河最后一宫——源泉宫。这里是本溪水洞已经开发部分的尽头，地下暗河中的流水由此涌出。

朋友们，我们现在已经出了水洞。欢迎再次光临本溪水洞！

四、主要旅游线路

（一）都市风光线

该线路的主要景点包括：沈阳（沈阳故宫博物院、张学良旧居纪念馆、九一八事变博物馆、怪坡、中街、五爱街)——鞍山(千山、玉佛苑、汤岗子温泉)——大连(海滨路(虎滩乐园、星海公园、圣亚海洋世界)、人民广场、西郊度假村、旅顺口(博物馆、旅顺日俄监狱、日俄战争遗址、蛇岛)、金石滩)。

(二) 奇特景观线

该线路的主要景点包括:沈阳(怪坡、陨石山)—本溪(水洞)—鞍山(玉佛苑、千山天然大佛)—盘锦(红海滩)—锦州(笔架山)—大连(金石滩、蛇岛)。

(三) 辽西古迹线

该线路的主要景点包括:锦州北宁(医巫闾山、北镇庙、双塔、李成梁石坊)—义县(奉国寺、万佛堂石窟)—锦州(广济寺、辽沈战役纪念馆、观音洞)—葫芦岛(兴城古城、九门口长城、碣石遗址)。

(四) 度假休闲线

该线路的主要景点包括:大连金石滩(国家旅游度假区有高尔夫球、游艇、风帆、狩猎、观赏奇石蜡像、海上垂钓)—西郊度假村—冰峪度假区—仙人岛度假区—营口白沙湾—仙人岛—月牙湾—望儿山—双台子温泉度假村—鞍山(汤岗子、千山温泉度假村)—本溪水洞(漂流)。

线路设计案例 北京—大连—北京四日游

第一天:北京乘飞机赴美丽的大连,游览旅顺白玉山、万忠墓、博物苑景区——世界之最蛇类爬行馆、火炬松、关东军司令部旧址、友谊塔、胜利塔、土特产批发市场、狮虎园。

第二天:游览大连市内,星海公园,圣亚海底世界,星海湾广场,滨海路,北大桥,群虎奔海,虎滩乐园,中山广场,日、俄风情一条街。

第三天:游览国家4A级休闲旅游度假区金石滩、蜡像馆、奇石园、狩猎场、金湾高尔夫球场、国宾浴场,以及在市内自由活动。

第四天:乘坐卧铺返回北京,结束愉快之旅。

本项目包括东北旅游区概况、黑龙江省、吉林省、辽宁省四个任务。通过对任务中东北旅游区概况、各省市旅游概况、民俗风情、主要旅游城市、旅游景点、精品旅游线路的学习,一方面使学生熟悉东北旅游区主要的旅游景点和旅游线路,另一方面提升学生景点导游词撰写和旅游线路设计的能力,也激发他们强烈的爱国情感。

1. 选择本旅游区中具有代表性的一个景点,撰写导游词,并进行脱稿讲解。
2. 以小组为单位,设计一条东北旅游区的旅游线路(可以是一个省、市,也可以是整个旅游区),要突出本地的旅游特色。

项目六
华北旅游区

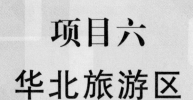

项目目标

职业知识目标：
1. 掌握华北旅游区的地理环境特点、旅游资源特征。
2. 熟悉华北旅游区主要的旅游城市与旅游景区的特色。
3. 熟悉华北旅游区主要的旅游线路。

职业能力目标：
1. 能分析华北旅游区地理环境与旅游资源的关系。
2. 能依据华北旅游区旅游资源的特点，设计有特色的华北旅游区旅游线路。
3. 能撰写华北旅游区特色旅游景区的讲解词。

职业素质目标：
1. 通过旅游线路的设计，培养学生学习的主动性，提高学生解决问题的能力。
2. 通过景点的讲解，培养学生良好的语言表达能力。

项目核心

华北旅游区旅游资源特征；华北旅游区主要的旅游城市；华北旅游区主要的旅游景区及特色；华北旅游区主要的旅游线路

任务一　华北旅游区概况

任务导入

湖北某高校8位同学,将于7月份至华北旅游区,开展为期一周的旅游活动,委托中国青年旅行社承担接待工作。请为他们设计旅游线路,并做好景点讲解工作。

任务分析

在这个任务中,首先必须了解华北旅游区的地理环境和旅游资源特点,熟悉主要的旅游景区和现有旅游线路。其次,需要分析该团队的旅游需求与团队情况,在此基础上遵循旅游线路设计原则,做好线路设计。

华北旅游区包括北京、天津、河北、山东、河南、山西、陕西等7个省市。本区地理位置优越,是连接东北、西北、东南和中南的枢纽,又是环渤海经济圈的主体部分。地处中国第二大平原——华北平原,又是首都北京所在地,历史悠久,经济发达,是中国北方经济重心。

一、自然地理环境

(一) 地貌类型多样

华北旅游区的地势呈现出阶梯状,地跨第二、三级阶梯。整个地貌空间格局为环带状,北边有燕山山脉、辽西一带山地及一些山间盆地,西倚太行山、伏牛山、黄土高原,南为大别山,形成了北、西、南三面环绕的山地屏障,东部有山东丘陵。因此,本区包含山地、高原、平原、丘陵等不同地貌形态。

(二) 典型的大陆性季风气候

整个华北旅游区位于亚欧大陆东部,除了汉中地区以外,本区基本上为暖温带大陆性季风半湿润、湿润气候。四季变化明显:春旱多风,夏热多雨,秋高气爽,冬寒少雪。因此,在本区,春、夏、秋三季的景观多姿多彩,为旅游活动的旺季:春季百花争艳,欣欣向荣;夏季多雨,适合消暑避夏;尤其是秋季,受蒙古高压控制,秋高气爽、风和日丽,更是吸引大批游客前来观光。

(三) 水体旅游资源丰富

本区兼有海河、黄河、淮河、长江四大水系,以黄河水系、海河水系为主。黄河从黄土高原奔腾而下,流经山谷,沿着较大断裂带发育,与山地走向斜交,形成了川峡相间的河谷地带、急流或瀑布各种景观。在本区，集黄河峡谷、黄土高原、古塬村寨为一体，展现了黄河流域壮美的自然景观和丰富多彩的历史文化积淀。海河，是华东地区的最大水系，中国七大河流之一。海河流经地区，不少都已成为重要的旅游资源：北京的密云水库、官厅水库；河北的白洋淀；天津的海河风景线等，都可以让游客大饱眼福。

二、人文地理环境

（一）交通便利

本区交通四通八达，以铁路和公路交通为主，海洋运输和航空运输为辅，构成了本区快捷的交通运输网络。本区的不少铁路，还专门开通了旅游专列，如北京—承德、北京—八达岭等列车，都是和旅游城市联系紧密，缓解了交通拥堵，促进了许多著名景区的旅游交通的完善。同时，本区的公路运输业也很发达，以北京和各大省会城市为中心的公路交通网络，把本区各大旅游城市、旅游景区进行有机联系，促进了本区旅游的发展。除此之外，北京、天津、济南、郑州、西安等重要的航空港，与国内外的大城市开通了国内、国际交通线，方便国内外游客快捷到达本区的旅游景点。青岛、烟台、秦皇岛等海港，加强了与韩国、日本等沿海国家的联系，迎来了大批国内外游客前来旅游。

（二）经济基础好

本区是我国农牧业发展历史较早的地区之一。早在公元前 3000 多年，本区的汾河谷地和黄河冲积扇一带，就成为我国古代文化发达的地区之一，历史传说中的尧、舜、禹都建都于本区。这里是我国小麦和杂粮的集中产区，经济作物以棉花、油料为主，在此基础上，青岛、济南、郑州、西安等城市发展了以棉、麻、毛纺织为主的轻工业。本区煤、油、气资源丰富，重工业发达。山西是我国最大的煤炭工业基地，山东胜利油田是我国的第二大油田，河南省是我国重要的煤炭产地，中原油田在我国石油工业中也占有相当重要的位置。另外，太原是我国大型钢铁基地之一，洛阳是我国最大的农机生产基地。

三、旅游资源特点

（一）古文明发祥地，文物古迹丰富

华北地区有着璀璨的历史文化，被称为中华文明的摇篮。华北地区是华夏祖先最早生存繁衍的地区之一。在相当长的历史时期，华北地区都是我国的政治、经济、文化中心，从而拥有无数的历史名胜和文物古迹，比如已发现的蓝田人和丁村人等古人类化石和遗址，半坡文化、仰韶文化、大汶口文化、龙山文化遗址、殷墟遗址等。中国七大古都中有五个在本区内，分别是北京、西安、洛阳、开封、安阳。

本区拥有数量惊人的文物资源。山西是我国的第一地上文物大省，保存了历代以来各种古建筑资源。河南是我国的第一地下文物大省，出土了编钟、编磬、兵器、瓷器、青铜器等数量众多的珍贵文物。北京的颐和园、圆明园、紫禁城、北海公园等园林建筑都是国家具有代表性的古园林建筑，并保存了大批稀世珍宝、文物。本区还拥有众多的诸如秦始皇陵、十三陵、孔林等古代陵墓类旅游资源。

（二）文化艺术特色鲜明

本区历史悠久，文化艺术多姿多彩，地方特色鲜明。例如，北京的京剧，山东的吕剧，山

东快书,山西的皮影、木偶以及拥有"中国第一鼓"之称的山西锣鼓,陕西的秦腔、信天游,陕北的安塞腰鼓,河南的豫剧、曲剧、越调等都反映了当地鲜明的文化艺术特色,在中国的传统艺术中占有举足轻重的地位。

(三)旅游商品丰富

本区旅游商品繁多,最引人注目的是特种工艺品和民间工艺品生产历史悠久,做工精细,深受广大旅游者的喜爱。例如,北京的景泰蓝、河南洛阳的唐三彩、禹州的钧瓷、山东的鲁砚、潍坊风筝等都是不可多得的艺术珍品。

另外,还有山西的拉面、刀削面,山东的煎饼卷大葱,陕西的羊肉泡馍等,以及山西的汾酒、竹叶青酒、青岛啤酒等全国知名品牌,也都不同程度地展示了本区旅游资源的特色。

北京的名特产品众多,尤以密云小枣、京白梨、良乡栗子闻名全国。传统特种工艺品如景泰蓝、玉雕、牙雕、中国画等技艺精湛,在国际上享有盛誉。风味美食精细,著名的烤鸭、涮羊肉、各式蜜饯和果脯等使人赞不绝口。

(四)宗教文化璀璨

本区宗教遗存极为丰富,佛教渊源历史悠久。中国第一座佛教寺院——白马寺,第一座佛教名山——五台山,以武术名扬四海的少林寺,镶嵌在万仞峭壁之间的悬空寺,层层殿堂依山叠建的碧云寺,均在本区。此外,我国最大的道教石窟——龙山石窟,最大的道观——白云观,也在本区内。全国著名的宗教石窟共四处,本区即有云冈石窟和龙门石窟两处。古塔保留较多,类型各异,如应县木塔、嵩岳寺塔、开封铁塔、济南四门塔、定县开元寺塔等,都属全国重点文物保护单位。

任务二 北京市

任务导入

重庆某艺术团准备利用一周时间,组织团内的30多名职工到北京采风。请为他们设计旅游线路,并做好相应的景点讲解准备。

任务分析

在这个任务中,首先必须了解北京的旅游资源概况、主要旅游景点、特色风土民情、特色旅游线路等。其次,结合本艺术团团队的特点,设计旅游线路,并撰写主要景点讲解词。

一、旅游概况

北京位于华北平原北端,与河北省相邻,是我国的首都,全国的政治、文化中心。老北京历史悠久,人文积淀深厚,形成了别具特色的京城风格。尽管北京增添了无限的摩登气息,但是老北京的道地京味依然风味犹存,京剧、相声、茶馆、胡同、四合院、天桥、庙会等魅力无限。北京是古老的,但同时又是一座焕发美丽青春的古城,北京正以一个雄伟、奇丽、新鲜、现代化的姿态出现在世界上。

北京旅游资源丰富,对外开放的旅游景点达 200 多处,有世界上最大的皇宫紫禁城、祭天神庙天坛、皇家花园北海、皇家园林颐和园和圆明园,还有八达岭长城、慕田峪长城以及世界上最大的四合院恭王府等名胜古迹,如图 6-1 所示。

图 6-1 北京市旅游资源分布图

二、民俗风情

(一) 饮食文化

北京菜又称京帮菜,它是以北方菜为基础,兼收各地风味后形成的。北京菜的基本特点是选料讲究,刀工精湛,调味多变,火候严谨,讲究时令,注重佐膳。北京菜的烹调方法很全面,以爆、烤、涮、炝、熘、炸、烧、炒、扒、煨、焖、酱、拔丝、白煮、瓢等技法见长。口味讲究酥脆鲜嫩、清鲜爽口、保持原味,并且要求做到色、香、味、形、器五方面俱佳。北京菜中,最具有特色的是北京烤鸭和涮羊肉。

> **知识衔接**
>
> ### 北京烤鸭
>
> 北京烤鸭是元、明、清历代宫廷御膳珍馐,传入民间已有200多年,成为北京特色风味名肴之首。
>
> 烤鸭必须用北京填鸭,经过宰杀、打气、掏腔、烫皮、打糖、凉皮、烤制、片鸭等工序,制法讲究,做工精细,色泽火红明亮,皮脆肉嫩,醇香,配葱段、甜面酱、荷叶饼佐食,风味独特。烤鸭主要采用挂炉烤,即依靠热力的反射作用和燃烧的火苗燎烤,炉温稳定在230 ℃~250 ℃之间。鸭子入炉前腔内灌入开水,使鸭子处于内煮外烤的状态,这样不仅熟得快,而且可以补充鸭肉内的水分,使鸭肉鲜嫩可口。鸭子烤好出炉放出腹水后,要进行片鸭,其顺序是:先片鸭胸脯,再片翅膀两边侧,然后片腿部,最后片臀部,1只重2千克的烤鸭约片出90片鸭肉,大部分都是皮肉相连,形似瓦楞。剩下的鸭骨架可加上白菜或冬瓜炖成汤菜,清口解腻,佐食下饭,别具风味。

(二) 民间艺术

北京民间艺术荟萃,形式多样。戏剧类有京剧、京韵大鼓等,工艺美术类有景泰蓝、牙雕、玉器、雕漆、金石篆刻等,民间手工艺有吹糖人、面人、泥人、绢人、脸谱、风筝、剪纸、皮影戏、风车、刺绣等。

1. 京剧

京剧曾被称为平剧,是中国五大戏曲剧种之一,腔调以西皮、二黄为主,用胡琴和锣鼓等伴奏,被视为中国国粹,中国戏曲三鼎甲"榜首"。它于1840年前后形成于北京,盛行于20世纪三四十年代,有200余年的历史,华丽的戏服、动听的唱腔、百变的脸谱,令人印象深刻。著名的长安大戏院、湖广会馆、老舍茶馆、梅兰芳大剧院、中国国家大剧院等都有传统的京剧演出。2010年11月16日京剧被列入"人类非物质文化遗产代表作名录"。

2. 吹糖人

吹糖人是一种民间手工艺,手艺人多挑一个担子,一头是加热用的炉具,另一头是糖料和工具。糖料由蔗糖和麦芽糖加热调制而成,本色为棕黄色,也有的因加入颜料或色素而呈红色或绿色。糖人的造型多样,有人物、动物、花草等。

(三) 地方特产

北京的地方特产丰富多样,有工艺类的景泰蓝、牙雕、玉器、雕漆,以及金石篆刻、文房四宝、古玩字画、丝绸刺绣、珠宝翠钻、北京织毯、内画壶、鼻烟壶、仿古宫灯、桃补花等。各种蜜饯和果脯,以及京味点心、中药滋补品也非常受欢迎,如京鸭梨、京白梨、白鸡、烧鸭、油鸡、果脯、北京蜂王精、北京秋梨膏、茯苓夹饼、北京酥糖、六必居酱菜、北京葡萄酒、安宫牛黄丸、涮羊肉、大磨盘柿、密云金丝小枣、少峰山玫瑰花、门头沟大核桃等。

知识衔接

景 泰 蓝

景泰蓝又称"铜胎掐丝珐琅",是一种瓷铜结合的独特工艺,是北京著名的特有工艺品。北京是景泰蓝技术的发源地,从元朝开始,已有近千年的历史。最初的景泰蓝多为仿古青铜器皿,到明朝景泰年间,制作技艺有了新的发展和创造,工艺家们找到了一种深蓝色的蓝釉材料,用这种材料制作的工艺品端庄富丽,沉着大方,这就是今天的景泰蓝。制作时先要用紫铜制胎,再用扁细的铜丝在铜胎上粘出图案花纹,然后用色彩不同的珐琅釉料镶嵌填充在图案中。这道工序完成后再反复烧结,磨光镀金。可以说,景泰蓝的制作工艺既运用了青铜工艺,又利用了瓷器工艺,同时又大量引进了传统绘画和雕刻技艺,堪称中国传统工艺的集大成者。

元明时期的制品以仿青铜器的尊、觚和仿瓷瓶为多,大部分用作宫廷和寺庙的祭品。北京故宫博物院所藏的"双龙大碗",就是宣德年间的一件优秀作品。碗的外形以缠枝莲图案作装饰,碗内由"二龙戏珠"图案构成,气势磅礴,形象逼真,制作技艺相当精妙。到了明朝,作品由祭品逐渐转成实用,有了盒、花插、花盆、脸盆、蜡台等实用品。此外,还有大花觚、鼎、尊、垒等。在装饰上增添了菊花、焦叶、饕餮、人物、动物、花卉等多种图案,丰富了景泰蓝的花色品种。当时的器物多以这种蓝釉作底,创造了景泰年间以蓝为主的风格,使景泰蓝成为这种工艺品的专用名词,并一直沿用至今。

三、主要景区

(一) 天安门广场

天安门广场位于北京市中心,广场西面是人民大会堂,东面是中国国家博物馆。在广场中央矗立着人民英雄纪念碑,在纪念碑南面是毛主席纪念堂。在广场北面隔着长安街就是宏伟的天安门城楼,它建在北京市的南北中轴线上,通高33.7米,是明、清两朝皇宫的正门。1949年10月1日,毛泽东在城楼上宣布中华人民共和国成立,从此,天安门城楼成为国家政权的象征,如图6-2所示。天安门广场以其壮丽开阔、庄严宏伟的雄姿,吸引着千千万万的中外旅游者。

(二) 故宫

故宫,也就是紫禁城,位于北京市中心。故宫始建于1406年,1420年基本竣工,自明朝皇帝朱棣始建,占地72万平方米,建筑面积16万平方米,有宫殿建筑9000多间,是中国乃至世界现存最大、最完整的古代宫殿建筑群。

故宫外围是一条宽52米、深6米的护城河;河内是周长3公里、高近10米的城墙,城墙四面都有门,南有午门,北有神武门,东有东华门,西有西华门;城墙四角还耸立着4座角楼,造型别致,玲珑剔透。以乾清门广场为界,分前朝、后寝两大部分。前朝以太和殿、中和殿、保和殿为中心,左右辅以文华殿、武英殿,是皇帝举行重大典礼的场所;后寝以乾清宫、坤宁宫、交泰殿为中心,左右辅以东西六宫,是皇帝和后妃们居住及皇帝处理日常政务的场所。明、清两朝共有24代皇帝在此居住并行使国家最高统治权,如图6-3所示。

图6-2　天安门城楼

图6-3　太和殿

（三）颐和园

颐和园坐落于北京西郊,是中国古典园林之首。颐和园原是帝王的行宫和花园。1750年,乾隆在这里改建为清漪园。1860年,清漪园被英法联军焚毁。1888年,慈禧太后挪用海军经费3000万两白银重建,改称颐和园,用作消夏游乐之地。到1900年,颐和园又遭八国联军的破坏,烧毁了许多建筑物。1903年修复,后来在军阀、国民党统治时期,又遭破坏,新中国成立后不断修缮,才使这座古老的园林焕发了青春,如图6-4所示。

图6-4　颐和园

颐和园面积达290公顷,其中水面约占四分之三。整个园林以万寿山上高达41米的佛香阁为中心,根据不同地点和地形,配置了殿、堂、楼、阁、廊、亭等精致的建筑。整个园林艺术构思巧妙,在中外园林艺术史上地位显著,是举世罕见的园林艺术杰作。全园分三大区域:一是以仁寿殿为中心的政治活动区,仁寿殿是慈禧、光绪在颐和园居住期间朝会大臣的场所,殿内陈列着许多贵重文物;二是以玉澜堂、乐寿堂为主体的帝后生活区;三是以万寿山和昆明湖组成的风景旅游区。

（四）八达岭长城

八达岭长城是万里长城最杰出的代表,是明代长城的精华。其地势险要、构筑雄伟,自古以来便是"拱卫陵京"的军事战略要地。早在1961年就被国务院发布为全国重点文物保护单位。1988年,八达岭万里长城被联合国列为世界文化遗产。

八达岭长城在北京北部延庆县境内,距离北京市70多公里。长城是中国修建时间最长、工程量最大的一项古代防御工程。自公元前七八世纪开始,延续不断修筑了2000多年,分布于中国北部和中部的广大土地上,被称为"上下两千多年,纵横十万余里"。登上万里长城,你可以看到脚下的长城依山就势,蜿蜒起伏,就如一条不见首尾的巨龙在绵绵山岭上翻滚爬动,气势磅礴,雄伟壮观,令人叹为观止。这里的自然景观也很有特色,一年四季都有佳境:春花铺锦;夏绿叠云;秋气澄清,丹林浓染;冬来莽莽雪岭,玉龙腾春。

(五)圆明园

圆明园坐落在北京西郊海淀,与颐和园紧相毗邻,占地 350 公顷,建筑面积近 20 万平方米,是清代一座大型皇家宫苑。它始建于康熙四十六年(1707 年),经雍正、乾隆、嘉庆、道光和咸丰等朝长达 150 余年的建设和经营,最终建成了由三处相毗连,有百余处风景群所组成的皇家御园。圆明园由圆明、长春、绮春三园组成。三园中,圆明园最大,故统称圆明园,也叫圆明三园。圆明园,曾以其宏大的地域规模、杰出的营造技艺、精美的建筑景群、丰富的文化收藏和博大精深的民族文化内涵而享誉于世,被誉为"一切造园艺术的典范"和"万园之园"。

图 6-5　圆明园

清朝皇帝每到盛夏就来到这里避暑、听政,处理军政事务,因此也称"夏宫"。1900 年八国联军侵占北京,纵火焚烧圆明园,文物被劫掠,圆明园的建筑和古树名木遭到毁灭,如图 6-5 所示。

(六)天坛

天坛位于北京市东城区永定门内大街东侧,原是明、清两代皇帝祭天祈谷的场所,始建于明永乐十八年(1420 年),以后经过不断改建和扩建,至清乾隆年间最终建成。天坛占地达 273 万平方米,主要建筑有祈年殿、圜丘、皇穹宇、斋宫、神乐署等。天坛分为内、外两坛:内坛由圜丘坛、祈谷坛两部分组成;外坛为林区,广植树木,环绕着内坛。天坛是一处集中国古代建筑学、声学、历史、天文、音乐、舞蹈等成就于一体的闻名世界的风景名胜,是中国保存下来的最大祭坛建筑群。

四、主要旅游线路

(一)北京全景深度旅游线路

该线路的主要景点包括:天安门广场、故宫、恭王府、国子监、八达岭长城、明十三陵、奥林匹克公园、颐和园、清华大学、军事博物馆、太平洋海底世界、天坛公园。

(二)北京古都专线

该线路的主要景点包括:天安门广场、故宫、万寿寺(北京历史最悠久的行宫)、颐和园(昆明湖畔的皇家行宫)。

(三)北京文化专线

该线路的主要景点包括:圆明园(战火侵袭后的万园之园)、清华大学(中国最高学府)、恭王府(沾"福气"的和珅府)、南锣鼓巷(最"潮"的老胡同)。

线路设计案例　　成都—北京四日游

第一天：成都乘飞机赴北京，下午游皇家祭天建筑群——天坛公园，晚入住酒店。

第二天：早餐后参观天安门广场、人民英雄纪念碑、人民大会堂外景，在外面参观中国国家大剧院；下午参观故宫博物院；晚上逛北京最繁华的商业街王府井，在最具有北京饮食特色的东华门夜市小吃一条街品尝各色小吃。

第三天：早餐后赴昌平，观亚运村外景，游览长城，亲自登临气势磅礴的万里长城，体验"不到长城非好汉"的气魄，远眺十三陵，品尝北京特产——果脯。回程途中，路过国家体育场(鸟巢)、国家游泳中心(水立方)、国家体育馆等奥运建筑物，晚餐于市内正宗烤鸭店品尝北京烤鸭。

第四天：早餐后游览我国现存古代园林建筑中规模最大、保存最完美的皇家园林——颐和园。晚上乘飞机返成都，结束此次愉快的首都之旅。

景点讲解案例　　恭　王　府

恭王府是位于风景秀丽的北京什刹海的西南角的一座王府，坐落于一条静谧悠长、绿柳成荫的街巷之中，它是现存王府中保存最完整的。恭王府的前身原为清代乾隆朝权臣和珅的宅第和嘉庆皇帝的弟弟永璘的府邸。1851年恭亲王奕䜣成为宅子的主人，恭王府的名称也因此得来。恭王府历经了清王朝由鼎盛而至衰亡的历史进程，承载了极其丰富的历史文化信息，故有了"一座恭王府，半部清代史"的说法。

恭王府的建筑，可分为府邸和花园两部分。府邸占地46.5亩，分为中、东、西三路，各由多进四合院组成，后面环抱着长160余米的通脊二层后罩楼。楼后为花园，占地38.6亩，园内建筑也约略形成中、东、西三路，园中散置了叠石假山，曲廊亭榭，池塘花木。中路前部是面阔3间的大门和面阔5间的二门，门里原有正殿银安殿，已毁，现存后殿，即嘉乐堂；东路由三进四合院组成，是恭亲王奕䜣的起居生活用房；西路正房为锡晋斋，院宇宏大，廊点周接，气派非凡。在三路院落之后，环抱东西长160米的40余间两层后楼，东边名瞻雾楼，西边名宝约楼。楼后是花园——萃锦园，俗称恭王府花园，占地2.8万平方米。园内建筑分中、东、西三路，也有约略的轴线，散置叠石假山、曲廊亭榭、水池花木。主要建筑有蝠殿、邀月台、大戏台、沁秋亭等。

恭王府，是中国唯一一座对公众开放的清代王府，已经成为公众了解清代王府和王府文化的一个瑰丽的窗口。

任务三 天津市

任务导入

四川某高校老师准备带领学生去天津参加比赛,在离开天津的前两天,打算在天津市内游览。请为他们设计旅游线路,并做好相应的景点讲解准备。

任务分析

在这个任务中,必须了解天津的旅游资源概况、主要旅游景点、特色风土民情、特色旅游线路等,撰写主要景点讲解词。同时,要充分考虑到师生游览时间短暂,不能过于辛劳以致耽误回程。

一、旅游概况

天津简称津,是我国四大直辖市之一,地处华北平原东北部,东临渤海,北枕燕山,是海上通往北京的咽喉要道,自元朝就是京师门户,畿辅重镇,如图6-6所示。天津这个名字出现于永乐初年,为朱棣所赐,意为天子渡河的地方。永乐二年(1404年),天津正式设卫(卫所是明朝的军事建置),故有"天津卫"之称。天津的历史遗存、遗址和文物都十分丰富。盘山为天津主要山地风景区;蓟县长城历史悠久,宗教遗存较多,独乐寺尤为著名。津味文化、津味美食,还有道地的天津人、天津话,都是天津的特色。

二、民俗风情

(一)饮食文化

天津菜包括汉民菜、清真菜、素菜三大部分。总的特色为擅长烹制海鲜、河鲜,注重调味,讲究时令,适应面广,口味以咸鲜、清淡为主,讲汁芡,重火候,质地多样。津门菜系比较出名的有三类菜:四大扒、八大碗、冬令四珍。"四大扒"多为熟料,码放整齐,兑好卤汁,放入勺内小火靠透入味至酥烂,挂芡,用津菜独特技法"大翻勺"将菜品翻过来,仍保持不散不乱,整齐美观之状。"八大碗"用料广泛、技法全面,有素有荤,多采用炒、熘、炖、煮、烩、炸、烧、烤、汆等技法操作,大汁大芡,大碗盛放,具有浓厚的乡土特色。

天津的著名小吃有杨村糕干、熟梨糕、栗子糕、豌豆糕、喇嘛糕、蜂糕、卷圈、糯米甜食、蚂蚱、糖堆(糖葫芦)、驴打滚(豆面糕)、豆豉糕、炸三角、梨糕糖、棉花糖等。最出名的是闻名全

项目六　华北旅游区

图 6-6　天津市旅游资源分布图

国的"天津三绝"：狗不理包子、十八街麻花、耳朵眼炸糕。

知识衔接

天津狗不理包子

狗不理包子是天津风味小吃的代表，始创于清朝末年，是不折不扣的百年老店。创始人名叫高贵友，小名狗子，原是一家蒸食铺的小伙计，学到手艺后，自己开了家包子铺，因味美价廉，生意越来越红火，狗子一天到晚忙着做包子，连和人打招呼的时间都没有，久而久之，就得了个"狗不理"的外号。当时直隶总督袁世凯吃过狗不理包子连声叫绝，随即进京入宫，将包子奉献给慈禧皇太后。太后老佛爷品尝了包子龙颜大悦，夸赞曰："山中走兽云中雁，腹地牛羊海底鲜，不及狗不理香矣，食之长寿也。"从此，狗不理包子名声大振。

(二) 民间艺术

天津的民间艺术丰富多样,代表性艺术有"泥人张"彩塑、"风筝魏"、杨柳青年画和天津快板等。

1. "泥人张"彩塑

"泥人张"彩塑创始于清代道光年间,是天津艺人张明山于19世纪中叶创造的彩绘泥塑艺术品,现为天津市首批国家级非物质文化遗产。"泥人张"彩塑被公认为是天津的一绝,早在清代乾隆、嘉庆年间就已经享有很大声誉。"泥人张"把传统的捏泥人提高到圆塑艺术的水平,又装饰以色彩、道具,形成了独特的风格。他所捏的泥人用色明快,用料讲究,长时间之后,仍不燥不裂,栩栩如生,在国际上享有盛誉。

2. "风筝魏"

"风筝魏"是天津著名风筝艺人魏元泰制作的风筝,故称"风筝魏"。魏元泰自幼在一家扎彩铺当学徒,他对制作风筝产生浓厚兴趣。为了提高扎风筝的造诣,他反复研究飞禽和飞虫的飞翔姿态以及它们的身躯各部位的比例关系,并应用于风筝的制作。1914年,他带着风筝,参加了巴拿马万国博览会,荣获了金牌奖章和证书。

3. 杨柳青年画

杨柳青年画,属木版印绘制品,是中国著名民间木版年画,与苏州桃花坞年画并称"南桃北柳"。杨柳青年画产生于明代崇祯年间,继承了宋、元绘画的传统,吸收了明代木刻版画、工艺美术、戏剧舞台的形式,采用木版套印和手工彩绘相结合的方法,创立了鲜明活泼、喜气吉祥、富有感人题材的独特风格。2006年,经国务院批准列入第一批国家级非物质文化遗产名录。

4. 天津快板

天津快板是由天津时调演变而来,句式灵活,几言皆可,但要求上下句对仗,尾字押韵,可通篇一韵到底,也可中途换韵,创造性地使用了"赋、比、兴"。天津快板风格粗犷、爽朗、明快、幽默,有着浓厚的生活气息和地方风味,深受人民群众喜爱。

(三) 地方特产

狗不理包子以其味道鲜美而誉满全国,名扬中外。桂发祥麻花香、酥、脆、甜,味美香甜。崩豆张、大福来锅巴菜、贴饽饽熬小鱼、石头门坎素包、小站稻米、州河鲤鱼、宝坻大蒜、黄花山核桃、徐堡村大枣、天津板栗、沙窝萝卜、杨家泊对虾、茶淀葡萄、台头西瓜等都是天津有名特产。

三、主要景区

(一) 古文化街

古文化街位于南开区东北隅东门外,海河西岸,北起老铁桥大街(宫北大街),南至水阁大街。南北街口各有牌坊一座,上书"津门故里"和"沽上艺苑"。作为民俗文化一条街,这里有古玩玉器、古旧书籍、传统手工艺制品,也有天津的民间艺术品"四绝":杨柳青年画、"泥人张"彩塑、魏元泰的风筝、刘氏砖刻。

天后宫俗称"娘娘宫",是古文化街上的主要参观旅游项目,如图6-7所示。农历三月二十三日是娘娘的生日,每年这时都举行"皇会",表演高跷、龙灯、旱船、狮子舞等,百戏云集,热闹非常。现今天后宫已成为天津民俗博物馆,介绍天津的历史变革,陈列着各种民俗风情实物。

图6-7 古文化街

(二) 五大道

五大道在天津中心城区的南部,东、西向并列着以中国西南名城重庆、大理、常德、睦南及马场为名的五条街道,是迄今中国保留最为完整的洋楼建筑群。五大道已成为天津小洋楼的代名词。五大道历史上曾经是英国租界,它最吸引人的,就是那些风格各异的欧陆风情小洋楼,这里汇聚着英、法、意、德、西班牙等国各式风貌建筑230多幢,名人故居50余座,使这里成为"万国建筑博览会"。2010年五大道又被评为"中国历史文化名街"。

(三) 天津意式风情街

天津意式风情街位于天津市河北区,曾是天津近代史上意大利租借地的中心区,已有百余年历史。原有街区及建筑基本保持原貌,是至今我国乃至东南亚地区最大的也是唯一的意大利文化集中地,几乎包含了意大利各个时期不同风格的建筑。区内步行道上铺有意式风格鹅卵石和花砖,路灯全部为欧式造型;路牌、电话亭、果皮箱等全部采用意大利设计。区内设有服饰街、皮具街、旅馆街、娱乐街等工艺品商店,还有为外商活动设立的教堂及子女学校、金融机构等。在这个区域的周围有诸多著名的近代和现代历史名人故居,如梁启超饮冰室、李叔同故居、曹禺故居,以及袁世凯、冯国昌宅邸等,历史文化底蕴深厚。

(四) 瓷房子

瓷房子位于天津市和平区赤峰道72号,它是一幢举世无双的建筑,前身是历经百年的法式老洋楼,现在是极尽奢华的"瓷美楼奇"。近年来,正在成为天津的地标建筑,如图6-8所示。

瓷房子系20世纪20年代后期所建,为砖木结构的4层楼房,欧洲公馆式建筑,有意大利式外廊,为折中主义建筑风格,建筑面积4200平方米,该房系近代中国外交家黄荣良故居。2002年

图6-8 瓷房子

9月,爱国华侨张连志斥资将一座百年小洋楼买下,用20多年来苦心收藏的各种珍稀古董瓷器、瓷片,贴在一座法式洋楼上面历时6年建成。瓷房子上镶嵌的7亿多块瓷片涵盖了各个历史时期的,有晋代青瓷,唐三彩,宋代钧瓷、龙泉瓷,元明青花,清代纷彩等。

它是世界上最大的私人瓷器博物馆,馆藏价值20多亿元人民币。由于创意独特,构思精巧,被评为全球最具特色的十五大特色博物馆之一。

(五)盘山

盘山以山深谷邃、怪石奇松、清泉秀木、寺庙古塔著称,被誉为"京东第一山"。盘山主峰挂月峰,海拔高度864.4米。盘山由于岩石组级垂直节理发育,具有典型"球状风化"特点,故形成奇峰林立、怪石嵯峨的独特景观。植被类型为油松针叶林群落,油松、栓皮栎混交林群落。盘山景色四季各异:春日,山花烂漫、燕舞蝶飞;夏天,峰峦叠翠、瀑布腾空;深秋,层林尽染、百果飘香;严冬,玉岭琼峰、青松增翠。清代乾隆皇帝28次游览盘山胜境,曾赞叹:"早知有盘山,何必下江南。"

(六)黄崖关长城

黄崖关位于蓟县北部燕山的崇山峻岭中,北齐时建,明代重修,亦称小雁门关,是蓟县境内唯一的一座关城。海拔高度300米,关城东西两侧崖壁如削,山势陡峭雄伟,有"一夫当关,万夫莫开"之势,是著名的雄关险隘。由于山崖在夕阳西照时反射出万道金光,故名黄崖关。

关城由正关、水关、东西稍城和墩台组成。关城东达河北省遵化市的马兰峪长城,西接北京平谷的将军关长城,全长42公里,其中古墙21.5公里,砖墙2公里,敌楼52座,烽火台14座。黄崖关长城是京东军事险要之地,有着非常完备的古代军事防御设施,可谓固若金汤、坚不可摧,是我国万里长城的精粹所在。

四、主要旅游线路

(一)都市博览一日游

该线路的主要景点包括:意式风情街—古文化街—食品街—文化中心—五大道风景区—"天津之眼"。

(二)近代历史文化一日游

该线路的主要景点包括:梁启超纪念馆—李叔同故居—平津战役纪念馆—静园—周邓纪念馆。

(三)山野名胜一日游

该线路的主要景点包括:盘山—黄崖关长城—郭家沟农家院—独乐寺。

(四)滨海休闲一日游

该线路的主要景点包括:航母主题公园—北塘古镇—东疆港沙滩—极地海洋世界—龙达生态温泉城。

线路设计案例　天津一日游

早晨8:00—9:00 天津站下车,步行去意式风情街,路过世纪钟,继续步行至意式风情街,浏览天津风土文化。

9:00—10:30 去古文化街,欣赏民间手工艺术绝活——"泥人张"彩塑、"风筝魏"、杨柳青年画。可以买工艺品。

10:30—12:00 从古文化街出来,去南市食品街,顺便吃些天津特产。

12:00—14:00 奔向五大道,欣赏天津古老的建筑;可以坐马车欣赏五大道,也可以租自行车游览。

14:00—15:30 去周邓纪念馆。

15:30—16:30 从周邓纪念馆出来,步行到水上公园,参观水上公园。

16:00—18:00 再去滨江道,欣赏天津最繁华的街道,然后在滨江道小吃一条街吃晚餐。结束一天的愉快旅程。

任务四　河北省

任务导入

在深圳工作的张女士,打算利用暑假,带着10岁的孩子畅游河北。请为他们设计旅游线路,并做相应的景点讲解准备。

任务分析

在这个任务中,必须了解河北的旅游资源概况、主要旅游景点、民俗风情、特色旅游线路等,撰写主要景点讲解词。同时,要充分考虑到此次旅行为亲子游,尽量设计增进母子感情交流的活动。

一、旅游概况

河北简称冀,位于北京周边,因处于黄河下游以北而得名,省会为石家庄,如图6-9所示。河北省是中华民族的发祥地之一,早在五千多年前,中华民族的祖先黄帝、炎帝和蚩尤就是在这里由征战到统一和融合,从而开创了中华文明史。春秋战国时期,河北是全国经济文化最发达的地区之一,战国七雄之一的赵国定都邯郸,荣辱兴衰数百年,而战国七雄之一的燕国则坐镇河北北部,演绎了又一段辉煌的中华文明史。因此,河北又有"燕赵"或"燕南赵北"之称。

河北是全国唯一兼有海滨、平原、湖泊、丘陵、山地、高原的省份,造就了河北独特的自然风光。这里有"天下第一关"山海关,有全国最大的皇家园林——承德避暑山庄,有气势宏伟、石雕精美的清东陵、清西陵,有以出土金镂玉衣而闻名世界的满城汉墓群,还有苍岩山桥楼殿等宗教遗存。秦皇岛、北戴河、木兰围场都是知名的旅游名胜。璀璨的历史文化与秀美的湖光山色交相辉映,构成了河北独具特色的旅游景观。

图 6-9 河北省旅游资源分布图

二、民俗风情

(一) 饮食文化

河北菜,用料广,选料严,烹调技艺全面,注重火候和入味,突出质感和味感。河北菜可以分为三大流派:以保定为代表的冀中南菜,以唐山为代表的京东沿海菜,以承德为代表的宫廷塞外菜。槐茂酱菜、驴肉火烧、白肉罩火烧、御土荷叶鸡、煎碗坨、羊肠汤、小鱼辣酱、荞面河漏、清真卤煮鸡、缸炉烧饼、深泽扒糕这些菜是河北非常具有特色的菜肴。

（二）民间艺术

河北悠久的历史、灿烂的文化、优越的自然条件，孕育了绚丽多彩、形式多样的民间艺术。民间曲艺类有河北梆子、河北吹歌、保定老调、唐剧、唐山皮影等；杂耍类有沧州武术、吴桥杂技等。

1. 河北梆子

河北梆子曾有京梆子，直隶梆子。1952年定为河北梆子。经数十年音随地改的演变，于道光年间形成河北梆子。河北梆子唱词及念白的发音，以北京语音为基础，念白虽与京剧近似，但不念"上口词"，角色分类及表演形式，大体与京剧相同。河北梆子的主要伴奏乐器有板胡、笛、梆子、笙等。

2. 吴桥杂技

吴桥县位于河北省东南部，共有400多个自然村，几乎村村都有杂技艺人。1957年吴桥县小马村出土的距今约定1500年前南北朝的古墓壁画上，就描绘着倒立、肚顶、转碟、马术等杂技表演形式。但是，吴桥杂技在全国享有盛誉则始于元朝以后。元朝建立后，首都迁至北京，河北吴桥的杂技更加繁荣起来，影响越来越大，延续至今，吴桥已成为国内外公认的"杂技之乡"。

（三）地方特产

河北地方特产丰富，衡水老白干、沙城乾白葡萄酒、邯郸业台大曲等均为佳酿；唐山有"北方瓷都"之称，其骨灰瓷独放异彩；曲阳石雕、承德木雕、衡水鼻烟壶、秦皇岛贝雕、白洋淀苇编、固安柳编、蔚县剪纸、滕氏布糊画、避暑山庄丝织挂锦、保定铁球、玉田泥塑等均久负盛名；雪花梨、天津鸭梨、深州蜜桃、霸上高原口蘑、京东板栗、冀南血杞、望都羊角辣椒、白洋淀松花蛋、铁板蟹、驴肉火烧、保定春不老、赞皇大枣都是非常出名的特色食品。

三、主要旅游城市及景区

（一）承德

承德位于河北省东北部，距北京230公里，是全国历史文化名城之一。这里山环水绕，林木苍郁，风景秀丽，气候宜人。我国最大的古典皇家园林——避暑山庄，以及大型寺庙群——外八庙就坐落在市区北。

1. 承德避暑山庄

承德避暑山庄又称热河行宫，是清代皇帝夏天避暑和处理政务的场所。山庄的建造主要是为了巩固多民族国家的统一，抵御沙俄的扩张。避暑山庄在清朝的历史上曾起过重要的作用，素有"第二个政治中心"之称。它始建于1703年，历经清朝三代皇帝，即康熙、雍正、乾隆，耗时约90年建成。与北京紫禁城相比，避暑山庄以朴素淡雅的山村野趣为格调，取自然山水之本色，吸收江南塞北之风光，成为中国现存占地最大的古代帝王宫苑。

承德避暑山庄分为宫殿区和苑景区两大部分，宫殿区包括正宫、东宫、松鹤斋和万壑松风四组建筑，风格古朴典雅，是清朝皇帝处理朝政，举行庆典，日常起居的地方。苑景区又有湖区、平原区和山区之分，湖光山色，兼具"南秀北雄"之特点。避暑山庄不仅规模大，而且在总体规划布局和园林建筑设计上都充分利用了原有的自然山水的景观特点和有利条件，吸取唐、宋、明历代造园的优秀传统和江南园林的创作经验,加以综合、提高,把园林艺术与技术水准推向了空前的高度,成为中国古典园林的最高典范。

2．木兰围场

图6-10　木兰围场

木兰围场位于距离承德110多公里的围场县,原为清代皇家御用猎区,如图6-10所示。辟于清康熙二十年(1681年),此后定期举行秋猎,列为清朝"秋狝习武,绥服远藩"的国家重要盛典。这块地方森林众多,河流纵横,草木丰盛,因此动物野兽萃集,是绝好的行围射猎的场所。"木兰"二字,在满语中是"哨鹿"的意思。"秋狝"是皇帝打猎时的专用词。当年满族人在关外,每年秋季,猎人们都顶着鹿头披着鹿皮,吹木哨以模仿鹿鸣,引诱鹿群,然后射猎。清朝皇帝把每年秋猎称为"木兰秋狝",故而这片围场就被称为木兰围场。

(二) 秦皇岛

秦皇岛位于河北省东北部,历史悠久,古称"碣石",相传秦始皇东巡至此而得名。现在秦皇岛已成为连接环渤海和环京津两大经济圈的枢纽和内地通向海外的重要门户。秦皇岛素以北方天然不冻良港、历史名城山海关和避暑胜地北戴河闻名中外,为我国北方著名的旅游城市。

1．北戴河

北戴河海滨地处河北省秦皇岛市的西部。北戴河的人文景观与自然景观交相辉映,自戴河口至鹰角石,海滨海岸线蜿蜒曲折,长达21.8公里,沙质洁净松软,坡度平缓,天然浴场随处可见,海浪平稳清澈,温和纯净,是海水浴、沙滩浴和日光浴的天然场所。

北戴河海滨,除了自然地理上得天独厚的优势外,在中国历史上也曾留下过华丽的浓彩与炽热的情怀。2000多年前,这里就是诸侯帝王观海和求仙的胜地。此外,中国的第一条旅游专线和第一条旅游航空线都源自于北戴河海滨,也使北戴河依靠有利的交通条件成为旅游者梦寐以求的旅游佳地。

2．山海关

山海关坐落在河北省秦皇岛市东北15公里,是明代万里长城东部的一个重要关隘,被誉为"天下第一关",如图6-11所示。明洪武十四年(1381年),大将军徐达在此构筑长城,建关设卫,北依燕山,南临渤海,因关在山海之间得名。山海关景区有山海关城、老龙头、孟姜女庙、悬阳洞、燕塞湖等景点。

山海关长城汇聚了中国古长城之精华。明万里长城的东起点老龙头,长城与大海交汇,碧海金

图6-11　山海关

沙,天开海岳,气势磅礴。孟姜女庙,演绎着中国四大民间传说之———姜女寻夫的动人故事。中国北方最大的天然花岗岩石洞———悬阳洞,奇窟异石,泉水潺潺,宛如世外桃源。塞外明珠—燕塞湖,美不胜收。

（三）保定

保定位于河北省中部,地处首都南大门,与北京、天津三足鼎立,有着独特而优越的地理环境。保定历史悠久,距今已有2300多年的历史,是全国历史文化名城,河北省文物大市,文物荟萃,风景独特,是北方旅游、观光胜地。保定文物古迹遍布全区,共有国家级文物保护单位17个,省级文物保护单位115个,数量居河北省首位。

1. 野三坡

野三坡位于河北省涞水县,距北京100余公里。野三坡风景以自然的山水泉洞、林木花草为主,山清水秀,风光明媚。野三坡风景区的面积达460平方公里,分为6个景区,分别是百里峡景区、拒马河景区、佛洞塔景区、白草畔原始森林景区、龙门峡景区和金华山景区,其中以百里峡景区最有特色。百里峡景区是由三条幽深的峡谷组成,全长约50公里,故称百里峡。这里奇岩耸立、绝壁万仞、草木横生,千奇百怪的岩石融壮景,集雄、险、奇、幽于一体,构成了一幅浓墨重彩的百里画廊。

2. 白洋淀

白洋淀是华北平原上最大的淡水湖泊(见图6-12),位于北京、天津和石家庄三大城市的腹地。白洋淀被36个村庄和12万亩芦荡分割成大小不同的146个淀泊,最大的2万多亩,最小的180亩,由3700多条沟壕、河道,把这些淀泊串联成一座巨大的水上迷宫。白洋淀景色秀丽,物产丰富,一年四季,景随时移。春季,水域清澈,烟波浩渺,芦苇翠绿,一片勃勃生机;夏季,莲菱蒲苇随风摇曳,满淀荷花盛开,湖内白帆点点;秋季,天高气爽,鱼跳水面,蟹肥味香、鱼船队队、捕捞繁忙;冬季,白雪皑皑,冰封大淀,一派北国风光。

图6-12 白洋淀荷花大观园

四、主要旅游线路

（一）河北精华全景游

该线路的主要景点包括:承德避暑山庄布达拉行宫(普陀宗乘之庙、须弥福寿之庙)—普宁寺—山海关(天下第一关)—北戴河—南戴河—木兰围场—乌兰布统草原。

（二）避暑海滨风光游

该线路的主要景点包括：承德避暑山庄—外八庙—山海关—北戴河—黄金海岸。

（三）皇家陵寝游

该线路的主要景点包括：清西陵—白洋淀—野三坡—清东陵。

（四）太行风光游

该线路的主要景点包括：苍岩山—赵州桥—嶂石岩。

线路设计案例 北戴河、山海关一晚两天游

第一天：接团，到山海关游览万里长城的起始点——老龙头，登澄海楼、拜海神庙，目睹长城入海的壮观外景。它是万里长城中唯一的一段海中长城，始建于明朝洪武间，选址科学、建筑独特。而后游雄伟壮观的古城山海关，登城楼顶，体验"两京锁钥无双地，万里长城第一关"的意境。远眺古战场，亲身感受古战场上锣鼓齐鸣、刀光剑影的壮阔场面。随后游览中国民间四大爱情传说之一发源地——孟姜女庙，海滩自由活动。晚上在北戴河景区住宿。

第二天：早餐后游览北戴河的象征——鸽子窝公园，瞻仰毛泽东主席塑像，观赏海滨小城的美景，或晨起到鸽子窝公园观海上日出，看红日浴海的美丽景观。去奥林匹克公园，赏音乐主题喷泉、奥林匹克浮雕墙、单体浮雕、中国奥运冠军手模足印和签名纪念柱、高标准轮滑场、了解奥林匹克的发展史，学习不屈不挠的奥林匹克精神，参观戴河三宝馆。中餐后返程。

任务五　山东省

任务导入

湖南某高校 6 名大二学生计划利用寒假时间进行山东全景游，感受山东秀美的山水风光和厚重的文化底蕴。请为他们设计旅游线路，并做相应的景点讲解准备。

任务分析

在这个任务中，必须了解山东的旅游资源概况、主要旅游景点、民俗风情、特色旅游线路等，撰写主要景点讲解词。

一、旅游概况

山东省地处中国东部沿海、黄河下游,面积 15.67 万平方公里,人口 9000 多万,省会为济南,如图 6-13 所示。山东是中华文化的发祥地之一,历史悠久,文化昌达,山河壮丽,人杰地灵。素称"齐鲁之邦,礼仪之乡"。孔子在这里诞生,泰山从这里崛起,黄河由这里入海。这里有中国最早的文字和最早的讲坛,有中国最早的城邦和最古老的长城,这里还是陶瓷和丝绸的发源地。山东东部海岸线上,分布着风光绮丽的海滨城市、青岛被誉为"黄海明珠";崂山为道教圣地,古迹众多;烟台为"鱼果之乡";蓬莱为"人间仙境";威海为"海滨花园"。它们均景色秀丽,气候宜人。

图 6-13 山东省旅游资源分布图

二、民俗风情

(一) 饮食文化

鲁菜,是起源于山东的齐鲁风味,是中国传统四大菜系(也是八大菜系之一)中唯一的自发型菜系,是历史最悠久、技法最丰富、难度最大、最见功力的菜系。鲁菜选料考究,刀工精细,技法全面,调味平和,菜品繁多,火候严谨,强调鲜香脆嫩。鲁菜可以分为济南菜、胶东菜、孔府菜三大菜系。经典菜品有一品豆腐、葱烧海参、糖醋黄河鲤鱼、九转大肠、三丝鱼翅、白扒四宝、油爆双脆、扒原壳鲍鱼、清汤银耳、油焖大虾、醋椒鱼、糖醋里脊、红烧大虾等。

(二) 民间艺术

在儒家文化长期熏陶下，山东文化艺术多姿多彩。胶东地区呈现出浓郁的沿海渔家风情，传统的祭海出渔仪式，古老的海神娘娘传说，刚性豪爽的渔家汉，巧夺天工的花边刺绣，粗犷奔放的胶州秧歌；鲁中平原以农耕文化为特色，潍坊风筝、杨家埠年画、元宵花灯、高密剪纸、淄博美陶、博山琉璃、周村丝绸等，散发着沁人心脾的泥土香；鲁西地区传统深重，孔孟家乡、水浒故地、古运河畔、民间织锦、斗鸡斗羊、婚丧嫁娶等，闪烁着古代文明之光。

(三) 地方特产

山东人杰地灵，名优特产品种众多。传统名酒有金奖白兰地、烟台红葡萄酒、味美思、三鞭酒、青岛啤酒、白葡萄酒，安丘景芝镇的景芝白干和景阳春等；传统工艺品有鲁绣、山东棒槌花边、山东百代丽、山东钩针花边、胶东剪纸、山东柞丝绸、卖草编、鲁砚、山东艺术拓片等；瓜果有烟台苹果、大樱桃，冠县鸭梨，泰山小白梨，德州西瓜等。此外，聊城市东阿县的东阿阿胶，为传统的滋补、补血上品，2008年东阿阿胶制作技艺被列入国家级非物质文化遗产名录。

三、主要旅游城市及景区

(一) 济南

济南市是山东省省会，素以"泉城"闻名天下，是我国文化历史名城之一。济南市位于山东中部偏西，是黄河下游最大的城市之一。泉水，是济南的市魂。趵突泉、黑虎泉、珍珠泉、五龙潭四大泉群，72名泉及泉水汇流而成的大明湖和满城的树绿花香，构成闻名天下独特的泉城风貌；千佛山、四门塔、灵岩寺等名胜古迹，李清照、辛弃疾等历史名人，使济南成为一座令世人瞩目的历史文化名城。

1. 趵突泉

图6-14 趵突泉

趵突泉公园位于济南市中心，趵突泉南路和泺源大街中段，南靠千佛山，东临泉城广场，北望大明湖，面积158亩，如图6-14所示。所谓"趵突"，即跳跃奔突之意，反映了趵突泉三窟迸发，喷涌不息的特点。趵突泉水从地下石灰岩溶洞中涌出，三窟并发，浪花四溅，声若隐雷，势如鼎沸，出露标高可达26.49米。趵突泉水清澈透明，味道甘美，是理想的饮用水。

2. 大明湖

大明湖位于济南市区中心、旧城区北部，与趵突泉、千佛山并称济南三名胜。济南有泉水百余处，大明湖即是由众泉汇流而成的天然湖泊。泉水由南岸流入，水满时从宋代修建于北岸的北水门流出，湖底由不透水的火成岩构成，因而湖水"恒雨不涨，久旱不涸"，常年保持较固定的水位，并具有"蛇不见、蛙不鸣"的自然生态之谜。"四面荷花三面柳，一城山色半城湖"是她风景特色的写照。

3. 千佛山

千佛山位于济南市区南部,海拔258米,占地166公顷,为济南三大名胜之一。千佛山,古名历山,传说上古虞舜帝曾耕田于历山下,故又称舜耕山。隋开皇年间,山东佛教盛行,虔诚的教徒依山沿壁镌刻了为数较多的石佛,并建"千佛寺",渐有千佛山之称。

千佛山,东西横列如屏,风景秀丽,山北侧有登山盘路三条,蜿蜒回环,松柏夹道,浓荫蔽日。兴国禅寺居千佛山山腰,内有大雄宝殿、观音堂、弥勒殿、对华亭。在千佛山北麓建有集四大石窟于一体的万佛洞。游人至此,可一瞻北魏、唐、宋造像之风采。

(二) 泰山

泰山雄峙于山东中部,古称"岱山"、"岱宗",春秋时改称"泰山"。泰山毗邻孔子故里曲阜,背面是泉城济南,面积达426平方公里,主峰玉皇顶海拔1547米,气势雄伟,拔地而起,有"天下第一山"之美誉。1987年被联合国教科文组织列入世界自然文化遗产名录。

泰山最引人入胜的地方就是它是中国历史上唯一受过皇帝封禅的名山。同时,泰山也是佛、道两教兴盛之地,是历代帝王朝拜之山。历代帝王所到之处,建庙塑像,刻石题字,留下了众多文物古迹。历代名人宗师对泰山亦仰慕备至,纷纷到此游览。历代赞颂泰山的诗词、歌赋有1000多首。岱庙内,汉武帝植下的柏树翠影婆娑;红门宫前,孔子"登泰山小天下"的感慨,余音缭绕;回马山上,唐玄宗勒马而回,神态尤现;云步桥畔,秦始皇敕封的五大夫松,瘦骨昂藏。

图6-15 泰山日出

泰山的自然风光更是泰山引人之处,高峰峻拔,雄伟多姿,山谷幽深,松柏漫山。著名风景名胜有天柱峰、日观峰、百丈崖、仙人桥、五大夫松、望人松、龙潭飞瀑、云桥飞瀑、三潭飞瀑等。泰山四大奇观为:泰山日出(见图6-15)、云海玉盘、晚霞夕照、黄河金带。

(三) 青岛

青岛是山东省的省辖市,位于山东半岛西南部,是一座风景秀丽、气候宜人的沿海城市,东、南濒临黄海,西、北连接内陆,海上可通航世界各地,陆上有广阔的腹地,是天然的良港和驰名中外的旅游、避暑胜地,它像一颗璀璨的明珠,镶嵌在黄海之滨。青岛景点众多,市区景点有小青岛湛山寺、总督府、栈桥海滨、中山公园、汇泉广场、基督教堂、鲁迅公园、海产博物馆、海军博物馆、第一海水浴场、八大关别墅区、石老人国家旅游度假区等。

崂山风景名胜区是1982年国务院公布的首批全国44个风景名胜区之一,以"海上第一名山"著称。位于山东半岛的南部,青岛市区东北端,面积446平方公里,东临崂山湾,南濒黄海,海山相连,水气岚光,变幻无穷,雄奇壮阔,灵秀幽清,为内地名山所不及。

(四) 烟台

烟台古称芝罘,明洪武年间,为防倭寇,在山巅筑狼烟墩台而得名。烟台依山傍海,气候宜人，冬无严寒，夏无酷暑，全年平均气温 12 ℃ 左右，是中国北方著名的海滨旅游城市，景色秀丽，气候宜人，是理想的旅游、疗养、避暑、度假胜地。烟台绵长弯曲的海岸线上，散布着许多旖旎的海岛、漂亮的港湾和金沙碧浪的海滩。

1. 蓬莱阁

蓬莱阁景区位于胶东半岛最北端，是国家级重点风景名胜区，如图 6-16 所示。这里素有"人间仙境"之称。传说蓬莱、瀛洲、方丈是海中的三座仙山，为神仙居住的地方，自古便是秦皇汉武求仙访药之处。汉武帝曾多次驾临山东半岛，登上突入渤海的丹崖山，寻求"蓬莱仙境"，后人就把这座丹崖山唤作蓬莱。广为流传的"八仙过海"的神话传说，便源于此。

图 6-16　蓬莱阁

蓬莱阁坐北朝南，是一座双层木结构建筑，雕梁画栋，色彩绚丽；阁底环列 16 根大红楹柱，阁的上层绕有一圈精巧明廊，可供游人远眺。蓬莱阁景象神奇，规模宏伟，与黄鹤楼、岳阳楼、滕王阁并称为"中国四大名楼"。

2. 张裕酒文化博物馆

张裕酒文化博物馆，于 1992 年建馆，坐落于山东省烟台市芝罘区六马路 56 号——张裕公司旧址院内。张裕酒文化博物馆是中国第一家世界级葡萄酒专业博物馆。它以张裕 110 多年的历史为主线，通过大量文物、实物、老照片、名家墨宝等，运用高科技的表现手法向人们讲述以张裕为代表的中国民族工业发展史，讲述酒文化知识，也展示了烟台这座亚洲唯一的国际葡萄酒城所具有的独特韵味。

（五）曲阜

"东方圣城"曲阜是先秦时代著名思想家、教育家、儒家创始人孔子诞生、讲学、墓葬和后人祭祀之地，也是孔子的学生、中国另一位伟大的思想家、教育家孟子的出生地，因此被列为我国首批历史文化名城之一。曲阜是儒学之源，儒教之根，是儒学的开山之地。

1. 孔庙

坐落在山东曲阜城内的孔庙，是我国的三大宫殿建筑之一，其规模仅次于故宫，我国最大的祭孔要地，是国家级的重要文化艺术遗产。

孔庙共有建筑 100 余座，古建面积约 16000 平方米，主要建筑有金元碑亭，明代奎文阁、杏坛，清代重建的大成殿等。孔庙的主体建筑为大成殿，殿宽 45.78 米，深 24.89 米，殿高

24.8米,殿基占地1836平方米,金碧辉煌,是我国现存巨大的古建筑之一,可与故宫的太和殿媲美。最引人注目的是正面10根石柱,每根柱上雕刻两条巨龙,飞腾于云彩之中,两龙之间有一宝珠,故名曰"二龙戏珠"。殿内有巨大的孔子塑像,像高3.3米,神采奕奕,威而不猛。

孔庙保存汉代以来历代碑刻1044块,有封建皇帝追谥、加封、祭祀孔子和修建孔庙的记录,也有帝王将相、文人学士谒庙的诗文题记。孔庙碑刻是中国古代书法艺术的宝库。孔庙著名的石刻艺术品有汉画像石、明清雕镂石柱和明刻圣迹图等。

2. 孔林

孔林位于山东省曲阜县城北2公里处,它是我国规模最大、持续年代最长、保存最完整的一处氏族墓葬群和人工园林。林墙全部用灰砖砌成,高达三四米,长达7.3公里,占地3000亩,墙中古木参天,茂林幽深。

林中墓冢累累,碑碣林立,除孔子、孔鲤、孔伋这祖孙三代墓葬和建筑外,还有孔令贻、孔毓圻、孔闻韶、孔尚任墓等。这里的墓碑除去一批著名的汉代石碑被移入孔庙之外,尚存有李东阳、严嵩、翁方纲、何绍基、康有为等历代大书法家的亲笔题碑,故而孔林又有碑林的美名,堪称书法艺术的宝库。

3. 孔府

孔府也称圣府,是孔子的后代子孙们居住的地方。历史上,孔子的后代继承人都被称为"衍圣公"。孔府是孔庙的西邻,规模相当宏大,是我国仅次于明、清皇帝宫室的最大府第。孔府占地240多亩,有厅、堂、楼、轩等各式建筑463间。孔府是一个集官衙、家庙、住室三位一体的古典建筑。

四、主要旅游线路

(一) 山东精华全景游

该线路的主要景点包括:青岛(栈桥、奥帆、信号山)—烟台(蓬莱八仙渡海口)—威海(定远舰)—泰安(泰山)—曲阜(孔林、孔庙、孔府)—济南(趵突泉、泉城广场)。

(二) 东岳朝圣之旅

该线路的主要景点包括:济南(大明湖、趵突泉、千佛山)—泰安—曲阜—邹城(孟府、孟庙、孟林)。

(三) 鲁西文化水浒之旅

该线路的主要景点包括:聊城(东昌湖)—阳谷(景阳冈狮子楼)—梁山(水泊梁山)—郓城(水浒好汉城)—菏泽(曹州牡丹园)。

(四) 鲁中名山秀谷之旅

该线路的主要景点包括:原山—青州云门山—沂山—沂水地下大峡谷。

(五) 胶东半岛滨海之旅

该线路的主要景点包括:青岛海滨—崂山—威海(乳山银滩)—成山头—刘公岛—烟台(蓬莱风景区)。

中国旅游地理

线路设计案例　　青岛、烟台、威海、蓬莱汽车四日游

第一天:接团后,坐旅游车赴青岛漫海滨沙滩浴场、拾贝、感受阳光、沙滩。中午自由购物,下午参观2008年奥运会帆船主场——五四广场靓丽夜景,观看青岛市容市貌,感受红瓦绿树、碧海蓝天。(住青岛)

第二天:早餐后车游素有"飞阁回澜"之称的青岛象征——栈桥、乘游艇海上观光,游览世界建筑博物馆之称的八大观、外观青岛三大名楼之———总督楼、外观东南亚最大教堂——圣尔额尔大教堂。车游展示中华文明发展的现代豪华海滨大道一条街。游玩石老人海滨浴场,下乘车至威海,若时间允许可安排韩国服装城自由购物。(住威海)

第三天:早餐后乘船游北洋海军遗址有"不沉战舰"之称——刘公岛,游览清朝北洋水师旧址,参观体现甲午战争悲壮历史的甲午海战博览园,韩国服装城自由购物。车赴烟台,游览滨海路步行街,月亮湾,APEC会场。(住烟台)

第四天:早餐后游蓬莱景区,听天风海涛、望海市蜃楼、看古典建筑、游艺术园林,游玩驰名中外的国家重点保护文物——蓬莱阁。观炮台、水城、古船馆等景点。中午旅游车返回青岛,结束愉快的旅程,回到温馨的家!

任务六　河南省

美国某华侨协会组织了多名20年未曾回国的华侨,打算利用春节期间回归故土,来到河南进行为期7天的旅游,意欲在华夏文明的发祥地——河南寻根祭祖。请为他们设计旅游线路,并做相应的景点讲解准备。

任务分析

在这个任务中,必须了解河南的旅游资源概况、主要旅游景点、特色风土民情、特色旅游线路等,撰写主要景点讲解词。

一、旅游概况

河南省位于中国中部,因大部分地区在黄河以南,故名"河南",省会是郑州,如图6-17

所示。有"中国历史文化的缩影"之美称的河南省,曾长期作为中国的政治、经济、文化中心,自古就有"得中原者得天下"之说。河南古迹繁多,名胜遍布。中国四大石刻艺术宝库之一的洛阳龙门石窟、千年古刹登封少林寺、太极拳之乡温县陈家沟、甲骨文发现地安阳殷墟、周易发源地汤阴羑里城、炎黄子孙寻根拜祖圣地新郑轩辕黄帝故里、雄伟壮丽的黄河小浪底等上百个旅游景点组成了古都游、大黄河游、功夫健身之旅、寻根朝觐之旅、三国之旅等黄金旅游线路十余条。

图 6-17 河南省旅游资源分布图

二、民俗风情

(一) 饮食文化

豫菜是我国的重要菜系之一。河南菜的风味是既具有浓厚的地方风味和传统烹调技艺,又兼收各菜之长。其风味特点是:取料广泛,选料严谨;配菜恰当,刀工精细;讲究制汤,火候得当;五味调和,以咸为主;甜咸适度,酸而不酷;鲜嫩适口,酥烂不浓;色形典雅,纯朴大方。豫菜特色是中扒(扒菜)、西水(水席)、南锅(锅鸡、锅鱼)、北面(面食、馅饭)。糖醋软熘鱼焙面、煎扒青鱼头尾、炸紫酥肉、牡丹燕菜、大葱烧海参、扒广肚、汴京烤鸭、炸八块、清汤鲍鱼、葱扒羊肉是河南的十大名菜。河南蒸饺、开封灌汤包子、双麻火烧、鸡蛋灌饼、韭头菜盒、烫面角、酸浆面条、开花馍、萝卜丝饼是河南有名的面点。烩面、高炉烧饼、羊肉炕馍、油旋、羊肉汤、胡辣汤、博望锅盔、羊双肠、炒凉粉是河南有名的风味小吃。

知识衔接

洛阳水席

所谓"水席",有两层含义:一是以汤水见长;二是吃一道换一道,一道道上菜,像流水一般,故名"水席"。洛阳水席最初只是在民间流行,唐代武则天时,将洛阳水席召进皇宫,加上山珍海味,制成宫廷宴席,又从宫廷传回民间,逐形成特有的风味。因它仿制了官府宴席的制作方法,故又称官场席。洛阳水席,由24件组成,简称"三八席"。开席时先上8个冷盘下酒,分为4荤4素,紧接着再上16个热菜,均用不同型号的青花海碗盛放。16菜中有4个压桌菜,其他12个菜,每3个味道相近的为一组,每组各有一道大菜领头,俗称"带子上朝"。洛阳水席,有三大特点:一是有荤有素,有冷有热;二是有汤有水,对南方人和北方人的饮食习惯都很适合;三是上菜顺序有严格规定,搭配合理、选料认真、火候恰当。洛阳水席,又分为高、中、低三个档次,可依据不同的情况而采用,所以深受当地人民的欢迎,是宴请宾客时的首选。

(二)民间艺术

河南有着丰富的民族民间文化遗产资源,它们鲜明地记载着中原文明的发展进程,真实地反映了中原大地民风、民情,是中原人民勤劳智慧的生动体现。

1. 朱仙镇木版年画

开封朱仙镇木版年画是中国木版年画的鼻祖。它用色讲究、色彩浑厚鲜艳、久不褪色、对比强烈、古拙粗犷、饱满紧凑、概括性强。

2. 汴绣

汴绣图案题材多为花鸟、山水,尤善摹制古代名画。产品纯朴自然,富丽明快,艳而不俗,针线细密,不露边缝,形态逼真。

3. 浚县泥咕咕

泥咕咕,产生于隋朝末年,且与国内瓦岗军传说有关。技艺手法多变,造型夸张,以黑色为主,对比强烈,有很强的视觉冲击力,巧妙的形态,吹时可发生"咕咕"天籁之音。

(三)地方特产

河南省的物产丰富:洛阳有杜康酒、牡丹、宫灯、唐三彩、牡丹饼等;开封有汴绣、汴绸、大京枣、五香兔肉、葡萄、百子寿桃、木版年画、花生糕、宫瓷仿制品等;安阳有安阳玉雕、道口烧鸡、道口锡器、彰德陈醋、糖油板栗等;此外,还有许昌烧烟,信阳毛尖,孟津梨,灵宝苹果,广武石榴,鹿邑草帽,南阳烙花,济源盘砚,禹州钧瓷,汝阳刘毛笔、水晶石等。

三、主要旅游城市及景区

(一)开封

开封是中国七大古都和著名的历史文化名城之一,距今已有2700多年的历史。战国时期的魏,五代时期的后梁、后晋、后汉、后周以及北宋和金均建都于此,故有"七朝古都"之称。开封历史悠久,传统民族文化光辉灿烂,文物古迹驰名中外。

1. 大相国寺

大相国寺是中国著名的佛教寺院之一,坐落在开封市内,原为战国时魏公子信陵君故宅,北齐天宝六年(555年)始建国寺,后毁于战火。唐景云二年(711年)重建。次年,唐睿宗为纪念他以相王身份入继皇位,赐以今名,并御书"大相国寺"匾额。

北宋时期,相国寺深得皇家尊崇,多次扩建,是京城最大的寺院和全国佛教活动中心。相国寺现存主体建筑有大门、二殿、大雄宝殿、八角琉璃殿、藏经楼五重,多为乾隆三十一年(1766年)所重建。殿内置一尊高约7米的木雕四面千手千眼观音巨像,是用一棵巨大的白果树木雕刻而成,堪称佛教文化艺术和雕刻艺术的精品。

2. 清明上河园

清明上河园位于开封城西北隅,它是以北宋画家张择端绘制的巨幅画卷《清明上河图》为蓝本,按照1∶1的比例集中再现原图风物景观的大型宋代民俗风情游乐园,如图6-18所示。

该园占地面积500余亩,其中水面150亩,拥有大小古船50余艘,各种宋式房屋400余间,形成了中原地区最大的气势磅礴的宋代古建筑群。整个景区内芳

图6-18 清明上河园

草如茵,古音萦绕,钟鼓阵阵,形成一派"丝柳欲拂面,鳞波映银帆,酒旗随风展,车轿绵如链"的栩栩如生的古风神韵。

清明上河园主要建筑有城门楼、虹桥、街景、店铺、河道、码头、船坊等。园区按《清明上河图》的原始布局,集中展现了宋代的酒楼、茶肆、当铺、汴绣、官瓷、年画等现场;聚集了民间游艺、杂耍、盘鼓表演、神课算命、博彩、斗鸡、斗狗等京都风情。

3. 宋都御街

宋都御街位于开封市中山路北段,是为再现宋代御街风貌,于1988年建成的一条仿宋商业街。北宋时期,东京御街北起皇宫宣德门,经州桥和朱雀门,直达外城南熏门。长达十余里,宽二百步,供皇帝御驾出入,显示尊严气派的主要街道。新建的御街是在原御街遗址上修建,全长400多米。两侧角楼对称而立,楼阁殿铺鳞次栉比,其匾额、楹联、幌子、字号均取自宋史记载,古色古香。50余家店铺各具特色,经营开封特产、传统商品、古玩字画。售货员身着仿宋古装,殷勤地招待八方来客。漫步御街,让你可以瞬间可以穿越到遥远的宋王朝,情真意切地感受昔日宋都的繁华景象。

(二) 洛阳

洛阳,因为地处洛水之阳而得名,是华夏文明的主要发祥地之一。自公元前770年周平王迁都洛邑起,历史上先后有13个朝代在此建都,时间长达1500年。悠久的历史留给洛阳

光彩夺目的文化遗产和丰富的旅游资源。

1. 龙门石窟

龙门石窟位于河南省洛阳市南13公里处,它同敦煌的莫高窟、大同的云冈石窟、天水麦积山石窟并称中国古代佛教石窟艺术的四大宝库,如图6-19所示。龙门石窟凿于北魏孝文帝迁都洛阳前(493年),后历经西魏、东魏、北齐、隋、唐、五代的营造,从而形成了具有两千余座窟龛和十万余尊造像的石窟遗存。

在北魏时期雕刻的众多洞窟中,以古阳洞、宾阳中洞和莲花洞、石窟寺这几个洞窟最有代表价值。其中,古阳洞集中了北魏迁都洛阳初期的一批皇室贵族和宫廷大臣的造像,反映出北魏王朝举国佞佛的历史情态。这些形制瑰异的石刻作品,代表着石窟寺艺术流入洛阳以后最早出现的一种犍陀罗佛教风格。唐代石窟,以卢舍那像龛一组尺度宏伟的艺术群雕最为著名。这座依据《华严经》雕刻的敞开式像龛,以雍容大度、气势非凡的卢舍那佛为中心,用极富情态质感的美术群体形象,将佛国世界那种充满了祥和色彩的理想意境表达得淋漓尽致、流韵绵长。

图6-19 龙门石窟

2. 白马寺

白马寺在洛阳市东12公里,初创于东汉永平十一年(68年),距今已有1900多年的历史,是我国最早的一座佛寺,被尊誉为中国佛教的"祖庭",有"中国第一古刹"之称。相传汉明帝刘庄夜寝南宫,梦金神头放白光,飞绕殿庭。于是,派十八人出使西域,拜求佛法,在月氏(今阿富汗一带)遇上了在该地游化宣教的天竺(古印度)高僧迦什摩腾、竺法兰。于是邀请佛僧到中国宣讲佛法,并用白马驮载佛经、佛像,跋山涉水,来到京城洛阳。汉明帝敕令仿天竺式样修建寺院。为铭记白马驮经之功,遂将寺院取名"白马寺"。在古色古香的白马寺山门内,大院东西两侧茂密的柏树丛中,各有一座坟冢,这就是有名的"二僧墓"。这两座墓冢的主人便是拜请来汉传经授佛法的高僧——迦什摩腾和竺法兰。

(三) 嵩山少林寺

嵩山是中华文明的重要发源地,也是中国名胜风景区,为五岳中的中岳。嵩山儒、释、道三教汇集,拥有众多的历史遗迹。其中,有中国六最:禅宗祖庭——少林寺;现存规模最大的塔林——少林寺塔林;现存最古老的塔——北魏嵩岳寺塔;现存最古老的阙——汉三阙;树龄最高的柏树——汉封"将军柏";现存最古老的观星台——告城元代观星台。

嵩山以少林寺名闻天下,如图6-20所示。少林寺不仅是"武林泰斗",更是中国佛教的禅宗祖庭,在中国佛教史上占有重要地位,被誉为"天下第一名刹"。495年,北魏孝文帝从山西平城迁都洛阳时,在嵩山五乳峰前创建少林寺。后释迦牟尼佛第28代弟子达摩祖师得师傅般若多罗教化,于北魏孝昌三年(527年)到达嵩山,并在这里广集徒众,首传禅宗。自此以后,达摩便成为中国佛教禅宗的初祖,少林寺亦被称为中国佛教禅宗祖庭。

图6-20　嵩山少林寺

(四) 安阳殷墟

河南安阳是一座具有3000多年历史的文化名城,是华夏文明的发祥地,属于中国七大古都之一,更有"中华第一古都"之称。安阳古迹众多,尤其以我国最早的古都——殷墟最为出名。

据史书记载,公元前1300年,商朝第20位国王盘庚把都城由山东"奄"(今曲阜)迁到"殷"(今安阳小屯),并在此建立都城,经历8代12王,共254年。从此,这里成为殷商王朝政治、文化、经济的中心。到公元前1046年,周武王伐纣灭商以后,这片土地逐渐荒芜,变成了一片废墟,史称"殷墟"。殷墟闻名世界,有三个非常重要的因素:甲骨文、青铜器和都城。

(五) 鸡公山风景区

鸡公山,位于河南省信阳市境内,是中国四大避暑胜地之一。鸡公山是大别山的支脉,主峰海拔814米。主峰鸡公头又名报晓峰,像一只引颈长鸣的雄鸡,山因此得名鸡公山,山势奇伟,泉清林翠,风景秀丽。新中国成立前,鸡公山是外国人、军阀、官僚、富商寻欢作乐之地。据统计,山上建有300多幢各式别墅,这些不同国别、不同风格的建筑,既反映了当时我国所处的半殖民地的地位,同时也向人们展示了各国的建筑艺术,因此,被称为"万国建筑博览会"。

四、主要旅游线路

(一) 河南精华全景游

该线路的主要景点包括:郑州(二七纪念塔、河南博物院)—开封(开封金明广场、包公湖风景区)—云台山—焦作—洛阳(白马寺、龙门石窟)—登封(登封世界地质公园、嵩山少林寺风景区)。

(二) 中华古都游

该线路的主要景点包括：安阳—开封—郑州—洛阳。

(三) 黄河文明游

该线路的主要景点包括：三门峡（三门峡大坝风景区、天鹅湖）—济源（黄河小浪底风景区）—郑州（黄河风景区、花园口旅游区）—开封（"悬河"、"城摞城"）—商丘（黄河故道风景区、商丘古城）。

(四) 寻根拜祖游

该线路的主要景点包括：郑州—许昌—周口—商丘。

线路设计案例　郑州—少林寺—龙门石窟—郑州一日游

08:00 乘车出发赴嵩山少林寺景区。

09:30—10:00 抵达景区，参观少林寺武术表演，感受少林武术的博大精深、奥妙无穷，也可以参与其中，学上三五招少林武术，当一回少林弟子。

11:00 参观千年古刹少林寺核心景区——常住院，参观山门、太宗御碑、大雄宝殿、千佛殿、方丈室、藏经阁等人文古建，聆听少林寺千年传奇故事，了解源远流长的禅宗文化。

12:00 跟随导游参观电影《少林寺》外景地之一、历代少林高僧舍利塔群——少林塔林院，在导游的讲解中了解少林寺历代高僧那些鲜为人知的轶事，游走在国际巨星李连杰曾经打拼过的圣地。

13:30 乘车赴千年帝都、牡丹花城——洛阳。

15:00 抵达洛阳，游览世界文化遗产，中国最大的皇家石刻艺术宝库——龙门石窟（约2.5小时），潜溪寺、万佛洞、奉先寺、莲花洞、宾阳三洞、香山、白园等。

17:30 乘车返回郑州。

任务七　山西省

任务导入

四川某公司打算组织职工去山西考察工程项目，闲暇之余，打算在山西进行为期5天的旅游活动。请为他们设计一条旅游线路，并做相应的景点讲解准备。

任务分析

要完成这个任务，必须了解山西的旅游资源概况、主要旅游景点、特色风土民情、特色旅游线路等，并撰写主要景点讲解词。

一、旅游概况

山西简称晋，面积约 15 万平方公里，人口约 3300 万。东以太行山与河北为邻，西隔黄河与陕西相望，北倚长城与内蒙古毗连，南与河南接壤，如图 6-21 所示。山西的外围有黄河流过，而境内又有不少山脉，因而它具有"表里河山"的美称，意指"外面有河、里面有山"。黄河从山西流过，在吉县附近形成了世界闻名的黄河壶口瀑布，气势磅礴；河津段又有气壮山河的"龙门三激浪"；此外还有阳泉的娘子关飞瀑、运城盐池、阳城蟒河等，这些都构成了"表河"。山西境内有五岳之一的恒山、佛教圣地五台山等风景名山，构成了山西的"里山"。

图 6-21　山西省旅游资源分布图

二、民俗风情

(一) 饮食文化

晋菜的基本风味以咸香为主，甜酸为辅，菜点可分为南、北、中三派。南路以运城、临汾地区为主，菜品以海味为最，口味偏重清淡。北路以大同、五台山为代表，菜肴讲究重油重色。中路菜以太原为主，兼收南北之长，选料精细，切配讲究，以咸味为主，酸甜为辅，菜肴具有酥烂、香嫩、重色、重味的特点。山西著名的风味菜点有酿粉肠、过油肉、喇嘛肉、太原"认一力"蒸饺、平遥牛肉、闻喜煮饼、芮城麻片、太原羊杂汤、灌肠、高平烧豆腐、忻州瓦酥、平阳泡泡糕等。山西面食，有刀削面、拉面、刀拨面、擀面、剔尖、猫耳朵、河捞等各种面食。

(二) 民间艺术

山西民间艺术丰富多样，形成了黄河沿岸的独特风情，包括威风锣鼓、晋南花鼓、皮影戏、剪纸、炕围画、面塑艺术等等。

1. 威风锣鼓

在临汾地区流传甚广，是一种民间打击乐器的合奏形式，击奏多姿，威武雄壮。每逢过年过节，喜庆丰收，集会游行，便会出现在民间。

2. 面塑

面塑在民间叫面花，是作为仪礼、岁时等民俗节日中馈赠、祭祀、喜庆、装饰的信物或标志，是一种由风俗习惯久而积淀成的极有代表性的地方文化。节日来临前，农家妇女用家庭自磨的精粉按当地习俗捏制小猫、小狗、小虎、玉兔、鸡、鸭、鱼蛙、葡萄、石榴、茄子、"佛手"、"满堂红"、"巧公巧母"的面塑制品，以象征万事如意、多福多寿、和睦友爱。

(三) 地方特产

在山西，名产以汾酒、竹叶青最为有名。此外，台砚、黄花、黄芪、板枣、猕猴桃、党参、红果、小米、晋祠大米、运城池盐、黄河鲤鱼、菖蒲酒、玉堂春酒、平遥牛肉、闻喜煮饼、六味斋酱肉、上党腊味驴肉、高平丝绸、平阳木板年画、大同艺术瓷、铜器、平遥推光漆具均属山西名产。

三、主要旅游城市及景区

(一) 晋祠

晋祠，位于太原市区西南25公里处的悬瓮山麓，始建于北魏，是后人为纪念周武王次子叔虞而建。这里殿宇、亭台、楼阁、桥树互相映衬，山环水绕，文物荟萃，古木参天，是一处少有的大型祠堂式古典园林，被誉为山西的"小江南"。

圣母殿、侍女像、鱼沼飞梁、难老泉等景点是晋祠的精华。祠内的周柏、"难老泉"、宋塑侍女像被誉为"晋祠三绝"，具有很高的历史价值、科学价值和艺术价值。"难老泉"也称"天下第一泉"，泉水清莹明洁，潺潺奔流，微波叠起，水中游鱼竞戏，水上石舫、回栏、曲桥如画。圣母传为叔虞之母邑姜。圣母殿原名"女郎祠"，殿堂宽大疏朗，存有宋代精美彩塑侍女像43尊（含后补塑2尊），这些彩塑中，邑姜居中而坐，神态庄严，雍容华贵，凤冠霞帔，是一尊宫廷统治者形象。塑像形象逼真,造型生动,是研究宋代雕塑艺术和服饰的珍贵资料。鱼沼飞梁,建于宋代,呈十字桥形,如大鹏展翅,位于圣母殿前,形状典雅大方,造型独特,是国内现存古桥梁中仅有的一例。周柏相传为西周时所植,位于圣母殿左侧,树身向南倾斜约与地面成40°角,枝叶披覆殿宇之上。现在,2000多年过去了,它依然苍劲挺拔。

(二) 晋中市

1. 平遥古城

平遥古城位于山西省中部晋中市的平遥县内,是一座具有2700多年历史的文化名城。迄今为止,它较为完好地保留着明、清时期县城的基本风貌,堪称中国汉民族地区现存最为完整的古城。山西平遥古城与四川阆中古城、云南丽江古城、安徽歙县并称为"保存最为完好的四大古城"。清代道光四年(1824年),中国第一家现代银行的雏形"日升昌"票号在平遥诞生。清代晚期,总部设在平遥的票号就有20多家,占全国的一半以上,被称为"古代的中国华尔街"。平遥在中国古、近代金融史上具有划时代意义,是"晋商"的发源地之一。

平遥有三大特色。一是古城墙。明洪武三年(1370年)建,周长6.4公里,是山西现存历史较早、规模最大的一座城城墙。城墙历经了600余年的风雨沧桑,至今仍雄风犹存。二是万佛殿。出古城北门,即可看到镇国寺,该寺的万佛殿建于五代(10世纪)时期,目前是中国排名第三位的古老木结构建筑,距今已有1000余年的历史。三是彩塑造像。古城西南有一座双林寺,该寺建于北齐武平二年(571年)。大殿内保存有元代至明代(13—17世纪)的彩塑造像2000余尊,被人们誉为"彩塑艺术的宝库"。

2. 乔家大院

乔家大院位于祁县乔家堡村,是清末华北民居建筑的典型,被称为"华北第一民俗博物馆",如图6-22所示。它被誉为北方民居建筑史上一颗罕见的明珠,有"皇家看故宫,民宅看乔家"一说。乔家大院是一座雄伟壮观的建筑群体,从高空俯视院落布局,好像一个象征大吉大利的双"喜"字。整个大院占地8724.8平方米,建筑面积3870平方米,分六个大院,内套20个小院,313间房屋。大院形

图6-22 乔家大院

如城堡,三面临街,四周全是封闭式砖墙,高三丈有余,上边有掩身女儿墙和瞭望探口,既安全牢固,又显得威严气派。其设计之精巧,工艺之精细,充分体现了我国清代民居建筑的独特风格,具有相当高的观赏、科研和历史价值。

(三) 大同市

大同市位于山西省最北端,地处黄土高原东北边缘,是晋北著名的煤城。在大同的历史上,曾创造了许多灿烂的文化艺术,留下了众多闻名中外的名胜古迹。云冈石窟,是世界文明的艺术宝库,华严寺、善化寺、恒山悬空寺、九龙壁殿宇嵯峨,金碧辉煌。大同地处塞上,那独特的天高云阔的塞北风光,雄伟壮丽的重关叠嶂,也足以使人壮情抒怀,流连忘返。

1. 云冈石窟

云冈石窟位于大同市西16公里的武周山麓。石窟依山开凿,东西绵延1公里。现存主要洞窟45个,计1100多个小龛,大小造像51000余尊,它是我国规模最大的石窟群之一,也是世界闻名的艺术宝库。

云冈石窟是在北魏中期开凿的。据文献记载,北魏和平年间(460—465年)由一个著名的和尚昙曜主持,开凿石窟五所,现存云冈第16窟至20窟,就是当时开凿最早的所谓"昙曜五窟"。云冈石窟以昙曜五窟开凿最早,气魄最为宏伟。第五、六窟和五华洞内容丰富多彩,富丽瑰奇,是云冈艺术的精华。

云冈石窟雕刻在我国三大石窟中以造像气魄雄伟、内容丰富多彩见称,最小的佛像2厘米,最大的高达17米,多为神态各异的宗教人物形象。石窟有形制多样的仿木构建筑物,有主题突出的佛传浮雕,有精雕细刻的装饰纹样,还有栩栩如生的乐舞雕刻,生动活泼,琳琅满目。其雕刻艺术继承并发展了秦汉雕刻艺术传统,吸收和融合了佛教艺术的精华,具有独特的艺术风格。对后来隋唐艺术的发展产生了深远的影响。

2. 恒山

图6-23 悬空寺

北岳恒山位于大同市东南方,主峰玄武峰海2016.8米,海拔高度为五岳之冠。相传4000年前,舜巡狩四方,北到恒山,见这里山势雄险,遂封恒山为"北岳"。

悬空寺被称为恒山第一胜景,如图6-23所示。在中国众多的寺庙中,悬空寺称得上是奇妙的建筑。它是国内现存的唯一的佛、道、儒三教合一的独特寺庙。恒山悬空寺始建于1400多年前的北魏王朝后期,历代都对悬空寺作过修缮,北魏王朝将道家的道坛从平城南移到此,古代工匠根据道家"不闻鸡鸣犬吠之声"的要求建设了悬空寺。悬空寺距地面高约60米,最高处的三教殿离地面90米,因历年河床淤积,现仅剩58米。全寺为木质框架结构,依照力学原理,半插横梁为基,巧借岩石暗托,梁柱上下一体,廊栏左右紧连。整个寺院,上载危崖,下临深谷,背岩依龛,寺门向南,以西为正。

知识衔接

大同九龙壁

九龙壁是影壁的一种,是汉族传统建筑中用于遮挡视线的墙壁。驰名中外的大同九龙壁,在我国现存最享盛名的三座九龙壁中,是建筑年代最早、尺度最大而又最富艺术魅力的一座。(另外两座九龙壁均在北京,一座在北京北海公园,另一座在北京故宫皇极门前,它们均建于清乾隆时代,较大同九龙壁要晚350~400年。)

该大同影壁位于大同市区东街路南,建于明代洪武末年,是明太祖朱元璋的儿子代王朱桂府前的照壁。壁东西长45.5米,壁高8米,壁厚2.02米。壁上均匀协调地分布着 9 条飞龙,两侧为日月图案,壁面由 426 块特制五彩琉璃构件拼砌而成。9 条飞龙气势磅礴,飞腾之势跃然壁上,龙的间隙由山石、水草图案填充,互相映照、烘托。

此壁的建筑结构,全部使用黄、绿、蓝、紫、黑、白等色琉璃构件拼砌而成。壁体由三部分组成:底部为须弥座,中部为壁身,上部为壁顶。须弥座镶有两层琉璃兽:第一层是麒麟、狮、虎、鹿、飞马等,第二层是小型行龙。这些琉璃兽姿态各异,栩栩如生。壁顶为单檐五脊,正脊两侧是高浮雕的多层花瓣的花朵以及游龙等,脊顶戗兽、脊兽、龙兽俱全,两端是雕刻手法细腻的龙吻。壁身的九条龙的龙体全为高浮雕制作,使每条龙一一突兀于壁上,大大增强了立体感。从九条龙的布局和形态看,正中心一条是坐龙,为正黄色。此龙正对着王府的中轴线,昂首向前,目光炯炯有神,注视着代王府的端礼门。中心龙两侧的第一对龙,是两条飞行中的龙,为淡黄色,龙头向东,龙尾伸向中心龙。这一对龙的神情潇洒,大有怡然自得之态。第二对龙为中黄色,头尾均向西,形态与第一对龙大致相同,形成了基本对称的图案。第三对龙为紫色,这是两条飞舞中的龙,其形态与前者大不相同,其神情凶猛暴怒,大有倒海翻江之势。第四对龙呈黄绿色,姿态飞扬,气宇轩昂。

(四) 五台山

五台山位于山西省忻州市五台县境内。五台山是驰名中外的佛教圣地,与四川峨眉山、安徽九华山、浙江普陀山,并称为我国佛教四大名山。五台山以其建寺历史悠久和规模宏大,居于佛教四大名山之首。东汉明帝永平十一年(68 年),印度两位高僧迦什摩腾、竺法兰在中国传播佛教,当他们来到五台山,见其山形地貌与释迦牟尼佛的修行地灵鹫山几乎相同,返回洛阳后就奏请汉明帝去五台山修建寺院,明帝准奏颁旨,在五台山修建了大孚灵鹫寺,即今天显通寺的前身,成为与洛阳白马寺齐名的我国最早的佛寺之一,五台山也就成为佛教圣地。五台山的五座主峰,以五方来命名。东西南北中五座高峰的山巅都是高大的缓坡平台,所以叫五台山。五台的海拔高度多在 2700 米以上,最高的北台海拔达到 3058 米,为华北第一高峰,素有"华北屋脊"之称。

(五) 黄河壶口瀑布

壶口瀑布,位于吉县城西 45 公里、距临汾市 165 公里处的晋陕峡谷黄河河床中,为世界上最大的黄色瀑布,因其气势雄浑而享誉中外,如图 6-24 所示。此地两岸夹山,河底石岩上冲刷成一巨沟,宽达 30 米,深约 50 米。黄河本来在宽阔的河槽中奔流,突然从束窄到深槽之中,不禁倾泻而下,形成瀑布。"悬注漱旋,有若壶然",壶口之名由此而来。从平面上看瀑布全

图 6-24 壶口瀑布

景,它的确像一个巨大的壶口,翻滚倾注着滔滔黄河之水。黄河浪涛激起一团团雾,烟云随着水雾的升高,由黄变灰、由灰变蓝,景色绮丽,因此有"水底生烟"之说。此外,还有"旱地行船"之说,即上游船只到此,必须离水登陆,经人抬或车运绕过壶口方可入水续航,千百年来,概莫能变。

由于四季气候和水量的差异,壶口景色也时有所变。春回大地,黄河冰岸消融,水量适度平稳,主瀑、副瀑连成一片,主瀑云雾迷蒙,副瀑万壑千流,称为"三月桃花汛"。秋季9—11月份雨季刚过去时,阵阵秋风吹过,常有彩虹出现,叫作"壶口秋风"。农历小雪、大雪前后,上游漂流下来的大冰块,落入壶口平缓处,冰块冻结,冰桥天然合成,人履冰桥,如走坦途,人们称为"壶口叉桥"。

四、主要旅游线路

(一) 山西精华全景游

该线路的主要景点包括:太原(山西省博物院、山西省煤炭博物馆)—大同(云冈石窟)—五台山—平遥(古城、古城墙、日升昌票号、古县衙、天下第一镖局)—壶口(壶口瀑布)—祁县(乔家大院)。

(二) 佛教名山朝圣旅游路线

该线路的主要景点包括:大同云冈石窟—恒山悬空寺—五台山。

(三) 晋商民俗旅游路线

该线路的主要景点包括:太原—绵山(晋国名臣介子推抱母殉难的地方)—晋祠—乔家大院—平遥古城—王家大院。

(四) 黄河文明旅游路线

该线路的主要景点包括:偏关老牛湾—碛口(九曲黄河第一镇)—壶口瀑布—风陵渡("鸡鸣一声听三省")。

(五) 太行山水旅游路线

该线路的主要景点包括:壶关太行山大峡谷—陵川县王莽岭、锡崖沟—陵川县凤凰谷。

线路设计案例　　太原—祁县—平遥—太原一日游

06:00—06:30 早餐或早餐打包

07:00—08:30 乘车赴晋中市祁县(1.5小时左右)。

08:30—10:00 游览电影《大红灯笼高高挂》、电视剧《乔家大院》拍摄地,清代商业金融资本家乔致庸的宅院——乔家大院(专家誉该院为"北方民居建筑史上一颗璀璨的明珠")6大院落,欣赏镇馆三宝:万人球、犀牛望月镜、九龙灯。

10:00—11:00 游览结束停车场集合,乘车赴晋中市平遥县。

11:00—12:00 抵达后在旅行社指定餐厅用中餐。

12:00—14:30 游览世界文化遗产中国四大古城之一——平遥古城(参观2.5小时左右),游览始建于西周时期重要的军事防御工事——平遥古城墙,游览中国保存最好的县衙署——平遥县衙(被誉为古衙之最),游览金融银行业的鼻祖——

日升昌票号,游览金融钱庄行业的代表——协同庆钱庄博物馆(平遥规模最大的钱庄院落)是,游览中国古代"华尔街"——明清一条街,探古城民宅、古城建筑、品古城韵味、穿越历史,走近明清的那一抹繁华。

14:30—16:30 乘车返回太原(2 小时左右)。

任务八　陕西省

任务导入

广东某高校的几名英国留学生对陕西的悠久历史文化非常感兴趣,于是慕名来到陕西,打算进行为期一周的全景式旅游。请为他们设计旅游线路,并做相应的景点讲解准备。

任务分析

要完成这个任务,必须了解陕西的旅游资源概况、主要旅游景点、特色风土民情、特色旅游线路等,撰写主要景点讲解词。同时,考虑到外国留学生在汉语和中国文化等方面的认知弱于国人,在进行导游词创作时,应尽量采用通俗易懂的语言。

一、旅游概况

陕西(见图 6-25)是中国古人类和中华民族文化重要的发祥地之一,是中国历史上多个朝代政治、经济、文化的中心,也是现代中国革命的圣地。

陕西是中国旅游资源最富集的省份之一,资源品位高、存量大、种类多、文化积淀深厚,地上地下文物遗存极为丰富,被誉为"天然的历史博物馆"。人文类旅游资源有世界第八大奇迹秦始皇兵马俑,中国历史上第一个女皇帝武则天及其丈夫唐高宗李治的合葬墓乾陵,佛教名刹法门寺,中国现存规模最大、保存最完整的古代城垣西安城墙,中国最大的石质书库西安碑林等。陕西省不仅文物古迹荟萃,而且山川秀丽,景色壮观。境内有以险峻著称的西岳华山、气势恢宏的黄河壶口瀑布、古朴浑厚的黄土高原、一望无际的八百里秦川、充满传奇色彩的骊山风景区、六月积雪的秦岭主峰太白山等。

二、民俗风情

(一) 饮食文化

陕西菜又称秦菜,以关中菜、陕南菜、陕北菜为其代表。陕西菜总的特色是"三突出":一

图 6-25 陕西省旅游资源分布图

为主料突出,即以牛羊肉为主,以山珍野味为辅;二为主味突出,即一个菜肴所用的调味品虽多,但每个菜肴的主味却只有一个,其他味居从属地位;三为香味突出,即除多用香菜作配料外,还常选干辣椒、陈醋和花椒等。烹饪技法则以烧、蒸、煨、炒、氽、炝为主。

葫芦鸡、鸡米海参、枸杞炖银耳、奶汤锅子鱼、酿金钱发菜、三皮丝、水晶莲菜饼、煨鱿鱼丝、牛羊肉泡馍、岐山臊子面、榆林豆腐、定边羊羔肉、荞面饸饹、贾三灌汤包子、凤翔腊驴肉、老童家腊羊肉、秦镇米皮、粉汤羊血、饺子宴等都是陕西的美味名菜。

(二) 民间艺术

1. 信天游

信天游是陕北民歌中一种特别的体裁,最能代表陕北民歌的风韵和特色。其节奏自由明快,纯朴大方,句式结构随情随意非常特别。《山丹丹开花红艳艳》、《兰花花》是其著名曲目。

2. 秦腔

秦腔又称乱弹,流行于中国西北,其中以宝鸡的西府秦腔口音最为古老,保留了较多古老发音。秦腔所演的剧目有神话、民间故事和各种公案戏。秦腔表演朴实、粗犷、豪放、富有夸张性。

3. 长安古乐

长安古乐流传于中国陕西境内以古长安为中心的关中平原一带，是至今保留在民间的优秀古老乐种。它的演奏形式分为行乐和坐乐两大类。行乐是行走时演奏的乐曲，所用乐器较为简单，节奏规律、严整；坐乐为坐着演奏的套曲曲牌，乐器配备完整，人员众多，场面壮观。曲目丰富、风格多异、曲式结构复杂庞大，充分再现了唐代音乐的辉煌风貌。

知识衔接

陕西十大怪

在陕西这块黄土地上，由于气候、经济、文化等多方面原因的影响，陕西人（关中人）在衣、食、住、行、东等方面，形成了一些独特的生活方式。

1. 面条像腰带

有一种面条，其实应该叫作面带，名字叫作 biang biang 面。正宗的 biang biang 面，一根面条宽度可达二三寸，长度则在 1 米上下，厚度厚时与硬币差不多，薄时却如同蝉翼。一根面条足够吃一餐。

2. 锅盔像锅盖

相传在唐代修乾陵时，因服役的军人工匠人数过多，往往为吃饭而耽误施工进度，受到惩罚。于是，有士兵在焦急之中便把面团放进头盔里，把头盔放到火中去烤，而烙成饼。后被引入家庭，在锅里烙，便叫锅盔，大小也自然像锅盖了。现在算起来锅盔在陕西已有上千年的历史了。

3. 辣子是道菜

陕西"油泼辣子"却是一道正经八百的菜肴，就连西安城里家家户户门前也是挂满一串串喜人的红辣椒。这种辣子其实就是把辣椒磨成粉然后用热油浇泼在上面而成的，在陕西会常常把蒜泥也放在里面一起做成"蒜辣子"。

4. 泡馍大碗卖

"牛羊肉泡馍大碗卖"可称得上是"陕西第一泡"。关中人吃饭讲究实惠，肉是大块的肉，馍是硬邦邦的馍，碗是能盛6两到8两的大老碗。刚端上来的羊肉泡馍很烫，呼呼地直冒热气，吃时用筷子从贴碗的四周往嘴边拨，边拨边吃。

5. 碗盆难分开

陕西人（老陕）吃饭，喜欢用一种耀州产的直径二十五六厘米的白瓷青花大碗，当地人称为"老碗"。这种老碗甚至比小盆还大，所以往往碗盆难分。

6. 手帕头上戴

以前，陕西地区盛产棉花，当地人习惯把用棉花织成的手帕戴在头上，既可以防尘、防雨、防晒，又可以擦手和用来包东西，真可谓既经济又实惠方便。

7. 房子半边盖

据说因为陕西干旱少雨，所以这半边盖的房子能让珍贵的雨水全部流到自家的田地里,正所谓"肥水不流外人田"。又因为近百年来陕西农业发展缓慢,人口却迅猛增加,农村原来聚居生活的家庭,因土地面积有限,而人口众多,于是便形成了房子"半边盖"的历史。

8. 姑娘不对外

据说在过去关中地区土地肥沃,所以极少有人为生存而奔波于他乡异地,因而有"老不出关(潼关),少不下川(四川)"的谚语。久而久之,不仅男人们不外出远行,就连姑娘们也不远嫁他乡。

9. 不坐蹲起来

人们端一碗饭,蹲在凳子上,你就是搬给他们一把凳子或椅子,他们也会鞋子一脱,蹲在上面,前些年开会,领导能坐多久,群众就能蹲多久。这种蹲功在全国乃至全世界,恐怕也是空前绝后的。

10. 唱戏吼起来

唱戏,是指秦腔。其特点是高昂激越、强烈急促,尤其是花脸的演唱,更是扯开嗓子大声吼,当地人称之为"挣破头"。

(三)地方特产

陕西地方特产众多,民俗工艺品有蓝田玉、陕北剪纸、凤翔泥塑、关中皮影、麦秆画、木板年画、挑花绣、彩画泥偶、榆林柳编、仿秦俑、仿唐三彩、仿铜车马等;名酒有西凤酒、杜康酒、太白酒、秦川大曲等;水果有陕北苹果、猕猴桃、临潼石榴、商洛核桃、陕南板栗、火晶柿子、陕北红枣等。

三、主要旅游城市及景区

(一)西安

西安位于关中平原中部,北临渭河,南依终南山,周围曲流环绕,有"八水绕长安"之说。西安是中国著名的七大古都之一。在1000余年的漫长岁月中,西安作为中国十多个王朝的国都,是展示中国历史的舞台。

1. 秦始皇兵马俑博物馆

秦始皇兵马俑博物馆被誉为"世界第八大奇迹"。它以其巨大的规模,威武的场面和高超的科学、艺术水平,为研究秦代军事、文化和经济提供了丰富的实物资料。兵马俑是秦代写实艺术的完美体现,威武雄壮的军阵,再现了秦始皇当年为完成统一中国的大业而展现出的军功和军威。这批兵马俑是雕塑艺术的宝库,为中华民族灿烂的古老文化增添了光彩,也给世界艺术史补充了光辉的一页。

兵马俑一号坑规模最大(见图6-26),东端排列着全身穿着战袍的战士俑,组成方阵的后卫。坑的中间,排列着有38路战车和步兵的纵队,组成军队的主体。二号坑在一号坑北侧,坑内建筑与一号坑相同,但布阵更为复杂,兵种更为齐全,是3个坑中最为壮观的军阵。三号坑在一号坑西北,成凹字形,武士俑按夹道的环卫队形排列,象征古代的军幕,是军阵的指挥系统。铜马车展厅里的两架彩绘铜车是我国出土文物中时代最早,驾具最全,级别最高,制作最精的青铜器珍品,也是世界考古发现的最大青铜器。

图6-26　秦陵兵马俑一号坑

2. 陕西历史博物馆

陕西历史博物馆以其丰富的文物藏品成为展示陕西历史文化和中国古代文明的殿堂,被誉为"古都明珠,华夏宝库"。博物馆的基本陈列为陕西古代史陈列,它以历史进程为线索,选取各时代的典型文物进行组合陈列,来揭示陕西地区古代社会文明发展状况。

陕西历史博物馆馆藏文物37万余件,上起远古人类初始阶段使用的简单石器,下至1840年前社会生活中的各类器物,时间跨度长达100多万年。中国历史上强盛的周、秦、汉、唐等王朝曾在陕西西安附近建都,拥有丰富的文化遗存,深厚的文化积淀,文物数量多、种类全,其中有精美的商、周青铜器,千姿百态的历代陶俑以及汉、唐金银器,唐墓壁画,堪称陕西悠久历史和文化的象征。

3. 西安城墙

西安城墙是我国古代城垣建筑中保留至今最为完整的一处,也是世界上现存规模最大、最完整的古城墙,如图6-27所示。西安城墙建于明洪武年间,以6世纪时隋唐皇城墙为基础扩展形成,墙体高12米,底宽18米,顶宽15米,厚度大于高度,建筑稳重坚固。它以城墙为主体,包括护城河、吊桥、闸楼、箭楼、正楼、角楼、女儿墙垛口、城门等一系列军事设施,构成严密完整的冷兵器时代城市防御体

图6-27　西安明城墙

系。古代武器落后,城门又是唯一的出入通道,因而这里是封建统治者苦心经营的防御重点。西安城墙有东、西、南、北四座城门,分别有正楼、箭楼、闸楼三重城门。西安古城墙显示了我国古代劳动人民的聪明才智,也为我们研究明代的历史、军事和建筑等提供不可多得的实物资料。

景点讲解案例 阿房宫遗址

阿房宫是秦王朝的巨大宫殿,遗址在今西安西郊15公里的阿房村一带,为全国重点文物保护单位。"六王毕,四海一,蜀山兀,阿房出。"秦始皇在消灭六王统一全国以后,自以为德盖三皇,功高五帝。他为巩固皇权、体现皇帝的尊严以及供自己享用,在首都咸阳大兴土木,建宫筑殿,其中所建宫殿中规模最大的就是阿房宫。

阿房宫占地11平方公里,从骊山北面建起,折向西边,直到咸阳。随着地势的高低起伏,五步一楼,十步一阁,色彩斑斓,遮天蔽日,极为壮观。阿房宫集中了当时全国各地宫殿建筑的优点,规模空前,气势宏伟,它"离宫别馆,弥山跨谷,辇道相属",景色蔚为壮观。《史记》记载:先作前殿阿房,东西五百步,南北五十丈,上可以坐万人,下可以建五丈旗。周驰为阁道,自殿下直抵南山,表南山之巅以为阙,为复道,自阿房渡渭,属之咸阳。对于阿房宫的恢宏之势,《汉斗·贾山传》中也有记载:起咸阳而西至雍,离宫三百,钟鼓帷帐,不移而具;又为阿房之殿,殿高数十仞,东西五里,南北千步,从车罗骑,四马骛驰,旌旗不挠,为宫室之丽至于此。

阿房宫建于2000多年前的秦代,它充分体现了中国古代劳动人民的聪明才智和创造力量。这座宫殿是建筑在劳动人民的累累白骨之上的。阿房宫的命运和秦王朝一样,被秦末农民起义军付之一炬,变成了一片废墟。但这座宫殿记载着中华民族由分散走向统一的历史,承载着华夏文明的辉煌记忆,不会被世人遗忘。

4. 华清池

华清池亦名华清宫,位于西安城东,骊山北麓,距西安30公里,自古就是游览沐浴胜地。紧依京城的地理位置,旖旎秀美的骊山风光,自然造化的天然温泉,吸引了在陕西建都的历代皇帝。西周周幽王修建"骊宫";秦始皇于此"砌石起宇",名曰"骊山汤";北周武帝造"皇堂石井";隋文帝为美化环境而"列松柏数千株";唐太宗李世民营建"汤泉宫";唐玄宗天宝年间修建的宫殿楼阁更为豪华,并正式改名为"华清宫"。

华清池是以唐玄宗与杨贵妃的爱情故事而著称的。据记载,745—755年,每年10月,唐玄宗都要偕贵妃和亲信大臣来华清宫"避寒",直至翌年暮春才返回京师长安。其间处理朝政、商议国事、接见外使都要在这里进行,华清宫逐渐成为当时的政治中心。天宝十四年(755年),发生安史之乱,唐玄宗弃京师急携杨贵妃姐妹西逃,至此,华清宫由盛转衰。

华清池在中国现代革命史上也有重要的地位,1936年12月12日,震惊中外的"西安事变"就发生在此,华清池内至今仍完整地保留着当年蒋介石行辕旧址五间厅。

5. 大雁塔

大雁塔位于西安南郊大慈恩寺内,是全国著名的古代建筑,被视为古都西安的象征,如图6-28所示。大雁塔是慈恩寺的第一任住持方丈玄奘法师自印度归来,带回大量梵文经典和佛像舍利,为了供奉和储藏这些宝物,而亲自设计并指导施工的。玄奘带回佛经657部,先后在弘福寺、慈恩寺、玉华寺等处翻译佛经74部,共计1335卷,他在我国佛教四大译经家中译书最多,译文最精。

大雁塔是楼阁式砖塔,高64.517米,底层边长25米,塔身呈方形角锥体,青砖砌成的塔身磨砖对缝,结构严整,外部由仿木结构形成开间,大小由下而上按比例递减,塔内有螺旋木梯。每层的四面各有一个拱券门洞,可以凭栏远眺。整个建筑气魄宏大,格调庄严古朴,造型简洁稳重,比例协调适度,是唐代建筑艺术的杰作。

图 6-28　夕阳下的大雁塔

6. 西安碑林博物馆

西安市南城墙魁星楼下的碑林,因碑石丛立如林而得名。这是收藏我国古代碑石时间最早、名碑最多的艺术宝库。它始建于北宋哲宗元祐二年(1087 年),后经历代收集,规模逐渐扩大,清始称"碑林"。几经易名,1992 年正式定名为西安碑林博物馆。该馆是在西安孔庙旧址上扩建而成的一座以收藏、研究和陈列历代碑石、墓志及石刻造像为主的艺术博物馆。西安碑林以其独有的特色成为中华民族历史文物宝库中的一个重要组成部分。

（二）西岳华山

华山位于陕西渭南华阴市,在西安市以东120 公里处,南接秦岭,北瞰黄渭,自古以来就有"奇险天下第一山"的说法,如图 6-29 所示。华山五峰中又以东峰（朝阳）、西峰（莲花）、南峰（落雁）三峰较高。东峰是凌晨观日出的佳处,西峰的东西两侧状如莲花,是华山最秀奇的山峰,南峰落雁是华山最高峰。三峰以下还有中峰（玉女）和北峰（云台）两峰。

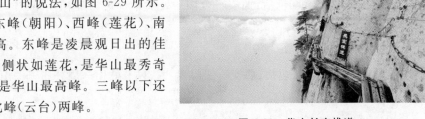

图 6-29　华山长空栈道

玉泉院位于华山脚下,相传是五代时陈抟老祖所建。玉泉院背依大山,四周古木参天,院内有一泉,泉水甘甜清冽,故名玉泉。从玉泉院出发到北峰的登山通道汇集了众多惊险瑰丽的景观,称为华山三险。在青柯坪东有一巨石,名叫"回心石",前面是华山头道险境——千尺幢,以前体弱者到此石,向导就劝其回头下山,故名。千尺幢有石梯 370 余阶,盘旋于悬崖峭壁之上,游人需手握铁索,手足并用,沿陡峭的山路攀登,千尺悬崖令人望而生畏。出千尺幢不远是百尺峡,这里是登山的第二道险关。两壁高耸,中间夹有一块从天而降的巨石,上刻"惊心石"三个大字,游人要从石下小路穿过,确实惊心动魄。再往前走,就到了第三道险关——老君犁沟,这是夹在陡峭石壁之间的一条沟状险道,深不可测,有石阶 570 有余。传说太上老君见此处无路可通,就牵来青牛一夜间犁成这条山沟。

（三）延安

延安市位于陕西省北部，地处黄河中游，是国务院首批公布的历史文化名城，全国优秀旅游城市和爱国主义、革命传统、延安精神三大教育基地。

1. 宝塔山

宝塔山位于市区中心，是革命圣地延安的标志和象征。宝塔山融历史文物和革命遗址为一脉，集人文景观和自然景观为一体。登临其上，圣地景色尽收眼底，高原风光一览无余，使得无数游人无不赞叹："只有登上了宝塔山，才算是真正到了延安。"

2. 延安革命纪念馆

延安革命纪念馆成立于1950年7月1日，位于延安城西北延河之滨，是一座陈列展出革命文物，反映中国共产党在延安领导中国革命斗争历史的纪念馆，也是新中国成立后成立最早的革命纪念馆。其建筑面积近3万平方米，陈列展出面积1.43万平方米，广场面积3.8万平方米，广场正中的毛泽东铜像总高16米，其中基座高7米，由著名雕塑家程允贤设计。

四、主要旅游线路

（一）寻根之旅

该线路的主要景点包括：临潼—骊山—秦兵马俑—西安—黄陵县—黄帝陵。

（二）盛唐之旅

该线路的主要景点包括：西安—临潼（华清池）—西安—大唐芙蓉园—大雁塔—小雁塔—大明宫国家遗址公园—昭陵—乾陵—法门寺—西安。

（三）黄河风情游

该线路的主要景点包括：西安—合阳—处女泉—司马迁祠—韩城—党家村—宜川—壶口瀑布—延川—乾坤湾。

（四）佛教文化游

该线路的主要景点包括：西安—法门寺—扶风—岐山—周公庙—关山牧场。

（五）"激情岁月"红色游

该线路的主要景点包括：西安（八路军办事处）—黄陵—延安—南泥湾。

线路设计案例　　西安三日游

第一天：早上酒店接团赴临潼，参观世界第八大奇迹——秦始皇兵马俑博物馆1、2、3号俑坑及铜车马展厅。中餐后参观我国现存唯一一处皇家御用汤池——华清池，近代史上的"西安事变"旧址五间厅。返回西安。

第二天：早餐后，赴素有"奇险天下第一山"的五岳之一——华山，乘索道（北峰索道）到北峰。返回西安。

第三天：早餐后畅游西安名胜古迹，市内参观世界上至今保存最完整的古代大型军事防御建筑工程——明城墙;参观大雁塔北广场观赏亚洲地区最大的音乐喷泉水景广场;游览钟鼓楼广场、回民风情小吃街。结束愉快的西安之旅。

本项目包括华北旅游区概况、北京市、天津市、河北省、河南省、山东省、山西省、陕西省等8项任务。通过对任务中华北旅游区概况、各省市旅游概况、民俗风情、主要旅游城市、旅游景点、精品旅游线路的学习,一方面使学生熟悉华北旅游区主要的旅游景点和旅游线路;另一方面提升学生景点导游词撰写和线路设计的能力,也激发他们强烈的爱国情感。

1. 选择本旅游区中具有代表性的一个景点,撰写导游词,并进行脱稿讲解。
2. 以小组为单位,设计一条华北旅游区的旅游线路(可以是一个省、市,也可以是整个旅游区),要突出本区、省、市的旅游特色。

项目七
华东旅游区

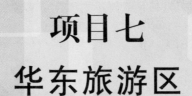

项目目标

职业知识目标:
1. 掌握华东旅游区的地理环境特点、旅游资源特征。
2. 熟悉华东旅游区主要的旅游城市与旅游景区的特色。
3. 熟悉华东旅游区主要的旅游线路。

职业能力目标:
1. 能分析华东旅游区地理环境与旅游资源的关系。
2. 能依据华东旅游区旅游资源的特点,设计有特色的华东旅游区旅游线路。
3. 能撰写华东旅游区特色旅游景区的讲解词。

职业素质目标:
1. 通过旅游线路的设计,培养学生学习的主动性,提高学生解决问题的能力。
2. 通过景点的讲解,培养学生良好的语言表达能力。

项目核心

华东旅游区旅游资源特征;华东旅游区主要的旅游城市;华东旅游区主要的旅游景区及特色;华东旅游区主要的旅游线路

任务一　华东旅游区的概况

任务导入

重庆市某高校的5位同学,将于8月份至华东旅游区,开展为期一周的旅游,委托重庆国际旅行社承担组团工作。请为他们设计旅游线路并做好景点讲解工作。

任务分析

在这个任务中,我们首先必须了解华东旅游区的地理环境和旅游资源特点,熟悉主要的旅游景区、已有旅游路线。其次,从年龄、性别、旅游偏好等方面,分析该团队的特点。根据团队特点设计旅游线路,撰写导游词。

华东旅游区地处长江下游,包括上海、江苏、浙江、安徽等3省1市。本区地理位置优越、气候宜人,经济发达,交通便利,物产丰富。华东旅游区旅游资源丰富,是我国旅游业发达地区之一。本区有名山、名湖等山水风光,有古典园林、宗教文化、现代都城建筑等人文资源。

一、自然地理环境

(一)气候温热湿润

华东地区大多处于我国东南沿海,属于典型的亚热带湿润季风气候。四季分明,降水丰沛,季节分配均匀,夏季高温多雨,冬季温和湿润。7月平均温度为25 ℃左右,1月平均温度在0 ℃以上。春季、秋季是旅游活动的最佳季节,区域内有丰富的气象气候旅游资源与避暑胜地,名山、海滨等均是理想的旅游地。

(二)河网密布,湖泊众多

本区河网密布,湖泊众多,主要有长江及其支流、淮河、钱塘江等,其中,上海市、江苏省、安徽省境内有长江流过,浙江省境内有钱塘江,孕育有丰富的水体旅游资源。本区湖泊资源丰富,中国五大淡水湖中有三个位于华东地区,分别是江苏省的太湖和洪泽湖以及安徽省的巢湖。此外,还有杭州西湖、扬州瘦西湖、嘉兴南湖等,均是著名的旅游地。

(三)平原丘陵相间分布,以平原为主

本区地貌类型复杂多样,平原、丘陵、低山相间排列,以平原为主,海拔一般在5～100

米,大部分在50米以下。地貌构成有黄淮平原、皖中丘陵、江南丘陵、长江三角洲等,平原多为带状,较为狭长,山峰主要有黄山、九华山、雁荡山等,均是旅游名山。

二、人文地理环境

(一) 经济发达,物产丰富

华东旅游区是中国经济发展最快的地区之一,上海是全国最大的商业中心。本区形成了以上海为中心的长江三角洲地区,其中杭州、宁波、南京、苏州等,均在全国城市占有重要的地位。本区开发历史早,经济发达,物产丰富,盛产水稻、小麦、油菜、茶叶等,素有"鱼米之乡"之称。独具特色的地方特产如浙江的西湖龙井、丝绸、金华火腿、嘉兴粽子、东阳木雕、江苏的苏绣、安徽的祁门红茶、上海的松江鲈鱼等。

(二) 区位良好,交通便利

本区位于长江沿岸,地理位置优越,交通发达。水、陆、空等交通设施完善,旅游交通网络四通八达。水路既有内河航运,也有海运。内河航运有长江航运、黄浦江、苏州河等,海运以上海为中心,有连云港、宁波、温州等港口。铁路网发达,有京广、京沪、沪杭线等。公路网密度大,国道、省道相互连接。航空运输发达,与国内重要城市与国外等均有航班互通,均为区域旅游业的发展提供重要的保障。

(三) 吴越文化特色鲜明

吴越文化又称江浙文化,是汉文明的重要组成部分,也是江浙的地域文化。本区是吴越文化的主要分布地,分布在今天江苏南部、安徽南部、浙江省、上海市等。在吴越文化影响下,区域人们既崇尚武术,也重视书生气质,同时形成丰富的吴越文化旅游资源。

三、旅游资源特点

(一) 山水旅游资源丰富

本区旅游名山众多,有黄山、九华山、雁荡山、普陀山等。山体自然风光优美,且宗教文化景观丰富。黄山四绝、雁荡山三绝等自然景色旅游吸引力大,安徽九华山与浙江普陀山均是我国著名的佛教名山,佛教建筑景观多。河湖旅游资源丰富,有长江、富春江、杭州西湖、绍兴东湖、嘉兴南湖、宁波东钱湖、太湖、洪泽湖、扬州瘦西湖、安徽巢湖等。

(二) 古典私家园林特色突出

本区古典园林众多,特色鲜明,素有"江南园林甲天下,苏州园林甲江南"的说法。这里有我国四大名园中的留园、拙政园,有苏州四大名园沧浪亭、狮子林、拙政园和留园,有上海豫园、绍兴沈园、网师园、怡园等。众多园林中,以苏州园林为代表,1997年苏州古典园林作为中国园林的代表被列入《世界遗产名录》,被誉为"咫尺之内再造乾坤",是中华园林文化的典型。

(三) 旅游城市众多

本区自然环境优越,开发历史早,经济发达,孕育有众多的旅游城市。其中,上海是中国最大的经济中心、贸易港口与重要的购物中心;无锡是著名的风景旅游城市;常州是著名的文化旅游名城;扬州、镇江等是国家历史文化名城。浙江城市旅游资源丰富,区域地位突出,有中国文化旅游名城杭州,中国文化旅游名镇乌镇,名人辈出的绍兴。

任务二　上海市

任务导入

中国青年旅行社组织了由30位游客组成的旅行团游览上海。请为他们设计旅游线路,并准备主要景点讲解工作。

任务分析

在这个任务中,需要注意把握旅游线路设计的原则,并熟悉上海的旅游资源、旅游特色和旅游线路等,掌握导游词的写作方法与技巧。

一、旅游概况

上海,简称沪,有"东方巴黎"的美称。上海(见图7-1)地处长江入海口,东向东海,隔海与日本九州岛相望,南濒杭州湾,西与江苏、浙江两省相接。上海是我国四个直辖市之一,我国国家中心城市,我国的经济、金融中心,繁荣的国际大都市,拥有我国内地首个自贸区——中国(上海)自由贸易试验区。

上海是我国著名的历史文化名城,是我国主要的旅游城市之一,拥有深厚的近现代历史文化底蕴和众多历史古迹。上海有自然风光、历史建筑、现代建筑、商业购物等丰富的旅游资源,代表性的旅游景点有中共一大会址、中共二大会址、孙中山故居、鲁迅纪念馆、外滩、东方明珠电视塔、金茂大厦、迪士尼乐园等。

二、民俗风情

(一) 饮食文化

上海菜又称本帮菜。在烹调方法上,擅长红烧、生煸、滑炒、蒸,品味适中。菜肴品种众多,四季有别:春季有生煸草头、生煸枸杞头、生煸豆苗、刀鱼、回鱼等;夏季有清炒鳝糊、清蒸鲥鱼、水晶虾仁等;秋冬季节名菜更多,如菊花蟹斗、炒蟹粉、炒蟹黄油、蟹粉狮子头、冰糖甲鱼、油酱毛蟹、虾子大乌参、冬笋腌鲜、砂锅大鱼头、清鱼下巴划水,等等。

图 7-1 上海旅游资源分布图

（二）民间艺术

上海民间艺术中民俗类的有顾绣、竹刻、海派面塑、黄杨木雕、海派剪纸、何氏彩灯、金山农民画、石雕、海派绒绣、棕编、紫檀雕刻等。舞台表演类有沪剧等。

沪剧兴起于上海，主要流行于上海、苏南及浙江杭、嘉、湖地区。2006年5月20日，经国务院批准列入第一批国家级非物质文化遗产名录。沪剧最初称为花鼓戏，是流行于上海和江浙一带农村的田头山歌，其曲调主要有板腔体和曲牌体两类，伴奏乐器以竹筒二胡为主。

（三）地方特产

上海也是购物的天堂，聚集着大量的大型商场、购物中心、购物广场等。上海有中华商业第一街的南京路、闻名全国的商业大街淮海路、规模巨大的正大广场和徐家汇的港汇恒隆广场、中信泰富广场等，代表性的旅游商品有珠宝首饰、品牌服装、梨膏糖、真丝制品、张小泉刀剪等。

三、主要旅游景区

（一）东方明珠

东方明珠广播电视塔（简称"东方明珠"）位于上海浦东陆家嘴，与外滩隔江相望，是上海的标志性建筑，是我国首批5A级旅游景区。东方明珠广播电视塔1991年开始动工建设，

1994年竣工。该塔高468米,是亚洲第四,世界第六高塔。

东方明珠广播电视塔由11个大小不一的球体串联一体,整个塔体建筑由立柱、塔座、下球体、上球体、太空舱等组成。主要的旅游景观有观光层、陈列馆、旋转餐厅等,在塔高90米处有室外观光长廊,259米处有宽度为2.1米的悬空观光长廊,263米处是电视塔的主要观光层。陈列馆中主要有城厢风貌、开埠掠影、十里洋场、建筑博览、车马春秋等6个展馆,主要的展品有历史文物、微缩建筑、蜡像等。

图7-2　东方明珠广播电视塔

(二) 外滩

外滩位于上海市中心黄浦区的黄浦江畔,又名中山东一路,北起外白渡桥,南至金陵东路,全长约1500米,东临黄浦江,西面是由哥特式、罗马式、巴洛克式、中西合璧式等52幢风格迥异的古典复兴大楼,被誉为"万国建筑博览群"。外滩附近旅游资源丰富,特色景点众多,主要的景点有黄浦公园、大型花岗石浮雕、外白渡桥、十六铺、城市雕塑群、瀑布钟、情人墙、观光隧道、时尚风云等。

黄埔公园建于1886年,是上海最早的欧式花园,有上海人民英雄纪念塔,塔底有外滩历史纪念馆。花岗石浮雕全长120米,高3.8米,用7组和97个典型人物表现先烈们的斗争业绩。外滩城市雕塑群由"浦江之光"、"帆"、"风"三座不锈钢雕塑组成。

(三) 外白渡桥

外白渡桥位于中国上海市区苏州河汇入黄浦江口的附近,是中国第一座全钢结构铆接的桥梁。外白渡桥已经有百年历史,是上海的标志性建筑之一,是上海历史文化的见证。整座桥全长106.7米,宽52.16米,是上海市区连接黄浦区和虹口区的重要通道。站在桥上,可欣赏苏州河两岸的魅力风景,也可欣赏到外滩的风景,眺望黄浦江对岸的东方明珠、滨江大道、金茂大厦、环球金融中心等。

景点讲解案例　　金茂大厦

金茂大厦位于陆家嘴金融贸易区内,是集现代化办公楼、五星级酒店、会展中心、娱乐、商场等设施于一体的建筑。整个大厦楼高420.5米,地下有3层,地上88层。不同楼层,景色与功能均不同。3~50层为可办公的无柱空间,第51~52层为机电设备层,第53~87层为世界上最高的超五星级金茂凯悦大酒店,最特别的是酒店中庭,几十道环廊在霓虹灯的照射下辉煌迷人,站在88层观光厅往中庭望下去,就像一道时空隧道。其中,第56层至塔顶的核心内是一个中西餐厅,第86层为企业家俱乐部,第87层为空中餐厅;第88层为国内第二高的观光层(仅次于环球金融中心),可容纳1000多名游客。第88层外有一条玻璃步道,距离地面340.6

米,全长60米、宽1.2米,是世界最高的无护栏空中步道,此处可以360度欣赏上海的全景,尽享浦江两岸风光。

(四) 豫园

图7-3 上海豫园

豫园坐落于上海黄浦区,紧邻老城隍庙、豫园商城。豫园主人潘允端,曾任四川布政使。潘允端为了让父亲安享晚年,从1559年起,在潘家的菜田上,聚石凿池,构亭艺竹,建造园林。经过20余年的苦心经营,建成了豫园。"豫"有平安、安泰之意,取名"豫园",有"豫悦老亲"的意思。豫园是有400多年历史的古典园林,充分体现了中国古典园林的建筑与设计风格。1961年开始对公众开放,1982年被国务院列为全国重点文物保护单位,如图7-3所示。

全园主要可分为西部、东部、中部、内园等四大景区,其内收藏有上百件历代匾额、碑刻等。豫园内有三穗堂、大假山、铁狮子得月楼、玉玲珑、积玉水廊、听涛阁、古戏台等亭台楼阁以及假山、池塘等40余处古代建筑,是江南古典园林中的一颗明珠。其中,点春堂曾为1853年上海小刀会起义的指挥部;玉华堂景区内的"玉玲珑"假山石是与苏州留园的"瑞云峰"、杭州花圃的"皱云峰"齐名的江南园林三大奇石之一。

景点讲解案例　　城隍庙

城隍庙位于上海市浦东区豫园旅游景区,是重要的道教宫观,距今已有约600年的历史,主要建筑景观有牌坊、大殿、元辰殿、财神殿、慈航殿、城隍殿、娘娘殿、父母殿、后殿等。大殿正门上悬挂"城隍庙"的匾额,祭祀的神灵是金山神汉大将军博陆侯霍光,左、右两侧分别为文武判官。正殿中,慈航殿内供奉慈航真人,两侧分别是眼光娘娘和妈祖。城隍殿是城隍庙内最后一进殿,殿中央供奉城隍神红脸木雕像,正襟危坐,两侧悬挂"祸福分明此地难通线索,善恶立判须知天道无私"的对联,上悬匾额"威灵显赫"。娘娘殿位于城隍殿德西面,殿内供奉城隍神夫人储氏。父母殿位于城隍殿的东面,殿内供奉城隍神父母。

(五) 中共一大会址

中共一大会址是中国共产党的诞生地,大会于1921年7月23日至7月30日在楼下客厅举行,1952年后成为纪念馆,1959年5月26日公布为上海市文物保护单位,1961年被列为第一批全国重点文物保护单位。中共一大会址的建筑景观是两幢两层砖木结构的建筑,是上海典型的石库门式的建筑,外墙为青红砖,镶嵌白色粉线,门上有矾红色雕花。一栋是一大代表李汉俊的家宅,另一栋是一大代表在上海的住所。民国十一年(1922年),李家迁走。1951年,原李家家宅开辟为中共一大会址纪念馆,设有入党宣誓、专题录像播放、党的创建史现场讲解、学术报告等展厅,展示革命文物、文献和历史照片148件,其中国家一级文物24件。

(六)迪士尼乐园

上海迪士尼乐园,是中国第二个、世界第六个迪士尼主题公园。2016年6月14日正式开园。整个园区由米奇大街、奇想花园、探险岛、宝藏湾、明日世界、梦幻世界等6个部分组成。

米奇大街主要可分为欢乐广场、花园广场、市集区、剧院区等4个街区,主要景点有大钟塔、M大街购物廊、小米大厨烘焙坊、甜心糖果等景点。奇想花园主要包括7座风格各异的花园,有故事家雕塑、米奇童话专列、十二朋友园等。梦幻世界是迪士尼乐园中最大的主题园区,有7个小矮人矿山车、旋转蜂蜜罐、爱丽丝梦游仙境迷宫、小飞侠天空奇遇、冰雪奇缘等。探险岛充满了古老神秘的色彩,有"人猿泰山:丛林的呼唤"、古迹探索营、部落丰盛堂等景点。宝藏湾是全球迪士尼乐园中第一个以海岛为主体的园区。

四、主要旅游线路

(一)现代都市建筑旅游线

行程安排:该线路主要在上海市中心,代表性景点有外滩、东方明珠广播电视塔、上海美术馆、城市规划馆、人民广场等。

线路特色:该旅游线路主要展示黄埔区内的都市建筑景观。

(二)历史文化旅游线

行程安排:该线路主要在上海特色街区,主要景点有多伦路文化街、福州路文化街、南京路步行街、外滩城市雕塑群等。

线路特色:该线路体现上海近现代历史为特点。

(三)购物旅游线

行程安排:该线路主要集中在上海的购物街,主要有城隍庙、徐家汇商圈、南京路、淮海路、香港广场等。

线路特色:以购物为主要特色。

线路设计案例 　　上海迪士尼乐园二日游

第一天:乘坐度假区短驳车到达迪士尼乐园。游玩的项目主要有飞越地平线、加勒比海盗——沉落宝藏之战、巴波萨烧烤、米奇童话专列、创极速光轮、7个小矮人矿山车、幻想曲旋转木马、米奇好伙伴美味集市、米奇大街等。

第二天:整个游览以购物为主。主要的景点有迪士尼小镇、迪士尼世界商店、乐高玩具旗舰店、蓝蛙西餐厅等。游客可在迪士尼小镇品尝美食,购买服装、玩具、文具、礼品和收藏品等旅游纪念品。

任务三　江苏省

任务导入

选择江苏省旅游资源中一个代表性的旅游景点，撰写导游词并进行简单的导游讲解。

任务分析

在这个任务中，需要掌握江苏省代表性的旅游景点以及景点的概况、特色和主要的旅游景观等。

一、旅游概况

江苏简称苏，省会南京，主要城市有扬州、苏州、镇江、无锡、徐州、连云港等，有"水乡泽国"和"鱼米之乡"之称。江苏位于长江下游，靠近黄海，毗邻山东、安徽、浙江、上海等地。江苏地形以平原为主，平原面积占江苏面积的70%以上，是我国地势最低平的省份，境内河湖众多，有长江、京杭大运河、太湖、洪泽湖等。

江苏旅游资源丰富，是我国重点文物保护单位较多的省份。抗日战争遗址、革命遗址有徐州淮海战役烈士纪念塔、盐城新四军纪念馆、南京渡江胜利纪念馆等。风景名胜丰富，有太湖、瘦西湖、云台山、钟山、留园、拙政园等，如图7-4所示。

二、民俗风情

（一）饮食文化

江苏菜，简称苏菜，是中国传统八大菜系之一，主要由金陵菜、淮扬菜、苏锡菜、徐海菜等地方菜组成。苏菜风格清新雅丽，擅长炖、焖、蒸、炒，重视调汤；用料广泛，以江河湖海水鲜为主；刀工精细，刀法多样。苏菜代表性的菜品有烤方、清炖蟹粉狮子头、金陵丸子、黄泥煨鸡、清炖鸡孚、盐水鸭（金陵板鸭）、三套鸭、无锡肉骨头等。

（二）民间艺术

苏州民间艺术主要有苏绣、云锦、惠山泥人、宜兴青瓷、紫砂陶器、无锡泥塑、扬州瓷器、苏州檀香扇等，曲艺类有昆曲等。

1. 苏绣

苏绣是汉族优秀的民族传统工艺之一，是苏州地区刺绣产品的总称。清代是苏绣的全

图 7-4 江苏省旅游资源分布图

盛时期,真可谓流派繁衍,名手竞秀。苏绣具有图案秀丽、构思巧妙、绣工细致、针法活泼、色彩清雅的独特风格,地方特色浓郁。2006 年 5 月 20 日,苏绣经国务院批准列入第一批国家级非物质文化遗产名录。

2. 昆曲

昆曲是中国最古老的戏曲剧种,被誉为"百戏之本",2001 年被联合国教科文组织列为"人类口述和非物质遗产代表作"。代表性的剧目有:王世贞的《鸣凤记》、汤显祖的《牡丹亭》、孔尚任的《桃花扇》、洪升的《长生殿》。另外,还有一些著名的折子戏,如《游园惊梦》、《阳关》等。

(三) 地方特产

江苏地方特产种类繁多,产品丰富,代表性的特产有工艺品、茶叶、酒品、食品等。地方特产主要有洋河大曲酒、双沟大曲酒、碧螺春、雨花茶、苏州刺绣、南京云锦、无锡惠山泥人、淮阴剪纸年画、扬州漆器和玉器、南通风筝、宜兴紫砂陶器、常州梳篦、苏州和扬州的盆景等。

三、主要旅游城市及景区

(一) 南京

南京是江苏省的省会,地处中国东部地区,长江下游,濒江近海。这里是中国四大古都之一，有"六朝古都"之称，是中华文明的重要发祥地。南京旅游资源丰富，旅游业发达，既有世界文化遗产景区，又有国家5A级景区和全国重点文物保护单位等。

1. 中山陵

图 7-5　中山陵

中山陵位于钟山风景名胜区，被誉为"中国近代建筑史上的第一陵"，如图7-5所示。主要建筑有：牌坊、墓道、陵门、石阶、碑亭、祭堂和墓室等，排列在一条中轴线上。墓地全局呈"警钟"形图案。陵墓入口处有高大的花岗石牌坊，上有中山先生手书的"博爱"两个金字。祭堂为中山陵主体建筑，祭堂中央供奉中山先生的坐像。祭堂南面三座拱门为镂花紫铜双扉，门额上分别刻有：民主、民权、民生。中门上嵌有孙中山先生手书"天地正气"直额。

2. 明孝陵

明代开国皇帝朱元璋和皇后马氏的合葬陵墓，因皇后谥"孝慈"，故名孝陵。孝陵是南京最大的帝王陵墓，其周边有常遇春墓、仇成墓、吴良墓、吴桢墓及李文忠墓等5座功臣墓。明孝陵的"前朝后寝"和前后三进院落的陵寝制，突出反映了皇权和政治。其陵寝是"依山为陵"的制度，又通过改方坟为圜丘，开创了陵寝建筑"前方后圆"的基本格局。明孝陵的帝陵建设规制，一直规范着明清两代500余年20多座帝陵的建筑格局。

3. 钟山

钟山位于南京东郊，因山顶常有紫云萦绕，又称紫金山。钟山自古被誉为江南四大名山，是南京名胜古迹荟萃之地。2007年被评为国家5A级旅游景区。钟山整个山势呈弧形，弧口朝南，共有3座山峰。钟山既是佛教圣地，也是道教名山，山中名胜古迹众多，代表性的有头陀岭、桃花坞、灵谷寺、孙陵岗、明孝陵、中山陵等景点。

（二）苏州

苏州被誉为"人间天堂"，素以山水秀丽、园林典雅而闻名天下，有"江南园林甲天下，苏州园林甲江南"的美称，其中，沧浪亭、狮子林、拙政园、留园等被誉为苏州四大名园。又因其小桥流水人家的水乡古城特色，而有"东方威尼斯"美誉。

1. 拙政园

拙政园位于古城苏州东北隅，是苏州最大、最著名的园林，被誉为"中国园林之母"。它与北京颐和园、承德避暑山庄、苏州留园并称为"中国四大名园"，并被列入世界文化遗产名录。全园以水为中心，分东园、中园、西园三部分：东园山池相间，点缀有兰雪堂等建筑；西园水面迂回，布局紧凑，依山傍水建以亭阁，其中主体建筑鸳鸯厅是当时园主人宴请宾客和听曲的场所，厅内陈设考究；中园是拙政园的精华部分，其总体布局以水池为中心，亭台楼榭皆临水而建，有的亭榭则直出水中，具有江南水乡的特色。

2. 留园

留园是中国四大名园之一,最早建于明朝,当时是私家园林,称"东园"。清乾隆末年被刘恕所得,扩建后改名"寒碧山庄",时称"刘园"。清光绪初年,官绅盛康买下此园,改名为"留园"。留园分西区、中区、东区3部分：西区以山景为主,中区山水兼长,东区是建筑区。中区的东南地带开凿水池,西北地带堆筑假山,是典型的南厅北水、隔水相望的江南宅院的模式。东区的游廊与留园西侧的爬山廊成为贯穿全园的外围廊道。

景点讲解案例　寒山寺

寒山寺,位于江苏省苏州市,建于南朝萧梁代天监年间,已有1400多年的历史,原名"妙利普明塔院"。唐代贞观年间,传说名僧寒山和拾得到此住持,改名寒山寺。寒山寺曾多次被毁,最后一次重建是在清代光绪年间。因唐代诗人张继的名诗《枫桥夜泊》中"姑苏城外寒山寺,夜半钟声到客船"一句而闻名天下。

寒山寺殿宇大多为清代建筑,单檐歇山顶,主要的建筑景观有大雄宝殿、藏经楼、钟楼、碑廊、枫江楼、霜钟阁等。大雄宝殿内供奉的是释迦牟尼佛金身佛像,两侧为十八尊罗汉像,两侧壁内镶嵌的是36首寒山的诗碑。藏经楼屋顶有《西游记》中孙悟空、唐僧、猪八戒、沙悟净的雕塑像。钟楼有两层,"夜半钟声"来源于此。寒山寺每年12月31日都会举行跨年敲钟仪式,钟敲108下。

3. 周庄

周庄,位于苏州昆山市,是江南六大古镇之一,有"中国第一水乡"之誉。古镇周庄,春秋时期称"摇城",隋唐时称贞丰里。宋元祐元年(1086年)改名为周庄。周庄是全球十大最美小镇、全球绿色城镇、首批国家5A级旅游景区。周庄镇为泽国,四面环水,因河成镇,依水成街,以街为市。井字形河道上完好保存着14座建于元、明、清各代的古石桥。800多户原住民枕河而居,60%以上的民居依旧保存着明清时期的建筑风貌。吴侬软语,阿婆茶香,橹声欸乃,昆曲悠远,"小桥流水人家"如入画卷。景点有沈万三故居、富安桥、双桥、沈厅、怪楼、周庄八景等。

4. 同里

同里位于江苏苏州市吴江区东北,距苏州20公里,是一个具有悠久历史和典型水乡风格的古镇,也是江南六大名镇之一。同里建于宋代,至今已有1000多年历史,这里风景优美,镇外四面环水,镇内由15条河流纵横分割为7个小岛,由49座桥连接。镇内家家临水,户户通舟；明清民居,鳞次栉比；宋元明清桥保存完好。它以小桥流水人家的格局赢得"东方小威尼斯"的美誉,如图7-6所示。

同里现存著名的有退思园、耕乐堂、环翠山庄、三谢堂、侍御第、卧云庵、城隍庙、尚义堂、嘉荫堂、崇本堂等园林和古建筑。退思园是古镇同里最有名的私家园林,是江南古镇唯一的世界文化遗产。它建于清光绪年间,因亭台楼阁及山石均紧贴水面,如出水上,所以又有贴水园之称,在建筑史上堪称一绝。

(三) 扬州

扬州，地处江苏省中部，长江下游北岸，江淮平原南端，自古就有"苏北门户"之称。扬州是中国历史文化名城，已有 2500 多年历史，始于春秋时期，当时称之为广陵。素来是人文荟萃之地，风物繁华之城，有众多的名胜古迹和古典园林。

1. 瘦西湖

瘦西湖位于扬州市西部，湖身狭长，因而称瘦西湖，如图 7-7 所示。瘦西湖的旅游景点较多，主要有小金山、五亭桥、二十四桥、新二十四桥等。五亭桥的风亭就像五朵冉冉出水的莲花。亭上有宝顶，亭内绘有天花，亭外挂着风铃。

图 7-6　同里古镇

图 7-7　瘦西湖

2. 个园

个园位于扬州古城东北隅，是一处典型的私家住宅园林。全园分为中部花园、南部住宅、北部品种竹观赏区。从住宅进入园林，首先看到的是月洞形园门，门上石额书写"个园"二字，园门后是春景，夏景位于园之西北，秋景在园林东北方向，冬景则在春景东边。个园主要景点有抱山楼、清漪亭、丛书楼、住秋阁、宜雨轩、觅句廊等。

景点讲解案例　何　园

何园，又名"寄啸山庄"，位于江苏扬州城内。于光绪九年（1883 年）建造的私家园林，有"晚清第一园"的美誉。全园由东西花园、住宅楼群、片石山房三部分组成。花园部分，由 400 余道复曲廊环绕楼阁、假山，复以二层串楼和回廊连成一片，主要建筑有船厅、水心亭等。花园的东部以厅堂为中心构成一组院落，其中船厅最为精致，厅似船形，四周用鹅卵石、瓦片铺地；花园的西部中间水池中建有水心亭，是园内主人观看戏剧表演的地方。住宅部分主要由煦春堂和两座七开间的西洋楼组成。片石山房原名双槐园，山势东起贴墙蜿蜒至西北角，突兀为主峰，下藏石室两间，即所谓"片石山房"。假山之上有葫芦亭，假山丘壑中有"人工造月"景观，西廊壁上有一块硕大的镜面。

(四) 云台山

云台山位于江苏省连云港市东北 30 多公里处，是江苏北部著名的旅游名胜地。此山原系海中的岛屿,沧海桑田,后演化成陆地。云台山古称"郁州山",唐宋时称苍梧山。唐李白诗曰:"明日不归沉碧海,白云愁色满苍梧。"宋苏轼诗曰:"郁郁苍梧海上山,蓬莱方丈有无间。"写的都是云台山。云台山原来只是黄海中的一列岛屿,18世纪方与大陆相连,遂形成峻峰深涧,奇岩坦坡,山光水色,独具神姿,被誉为"海内四大名灵"之一。明嘉靖年间道教兴盛,道士云集达两万之众,云台山又被誉为"七十一福地"。

云台山分为前、中、后三部分景区,山多而峰奇,石坚而洞幽,谷秀而果香。云台山风景以山水岩洞为特色,包括海滨、宿城、孔望山、花果山四景区。孔望山位于江苏连云港市海州古城城东。孔望山因为孔子登山望海,而成为中国文化史册上的千年奇山。

四、主要旅游线路

(一)东南水乡古镇、园林游

行程安排:该旅游线主要包括苏州—无锡—常州。主要景点包括拙政园、留园、沧浪亭、狮子林、同里古镇、周庄、太湖等。

线路特色:此线路以游览园林、古镇、湖泊等为特色。

(二)东部生态游

行程安排:该旅游线主要包括南通—盐城—连云港。主要景点有南通博物苑、大丰麋鹿自然保护区、丹顶鹤自然保护区、云台山等。

线路特色:此线路以生态游览为特色。

(三)古都文化游

行程安排:该旅游线路主要分布在南京。主要景点有明祖陵、中山陵、南京长江大桥、夫子庙、侵华日军南京大屠杀遇难同胞纪念馆、玄武湖等。

线路特色:此线路以游览古都文化为特色。

线路设计案例 拙政园、姑苏水上游、寒山寺、虎丘山等苏州一日游

行程安排:

早上8点从酒店出发。

行程一:游览我国四大名园中的拙政园,游览时间为2个小时。

行程二:沿护城河开展水上游,游览时间为1个小时。

午餐。

行程三:游览寒山寺,游览时间为1个小时。

行程四:游览虎丘,游览时间为1.5个小时。

游览百年老街山塘街,返程。

任务四 浙江省

任务导入

设计一条浙江省的综合旅游线路,线路中包含浙江代表性的旅游景点,且兼顾旅游资源的互补性。

任务分析

在这个任务中,需要掌握旅游线路设计的原则,浙江省代表性的旅游景点以及景点的概况、特色和主要的旅游景观等。

一、旅游概况

浙江省简称浙,省会杭州。东临东海,南接福建,西与安徽、江西相连,北与上海、江苏接壤,如图7-8所示。浙江省主要城市有嘉兴、绍兴、宁波、金华、温州等。浙江省开发历史早,在5万年前就有旧石器时代的人类在此活动,春秋时期分属吴、越两国。浙江经济发达、人才辈出,素有鱼米之乡、丝绸之府、文物之邦、茶叶之乡之称。

浙江旅游景点众多,类型丰富。全省现有西湖、富春江、新安江、千岛湖、雁荡山、楠溪江、普陀山、嵊泗列岛、天台山、莫干山、雪窦山等14个国家级风景名胜区,居全国首位。此外,浙江还有省级风景名胜区42个,杭州之江国家旅游度假区和萧山湘湖、绍兴会稽山等省级旅游度假区13个。

二、民俗风情

(一)饮食文化

浙江菜简称浙菜,中国八大地方菜之一。浙菜由杭州、宁波、温州的地方风味组成,三方风味各有特色,但都选料讲究,注重"细、特、鲜、嫩";烹饪独到,最擅长炒、炸、烩、溜、蒸、烧等方法,注重本味,讲究口味清鲜脆嫩,以纯正见长;制作精细,菜品造型细腻,秀丽雅致。浙菜中以杭州菜为最盛。杭州的名菜有东坡肉、龙井虾仁、西湖醋鱼、宋嫂鱼羹等。

(二)民间艺术

浙江省民间艺术资源丰富,主要有:海宁皮影戏、浙江丝绸、杭州织锦、杭州王星记扇子、青田石雕、张小泉剪刀、东阳木雕、黄杨木雕、嵊州竹编、龙泉青瓷、龙泉宝剑、瓯绣、萧山花

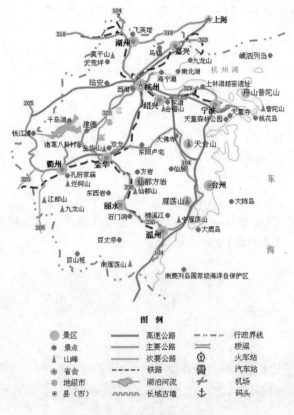

图 7-8 浙江省旅游资源分布图

边、乐清剪纸、湖笔、仿南宋官窑瓷器、西湖绸伞、湖州双林绫绢等。

1. 海宁皮影戏

海宁皮影戏自南宋传入,即与当地的"海塘盐工曲"和"海宁小调"相融合,并吸收了"弋阳腔"等古典声腔,改北曲为南腔,形成以"弋阳腔"、"海盐腔"两大声腔为基调的古风音乐;曲调高亢、激昂,宛转幽雅,配以笛子、唢呐、二胡等江南丝竹,节奏明快悠扬,极富水乡韵味。同时将唱词和道白改成海宁方言,成为民间婚嫁、寿庆等场合的常演节目。

2. 东阳木雕

东阳木雕因产于浙江东阳而得名,东阳木雕与青田石雕、黄杨木雕并称"浙江三雕。"东阳木雕,是以平面浮雕为主的雕刻艺术。其多层次浮雕、散点透视构图、保留平面的装饰,形成了自己鲜明的特色。又因色泽清淡,保留原木天然纹理色泽,格调高雅,又称"白木雕",自唐至今已有千余年的历史,是中华民族最优秀的民间工艺之一,被誉为"国之瑰宝"。2006年5月20日,该遗产经国务院批准列入第一批国家级非物质文化遗产名录。

(三) 地方特产

浙江地方特产丰富,主要有杭州丝绸、西湖龙井、湖笔、金华火腿、嘉兴五芳斋粽子、绍兴酒等。杭州西湖龙井是我国十大名茶之一,产于狮峰、龙井、五云山、虎跑一带,有"狮、龙、云、虎"等四种类型。龙井茶属于绿茶,色绿、香郁、味甘、形美是其最大的特点。

三、主要旅游城市及景区

(一) 杭州

杭州是浙江省省会,位于中国东南沿海、浙江省北部、钱塘江下游、京杭大运河南端,中国七大古都之一,素有"人间天堂"的美誉。杭州市内人文古迹众多,西湖及其周边有大量的自然及人文景观遗迹。杭州是吴越文化的发源地之一,历史文化积淀深厚,其中具有代表性的独特文化有良渚文化、丝绸文化、茶文化等。杭州的旅游资源有西湖、灵隐寺、西溪湿地公园、雷峰塔、苏堤、宋城、千岛湖等。

1. 西湖

西湖位于浙江省杭州市西面,古称钱塘湖,又名西子湖,被誉为"人间天堂",是目前中国列入《世界遗产名录》的世界遗产中唯一一处湖泊类文化遗产。苏轼用"欲把西湖比西子,淡妆浓抹总相宜"的诗句评价西湖,如图7-9所示。

图7-9 杭州西湖

西湖形态近似于多边形,湖中被孤山、白堤、苏堤、杨公堤分隔,分割为5个子湖区。按面积大小分别为外西湖、西里湖、北里湖、小南湖、岳湖等五片水面。孤山是西湖中最大的天然岛屿,苏堤、白堤越过湖面,小瀛洲、湖心亭、阮公墩三个人工小岛鼎立于外西湖湖心,夕照山的雷峰塔与宝石山的保俶塔隔湖相映,由此形成了"一山、二堤、三岛、五湖、十景"的基本格局。西湖十景形成于南宋时期,基本围绕西湖分布,有苏堤春晓、曲苑风荷、平湖秋月、断桥残雪、柳浪闻莺、花港观鱼、雷峰夕照、双峰插云、南屏晚钟、三潭印月等。1985年,杭州市民及各地群众评选出新西湖十景,它们分别是云栖竹径、满陇桂雨、虎跑梦泉、龙井问茶、九溪烟树、吴山天风、阮墩环碧、黄龙吐翠、玉皇飞云、宝石流霞等。

2. 宋城

宋城旅游景区位于杭州西湖风景区西南面,是中国最大的宋文化主题公园。整个景区以万年桥为中心,按照《清明上河图》中的内容和建筑风格,在南阳河上恢复建设有虹桥、表海亭、归来堂、商业店铺、风俗表演等,再现宋朝文化和民风习俗。其主要景点包括怪街、佛山、市井街、宋城河、千年古樟、城楼广场、文化广场、聊斋惊魂、南宋风情街等。景区内旅游活动内容丰富,有大型歌舞《宋城千古情》、布袋偶戏、提线木偶、空中戏羊猴、皮影戏、市井杂技、命悬一线等各种民俗表演。

3. 灵隐寺

灵隐寺,又名云林寺,地处杭州西湖以西,是全国重点文物保护单位,始建于东晋咸和元年(326年),开山祖师为西印度僧人慧理和尚。灵隐寺占地面积约87000平方米,建筑布局采用典型的中轴对称。中轴线上主要有天王殿、大雄宝殿、药师殿、法堂、华严殿等,两边附以五百罗汉堂、济公殿、华严阁、大悲楼、方丈楼等建筑构成。

(二) 绍兴

绍兴古称会稽、山阴,是世界文化名城,也是春秋越国、吴越、南宋等朝代的古都。绍兴主要景点有鲁迅故居、西施故里、英台故里朱家庄、沈园等。

1. 鲁迅故居

鲁迅故居位于浙江省绍兴市鲁迅中路,国家5A级旅游景区,这里曾是鲁迅先生早年的住处,现在是鲁迅博物馆。鲁迅故居原来是两进院落,前一进已非原貌,后一进的主体建筑是当年的老宅。后园是百草园,原是周家与附近住房共有的菜园,也是《从百草园到三味书屋》中描写的百草园。其主要景点有鲁迅祖居、三味书屋、鲁迅故居、百草园、风情园、鲁迅纪念馆、土谷祠等。

2. 沈园

沈园是国家5A级景区,宋朝著名园林,至今已有800多年的历史。沈园原为南宋时一位沈姓富商的私家花园,始建于宋代,初成时规模很大,陆游曾在此留下著名诗篇《钗头凤》。沈园占地57亩,分为古迹区、东苑和南苑三大部分,古迹区是游览的重点。古迹区左侧墙上有许多诗词的碑刻,往里有六朝井亭,这口井和旁边的葫芦形水池是园中仅存的六朝遗物。孤鹤轩是沈园的中心,它的南面是《钗头凤》碑。

(三) 雁荡山风景区

雁荡山位于中国浙江省乐清市境内,由火山喷发而成,因山顶有湖,芦苇茂密,结草为荡,南归秋雁多宿于此,故取名雁荡。雁荡山素有"寰中绝胜、海上名山"之誉,史称东南第一山,以奇峰怪石、古洞石室、飞瀑流泉称胜;其中,灵峰、灵岩、大龙湫三个景区被称为"雁荡三绝"。整个景区由北雁荡山、南雁荡山、中雁荡山、东雁荡山、西雁荡山等部分构成。

(四) 普陀山风景区

普陀山位于钱塘江口、舟山群岛东南部海域,是中国佛教四大名山之一,观世音菩萨教化众生的道场,也是首批国家重点风景名胜区。普陀山既有历史悠久的佛教文化,又有美丽的海岛风光,因此有"海天佛国"之称;其宗教活动最早可追溯于秦,唐朝海上丝绸之路的兴起促进了普陀山佛教文化的发展,加速了普陀山观音道场的形成。这里每年的农历二月十九、六月十九、九月十九都有观音香会。普陀山风景区代表性的景点有普济寺、法雨寺、盘陀庵、灵石庵等寺庙和潮音洞、梵音洞等名胜。

(五) 乌镇

嘉兴乌镇是一个具有1300年建镇史的江南古镇。十字形的内河水系将全镇划分为东南西北四个区块,当地人分别称之为"东栅、南栅、西栅、北栅"。全镇以河成街,桥街相连,依河筑屋,深宅大院,重脊高檐,河埠廊坊,过街骑楼,穿竹石栏,临河水阁,古色古香,水镇一体,呈现一派古朴、明洁的幽静,是江南典型的"小桥、流水、人家"。如今的乌镇大致分类为传统商铺区、传统民居区、水乡风貌区、传统餐饮区、传统文化区、传统作坊区。

图 7-10　乌镇

(六) 横店影视城

横店影视城位于浙江省金华市东阳横店镇,总面积 30 多平方公里,是一个集影视旅游、度假、休闲、观光为一体的大型综合性旅游区。自 1996 年以来,已建成广州街、香港街、明清宫苑、秦王宫、清明上河图、梦幻谷、大智禅寺、明清民居博览城等影视拍摄基地和两座超大型的现代化摄影棚。现已成为亚洲规模最大的影视拍摄基地,被称为"中国好莱坞"。

景点讲解案例　　千 岛 湖

千岛湖位于浙江省淳安县境内(部分位于安徽歙县),地处长江三角洲的腹地,是世界上岛屿最多的湖,是国家 5A 级景区。湖泊是新安江大坝截流后形成的人工湖。整个景区可分为中心湖区、东南湖区和西南湖区。中心湖区中,代表性的景点有梅峰岛、渔乐岛、月光岛、龙山岛等,其中,月光岛以爱情为主题,梅峰岛则是欣赏风景的绝佳之处。东南湖区中以黄山尖的景色最美,西南湖区主要是以湿地观光和古村风光欣赏为主。在千岛湖景区,游客们可以骑自行车、体验漂流。

四、主要旅游线路

(一) 浙江古镇民居游

行程安排:该旅游线主要包括嘉兴—绍兴。主要景点有乌镇、鲁迅故居、西施故里、英台故里朱家庄、沈园等。

线路特色:此线路有典型的水乡古镇与名人故居。

(二) 浙江河湖游

行程安排:该旅游线主要包括杭州—富春江—千岛湖。主要景点有千岛湖、富春江、西湖、南北湖、东湖、富春江、新安江、钱塘江等。

线路特色:此线路路河网密布,湖泊众多。

(三) 浙江名山名水游

行程安排:该旅游线主要包括金华—丽水—森州—台州等。

线路特色:此线路名山众多,有金华山、仙都山、雁荡山、天台山等。

(四) 浙江佛教文化游

行程安排:该旅游线主要包括宁波—舟山。

线路特色:此线路可欣赏天童寺、桃花岛、四大佛教名山普陀山等。

线路设计案例 嘉兴、杭州、绍兴、宁波五日游

第一天:游览嘉兴水乡古镇乌镇,西塘、东栅、烟雨长廊等,前往杭州市。

第二天:游览杭州西湖、灵隐寺、雷峰塔等,欣赏著名的新西湖十景。

第三天:游览杭州宋城,观看大型表演《宋城千古情》,欣赏民俗表演,体验神秘鬼屋。

第四天:游览绍兴名人故居,鲁迅故居、西施故里、英台故里朱家庄等。

第五天:游览舟山普陀山,体验佛教文化,返程。

任务五　安徽省

任务导入

设计一条安徽省的综合旅游线路,线路中包含安徽省代表性的旅游景点,且兼顾旅游资源的互补性。

任务分析

在这个任务中,需要掌握旅游线路设计的原则,安徽省代表性的旅游景点以及景点的概况、特色和主要的旅游景观等。

一、旅游概况

安徽省简称皖,省会合肥,有巢湖、马鞍山、黄山、亳州等城市,与江苏省、浙江省、山东省、湖北省、河南省和江西省六省为邻,如图7-11所示。地貌以平原、丘陵和低山为主。长江和淮河自西向东横贯全境,湖泊众多,其中巢湖为全省最大的湖泊,全国第五大淡水湖。

安徽旅游资源丰富,有山水风光、都城遗址、古镇等。安徽拥有3处世界文化遗产(黄山、西递、宏村),5座国家级历史文化名城(歙县、寿县、亳州、安庆、绩溪),6个国家级自然保

护区,10处国家级重点风景名胜区。

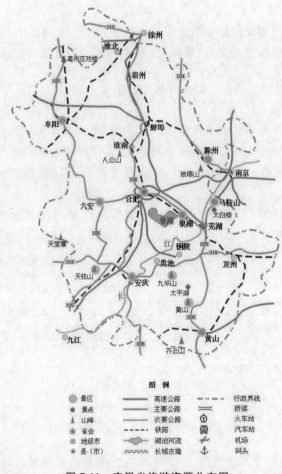

图7-11 安徽省旅游资源分布图

二、民俗风情

(一) 饮食文化

徽菜是我国著名的八大菜系之一。徽菜重油、重色、重火工,它以烹制山珍野味著称,擅长蒸、炖、烧。代表性的菜肴有臭鳜鱼、清蒸石鸡、符离集烧鸡、油爆虾、火腿炖甲鱼、虎皮毛豆腐、问政山笋、双爆串飞、香菇板栗、杨梅丸子、凤炖牡丹、双脆锅巴、徽州圆子等名菜佳肴。

(二) 民间艺术

安徽的民间艺术众多,以黄梅戏和凤阳花鼓最具代表性。

1. 黄梅戏

旧称黄梅调或采茶戏,起源于湖北黄梅,发展壮大于安徽安庆。黄梅戏与京剧、越剧、评剧、豫剧并称"中国五大戏曲剧种",也是安徽省的主要地方戏曲剧种。2006年5月20日,黄梅戏经国务院批准列入第一批国家级非物质文化遗产名录。黄梅戏代表性的剧目有《天仙配》、《牛郎织女》、《女驸马》、《夫妻观灯》等。

2. 凤阳花鼓

凤阳花鼓流行于安徽省凤阳县的汉族民间艺术,该戏曲最初形成于明朝,盛行于清朝时期。凤阳花鼓与花鼓灯、花鼓戏并称凤阳三花,有凤阳"一绝"和"东方芭蕾"之美称,2006年入选为国家非物质文化遗产。最初常用的乐器是花鼓和小锣,典型的曲目多为当时的"时调",主要有《凤阳歌》、《鲜花调》、《王三姐赶集》、《孟姜女》等。

(三) 地方特产

安徽地方特产丰富,有黄山毛峰、祁门红茶、宣纸、六安瓜片等。黄山毛峰是中国十大名茶之一,属于绿茶,产于安徽省黄山一带,又称徽茶。由于新制茶叶白毫披身,芽尖似峰,且鲜叶采自黄山高峰,遂将该茶取名为黄山毛峰。

祁门红茶简称祁红,产于安徽省祁门、东至、贵池(今池州市)、石台、黟县等地,中国历史名茶,著名红茶精品,美称"群芳最"、"红茶皇后"。

三、主要旅游城市及景区

(一) 黄山市

1. 黄山

黄山,原名黟山,有"天下一奇山"之美称,位于安徽省南部黄山市境内。徐霞客曾两次游黄山,留下"五岳归来不看山,黄山归来不看岳"的感叹。黄山南北长约40公里,东西宽约30公里,核心景区面积约160.6平方公里。黄山是典型的花岗岩地貌,有莲花峰、光明顶、天都峰三大主峰。整个黄山风景区由温泉景区、玉屏景区、白云景区、北海景区、西海景区、松谷景区等6部分组成。其主要景点有金鸡叫天门、五老上天都、仙人指路、飞来石、猴子观海等,如图7-12所示。

图 7-12 猴子观海

奇松、怪石、云海、温泉被称为黄山的"四绝"。黄山松分布于海拔800米以上的高山上,黄山松的种子常在花岗岩的裂缝中发芽、生根、成长,最著名的黄山松有迎客松、送客松、黑虎松、探海松等。黄山已被命名的怪石有120多处,形态各异。

黄山是云雾之乡,一年之中有云雾的天气达200多天,一年四季皆可观,尤以冬季景最佳。依云海分布方位,全山有东海、南海、西海、北海和天海。黄山温泉由紫云峰下喷涌而初,温泉每天的出水量约400吨,常年不息,水温常年在42 ℃左右。

2. 歙县古城

歙县古城位于安徽省黄山市,是徽州文化的发祥地之一,是著名的"中国徽墨之都"和"中国歙砚之乡",有"牌坊之乡"之称,是著名的国家历史文化名城。安徽歙县古城与云南丽江古城、山西平遥古城、四川阆中古城等一起并称中国四大古城。整个景区内古民居群布局典雅,有古桥古塔、古街古巷、古坝古牌坊等。古城内白墙黑瓦,青砖铺地,至今仍是徽州人的居住之所。景区内主要的景观有渔梁坝、太白楼、南谯楼、徽商故里、仿古旅游城等。

3. 皖南古村落

皖南古村落是指分布在中国安徽、江西境内,长江以南的一些传统村落。这些村落有着古徽州地域的特色文化,最具代表性的有入选世界遗产的西递村和宏村。西递、宏村古民居村落集中体现了工艺精湛的徽派民居特色,村落形态保存完好。1999年联合国教科文组织在第24届世界遗产委员会上将中国皖南古村落西递村、宏村列入世界文化遗产名录,这是联合国教科文组织首次把民居列入世界文化遗产名录。

西递位于黟县东南8公里,黄山市西北50公里处,是典型的徽派古村,如图7-13所示。景区是目前保存最完整的徽派建筑群,拥有"世界上最美的村庄"的美誉。至今尚保存完好明清民居近200幢,始建于北宋皇祐年间,距今已有近千年的历史。西递村中的居民多姓胡,相传为唐太宗李世民的后裔,为躲避战乱而改姓胡。整个村落呈船形,现有居民300余户,人口1000余人,被誉为"中国传统文化的缩影"、"中国明清民居博物馆",所有街巷均以黟县青石铺地,古建筑多为木结构、砖墙维护,木雕、石雕、砖雕丰富多彩,巷道和建筑的设计布局协调,是中国徽派建筑艺术的典型代表。

宏村位于黟县东北11公里,黄山市西北68公里处。始建于南宋绍兴年间,从明朝永乐年间始,逐步发展成了神奇的"牛形村"的样子。由于这里地势较高,因此常常被云雾笼罩,被誉为"中国画里的乡村"。宏村是徽派古村中的代表,现存明清时期古建筑137幢,宏村的古建筑均为粉墙青瓦,分列规整,被誉为"民间故宫"。宏村是一座"牛形村",村口的古树是"牛角",村中的明清徽派建筑是"牛身",半月形的池塘称为"牛胃",一条400余米长的溪水盘绕在"牛腹"内,被称作"牛肠"。村西溪水上架起四座木桥作为"牛脚",是当今"建筑史上一大奇观"。

(二) 九华山

九华山位于池州市东南,古称陵阳山、九子山。因有九峰形似莲花,因此而得名,如图7-14所示。九华山是安徽省三大名山之一,也是中国四大佛教名山之一,是地藏王菩萨道场。九华山主体由花岗岩构成,以峰为主,盆地峡谷,溪涧流泉交错分布;共有99座山峰,主峰为十王峰,以天台、十王、莲华、天柱等9峰最为雄伟。九华山风景区名寺名庙,分布较广,现有寺庙90余座,最具特色的景观有百岁宫、肉身殿、化城寺、甘露寺、九华街等。

图7-13 西递

图7-14 九华山

(三) 天柱山风景名胜区

天柱山,又名皖山、皖公山,位于安徽省安庆市潜山县境内,被誉为"江淮第一山"。因其主峰高耸挺立,如巨柱擎天,因而称为天柱峰,也称为天柱山。天柱山自然风光秀美,以"峰雄、石奇、洞幽、水秀"而闻名。天柱山风景区中瀑布、泉水自然资源丰富,有全国第三大高山平湖炼丹湖。

(四) 安徽寿县

寿县古称寿春、寿阳、寿州,是楚文化的故乡之一,是国家级历史文化名城。寿县距今已有2000多年的历史,早在战国末期,楚考烈王迁都于此。寿县文物古迹星罗棋布,素有"地下博物馆"之称,是楚文化的积淀地,豆腐的发祥地,以少胜多的"淝水之战"的古战场。

整个古城有4个城门:西门定湖门、南门通淝门、东门宾阳门、北门靖淮门等。目前,全县存有古迹160多处,其中唐、宋、明、清建筑10多处,古墓葬多达80多座,古遗址29处。寿县文物众多,有全国重点文物保护单位3处,省级文物保护单位7处,县博物馆珍藏国家一级文物160多件,二、三级文物2000多件。

(五) 醉翁亭

醉翁亭坐落于安徽省滁州市琅琊山麓,与北京陶然亭、长沙爱晚亭、杭州湖心亭并称为"中国四大名亭",是安徽省著名古迹之一。宋代大散文家欧阳修写的传世之作《醉翁亭记》写的就是此亭。醉翁亭小巧独特,具有江南亭台特色,数百年来虽屡次遭劫,又屡次复建,终不为人所忘。新中国成立后,醉翁亭被列为省级重点文物保护单位,并多次整修。

景点讲解案例　　　　　巢　　湖

巢湖位于安徽省中部,是我国五大淡水湖之一,主要景点有半汤温泉、中庙、银屏山、紫薇洞、姥山岛等。半汤温泉开发历史早,泉水终年喷涌,温度60 ℃~80 ℃,泉水清澈。中庙位于巢湖的北面,最早建于唐朝,而后又多次进行了修缮。银屏山位于巢湖的南面,因其山上有一块形如花瓶的山石而得名,其主峰为银屏峰,站在主峰上可以眺望巢湖的全景。银屏峰下,有一个石灰岩的溶洞景观,可欣赏到大量的钟乳石。紫薇洞位于巢湖的西面,是由于在地壳抬升过程中,地下暗河向上隆起而形成。姥山岛位于巢湖的中心,是巢湖最大的岛屿,岛上有丰富的自然景观与人文景观,植被丰富,建有"望姑""虎上""望姥"三座亭子,岛上有古塔、古塘、古船塘等。据记载,岛上山顶的文峰塔建于明朝崇祯四年,整个塔身用条石垒砌而成,高51米,有七层八角,文峰塔内有砖雕佛像800余尊。

四、主要旅游线路

(一) 皖南世界遗产游

行程安排:该旅游线路主要包括黄山市—池州—宣城。

线路特色:此线路主要以游览名山、古镇民居、名人故居为特色。主要景点有世界自然与文化双遗产的黄山,四大佛教名山之一的九华山,世界文化遗产西递与宏村古村落,江泽民的祖居地安徽江村,中国共产党早期重要人物王稼祥的故居。

(二)皖中长江黄金水道游

行程安排:该旅游线路主要包括安庆—池州—芜湖市—马鞍山市—巢湖市等。

线路特色:此线路可在长江沿岸欣赏独具特色的山体景观。主要景点有天柱山、九华山、凤凰山、马鞍山、巢湖等。

(三)皖西大别山红色文化游

行程安排:该旅游线路主要包括合肥—六安—金寨—霍山—岳西—安庆。

线路特色:此旅游线路以游览红色文化为主。主要景点有大别山、李鸿章故居、安徽名人馆、瑶岗渡江战役总前委旧址、刘铭传故居、李鸿章享堂、渡江战役纪念馆、陈独秀陵园等。

(四)皖北历史文化游

行程安排:该旅游线路主要包括合肥—凤阳—蚌埠—宿州—亳州。

线路特色:此线路以游览历史悠久,人文厚重的景观为主。主要景点有龙兴寺、八角台、华佗墓等。

线路设计案例　　九华山二日游

第一天:前往九华山,游览九华山景区的出发地九华街。之后参观肉身宝殿、华城寺、祇园寺、百岁宫等。晚上可在九华山庄用餐,品尝当地特产,如石耳、笋干等。

第二天:前往天台寺,游览回香阁、闵园尼庵,经过拜经台,诵读《华严经》,游览天台寺。最后返程。

本项目包括华东旅游区旅游概况、上海、江苏、浙江、安徽等五个任务。通过对华东旅游区概况、各省市旅游概况、民俗风情、主要旅游城市、旅游景点、精品旅游线路的学习,一方面使学生熟悉华东旅游区主要的旅游景点和旅游线路;另一方面提升学生景点导游词撰写和线路设计的能力,也激发他们强烈的爱国情感。

1. 选择本旅游区中具有代表性的一个景点,撰写导游词,并进行脱稿讲解。
2. 以小组为单位,设计一条华东旅游区的旅游线路(可以是一个省、市,也可以是整个旅游区),要突出本区、省、市的旅游特色。

项目八
华中旅游区

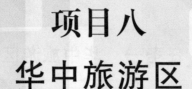

项目目标

职业知识目标：
1. 掌握华中旅游区的地理环境特点、旅游资源特征。
2. 熟悉华中旅游区主要的旅游城市与旅游景区的特色。
3. 熟悉华中旅游区主要的旅游线路。

职业能力目标：
1. 能分析华中旅游区地理环境与旅游资源的关系。
2. 能依据华中旅游区旅游资源的特点，设计有特色的华中旅游区旅游线路。
3. 能撰写华中旅游区特色旅游景区的讲解词。

职业素质目标：
1. 通过旅游线路的设计，培养学生学习的主动性，提高学生解决问题的能力。
2. 通过景点的讲解，培养学生良好的语言表达能力。

项目核心

华中旅游区旅游资源特征；华中旅游区主要的旅游城市；华中旅游区主要的旅游景区及特色；华中旅游区主要的旅游线路

任务一　华中旅游区概况

任务导入

广东省某高校组织骨干教师25人，于10月份前往华中旅游区进行为期5天的旅游活动，并委托长沙中国青年旅行社承担接待工作。请为其设计一条合适的旅游线路，并准备相应的景点讲解词。

任务分析

要完成此项任务，首先要了解高校教师旅行团的特点。其次，掌握华中旅游区的地理环境与旅游资源的特点，熟悉相应的旅游景点类型及其分布。最后，依据游览的时间、旅游景点的多样性和互补性进行旅游线路的设计，并撰写相应景点的导游词。

华中旅游区位于我国中部、长江中下游地区，地处华北、华东、西南与华南之间，包括湖北、湖南、江西等3省。本区旅游业较为发达，旅游资源丰富，主要以山水风光、宗教朝圣、三国遗迹、革命纪念地等为主。

一、自然地理环境

（一）平原、丘陵、山地等相间分布，河湖众多

本区地貌类型多样，平原、丘陵、山地等相间分布，主要有两湖平原、鄱阳湖平原、鄂西山地、鄂北山地、湘西丘陵、湘中丘陵、南岭山地等。本区河流密布、湖泊众多，主要河流有长江及其支流、湘江、汉水等，湖泊有洞庭湖、鄱阳湖、湖北江汉湖群等。

（二）典型的亚热带季风气候

本区是亚热带季风气候，夏季高温多雨，冬季温和少雨，冬温夏热，四季分明，热量充足，降水集中。我国三大火炉之一的武汉，以及有"江南火炉"之称的九江与南昌均位于本区域。春、秋两季是开展旅游活动的最佳季节。

二、人文地理环境

（一）历史悠久，楚文化深厚

本区开发历史早，是中华民族文化重要的发祥地之一。荆楚文化特色鲜明，在春秋时期

得以壮大,是中国文化的南支。江西省的开发历史早在1万年以前就已经存在,且在商朝时便进入了青铜器时代。湖南省在旧石器时代就有古人类活动,春秋时期属于楚国。湖北省是楚文化发展的源头,在历史的发展中创造了灿烂的楚文化,以老子、庄子、屈原等人物为代表。

(二)红色文化底蕴深厚

本区近现代历史文化积淀深厚。湖北省发生过武昌辛亥革命,武汉一度作为国民政府的首都、大革命的中心,建立有革命根据地;江西省有"红都"瑞金、第一个农村革命根据地井冈山——中国革命的摇篮;湖南省有毛主席的故乡——韶山。该区涌现出大量的老一辈无产阶级革命家,如刘少奇、朱德、彭德怀、任弼时、刘伯承等。

三、旅游资源特点

(一)山水旅游资源丰富

本区名山众多,有国家重点风景名山,如庐山、三清山、龙虎山、井冈山、武当山、神农架、衡山、张家界等;湖泊众多,如洞庭湖、江汉湖群、鄱阳湖等。总之,本区山水资源丰富、等级高,旅游吸引力强。

(二)三国遗迹众多

本区拥有大量的三国遗址、古迹以及纪念性建筑,尤其以湖北省为代表。湖北是古代兵家必争之地,曾发生过赤壁之战、夷陵之战等著名的战役;三国遗迹120多处,主要分布在襄阳、宜昌、荆州、鄂州等地。其代表性的景点有荆州古城、赤壁古战场、襄阳古隆中、鄂州的吴王城遗址、宜昌夷陵古战场、黄帝庙等。

(三)楚文化遗存多

本区是楚文化分布的重要区域,今湖北省大部分地区是早期楚文化分布的中心地区,湖南省与江西省是春秋中期后楚文化分布的中心区域,因此,该区保存了大量的楚文化遗存。湖南有楚文化所代表的文物、书院等,出土了铜剑、兵器、青铜乐器以及长沙马王堆汉墓的素纱禅衣等;湖南出土了四羊方尊;湖北随县战国曾侯乙墓出土了曾侯乙编钟、曾侯乙青铜尊盘和铜冰鉴等。

(四)红色旅游资源丰富

本区红色文化底蕴深厚,红色旅游资源丰富。其中,江西全省各地分布着大量的革命旧址和纪念物;湖北是中国红色革命的摇篮,武汉有"八七会议"旧址,大别山下有"将军县"——红安,孕育了李先念、董必武两位国家主席,以及200多位将军;湖南有毛泽东的故乡——韶山。

任务二　湖北省

任务导入

选择湖北省旅游资源中一个代表性的旅游景点，撰写一篇导游词并进行简单的导游讲解。

任务分析

在这个任务中，需要掌握湖北省代表性的旅游景点以及景点的概况、特色和主要的旅游景观等。

一、旅游概况

湖北省简称鄂，省会武汉，有宜昌、荆州、恩施、黄冈、襄阳、十堰等城市。东连安徽，南邻江西、湖南，西连重庆，西北与陕西为邻，北接河南。湖北文化底蕴深厚，是楚文化的发源地，中华民族的始祖炎帝的故里、屈原的故乡、李时珍的故乡等。

湖北省旅游资源丰富，名胜古迹多，以山水风光、三国遗迹和革命纪念地为主，有荆州古城、三国文化、楚文化、茶文化、武当山道教文化等。其中，长江三峡、黄鹤楼、葛洲坝被评为"中国旅游胜地四十佳"，武汉东湖、黄鹤楼公园、宜昌三峡大坝旅游区、宜昌三峡人家风景区、十堰武当山风景区、神农架生态旅游区、恩施巴东神农溪纤夫文化旅游区、清江画廊风景区是湖北省代表性风景名胜旅游景点，如图8-1所示。

知识衔接

千湖之省

湖北省湖泊众多，是我国湖泊最多的省份，素有"千湖之省"之称。湖北省的湖泊因主要分布在长江与汉江之间江汉平原上，所以称为"江汉湖群"，其成因主要是长江的截弯取直而成，依据其成因又可称为"牛轭湖"。湖北省境内大小湖泊数量繁多，面积大于10万平方米的湖泊约958个，大于100万平方米的湖泊约217个，百亩以上的湖泊约800个，其中最具代表性的湖泊有洪湖、长湖、梁子湖、斧头湖等。

图 8-1 湖北省旅游资源分布图

二、民俗风情

(一) 饮食文化

湖北菜,古称楚菜、荆菜,起源于江汉平原,以江汉平原为中心,由武汉、荆州和黄州三种地方风味菜组成。湖北菜选料主要以鱼、肉、时蔬为主;刀工讲究,烹饪方法多样,以蒸、煨、烧、炸、炒等为主,以保证菜品的原形原色、原汁原味。湖北菜中典型的名菜有清蒸武昌鱼、莲藕炖排骨、仙桃蒸三元、红烧木琴鱼、泡蒸鳝鱼、沔阳三蒸等,知名小吃有热干面、周黑鸭等。

(二) 民间艺术

湖北传统文化历史悠久,艺术形式多样,主要分为戏曲、说唱、歌舞等三大类。湖北有22种地方剧种,其中最具影响力的是汉剧、楚剧、荆州花鼓戏等。说唱形式丰富,最突出的曲种是湖北评书。最具代表性的歌舞是《编钟乐舞》、《九歌》。

(三) 地方特产

湖北特产种类繁多,如热干面、面窝、精武鸭脖、周黑鸭、洪山菜薹、武昌鱼、蔡甸莲藕、天门黄花菜、云梦鱼面、孝感米酒、罗田板栗、京山桥米、钟祥葛粉、随州金黄蜜枣、黄石港饼、宜昌苕酥、襄阳大头菜、江陵八宝饭等等。

三、主要旅游城市及景区

(一) 武汉

武汉,湖北省的省会,又称江城。李白曾在此写下"黄鹤楼中吹玉笛,江城五月落梅花"的诗句。武汉旅游资源丰富,旅游业发达,是"中国优秀旅游城市"。自然风光以湖泊和山地为主,人文景观以楚文化为代表。

1. 黄鹤楼

图 8-2 黄鹤楼

黄鹤楼(见图 8-2)最早是三国时孙权以军事目的而建,至唐朝,逐步成为旅游名胜,由于战争的影响,屡建屡废。现在的黄鹤楼是 1981 年重建,以清代"同治楼"为原型设计。黄鹤楼的楼高 5 层,72 根圆柱拔地而起,60 个翘角凌空舒展,恰似黄鹤腾飞,楼面用 10 多万块黄色琉璃瓦覆盖。唐朝诗人崔颢的诗句"昔人已乘黄鹤去,此地空余黄鹤楼"说的便是此楼。

2. 东湖风景区

东湖风景区位于武汉市中心城区,是国家 5A 级景区。东湖风景区以湖泊为核心,湖光山色为突出景观,是中国最大的城中湖。东湖风景区分为听涛区、磨山区、珞洪区、落雁区、吹笛区、白马区等部分。听涛区是第一个开放的景区,以屈原纪念馆、湖光阁、行吟阁为代表;磨山区在武汉被誉为"绿色宝库",观赏树种达 250 余万株,有山水、植物、园中园、楚文化等四大特色;珞洪区是现在的武汉大学,校园、樱花、桂花融为一体。

(二) 荆州

荆州,古称江陵,是春秋战国时楚国都城所在地,位于湖北省中南部,是楚文化的发祥地和三国文化的中心。其著名景点有荆州古城、熊家冢、关公庙、章华寺、洪湖等。

1. 荆州古城

荆州古城始建于春秋战国时期,曾是楚国的官船码头。楚、西汉、东汉、三国、西晋、东晋、南北朝、宋、明等朝代,均曾封王侯于此地。荆州古城有城门、城楼、城墙(藏兵洞、炮台)、护城河等,荆州古城的周围出土了大量珍贵文物,属于国宝级文物的有西汉古尸、战国丝绸、越王勾践剑等。

2. 荆州关公庙

荆州关公庙是全国四大关庙之一,与山西解州关祠、湖北当阳关陵、河南洛阳关林并列为中国四大关公纪念圣地。荆州关公庙始建于明朝洪武年间,整个殿宇分为仪门、正殿、结义楼、陈列馆等部分。大殿正门上方,有清同治皇帝御赐匾额"威震华夏",殿内挂着清雍正御赐的"乾坤正气"匾额。大殿中央是关羽的塑像,两侧为关平和周仓。大殿两旁是关羽生平事迹描述的巨幅壁画。

(三) 宜昌

宜昌,位于湖北西南部,长江中游,古称夷陵。宜昌以三峡旅游而闻名,是全国11个重点旅游城市之一,是全国首批公布的40佳旅游城市之一。旅游资源丰富,有三峡大坝旅游区、三峡人家风景区、清江画廊风景区等景区。

1. 三峡大坝旅游区

三峡大坝旅游区位于湖北省宜昌市境内,于1997年正式对外开放,2007年被国家旅游局评为首批国家5A级旅游景区。整个景区著名的景点有三峡大坝、三峡截流纪念园、坛子岭等。其中,坛子岭是欣赏三峡工程全景的最佳点,同时设有模型展示厅、亿年江底石、四面截流石、三峡坝址基石等景观。截流纪念园是在三峡右岸工程施工原址上建设的以三峡工程截流为主题,国内首家水利工程主题公园。园区由截流记事墙、演艺广场、亲水平台、大型机械展示场、四面体遗迹、沿江垂柳等十几个景观组成。

2. 清江画廊风景区

清江画廊风景区位于三峡宜昌的长阳土家族自治县,主要景点有倒影峡、仙人寨、武落钟离山等。武落钟离山是清江画廊风景区的核心景点,山体主峰海拔397.5米。山体遗留有大量的历史遗迹与神话传说,建有庙堂、亭阁等。仙人寨中有土家吊脚楼、仙人洞、仙香草、文峰寺等。倒影峡长5公里,以"鱼游枝头鸟宿水"的倒影胜景著称。

3. 葛洲坝水利枢纽

葛洲坝水利枢纽工程位于长江三峡的西陵峡出口,南津关下游约3公里处。大坝全长2606米,坝顶高70米,整个工程横跨大江、葛洲坝、二江、西坝和三江。水利工程由3座船闸、2座发电厂房、27孔泄洪闸、3江6孔冲砂闸和大江9孔冲砂闸、左右岸非溢流坝、防淤堤等建筑物组成。

景点讲解案例　　屈　原　故　里

屈原故里秭归县位于湖北省宜昌市,位于巫峡和西陵峡之间,是我国战国时代伟大诗人屈原的故乡,有"葫芦城"与"石头城"之称。县内名胜古迹众多,传说丰富,多与屈原有关。主要的景观与景点有牌坊、香炉坪、照面井、读书洞、玉米三丘等。县城东门建设有高大的牌坊,牌坊上方是郭沫若手书的"屈原故里"。香炉坪是屈原的出生地,坪中立有"楚三闾大夫屈原诞生地"的青石碑。照面井位于香炉坪对面的山坡上,传说因屈原与其姐姐常在此梳洗,因此称照面井。读书洞传说为屈原读书的地方,洞口立有石碑,传说洞内曾有石桌、石椅、石凳等,洞的西面有擂鼓台。读书洞附近,有新修复的屈原庙。屈原庙附近的三块水田称"玉米三丘",特色之处在于此处的耕牛均不穿牛鼻。

（四）神农架风景区

神农架风景区位于湖北西部，北面和南面分别与十堰市和宜昌市相邻。因海拔3000米以上的山峰有6座，海拔2500米以上山峰20多座，最高峰神农顶海拔3106.2米，成为华中第一峰，神农架因此有"华中屋脊"之称，传说神农在此尝百草。神农架风景区分为神农顶旅游区、天燕旅游区、香溪源旅游区和玉泉河旅游区等四部分，其中神农顶旅游区是整个景区的核心区域。神农顶景区是以自然保护区保存完好的生态环境为核心，主要景点有小龙潭、金猴岭、神农谷、板壁岩、太子垭等。此外，神农架还有神秘的野人传说，吸引着国内外游客。

（五）武当山

武当山，又名太和山，位于湖北省十堰市境内，景区总面积312平方公里，如图8-3所示。武当山是我国著名的道教圣地、太极拳的发祥地、国家重点风景名胜区、全国十大避暑胜地，1994年武当山古建筑群被列入世界文化遗产名录。

图8-3　武当山

武当山属自然景观和人文景观完美结合的山岳型风景名胜区，以其绚丽多姿的自然景观、规模宏大的古建筑群、源远流长的道教文化、博大精深的武当武术著称于世，被誉为"亘古无双胜境，天下第一仙山"。武当山风光旖旎，山川秀美，众峰嵯岈，高险幽深，气势磅礴，主峰天柱峰海拔1612米，被誉为"一柱擎天"。天造玄武、天然"真武梳妆像"、"七十二峰朝大顶"、"二十四涧水长流"等神秘玄妙的自然景观，让人们不得不惊叹天工造物的神奇。

武当武术又名内家拳，以太极、形意、八卦见长，与武当道教渊源甚深。元末明初，武当道士张三丰集其大成，创立太极拳，被尊为武当武术的开山祖师。

（六）赤壁

湖北有文、武赤壁之说，文赤壁位于黄州，因苏东坡而著名；武赤壁位于赤壁市，是三国时期著名的赤壁大战的遗址。

文赤壁位于黄州，由于北宋著名文学家苏轼于此写了传颂千古的前后《赤壁赋》，而命名为"东坡赤壁"或"文赤壁"。这里的景点主要有二赋堂、留仙阁、坡仙亭、石字葬。赤壁碑刻，闻名全国，有历代名人书画碑刻近三百块，其中苏轼书画碑刻一百余块，居全国苏书碑刻之冠。

武赤壁位于赤壁市西北36公里的长江南岸，隔江与乌林相望，陆水由其东注入长江。武赤壁是著名的古战场，东汉建安十三年（208年），刘备与孙权联合，大破曹操于此，这就是历史上有名的赤壁之战。赤壁遗址是由三座小山组成，即赤壁山、南屏山和金鸾山。

知识衔接

明显陵

明显陵位于湖北省中部的钟祥市,是明世宗嘉靖皇帝的父亲睿宗献皇帝朱祐杬和母亲献皇后蒋氏的合葬墓,2000年被联合国教科文组织列入世界文化遗产名录。陵寝的结构为"一陵两冢",在我国其他皇帝陵墓中均未有过,主要的建筑景观有外罗城、御河、神道、琉璃影壁、内外明堂等。外罗城采用典型的红墙黄瓦,长约3600米,其内有30余处建筑群。特色景点众多,典型的有碑亭、双龙琉璃影壁等。

四、主要旅游线路

(一)三国文化旅游线

行程安排:该线路主要包括黄冈—武汉—荆州—襄阳—十堰。

线路特色:此线路的旅游特色以游览古三国文化为主,荆楚之地自古为兵家必争之地,游览此线路可感受2000多年前的英雄文化。典型的景点有黄鹤楼、荆州古城、襄阳古隆中、赤壁古战场、当阳关陵古庙等。

(二)世界遗产旅游线

行程安排:该线路主要包括武当山—神农架—明显陵。

线路特色:此线路的旅游特色以游览两处世界遗产为主,领略明朝皇家道场与皇陵等皇家建筑的内涵,探寻著名的道教名山武当山。主要景点有武当山、明显陵、明妃村、神农架等。

(三)长江三峡旅游线

行程安排:该线路主要包括长江三峡—宜昌—荆州—武汉。

线路特色:此线路的旅游特色以峡谷、河流、大坝、湖泊为主,是湖北极具吸引力的旅游线路。主要的景点有西陵峡、清江画廊、三峡大坝、葛洲坝、三峡人家、屈原故里等。

(四)生态人文旅游线

行程安排:该线路主要包括武汉—咸宁—鄂州—黄冈。

线路特色:此线路的旅游特色以红色文化、名人故居、湖泊等多种文化为一体。主要景点有大别山、梁子湖、陆水湖、五祖寺、李时珍墓等。

线路设计案例　　**武汉三日游**

第一天:前往武汉地标性建筑黄鹤楼,感受诗人笔下"昔人已乘黄鹤去,此地空余黄鹤楼。黄鹤一去不复返,白云千载空悠悠"的景象。此后游览武汉长江大桥,看车水马龙。中午游览江汉路步行街,品当地美食。下午游玩汉口江滩,赏江面吹江风,看夕阳西下。晚上在吉庆街就餐。

第二天:前往位于东湖湖畔的武汉大学,赏樱花。而后游览东湖,可沿湖漫步,也可乘坐小船游览。下午参观湖北省博物馆,参观战国编钟、越国宝剑和原始人头骨化石。之后逛光谷步行街,赏各式建筑风情。

第三天:前往晴川阁,面临长江,感受芦苇荡。之后游览龟山公园,最后前往汉阳造艺术区。

任务三　湖南省

任务导入

选择湖南省旅游资源中一个代表性的旅游景点,撰写一篇导游词并进行简单的导游讲解。

任务分析

在这个任务中,需要掌握湖南省代表性的旅游景点以及景点的概况、特色和主要的旅游景观等。

一、旅游概况

湖南省位于长江中游南部,大部分地区在洞庭湖之南,故名湖南,如图8-4所示。境内湘江贯穿南北,又简称为湘,省会长沙。湖南省地貌类型多样,以丘陵、山地为主,约占全省面积的70%,主要河流有湘江、沅江、澧江等,全省属于典型的亚热带湿润季风气候。湖南湘楚文化博大精深,文化艺术发达,尤其是湖南的湘绣,与苏绣、粤绣、蜀绣并称为中国的四大名绣。

湖南省旅游资源丰富,有秀丽的自然风光和文化底蕴深厚的人文景观,有长沙、岳阳、凤凰等国家级历史文化名城,有武陵源、南岳衡山、岳阳楼等国家5A级景区,有张家界武陵源风景名胜区、邵阳新宁崀山等世界自然遗产。

二、民俗风情

(一) 饮食文化

湘菜,汉族饮食文化八大菜系之一,历史悠久,汉朝时已经形成菜系。湘菜调味注重酸辣,多喜食辣椒;烹调技法多样,其中以"煨"最独到,有红煨与白煨,或清汤煨、浓汤煨、奶汤煨等。湘菜的著名菜肴有腊味合蒸、东安鸡、麻辣仔鸡、红煨鱼翅、汤泡肚、冰糖湘莲、金钱

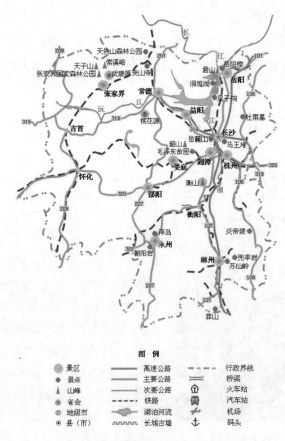

图 8-4 湖南省旅游资源分布图

鱼等。

(二) 民间艺术

湖南的民间艺术多姿多彩，有湘绣、花鼓戏、侗戏、民间剪纸、花灯戏、常德丝弦、棕编等。

1. 湘绣

湘绣是对以湖南为中心的湘楚文化特色的湖南刺绣产品的总称，是中国四大名绣之一。2006年，湘绣入选第一批国家级非物质文化遗产名录。湘绣的传统题材多为狮、虎、松鼠等，尤其是老虎最为多见；色彩搭配上多用深浅灰及黑白色，常用的针法有平绣类、织绣类、网绣类、纽绣类、结绣类等。其典型的绣品有《雄狮》《饮水虎》《杨贵妃》《百鸟朝凤·洞庭春色》《开国大典》等。

2. 花鼓戏

湖南省现有地方戏曲19种，其中最有影响的是湖南花鼓戏，已被列入国家非物质文化遗产之一。花鼓戏是汉族戏曲剧种，最早源自湖南益阳，是湖南地方小戏花鼓、灯戏的总称，因盛行区域不同可分为6个流派。花鼓戏中的典型角色以小旦、小生、小丑为主，戏曲内容多源于日常生活，伴奏多以小唢呐、锣鼓为主，最典型的剧目有《刘海砍樵》。

(三) 地方特产

湖南特产有浏阳烟花、菊花石雕、浏阳豆豉、浏阳黑山羊、铜官陶器、湘绣、臭豆腐、株洲唐人神、株洲太子奶、醴陵陶瓷、醴陵烟花、攸县香干、茶陵黄牛、炎陵白鹅、炎陵香菇、槟榔、湘莲、龙牌酱油、灯芯糕、湘潭腊味、韶峰名茶、紫油萝卜、紫油姜等。

三、主要旅游城市及景区

(一) 长沙

长沙,古称潭州,是楚文化和湖湘文化的发祥地之一,中国历史上唯一经历3000多年历史城址不变的城市。长沙的旅游景点众多,有岳麓山—橘子洲旅游区、湖南省博物馆、花明楼、长沙世界之窗、雷锋纪念馆和天心阁等。

1. 岳麓书院

图 8-5　岳麓书院

岳麓书院,位于湖南省长沙市湘江西岸,中国古代著名四大书院之一,如图8-5所示。书院始建于北宋开宝九年(976年),1000多年来,这所誉满海内外的著名学府,历经宋、元、明、清时势变迁,及晚清(1903年)改制为湖南高等学堂,1926年正式定名为湖南大学,号称千年学府。书院整个古建筑群主要分为教学、藏书、祭祀、园林、纪念五大建筑格局。教学建筑主要有大门、二门、讲堂、半学斋、讲学斋等。藏书建筑主要有御书楼,祭祀建筑主要有文庙、四箴亭、崇道祠、六君子堂等。园林建筑主要有麓山寺碑亭、百泉轩碑廊等。纪念建筑有时务轩、山斋旧址、杉庵等。

现存的大门是清同治七年重建,门额"岳麓书院"为宋真宗字迹,大门两旁悬挂有对联"惟楚有材,于斯为盛"。讲堂是书院的核心,是书院的教学和举行重大活动的场所。南宋时期,著名理学家张栻、朱熹曾在此举行"会讲"。讲堂檐前悬有"实事求是"匾,中央悬挂两块鎏金木匾,一为"学达性天",由康熙皇帝御赐;二为"道南正脉",由乾隆皇帝御赐。

景点讲解案例　　**爱晚亭**

爱晚亭位于长沙岳麓山风景区内,始建于1792年,为岳麓书院院长罗典创建,原名红叶亭,后改名爱晚亭。爱晚亭原为木结构,同治初改为砖砌。该亭古朴典雅,亭形为重檐八柱,琉璃碧瓦,亭角飞翘。亭内立碑,上刻毛泽东手书《沁园春•长沙》诗句。亭前石柱上刻有"山径晚红舒,五百夭桃新种得;峡云深翠滴,一双驯鹤待笼来"。爱晚亭是岳麓山中观赏红叶秋景的绝佳观景地之一,每当深秋时节,爱晚亭四周被红叶围绕。

2. 橘子洲

橘子洲又名橘洲、水陆洲，位于长沙市区湘江江心，是湘江下游众多冲积沙洲之一。这里四季景色优美，春天有江鸥，夏、秋两季林木葱茏，冬天有著名的"江天暮雪"景致。毛泽东曾经赋诗："独立寒秋，湘江北去，橘子洲头……"这里四面环水，宽处形状是一个长岛，景区内有问天台、百米喷泉、沙滩公园、艺术雕塑、橘子洲火焰、历史文化陈列馆等景观。

3. 马王堆汉墓

马王堆位于长沙市东郊浏阳河西岸，距市中心约4公里，是西汉初期长沙国丞相利苍及其妻子和儿子的墓葬。三座汉墓中，1号墓是利苍妻的墓，2号墓葬的是汉初长沙国丞相轪侯利苍，3号墓是利苍之子的墓。三座墓坑形式基本相同，都是长方形竖穴。三座墓的墓底和椁室周围，都塞满木炭和白膏泥，然后层层填土，夯实封固。现在1、2号墓坑已填塞，其中出土的女尸、素纱禅衣及一大批西汉器皿和帛书画都保存于湖南省博物馆；3号墓坑经过整理加固，供人们参观。1号汉墓出土的女尸，距今约2100余年，形体完整，全身润泽、部分关节可以活动，几乎与新鲜尸体相似。

4. 刘少奇故居

刘少奇故居位于长沙市宁乡县花明楼镇，是全国重点文物保护单位。该故居是一栋典型的土木结构的四合院房子，陈列有190余件展品。在距离该故居500米处的北面有刘少奇纪念馆，正门楼上悬挂着邓小平题写的"刘少奇同志纪念馆"门匾。纪念馆共有1个序厅和8个展室，展厅正面墙上是"刘少奇和人民在一起"的大型浮雕，展厅内共陈列有照片、实物和复制件、电动图表、雕塑艺术品等内容。

（二）岳阳

岳阳市位于湖南省东北部，是江南最早的古城之一，素有"湘北门户"之称，以"洞庭天下水、岳阳天下楼"而闻名。

1. 洞庭湖

洞庭湖位于湖南省北部，是中国第四大湖，仅次于青海湖、兴凯湖和鄱阳湖，如图8-6所示。它也是中国第二大淡水湖，湖面宽阔，有"八百里洞庭"之称。洞庭湖由东、西、南洞庭湖和大通湖等4个较大的湖泊组成，三面环山，湖泊风光秀丽。君山是洞庭湖上的一个孤岛，岛上有72个大小山峰。岛上文物古迹众多，有铸鼎台、秦皇印、酒香亭、柳毅井、飞来钟等。此外，还有二妃殉节的传说。传说4000年前，舜帝南巡，他的两个妃子娥皇、女英追之不及，于是攀竹痛哭，眼泪滴在竹上，变成斑竹。后来，二妃死于山上，后人建有二妃墓。

图8-6　洞庭湖

2. 岳阳楼

岳阳楼，位于岳阳市西门城头，紧靠洞庭湖畔，与江西南昌的滕王阁、湖北武汉的黄鹤楼并称为江南三大名楼。岳阳楼前身为鲁肃的阅兵台，历史上岳阳楼重建过多次，现存建筑是清代所建，沿袭了清朝光绪六年所建时的形制。北宋范仲淹脍炙人口的《岳阳楼记》更使岳阳楼著称于世。岳阳楼为四柱三层、飞檐、盔顶、纯木结构，楼中四柱高耸，远望似鲲鹏。楼顶采用古代将军头盔式的顶式结构，这在我国建筑史上是独一无二的。

（三）南岳衡山

图 8-7　衡山

衡山，又名南岳、寿岳、南山，位于衡阳市南岳区境内，是五岳之一，如图 8-7 所示。"福如东海，寿比南山"的"南山"即衡山。衡山因气候条件好，植物茂盛，四季常绿，有着"五岳独秀"的美称，主要山峰有回雁峰、紫盖峰、天柱峰、祝融峰、岳麓山等，最高峰为祝融峰。祝融峰之高、藏经殿之秀、水帘洞之奇、方广寺之深，堪称"衡山四绝"；春观花、夏看云、秋望日、冬赏雪为"衡山四季佳景"。

（四）武陵源风景名胜区

武陵源风景名胜区位于湖南省西北部，是国家 5A 级景区，由张家界国家森林公园、索溪峪自然保护区、天子山自然保护区和杨家界自然保护区组成。亿万年前，武陵源是一片汪洋大海，大自然不停地搬运、雕琢，变幻出今日武陵源砂岩峰林地貌，石英砂岩峰林在国内外均属罕见，目前所知有山峰 3000 多座。奇峰、怪石、幽谷、秀水、溶洞合称为武陵源"五绝"。

张家界国家森林公园是中国第一个国家级森林公园，有"三千奇峰，八百秀水"之美称。景区由黄石寨、金鞭溪、袁家界、杨家界等组成，主要景观有金鞭溪、黄石寨、腰子寨、琵琶溪等。金鞭溪峡谷是景区开发最早的区域，因流经金鞭岩而得名。相传，秦始皇赶山填海到此，因醉酒不慎将金鞭坠落，化作石峰。黄石寨海拔 1200 米，是张家界森林公园外最大、最集中的观景台，主要观景点有 20 余处，有"不上黄石寨，枉到张家界"之说。景区的中部是袁家界和杨家界，袁家界中有天下第一桥、阿凡达外景取景地"哈利路亚悬浮山"等景点。杨家界景区属石英砂岩峰林地貌，景点 200 多个，以"天下第一奇瀑"龙泉瀑布最为著名。

（五）凤凰古城

凤凰古城位于湖南省西南部，与贵州省相邻，曾被新西兰著名作家路易艾黎称赞为"中国最美丽的小城"。凤凰古城自古以来就一直是苗族和土家族的聚居地区。明始设五寨长官司，清置凤凰厅，以境内的凤凰山而得名。凤凰古城现有文物古建筑 68 处，古遗址 116 处，明、清两代特色民居建筑 120 多栋，还有石板古街道 20 多条。这里不仅风景优美，而且人杰地灵，名贤辈出。例如，为了维护民族尊严怒斩外国不法传教士的清代钦差大臣、贵州提督田兴恕；定海浴血抗英的民族英雄郑国鸿；民国第一任民选内阁总理"湖南神童"熊希龄；文学巨匠沈从文；国画大师黄永玉等。凤凰古城景区包括沈从文故居、熊希龄故居、杨家祠堂、沱江泛舟、虹桥风雨楼等景点。

四、主要旅游线路

（一）湘东北历史人文旅游线

行程安排：该线路主要包括湘潭—长沙—岳阳。

线路特色：此线路的旅游特色融合有名楼、名湖、名人故居等，有江南三大名楼的岳阳楼,有"八百里洞庭"的洞庭湖,有湘潭韶山的毛泽东故居,有汨罗江边的任弼时故居、杨开慧故居等。

(二)湘西北世界遗产旅游线

行程安排:该线路主要包括常德—张家界。

线路特色:此线路的旅游特色主要为欣赏名山生态游。主要景点有武陵源风景名胜区、宝峰湖、黄龙洞、天门山国家森林等。

(三)湘西民族风情旅游线

行程安排:该线路主要包括湘西—怀化。

线路特色:此线路的旅游特色是领略苗族、土家族等少数民族风情。湖南湘西是土家族苗族自治州,怀化有苗族、侗族等少数民族,民族风情浓厚。主要景点有凤凰古城、沈从文故居、熊希龄故居、怀化侗寨、皇都侗族文化村等。

线路设计案例　　张家界三日游

第一天:由景区南部的森林公园进入景区,首先前往黄石寨,站在无数悬崖峭壁共同组成的台地上,欣赏张家界的景观。而后去金鞭溪,下午前往袁家界,晚上在袁家界就餐与住宿。

第二天:由袁家界前往杨家界,景区属石英砂岩峰林地貌,景观雄浑、险要、清秀、幽静、原始,最高峰海拔 1130 米。游览天子山。晚上在天子山就餐与住宿。

第三天:从天子山出发,前往索溪峪,由景区东部的武陵源门离开景区。

任务四　江西省

设计一条江西省的综合旅游线路,线路中包含江西代表性的旅游景点,且兼顾旅游资源的互补性。

任务分析

在这个任务中,需要掌握旅游线路设计的原则,江西省代表性的旅游景点、景点的概况、特色和主要的旅游景观等。

一、旅游概况

江西省简称赣,省会南昌,因境内主要河流赣江而得名,主要城市有南昌、赣州、九江、景德镇等,如图 8-8 所示。江西自古以来素有"物华天宝、人杰地灵"之誉,文物古迹、风景名胜众多,有庐山、滕王阁、三清山、婺源、龙虎山、井冈山等。此外,江西是中国革命的摇篮,八一南昌起义向国民党反动派打响了第一枪,毛泽东、朱德在井冈山创建了第一个农村革命根据地,中央苏区的中心就在赣南的瑞金。

图 8-8 江西省旅游资源分布图

二、民俗风情

(一)饮食文化

赣菜由南昌、鄱阳湖区和赣南地区菜构成,有味浓、油重、主料突出、原汁原味等特色。赣菜调味重咸、香、辣;质地讲究酥烂、脆、嫩;烹调技法以烧、焖、蒸、炖、炒为主。赣菜典型菜品有三杯鸡、红酥肉、南丰鱼丝、文山里脊丁、清炖武山鸡、清蒸荷包鲤鱼、炒血鸭、小炒鱼等。

(二)民间艺术

江西省民间艺术中有赣剧、兴国山歌、采茶戏、南丰傩舞、竹篙火龙等。

1. 兴国山歌

兴国山歌,是流行于以江西省兴国县为中心遍及赣、粤、闽、桂数省的客家民歌。兴国山歌属于汉族口头艺术,下里巴人的山野俚曲,代代口耳相传。在演唱形式上由独唱、对唱,发展到联唱、合唱、小演唱,而且还创造出兴国山歌剧这一新剧种。2006年5月20日,兴国山歌经国务院批准列入第一批国家级非物质文化遗产名录。

2. 南丰傩舞

南丰傩舞俗称跳傩,是沿袭古代驱鬼逐疫的仪式"驱傩",历经漫岁月,不断改革、创新,逐渐演变而成的传统民俗舞蹈。江西南丰有傩,自汉开始。南丰傩舞因其动作简朴、刚劲,保持较多的原始风格,故被誉为"中国古代舞蹈活化石"。

(三)地方特产

江西特产丰富,其中最具代表性的有景德镇陶瓷、赣州脐橙、兴国米粉鱼、南丰蜜橘、庐山云雾茶等。景德镇陶瓷以白瓷著称,素有"白如玉,明如镜,薄如纸,声如磬"之称。景德镇瓷器工艺种类齐全,有圆雕、捏雕、镂雕、浮雕等;青花、玲珑、粉彩、颜色釉合称景德镇四大传统名瓷。

三、主要旅游城市及景区

(一)南昌

南昌市是江西省省会,又称洪城、英雄城。南昌旅游资源丰富,自然与人文旅游景观众多,主要有滕王阁、八一广场、八一起义纪念馆、南昌之星等。

1. 滕王阁

滕王阁位于江西省南昌市西北部沿江路赣江东岸,是南方唯一一座皇家建筑,如图8-9所示。滕王阁始建于唐朝永徽四年,是江南三大名楼之一,因初唐才子王勃作《滕王阁序》而出名。

图 8-9 滕王阁

滕王阁景区主要由主阁和南北两面的小园子组成。主阁外看三层,实际共有九层。第一层是序厅,门前有毛泽东生前题写的"落霞与孤鹜齐飞,秋水共长天一色"拱联。第二层是暗层,墙壁上是先秦到明末江西80多位杰出人物的画像。第三层北耳厅有一个茶座,可在此品茗小憩。第四层是反映江西山川风貌的壁画。第五层是滕王阁欣赏风景最好的楼层,有中厅、东厅和回廊等。中厅可以欣赏到苏轼手笔的《滕王阁序》,东厅中央是滕王阁的全景模型,回廊可将赣江的景色尽收眼底。

2. 八一起义旧址群

八一起义旧址是全国重点保护单位,包括中国共产党的八一起义总指挥部旧址、贺龙指挥部旧址、朱德军官教育团旧址、叶挺指挥部旧址、朱德旧居等5个点。八一起义旧址与新四军军部旧址、江西革命烈士纪念堂、八一起义纪念塔等已成为中华人民共和国南昌红色旅游一条线。八一起义标志着中国共产党打响了武装反抗国民党的第一枪,标志着中国共产党独立地创造革命军队和领导革命战争的开始,因此8月1日成为中国工农红军和后来的中国人民解放军的建军节。

知识衔接

瑞 金

瑞金位于江西省赣州市,是著名的"红色故都"、共和国的摇篮和中央红军长征出发地,是我国影响广泛的革命传统教育名城。在这一特殊的人文环境的影响下,瑞金孕育了丰富的旅游资源,主要的旅游资源类型有汉代古墓葬、古窑址、明清古建筑以及苏区时期的革命旧居、旧址等。革命旧址180多处,代表性的景点有革命旧址群、中央革命根据地历史博物馆、红井、一苏大礼堂、二苏大礼堂、红色造币厂等。

(二)鄱阳湖

鄱阳湖位于江西省上饶市、南昌和九江交界处的长江南岸,是中国第一大淡水湖。鄱阳湖被称为"白鹤世界"、"珍禽王国",这里有世界上最大的鸟类保护区,保护区内鸟类有300多种。鄱阳湖是典型的构造湖,由于地壳陷落注水而成。整个湖泊湖面狭窄,形似葫芦,主要景区有湿地公园、鸟类天堂、湿地科学园、老爷庙、落星墩等。

鄱阳湖分丰水期、枯水期两季,丰水期和枯水期可以欣赏到不同的美景。夏秋是丰水期,湖上水波翻腾,与周围绿色的景观融为一体,非常壮观。枯水期时,湖边上生长着芦苇荡和野草丛,牛羊时不时出现,景色非常美丽。

(三)庐山

图8-10 庐山

庐山又称匡山或匡庐,位于江西省北部,是江西的北大门,如图8-10所示。庐山以雄、奇、险、秀闻名于世,素有"匡庐奇秀甲天下"之美誉,是享誉海内外的避暑胜地。庐山旅游资源丰富,既有自然景观,又有众多的人文景区。在自然景观中,庐山具有代表性的景点有芦林湖、石洞瀑、五老峰、险峰等。人文景区的典型代表有观音桥、仙人洞、白鹿洞书院、美庐别墅、庐山会议会址等。

庐山是著名的教育名山、文化名山、宗教名山。庐山是中国古代教育的胜地,这里有中国古代四大书院之首的白鹿洞书院。书院创建于940年,是中国首间设施完备的书院。南唐时建成的"庐山国学",是我国历史上唯一置于都城之外的国学;宋代理学家朱熹重建并扩大书院,成为宋末至清初我国重要的文化摇篮。

庐山是一座历史悠久的文化名山,名胜古迹众多,主要有白鹿洞书院、唐寅《庐山图》中的观音桥、周瑜鄱阳湖练兵点将之处——周瑜点将台、周敦颐《爱莲说》中的爱莲池、朱元璋与陈友谅大战鄱阳湖时屯兵饮马的小天池等。

庐山是我国佛教中心之一,6—8世纪有道教信仰者来此,后又有基督新教、天主教、东正教、伊斯兰教等传教士来到庐山。因此,庐山有"一山藏六教,走遍天下找不到"的说法。

(四) 上饶

1. 三清山

三清山位于江西省上饶市玉山县与德兴市交界处,是我国著名的道教名山,2008年被列为世界自然遗产名录。因其三座主峰玉京、玉虚、玉华挺拔,似道教三尊而得名。三清山自然与人文景观丰富,尤其以花岗岩地貌景观和道教文化最具代表性。该山体是典型的花岗岩地貌,有峰峦、峰丛、峰墙、峰柱等,常见的岩石造型有葫芦石、龟形石、仙人现指、鹤寿顶、葛洪炼丹、老庄论道等,被誉为西太平洋边缘最美丽的花岗岩。三清山的开山始祖是道教理论家、著名道士葛洪,明朝为三清山道教活动的鼎盛时期,现山上保留的文物古迹丰富,主要有遗址、道教观宇、石塔等。

2. 婺源

婺源县位于江西省东北部,属上饶市下辖县,如图8-11所示。这里是徽州文化的发祥地之一,素有"书乡"、"茶乡"之称,被誉为"中国最美的乡村"。婺源建县的历史有1200多年,其文化风俗、房屋建筑、饮食居住等都是徽文化的重要组成部分,境内分布有保存完整的古村落,保存着大量的物质文化遗存。婺源自古文风鼎盛、名士辈出。

图8-11 婺源

婺源旅游资源丰富,主要有婺源油菜花、鸳鸯湖、大鄣山瀑布、大游山、江湾镇等景点。现已形成东线、西线和北线等三条主要的旅游线路。东线主要景区有江湾、篁岭、李坑、汪口、晓起、江岭、庆源。西线是婺源生态环境非常好的区域,代表性景点有鸳鸯湖、世界最大的野生鸳鸯栖息地、文公山等,湖泊环境优美,湖水清澈,每年秋末冬初都会有鸳鸯飞来,文公山森林覆盖率高,野生动物众多,是著名的文化名山。北线以明清古村落和田园自然风光为主,主要景点有思溪延村、长滩摄影地、彩虹桥、灵岩洞、大鄣山卧龙谷。

(五) 井冈山

井冈山市位于江西省中部偏西,被誉为"中国革命的摇篮"和"中华人民共和国的奠基石"。井冈山自然景观优美,以"雄、险、秀、幽、奇"等为特色。

井冈山人文内涵丰富,1927年10月,毛泽东、朱德、陈毅、彭德怀等老一辈无产阶级革命家率领中国工农红军来到宁冈井冈山,创建以宁冈为中心的中国第一个农村革命根据地,开辟了"以农村包围城市、武装夺取政权"的具有中国特色的革命道路。井冈山代表性的人文景观有:井冈山革命博物馆、井冈山革命烈士陵园、茨坪毛泽东同志旧居、黄洋界哨口、桐木岭哨口等。

(六)龙虎山风景名胜区

龙虎山风景名胜区位于江西鹰潭市,是中国道教发祥地,创始人张道陵曾在此修道,后发展为正一教。鼎盛时期建有道观80余座,道院36座,道宫数个,是名副其实的"道都"。景区自然与人文旅游资源丰富,尤以丹霞地貌景观、道教文化、崖墓群等为代表,称为龙虎山景观的"三绝"。整个景区由上清宫、龙虎山、仙水岩、马祖岩、洪五湖和应天山六大部分组成。2010年8月,江西省的龙虎山作为"中国丹霞"联合申遗项目,与湖南崀山、广东丹霞山、福建泰宁、贵州赤水、浙江江郎山共同入选了世界自然遗产名录,是中国第八处世界自然遗产。

景点讲解案例　石钟山

石钟山,位于江西省九江市湖口县境内,长江与鄱阳湖交汇处,由两座石灰岩的山体的组成,因形状如覆钟,水浪冲打岩石峭壁时,响声如洪钟,故名为"石钟山"。石钟山高50余米,靠近悬崖和江面,由上钟山和下钟山组成,两山相隔不到1000米。上钟山靠近鄱阳湖,下中山靠近长江。石钟山自然风景雄奇秀丽,居高临下看时,像一把锁挂在湖口"门"前,号称"江湖锁钥"。站在山顶上,近处可欣赏湖泊与江水,远处可眺望庐山。

石钟山从唐代时候起就有建筑,经过多次重修,现存建筑多为清代重建。代表性的建筑有怀苏亭、半山亭、绀园、船厅、江天一览亭、钟石、极慈禅林、听涛眺雨轩、芸芍斋、石钟洞、同根树等,且建筑多与苏轼有关,苏轼曾在探访石钟山时写下了著名的《石钟山记》。此外,山体上还保留有大量的其他文人的诗文题记。

(七)景德镇

景德镇古称"新平",又名昌南,是中国江西省东北部下辖的一个地级市。其名源于宋朝,宋真宗景德元年,景德镇因盛产青白瓷,且质地优良,于是以皇帝年号为名置景德镇,一直沿用至今。据文献记载,景德镇制造陶瓷始于汉代,至今已经有2000多年的历史了。汉唐以来,景德镇就以盛产陶瓷而著称于世。宋时已成为全国四大名镇之一,明清时期是中外闻名的瓷都。景德镇古窑民俗博览区是景德镇陶瓷文化旅游的首选景区,陶瓷民俗展示区以十二栋明、清时期古建筑为中心,景区内有陶瓷民俗陈列、天后宫、瓷碑长廊、水上舞台瓷乐演奏等景观,有古代制瓷作坊、世界上最古老制瓷生产作业线、清代镇窑、明代葫芦窑、元代馒头窑、宋代龙窑、风火仙师庙、瓷行等景点。

四、主要旅游线路

(一)红色文化旅游线

行程安排:该线路主要包括南昌—吉安—井冈山—赣州—瑞金。

线路特色:此线路的特色是感受红色文化的深厚底蕴,有中国革命摇篮——井冈山、长征出发地——瑞金、八一起义地——南昌、著名的红色旅游地赣州等。主要的景点有八一广场、八一起义纪念馆、井冈山革命博物馆、叶坪革命旧址群等。

(二)道教文化旅游线

行程安排:该线路主要包括南昌—鹰潭—上饶。

线路特色:此线路的特色是宗教文化深厚。主要景点有滕王阁、龙虎山、三清山、鄱阳湖等。

(三)名山名水旅游线

行程安排:该线路主要包括南昌—九江—景德镇。

线路特色:此线路的特色是欣赏秀丽的山水风光等。主要景点有庐山、石钟山、鄱阳湖等。

线路设计案例　庐山—井冈山二日游

第一天:早上到达庐山风景区,首先前往花径,赏如琴湖。然后游览锦绣谷和道教圣地仙人洞,经过大天池到达龙首崖。午饭后游览乌龙潭、黄龙潭、三宝树、芦林湖,参观庐山博物馆和庐山会议旧址。

第二天:前往黄洋界山顶黄洋界哨口处,之后游览井冈山造币厂、百竹园、小井等。下午参观毛泽东旧居,然后到茨坪镇,游览井冈山烈士陵园、井冈山革命博物馆、茨坪革命旧址群。行程结束。

本项目包括华中旅游区旅游概况、湖北、湖南、江西等4个任务。通过对任务中华中旅游区概况、各省旅游概况、民俗风情、主要旅游城市、旅游景点、精品旅游线路的学习,一方面使学生熟悉华中旅游区主要的旅游景点和旅游线路;另一方面提升学生景点导游词撰写和线路设计的能力,也激发他们强烈的爱国情感。

1. 选择华中旅游区中具有代表性的一个景点,撰写导游词,并进行脱稿讲解。

2. 以小组为单位,设计一条华中旅游区的旅游线路(可以是一个省、市,也可以是整个旅游区),要突出本区、省、市的旅游特色。

项目九
华南旅游区

项目目标

职业知识目标：
1. 掌握华南旅游区的地理环境特点、旅游资源特征。
2. 熟悉华南旅游区主要的旅游城市与旅游景区的特色。
3. 熟悉华南旅游区主要的旅游线路。

职业能力目标：
1. 能分析华南旅游区地理环境与旅游资源的关系。
2. 能依据华南旅游区旅游资源的特点，设计有特色的华南旅游区旅游线路。
3. 能撰写华南旅游区特色旅游景区的讲解词。

职业素质目标：
1. 通过旅游线路的设计，培养学生学习的主动性，提高学生解决问题的能力。
2. 通过景点的讲解，培养学生良好的语言表达能力。

项目核心

华南旅游区旅游资源特征；华南旅游区主要的旅游城市；华南旅游区主要的旅游景区及特色；华南旅游区主要的旅游线路

任务一　华南旅游区概况

任务导入

来自北京的20名大学生,计划在"十一黄金周"期间游览华南旅游区,请为他们设计一条合理的旅游线路,并进行相应的景点讲解。

任务分析

要完成此项任务,首先要了解大学生旅游需求的特点以及北京人的生活习惯。其次,掌握华南旅游区的地理环境与旅游资源的特点,熟悉相应的旅游景点类型及其分布。最后,依据游览的时间、旅游景点的多样性和互补性进行旅游线路的设计,并撰写相应景点的导游词。

华南旅游区位于我国的南部,包括福建、广东、海南、香港、澳门、台湾等。本区地貌类型多样,海岸地貌突出,是我国著名的侨乡。

一、自然地理环境

(一) 地形以低山丘陵为主,地貌类型多样

整个华南旅游区地形以低山丘陵为主,平原较少,主要山脉是南岭和武夷山。区域内地貌类型复杂多样,最具代表的有海岸地貌,常见的有海蚀崖、海蚀柱、海蚀洞以及生物海岸等;此外还有丹霞地貌发育,尤其在广东省。

(二) 典型的亚热带湿润季风气候

该区属于典型的亚热带湿润季风气候,具有夏季高温多雨、冬季温和少雨的特点。区域热量资源丰富,降水充沛,植被茂盛,有热带雨林、季雨林和南亚热带季风常绿阔叶林等,热带森林动物丰富多样。

二、人文地理环境

(一) 交通便利,经济发达

华南旅游区交通便利,水运、公路、铁路、航空等交通网密布。广州、湛江、汕头、海口等

均是区域重要的港口;京广、枝柳、湘桂、黔桂等铁路,沟通了华北、华中、西南等地的联系;国内航线、国际航线发达。区域经济发展速度快,有珠海、深圳、汕头、海南、厦门等5个经济特区,广州是华南政治、经济、文化、科技和交通中心,我国著名的沿海开放城市和国家综合改革试验区。香港是全球三大金融中心之一,是国际和亚太区重要的金融、航运枢纽和最具竞争力的城市之一。

(二) 著名的侨乡

华南旅游区是我国著名的侨乡。分布在世界各地的华人华侨中,约有一半人的祖籍在广东,此外,福建、海南、台湾也是著名的侨乡。寻根问祖旅游成为华南旅游区旅游业发展的一大特色。

三、旅游资源特点

(一) 地貌旅游资源众多

本区地貌旅游资源丰富,丹霞地貌、海岸地貌旅游价值高。丹霞地貌的典型景区有广东丹霞山和金鸡岭,福建武夷山、桃源洞等景点。典型的海岸地貌旅游资源分布在海南三亚、广东汕头、福建厦门、台湾基隆等地。

(二) 城市旅游资源广泛

本区经济发达,城市发展迅速。广州、深圳、厦门、香港、澳门等现代都市,蕴含了丰富的城市旅游资源,包括主题公园、现代建筑、都市风光、购物中心等。典型景区有深圳的"华侨城"、"锦绣中华"、"世界之窗",香港的"迪士尼乐园"、"购物天堂"等。

(三) 妈祖文化、客家文化独具特色

妈祖文化盛行于中国沿海地区,华南旅游区的妈祖文化旅游特色显著。福建莆田是妈祖信仰的发源地,妈祖庙众多。华南各地妈祖庙广布,如福建湄洲妈祖庙、台湾北港朝天宫、福建泉州天后宫、台湾澎湖天后宫、澳门天后宫等。

客家文化是我国南方文化的重要组成部分,在中国的广东、福建、台湾等省份均有分布。客家文化在语言、音乐、舞蹈、民俗、建筑、饮食等方面均有独特的表现形式。华南旅游区典型的客家文化旅游资源丰富,客家土楼、客家风俗最为显著。

(四) 购物天堂

本区经济发达,香港、澳门作为特别行政区,在经济发展中拥有许多内陆城市无法比拟的优势。香港是亚太地区乃至全球的金融中心、国际航运中心、地区贸易中心,素有"购物天堂"的称号。作为一个自由港,香港除烟、烈酒和燃油之外,进口物品不用征收关税,很多人去香港,目的就是为了购物。澳门的低税率政策、便利的地理条件和低消费水平,造就了澳门物美价廉的购物环境。

任务二 福建省

任务导入

设计一条福建省的综合旅游线路,线路中包含福建省代表性的旅游景点,且兼顾旅游资源的互补性。

任务分析

在这个任务中,需要掌握旅游线路设计的原则,福建省代表性的旅游景点、景点的概况、特色和主要的旅游景观等。

一、旅游概况

福建省简称闽,省会福州,位于中国东南沿海,是我国重要的出海口,也是我国与世界交往的重要窗口和基地,如图9-1所示。福建文化旅游资源丰富,旅游业发达。突出的旅游资源有世界文化与自然双遗产武夷山、世界文化遗产福建土楼、世界自然遗产与世界地质公园泰宁、世界地质公园宁德白水洋,还有太姥山、白云山、海上花园厦门、温泉古都福州、朝圣妈祖平安湄州等独具特色的旅游品牌。

二、民俗风情

(一)饮食文化

闽菜是中国八大菜系之一,由福州菜、闽西菜、闽南菜等构成。闽菜调味注重虾油、虾酱、酸杏、"糟"味等,口味偏向酸、甜、咸、香,烹饪技法以熘、蒸、炒、煨、炖为主,代表的菜品有佛跳墙、福州鱼丸、红糟鸡、闽生果、淡糟香螺片、鸡汤氽海蚌等。

(二)民间艺术

福建是我国工艺美术重镇。那些历史悠久、技艺精湛、品种繁多的工艺美术作品,具有独特的民族风格和浓厚的地方色彩。其中,脱胎漆器、莆田木雕、软木画、德化陶瓷、寿山石雕、厦门漆线雕等都闻名遐迩。

1. 脱胎漆器

脱胎漆器历史悠久,质地轻巧,工艺精良,造型优美,色泽艳丽,素有"珍贵的黑宝石"、"东方珍品"之美誉。它与北京景泰蓝、江西景德镇瓷器并称为中国传统工艺品的"三宝"。

图 9-1 福建省旅游资源分布图

2. 寿山石雕

寿山石是我国传统的"四大印章"石之一。优良的材质、精湛的技艺使寿山石雕蜚声海内外。寿山石雕的表现技法主要有圆雕、浮雕、矮雕、薄意、印纽、镂空和镶嵌等。雕刻讲究"相石取巧",即根据石料的形状、色彩特点进行构思,因势造型,因材施艺,使宝石的自然色相和奥妙神工浑然一体,巧夺天工。

(三)地方特产

福建作为一个滨海省份,特产丰富多样,除了海产干货,还有安溪铁观音、武夷岩茶、福州茉莉花茶、福州脱胎漆器、平潭水仙花、长乐青山龙眼等特产。

1. 大红袍

大红袍产自福建武夷山,属于乌龙茶,在武夷山栽培已有 350 多年的历史。2006 年入选国家级非物质文化遗产名录。茶叶形条索紧结,色泽绿褐鲜润,冲泡后汤色橙黄明亮,叶片红绿相间,最具特色的属其兰花香气。

2. 铁观音茶

产自福建省安溪县,属于青茶类,我国十大名茶之一。茶香高且持续时间长,有"七泡有余香"的说法,主要类型有清香型、浓香型、陈香型等。经过 300 余年的传承,安溪铁观音形成独特的 11 道制作工序。2008 年 2 月,安溪铁观音的制作技艺列入第二批国家级非物质文化遗产名录。

三、主要旅游城市及景区

(一) 福州

福州别称榕城、三山,简称榕,温泉出露点多,因此又称温泉城。福州既是中国东南沿海重要的贸易港口和海上丝绸之路的门户,又是重要的文化中心,宋代以来文化教育兴盛,是产生进士、状元最多的城市之一。

1. 三坊七巷

三坊七巷位于福建省福州市鼓楼区,是对依次排列的十条坊巷的简称,是我国现存规模最大、保护最完整的历史文化街区,是"中国城市里坊制度活化石"。三坊七巷的空间布局、围墙、雕饰、门面等具有显著的特色。厅堂与天井融为一体,且在厅堂前方无任何的障碍物。其围墙又称马鞍墙,形状像马鞍。门、窗等处均有特色的木雕。

2. 鼓山

鼓山位于福州市东部、闽江北岸,是福建著名的国家级风景名胜区。因鼓山山顶有一块巨石如鼓一般,且风雨撞击时会发出如鼓一样的响声,故名鼓山。鼓山山体是典型的花岗岩地貌,在其节理发育的地方易受到外力的作用,从而形成蟠桃林、刘海钓蟾、玉笋峰、八仙岩和喝水岩等花岗岩景观。鼓山信奉佛教文化,景区中心处建有涌泉寺,寺庙内建有天王殿、大雄宝殿、观音殿、地藏殿等。

(二) 厦门

厦门是福建重要的旅游城市,旅游资源丰富,有鼓浪屿景区、佛教圣地南普陀寺、中国最美丽校园之一的厦门大学、厦门同安影视城、胡里山炮台、天竺山森林公园等。

1. 鼓浪屿

鼓浪屿位于厦门西南海面的海岛上,郑成功曾经在此屯兵训练水师,鼓浪屿逐渐为人所知,素有"海上花园"的美称,如图9-2所示。在小岛的西南有一个海水侵蚀所形成的海蚀洞,海蚀洞受浪潮冲击,声如擂鼓,称鼓浪石,鼓浪屿因此得名。由于历史原因,中外风格各异的建筑物在此地被完好地汇集、保留,有"万国建筑博览"之称。小岛还是音乐的沃土,人才辈出,钢琴拥有密度居全国之冠,又得美名"钢琴之岛"、"音乐之乡",主要的旅游点是日光岩、菽庄花园、海滨浴场、郑成功纪念馆等。

图9-2 鼓浪屿

2. 南普陀寺

南普陀寺位于厦门岛南部五老峰下,是福建著名的佛教圣地之一。其名源于寺庙内供奉的观音菩萨,与浙江普陀山类似,均是观音菩萨的道场。同时地理位置位于浙江普陀山的南面,故称南普陀寺。寺庙最早建于唐代,期间经历废寺、修复、重建等过程,现存的寺庙为明代重建。南普陀寺内建筑景观采用典型的中轴对称分布,中轴线上的主体景观主要有天王殿、大雄宝殿、大悲殿、藏经阁等。天王殿建筑形式采用的是歇山顶重檐式,殿中正中供奉的是弥勒菩萨,两侧为佛教的四大天王。天王殿向里走是南普陀寺的中心景观大雄宝殿。主殿正中供奉的是佛教三世佛,殿后为西方三圣。

3. 环岛路

环岛路是厦门国际马拉松比赛的主赛道,被誉为世界最美的马拉松赛道。环岛路全程31公里,路宽44~60米,是厦门市环海风景旅游干道之一。这里体现了亚热带风光和厦门特色,是一条集旅游观光和休闲娱乐为一体的滨海走廊。环岛路上有蓝色的大海、金色的沙滩、绿色的草地、红色的跑道、灰色的公路等,沿途有胡里山炮台、"一国两制统一中国"标语牌、椰风寨、国际会展中心、五缘湾等众多景点。

(三) 泉州

泉州位于厦门东北方向,与台湾隔海相望,是福建三大中心城市之一,素有"海滨邹鲁"的美誉。泉州历史悠久,是海上丝绸之路的起点。这里文化积淀丰厚,名胜古迹众多。

1. 开元寺

开元寺位于泉州市鲤城区西街,是福建省内规模最大的佛教寺院,始建于唐武则天垂拱二年,至今已有1300多年的历史。整个建筑采用严格的中轴分布,中轴线上有紫云屏、山门(天王殿)、拜亭、大雄宝殿、甘露戒坛、藏经阁等。天王殿内石柱为梭柱,石柱上有对联"此地古称佛国,满街都是圣人"。天王殿两侧是密迹金刚与梵王。大雄宝殿是开元寺主体建筑,大殿正中供奉的是御赐佛像毗卢遮那佛,两旁有四尊大佛。藏经阁收藏各种版本经书3700多卷,收藏有《大藏经》、《法华经》、《贝叶经》等佛学典籍。

2. 清源山

图9-3 老君造像

清源山又称"北山"、"齐云山",位于福建省泉州市,有"闽海蓬莱第一山"的美称。清源山景区由清源山、九日山、灵山圣墓三部分组成,景区内以宗教寺庙、宫观,文人书院及石雕、石构、石刻等文物为主的人文景观,现存完好的宋、元时期道教、佛教大型石雕共7处9尊,历代摩崖石刻近500方,元、明、清三代花岗岩仿木结构佛像石室3处以及近代高僧弘一法师(李叔同)舍利塔和广钦法师塔院。这里代表性的景点有老君造像、弥陀岩、三世佛、舍利塔等,如图9-3所示。

(四) 武夷山

武夷山位于福建省武夷山市南郊,是世界自然与文化双遗产,属典型的丹霞地貌,著名的三教名山。武夷山动植物资源丰富,被誉为"蛇的王国"、"鸟的天堂"。武夷山景区划分为西部生物多样性、中部九曲溪生态、东部自然与文化景观以及闽越王城遗址等4个保护区,突出的自然景观有天游峰、九曲溪、大红袍景区和水帘洞，主要的文化景观有古闽族文化、古汉城遗址、道教宫观——武夷宫等。

九曲溪发源于武夷山自然保护区，因河道的弯曲与岩层阻挡，河流深切弯曲，故称九曲溪，如图9-4所示。大红袍景区位于武夷山的中心，典型的景观是"九龙窠"峡谷，峡谷两侧山峰林立，大红袍茶叶则产自峡谷北面的悬崖峭壁上。

（五）妈祖庙

据史料记载，1000多年以前，地处福建莆田湄洲屿，有一位姓林的青年女子，自幼聪慧颖悟，能识天气，通医理，善舟楫，平素热心扶危济困，救助海难，受到人们的敬重。她羽化升天后，乡亲们为了纪念她，便在岛上修庙奉祀。这就是妈祖庙。

福建沿海一带多信妈祖，纷纷建立庙宇，但湄洲湾妈祖庙被尊为"天后宫湄洲祖庙"。妈祖庙山顶屹立着一尊14米高的巨型石雕妈祖塑像。近年来，每年到岛上观光、旅游者达100多万人次，据《世界妈祖庙大全》提供的数据显示，全世界已有妈祖庙近5000座，信奉者近2亿人。

（六）福建土楼

福建土楼产生于宋元时期，经过不断发展，一直延续至今，如图9-5所示。福建土楼巧妙地运用了狭小的空地，充分利用当地的生土、木材、鹅卵石等材料，修建而成。福建土楼有圆形、方形、交椅形等土楼类型，具有聚族而居和防御的双重目的，主要分布地区以福建西南山区，客家人和闽南人聚居的福建、江西、广东等三省交界地带。福建土楼是世界上独一无二的大型民居形式，被称为中国传统民居的瑰宝。

图9-4 九曲溪

图9-5 福建土楼

四、主要旅游线路

（一）海滨旅游线

行程安排：该线路主要包括福州—莆田—泉州—厦门。

线路特色：此线路以欣赏妈祖文化、海滨旅游资源为特色。主要景点有莆田湄洲岛、泉州博物馆、闽台缘博物馆、清源山老君岩、胡里山炮台、鼓浪屿、金门、南普陀寺等。

(二)世界遗产旅游线

行程安排:该线路主要包括永定土楼—武夷山。

线路特色:此线路的特色是欣赏世界遗产文化。主要景点有福建永定土楼、武夷山等。

(三)绿色生态旅游线

行程安排:该线路主要包括武夷山—泰宁—将乐—沙县—永安—连城。

线路特色:此线路可观看茶艺表演、品武夷岩茶、游览九曲溪等。主要景点有武夷山、泰宁古城、玉华洞、永安桃源洞、鳞隐石林、冠豸山、石门湖等。

线路设计案例 　*福州—武夷山—厦门—安溪三日游*

第一天:从福州接团后,前往武夷山景区。上午参观游览大红袍景区、遇林亭窑址、万亩茶园基地等。游客可品尝大红袍,欣赏茶文化表演。

第二天:乘竹筏感受九曲溪,参观武夷宫、仿宋一条街。

第三天:游览安溪铁观音发源地,参观凤山茶叶大观园。返回福州,结束旅程。

任务三　广东省

任务导入

设计一条广东省的综合旅游线路,线路中包含广东代表性的旅游景点,且兼顾旅游资源的互补性。

任务分析

在这个任务中,需要掌握旅游线路设计的原则,广东省代表性的旅游景点以及景点的概况、特色和主要的旅游景观等。

一、旅游概况

广东省简称粤,省会广州,位于中国南部地区,如图 9-6 所示。由于地理条件及历史渊源,广东是著名的侨乡。广东省旅游资源丰富,有丹霞地貌、海岸地貌和寻根问祖文化。优越的地理位置和地理环境、丰富的旅游资源、发达的经济条件、便利的交通状况等,为广东旅游业的发展提供了有利的条件。

图 9-6　广东省旅游资源分布图

二、民俗风情

(一) 饮食文化

粤菜即广东菜,是我国著名的菜系之一。广东菜的形成与当地的地理环境、经济水平和饮食习惯密切相关,在取材、烹调方法、口味等方面均表现出强烈的地域特征。粤菜取材广泛,种类繁多,典型的菜品有鸡烩蛇、龙虎斗、烤乳猪、太爷鸡、盐焗鸡、白灼虾、白斩鸡、烧鹅、蛇油牛肉等。

(二) 民间艺术

广东的民间艺术融合在日常生活当中,是中华民族文化的组成部分,具有代表性的民间艺术有粤绣、木版年画、象牙雕刻、广州彩瓷、广东剪纸、麦秆贴画、佛山狮头、泥塑、玉雕、石雕、角雕、椰雕、潮州木偶戏等。

粤绣即广绣,是我国四大名绣之一,盛行于广州、佛山、南海、番禺、顺德等地。粤绣的基本材料有丝绒、真丝、金线、银线、金绒混合等,构图匀称,绣品取材多为花鸟与人物。粤绣的代表作品有"百鸟朝凤"、"丹凤朝阳"、"百花篮"、"鹦鹉"、"晨曦"等。

(三) 地方特产

广东地方特产丰富,如广彩、广绣、广雕、红木家具、荔枝、龙眼、凉茶、中秋月饼、泮溪马蹄粉、沙湾姜埋奶、老婆饼、鸡仔饼、腊肠、猪油糕等。

三、主要旅游城市及景区

(一) 广州

广州又称羊城,别称五羊城,是广东省省会,位于广东省的东南部,隔海与香港、澳门相望,因此被誉为中国的"南大门"。广州旅游资源丰富,文物古迹众多。

1. 黄埔军校旧址

1924年,孙中山在苏联顾问帮助下,创办了黄埔军校,培养革命军事干部。在中国人民解放军十位元帅中就有五位出自黄埔军校,他们是徐向前、叶剑英、聂荣臻、林彪和陈毅。军校旧址于抗战时被炸毁,1964年修复。黄埔军校旧址是全国重点文物保护单位,广州市爱国主义教育基地,校内有孙中山纪念碑和孙中山铜像、孙中山纪念室、军校校舍、黄埔军校史料陈列室等。

2. 长隆旅游度假区

长隆旅游度假区位于广州新城,是中国拥有主题公园数量最多和最具规模的综合性主题旅游度假区。度假区内主要有欢乐世界、香江野生动物世界、水上乐园、国际大马戏、鳄鱼公园等5个主题公园。长隆欢乐世界中主要有白虎大街、旋风岛、尖叫地带、中央演艺广场、哈比儿童王国、幻影天地、欢乐水世界、彩虹湾等8大部分。野生动物世界中动物种类繁多,游客可以观赏到大规模的野生动物种群。水上乐园有造浪池、超级大喇叭、超级巨兽碗等水上娱乐活动。

(二) 深圳

深圳,又称鹏城,位于珠江三角洲东岸。这里气候宜人,风光优美,拥有丰富的自然与人文旅游资源,以主题公园和海滨景色为主。

1. 锦绣中华

深圳锦绣中华是国内建立的第一家文化主题公园,属于实景微缩景区,占地450亩,分为景区和综合服务区两部分。"一步迈进历史,一天游遍中华"是锦绣中华的口号,园中的82个景点均按中国版图位置分布,以1∶15的比例进行复制,其中有5万多个栩栩如生的陶艺小人和动物点缀在其中,生动再现了我国的历史文化及民俗风情。

2. 世界之窗

世界之窗位于深圳华侨城,它以弘扬世界文化为宗旨,是一个把世界奇观、历史遗迹、古今名胜、民间歌舞表演融为一体的人造主题公园。公园中的各个景点都按不同的比例仿建。全园分为世界广场、亚洲区、美洲区、非洲区、大洋洲区、欧洲区、雕塑园和国际街8个主题区,分别展示了法国埃菲尔铁塔、巴黎凯旋门、意大利比萨斜塔、印度泰姬陵、埃及金字塔等世界100多个著名的文化景观和建筑奇迹。

3. 欢乐谷

欢乐谷,位于深圳华侨城杜鹃山,是我国典型的现代主题乐园。整个景区由魔幻城堡、金矿镇、香格里拉森林、阳光海岸、飓风湾、玛雅水公园、欢乐时光、西班牙广场、冒险山等9个项目群,40多个旅游项目组成。

(三) 珠海

珠海自然环境优美,素有"百岛之市"的美称,也称"浪漫之城"。这里属于亚热带海洋性气候,冬无严寒,雨量充沛,气候宜人。珠海旅游景点丰富,如珠海三叠泉、梦幻水城、珠海渔女、圆明新园、御温泉度假村、金台寺、珠海海洋生态馆、银沙滩、三灶万人坟等。

1. 圆明新园

圆明新园位于广东珠海市,是主题公园类景区,于1997年正式建成并开放,整个景区是以北京圆明园为原稿,选取其中的30处景观建成。圆明新园融古代皇家建筑群、江南古典园林建筑群和西洋建筑群为一体。整个建筑采用严格的中轴对称分布,中轴线上主要为皇家宫殿式建筑群,两侧分别有江南园林建筑景观和西洋建筑群。此外,景区有大量的表演项目,如大清王朝、清宫庆典、京剧武打折子戏、编钟乐舞、满族风情等。

2. 情侣路

情侣路是珠海城市的标志性建筑之一,长约28公里。情侣路由方正的砾岩铺成,沿路有海湾大酒店、九洲港、金怡酒店、海滨泳场、珠海渔女、香炉湾等多个著名风景旅游点。在情侣路的附近有小海岛和大礁石,放眼望去是苍茫的大海,近岸的山上可欣赏亭台楼阁等建筑景观。

3. 珠海渔女

珠海渔女巨型石刻雕像是珠海市的象征,位于香炉湾畔,如图9-7所示。石刻雕像高8.7米,重量10吨,用花岗岩石分70件组合而成。雕像附近有很多大岩石立在海中,且在渔女雕像的下面有海滩供游客游玩,在其附近有情侣路、海滨公园等景点。

(四) 韶关

韶关自然风光优美,民族文化深厚,旅游景点众多,典型的有丹霞山、南华寺、"石峡文化"遗址——狮子岩,有"地下宫殿"之称的古佛岩,全国保存最完好的古驿道梅岭古道等。

1. 丹霞山

图 9-7 珠海渔女

图 9-8 丹霞山

丹霞山位于广东省韶关市仁化县境内,集世界自然遗产、世界地质公园、国家自然保护区于一身,如图9-8所示。"色如渥丹,灿若明霞"让丹霞山得名。丹霞山由红色沙砾岩构成,是"丹霞地貌"的命名地,为世界上同类风景名山的典型代表。丹霞山由丹霞、韶石、巴寨、飞花水、仙人迹等5个园区和锦江风光带、浈江风光带组成,全山由680多座奇特的红色沙砾岩石峰构成,以赤壁丹崖为特色,最高峰巴寨海拔619.2米。

丹霞山人文历史厚重,隋唐时期就已经是岭南风景胜地。现存有别传禅寺、锦石岩寺、仙居岩道观等寺庙观宇,拥有众多古代的石窟寺和古山寨遗址及悬棺岩墓,宋代以来的摩崖石刻及岩画遍布山间。仅长老峰一带就有130多处摩崖石刻和碑刻、诗文100多篇。

2. 南华寺

南华寺位于韶关市曲江区马坝东南7公里的曹溪之畔,距离韶关市南约22公里,是中国佛教名寺之一。寺庙始建于南北朝梁武帝天监元年,距今已有1500年的历史。整个建筑面积12000多平方米,建筑景观呈中轴对称分布,从正门进入,依次有曹溪门、放生池、宝林门、天王殿、大雄宝殿、藏经阁、灵照塔和六祖殿等。天王殿中央供奉弥勒佛像,后面是韦驮像,两侧是四大天王像。大雄宝殿中供奉着西方三圣。六祖殿中供奉有六祖惠能大师以及憨山大师和丹田祖师的真身。

知识衔接

佛 山

佛山简称"禅",佛山市位于中国广东省中南部,佛山是一座历史悠久的文化名城,有着独特的岭南文化气息,是粤剧的发祥地与著名的武术之乡,尤其是佛山的武术文化历史悠久,极具代表性的有蔡李佛拳、洪拳、咏春拳等不少拳种和流派都根植于佛山,是中国功夫杰出代表人物黄飞鸿的故乡,李小龙的宗祖地,同时也是咏春拳宗师梁赞、叶问等人的祖籍所在地及师承地。大量的游客前往佛山追寻前人的足迹,寻找佛山武术的历史。

佛山气候温和,四季常绿,4—10月是佛山的最佳旅游时间。广东佛山既有美妙的自然风光,又有丰富的人文景点。在这里,游客可欣赏到风景秀丽的西樵山,由千灯湖和市民广场两部分组成的千灯湖公园,古典园林清晖园,具有岭南特色的佛山祖庙和李小龙故居、康有为故居、黄飞鸿纪念馆、李小龙纪念馆等。

(五)开平碉楼

图9-9 开平碉楼

开平碉楼位于广东省江门市下辖的开平市境内,是中西合璧的多层塔楼式民居建筑,被列入为世界文化遗产名录,如图9-9所示。开平碉楼大规模修建于明代后期,多由旅居海外的华侨衣锦还乡而建,为避盗匪而建成各式各样碉楼式的楼,最多时达3000多座,现存1800多座。其特色是中西合璧的民居,有古希腊、古罗马及伊斯兰等风格多种,代表性的楼群有雁平楼、开平立园、方氏灯楼、马降龙碉楼群、锦江里瑞石楼、自力村碉楼群等。

景点讲解案例　　七星岩

　　肇庆七星岩位于中国广东省肇庆市区北边,有"五湖、六岗、七岩、八洞"之说。其特色在于湖中有山,山中有洞,洞中有河。七星岩以喀斯特岩溶地貌的岩峰、湖泊景观为主要特色,七座排列如北斗七星的石灰岩岩峰把湖面分割成五大湖,被誉为"人间仙境"、"岭南第一奇观"。其主要景点有七星岩牌坊、七星岩摩崖石刻、石室洞、石峒古庙、莲湖泛舟。

四、主要旅游线路

(一) 城市观光与特色街旅游线

行程安排:该线路主要包括广州—深圳—珠海。

线路特色:此线路以主题公园、特色街、城市风光、水上体验活动等为特色。主要的游览景点有长隆欢乐世界、越秀公园、华侨城、世界之窗、欢乐谷、中华民俗村等。

(二) 地貌奇观——世界遗产旅游线

行程安排:该线路主要包括肇庆—清远—韶关—丹霞山。

线路特色:此线路以自然风光、地貌奇观、宗教文化、瑶寨风情等为特色。其主要景点有肇庆的鼎湖山与七星岩、清远——广东第一峰、韶关瑶寨与云门寺、南华寺与丹霞山等。

(三) 海滨与客家民俗旅游线

行程安排:该线路主要包括梅州—潮州—汕头—湛江。

线路特色:此线路以客家文化、古镇民居、民俗旅游、海滨旅游为特色。其主要景点有梅州客家民居、梅州叶剑英故居、潮州历史名城、潮州古民居与八角土楼、阳光与沙滩、海滨度假等。

线路设计案例　　广州观光三日游

　　第一天:到达广州,游览长隆野生动物世界,观看种类繁多的大型野生动物,与动物近距离接触。晚上前往国际马戏大剧院观看动物表演。

　　第二天:继续游览长隆旅游度假区,上午在长隆欢乐世界体验各种游乐项目,下午前往水上乐园亲水娱乐。

　　第三天:前往百万葵园,观赏各种中外花卉构成的花海,浪漫清新。

任务四　海南省

任务导入

设计一条海南省的综合旅游线路,线路中包含海南代表性的旅游景点,且兼顾旅游资源的互补性。

任务分析

在这个任务中,需要掌握旅游线路设计的原则,海南省代表性的旅游景点及景点概况、特色和主要的旅游景观等。

一、旅游概况

海南省简称琼,位于我国最南端,其行政区域包括海南岛、西沙群岛、中沙群岛、南沙群岛的岛礁及其海域,是我国仅次于台湾岛的第二大岛,如图9-10所示。海南岛地处热带北缘,属热带季风气候,素有"天然大温室"的美称。海南是我国唯一的热带岛屿省份,是我国最受欢迎的热带滨海度假胜地,区域旅游基础设施良好,丰富的生态旅游资源和优越的地理区位,为旅游业的发展提供了有利的条件。

二、民俗风情

(一)饮食文化

海南菜,发展历史悠久,融合黎族、苗族、东南亚等多地的风味,原料多以海鲜为主,以热带水果、野菜为辅菜。海南菜选料注重"鲜美",又因海南气候炎热,因此饮食以清淡为主,注重原汁原味。海南的四大名菜分别是文昌鸡、加积鸭、东山羊、和乐蟹,以文昌鸡为首。特色小吃有海南粉、海南鸡饭、海南粽、海南火锅、黎族竹筒饭、黎家酸菜、苗族五色饭、椰丝糯米粑等。

(二)民间艺术

海南民间艺术形式多样,代表性的有琼剧、儋州调声、崖州民歌、临高木偶戏、临高渔歌、黎苗族民歌、海南鼻箫、海南八音、黎族民间织锦、竹竿舞、牛角乐器等艺术形式。

项目九　华南旅游区

图9-10　海南省旅游资源分布图

1. 琼剧

琼剧,又称琼州剧、海南戏,是中国海南省的民间戏曲艺术与,粤剧、潮剧和汉剧同称为岭南四大剧种。琼剧是南方戏剧的其中一个支系,主要以海南话为戏曲语言,因此流行地域亦仅限于海南岛及两广之间。琼剧是当地的本土文化象征之一,大概有300多年的历史。

2. 临高渔歌

临高渔歌是流传于海南省临高县渔民中的一种民歌种类。因其多用衬词"哩哩美"和相关传说,故又称"哩哩美"、"哩哩妹"。在中国民歌中,临高渔歌具有鲜明的地方文化色彩和浓郁的乡土气息,它不仅是海南民间歌谣中的典型代表,也是中国最具艺术魅力的渔歌。

(三) 地方特产

海南省地方特产非常丰富,主要有热带水果、热带果脯、椰子食品、民族工艺品、珠宝等。热带果脯及鲜果主要有芭蕉、菠萝、波罗蜜、番荔枝、番石榴、海南柚子、红毛丹、黄皮、荔枝等;椰子糖果、椰丝、椰花、椰子糕、椰子酱等。民族工艺品有牛角雕、藤器、木画、木雕、根雕、椰雕系列产品等。金饰品和珠宝有条纹珠、金刚珠、佛珠、星月珠、琼珠、海水珍珠、天然水晶等。

三、主要旅游城市及景区

(一) 海口

海口是海南省的省会,位于海南岛北部,北濒琼州海峡。海口风光秀丽,名胜古迹多,旅游资源非常丰富。

1. 东寨红树林

东寨红树林位于海南岛北岸,长约10公里,有"海上森林"或"海底森林"的美誉。东寨红树林是我国建立的第一个红树林保护区,面积约4000公顷。红树林是分布在热带滨海泥滩上的常绿植物群落,是典型的生物海岸景观。其景观四季常青,终年碧绿。其最大的特色在于潮水涨落时,露出树木的高度规律性的发生变化,涨潮时只见树冠,退潮后可见树干。

2. 海瑞墓

海瑞墓位于海南省海口市西郊,是国家级重点文物保护单位。海瑞有"南包公"、"海青天"的美名。海瑞墓园始建于明朝,历代都有进行修复。整个陵园的建筑主要有石牌坊、甬道、海瑞墓、海瑞塑像、海瑞陈列馆及相关建筑构成。石牌坊上刻有"粤东正气"四个大字,甬道两侧有石人、石马、石羊等石像。墓前有4米高的石碑,墓室后有"扬廉轩",轩前有海瑞塑像,轩后有"清风阁",展示海瑞的生平事迹和陈列有关文物。陵园中有海瑞文物陈列室,供人瞻仰。

3. 火山口国家地质公园

火山口国家地质公园位于海口市,是火山爆发所形成的火山口群。其拥有的海口火山群是世界罕见的第四纪火山群,火山锥多达40座,熔岩隧道30多条,最长到2000余米。其中最大者海拔222.2米,深90米,是世界上最完整的死火山口之一。园区在火山锥、火山口及玄武岩台地上发育热带雨林为代表的生态群落植物有1200多种。火山口国家地质公园地下有火山岩洞群,是火山喷发的产物,被地质专家誉为颇具规模的火山岩洞博物馆。

(二) 三亚

三亚位于海南岛的最南端,别称鹿城,又被称为"东方夏威夷"。三亚北靠高山,南临大海,地势自北向南逐渐倾斜,是我国东南沿海对外开放黄金海岸线上最南端的对外贸易重要口岸,是我国通向世界的门户之一,也是海南省风景名胜最多而又最密集的地方。

1. 天涯海角

图9-11 南天一柱

天涯海角位于三亚湾西端,是分布在银色海滩上的一片石群,以热带海滨和形状各异的石柱而闻名。其中最有名的是分别刻有"天涯"和"海角"的两块巨石,它们也一直被视为爱情的象征,是三亚的标志性景观之一。此外,这里还有"南天一柱"(见图9-11)和"日月石"等。天涯海角风景区中有天涯购物寨、民族风情园以及历史名人雕塑园等景点,附近还有点火台、望海阁、怀苏亭和曲径通幽等景点。

2. 亚龙湾

亚龙湾位于三亚市东南部,是海南最南端的一个半月形海湾,全年阳光灿烂,享有"天下第一湾"的美誉。亚龙湾整个沙滩长约 7.5 公里,沙滩平缓宽阔,沙粒洁白细软,海水蔚蓝清澈,能见度高。海底资源丰富,有珊瑚礁、各种热带鱼、名贵贝类等。亚龙湾广场上有图腾柱和雕塑群以及 4 个白色风帆式的帐篷,另有蝴蝶谷和贝壳馆。此外,亚龙湾景区中还建有海上运动中心、高尔夫球场、游艇俱乐部等,这里有各类豪华别墅、度假村还有众多国际知名酒店等。

3. 南山文化旅游区

南山文化旅游区位于三亚市南山,是我国著名的福寿文化与宗教景区。人们常说的"福如东海,寿比南山"即为此地。景区宗教文化内涵深厚,其主要景点有南山寺、南山海上观音、金玉观音阁等。南山寺为中国近 50 年来新建的最大佛教道场,也是中国南部最大的寺院。南山海上观音像高 108 米,底座为 108 瓣莲花宝座,像体为正观音的一体化三尊造型。金玉观音像是目前世界上最大的一尊金玉佛像,佛像高 3.8 米,其内镶有释迦牟尼舍利子,耗用黄金、南非钻石、红宝石、蓝宝石、祖母绿、珊瑚、珍珠等各种奇珍异宝建造而成。

(三) 琼海

1. 博鳌亚洲论坛永久会址

博鳌亚洲论坛永久会址坐落在东屿岛上,整个景区中有宏伟的现代建筑,如博鳌亚洲论坛展览馆、博鳌亚洲论坛国际会议中心等,如图 9-12 所示。此地自然风光优美,是海南万泉河与南海的交汇处,是世界自然生态环境保存最完好的江河入海口,融树林、沙滩、温泉、奇石等自然景观于一体。博鳌亚洲论坛展览馆共有 11 个展区,分别有博鳌亚洲论坛历届年会、国际组织、政要致辞、论坛相关活动等情况进行综合介

图 9-12　博鳌亚洲论坛会址

绍。博鳌亚洲论坛国际会议中心共三层楼,博鳌亚洲论坛年会的主会场位于会议中心第二层楼,会场的主色调采用黄色,给人以规模宏大、金碧辉煌的感觉。

2. 红色娘子军纪念园

红色娘子军纪念园位于琼海市嘉积镇街心公园,地理位置优越,交通便利,是全国爱国主义教育基地、全国红色旅游经典景区。红色娘子军纪念园主要由园前景区、主题雕塑展馆区、热带风情园林景区、旅游服务区等 4 个部分组成,景区中代表性的景点有和平广场、纪念广场、红色娘子军陈列馆、歌舞广场、椰林寨等景点。

(四) 陵水黎族自治县

陵水黎族自治县(简称陵水县)位于海南岛的东南部,是典型的热带季风气候,高温多雨,干湿季分明,年平均气温 25.2 ℃。这里黎族、汉族、苗族等少数民族人数居多。全县有丰富的自然旅游资源和人文资源。

1. 南湾猴岛

南湾猴岛位于陵水黎族自治县的南湾半岛,是世界上唯一的热带海岛型猕猴自然保护区。景区内有猕猴,同时有阳光、海水及沙滩等旅游资源。进入景区大门,就到了猴岛雕塑广场,猴岛雕塑广场往前走是花果山猕猴游览区,这里有浴圣池,可以欣赏猴子们或潜水,或游泳,或跳水。在猕猴杂技表演区可以看到充满"人性"的猕猴。

2. 清水湾

清水湾位于陵水黎族自治县东部沿海,是风景优美的休闲胜地,海岸线全长约 12 公里,清水、白沙、奇岭、怪石等独具特色。整个海岸一半是礁岩,一半是沙滩,滩平沙细。据说清水湾的海水能见度达 25 米,沙滩平缓涉水 200 米远,水深也不过 2 米,是非常好的天然海滨浴场。因为走在沙滩上,沙滩会发出银铃般清脆的"唱歌声",所以,这里被誉为"会唱歌的沙滩"。

3. 分界洲岛

分界洲岛位于陵水黎族自治县与万宁市分界处,是集海底、海上、空中为一体的立体型旅游景区。景区海洋环境资源优越,有海豚潜水、堡礁潜水、远海潜水等与海钓等多种旅行活动,被誉为"心灵的分界岛"和"坠落红尘的天堂"。这是我国首个海岛型 5A 级旅游景区。岛上自然旅游景点众多,有"鬼斧神工"、"大洞天"、"刺桐花艳"等 20 多处,有暗礁潜水、峭壁潜水、沉船潜水、海上摩托艇、海底漫步、海上拖伞、沙滩酒吧等多种娱乐活动。

(五) 三沙市

三沙市是海南省四个地级市之一,现辖西沙群岛、中沙群岛、南沙群岛的岛礁及其海域,政府驻地位于西沙永兴岛。三沙市是在 2012 年伴随海南省西沙群岛、南沙群岛、中沙群岛办事处的撤销而同时建立的新行政区。

三沙市包括 260 多个岛、礁、沙、滩,东西相距 900 公里,南北长达 1800 公里,岛屿面积 13 平方公里,海域面积 200 多万平方公里。三沙市的群岛散布于热带海洋之中,在自然因素的综合作用下,形成了得天独厚的热带海洋海岛自然景观,岛上陆地与附近海域非常洁净,热带海岛风光旖旎,发展热带海洋海岛旅游业潜力极大。

西沙群岛是南海上的一群岛屿,是我国的海防前哨,这里风景优美,物产丰富。西沙邮轮旅游航线于 2013 年 4 月 28 日开通。游客乘坐"椰香公主号"邮轮,经海口、北礁、西沙永乐群岛,抵达西沙海域。

四、主要旅游线路

(一) 生态旅游线

行程安排:该线路主要包括海口—五指山。

线路特色:此线路以地貌景观、热带风光、火山地质遗迹等为特色。主要的景点有热带野生动植物园、东寨红树林、火山口国家地质公园、五指山等。

（二）热带海滨旅游线

行程安排：该线路主要包括三亚—陵水—万宁—石梅湾。

线路特色：此线路以海滨风光、地貌景观、热带植物、动物等为特色。主要的景点有天涯海角、亚龙湾、南山文化旅游区、三亚的海棠湾、万宁的兴隆热带植物园、陵水的南湾猴岛、分界洲岛、保亭的槟榔谷等。

（三）休闲与文化旅游线

行程安排：该线路主要包括文昌—琼海。

线路特色：此线路以温泉、会议旅游、孔子文化、名人故居等为特色。主要的景点有孔庙、东郊椰林、宋氏祖居、红色娘子军雕像、万泉河风景名胜区等。

  海口风情二日游

第一天：早餐后参观东寨港红树林，这是我国第一个红树林保护区，这里可欣赏分布在海岸浅滩上的红树林，还可以观看世界地质奇观"海底村庄"，观赏到多种鸟类。下午前往火山群世界地质公园，参观壮观的火山遗址、火山口、玄武岩台地上发育的热带雨林为代表的生态群落。

第二天：早餐后出发游览海南热带野生动植物园，在这里既可以观赏国内典型的热带雨林景观，又能与可爱的动物们亲密接触。下午前往假日海滩，享受日光浴、欣赏海滩的夕阳，顺便去规模庞大的露天海鲜烧烤广场吃晚饭。晚饭后自由在市内游览海口城市夜景。

任务五　香港特别行政区

任务导入

中国蓝天旅行社组织了由30位游客组成的旅行团游览香港。请为他们设计旅游线路，并准备主要景点讲解。

任务分析

在这个任务中，需要注意把握旅游线路设计的原则，熟悉香港的旅游资源、旅游特色和旅游线路等，掌握导游词的写作方法与技巧。

一、旅游概况

香港是我国的特别行政区,地处珠江口以东,北接广东深圳市,南望广东珠海市的万山群岛,西迎澳门特别行政区,由香港岛、九龙和新界组成,如图9-13所示。香港自古为中国领土的一部分,鸦片战争时期清政府被迫割让香港岛;1997年7月1日,中国对香港恢复行使主权。香港是国际重要的金融、服务业及航运中心,也是继纽约、伦敦之后的世界第三大金融中心,有"东方之珠"、"美食天堂"和"购物天堂"等美誉。

图 9-13 香港旅游资源分布图

二、民俗风情

(一) 饮食文化

香港素有"美食天堂"的美誉。在特殊的地理环境影响下,香港饮食文化融合了中国文化与西方文化的特点,既有香港本地传统饮食文化的特色,又有中国内地、泰国、印度、韩国等多地特点。香港最具特色的饮食属云吞面,另有独具特色的香港茶餐厅。特色小吃有鱼蛋、牛杂、叮叮糖、糖葱薄饼、炒栗子、龙须糖、鱼蛋粉、煎酿三宝、炸大肠等。

(二)民间艺术

香港因特殊的历史环境的影响,拥有丰厚的艺术文化。这里既有中西荟萃的艺术氛围、中外乐章、古今戏剧、中西舞蹈,又有国际性的艺术节、音乐节、电影节等,代表性的文化有香港电影、香港漫画、香港的粤曲等。

(三)地方特产

香港的自然资源中,以渔业生产最为发达。这里有超过150种具有商业价值的海鱼,主要是红衫、九棍、大眼鱼、黄花鱼、黄肚和鱿鱼。香港素有"购物天堂"之称,来自世界各地的各种产品均有销售。

三、主要旅游城市及景区

(一)香港岛

香港岛简称港岛,是香港的主要岛屿。香港岛是香港开埠时最早发展的地区,是香港的政治和经济中心。中环、金钟和铜锣湾等主要商业区均位于香港岛。香港岛上最高的山峰是太平山,海拔554米。港岛的北面是皇后大道、德辅道、干诺道等繁华街道,南部有深水湾、浅水湾等旅游区和高级住宅区,中部是香港最繁华的地方,也是香港政府机关所在地,有大量的购物中心。

1. 太平山

太平山位于香港岛西北部,是香港的地标之一,也是香港最著名的游览胜地。游客可搭乘山顶缆车登上太平山顶。山顶缆车是1888年5月开始运营,是全亚洲最早的缆车索道系统,全长1350米,中途共设5个停车站,沿途可欣赏美丽的风景。站在太平山顶,可赏香港美丽的夜景,近处有摩天高楼、享誉全球的维多利亚海港夜景,远处有大屿山。

2. 浅水湾

浅水湾位于香港岛太平山南面,依山傍海,海湾呈新月形,号称"天下第一湾",也有"东方夏威夷"之美誉,是香港最具代表性的海湾。这里浪平沙细,滩床宽阔,坡度平缓,海水温暖,是香港人消夏的胜地。在浅水湾的东南端,有典型的建筑镇海楼,楼顶用巨龙装饰。旁边有镇海楼公园,公园面海立有两尊10米多高的巨大塑像,是"天后娘娘"和"观音菩萨",旁边有海龙王、河伯、弥勒佛等吉祥人物。

3. 香港海洋公园

海洋公园是全东南亚最大的海洋水族馆及主题游乐园,整个景区主要分为海滨乐园和高峰乐园等两部分,亚洲动物天地、梦幻水都、威威天地、海洋天地等8个主题区域。海滨乐园中旅游景点丰富,有水族馆"海洋奇观"、全港直径最大的摩天轮"环回水世界"、香港老大街和全球首座360°全景水幕表演"双龙奇缘"等。高峰乐园中有"海洋剧场"、全亚洲最大的独立水母馆、冰极天地、热带雨林天地等。

知识衔接

中　环

中环位于香港的中西区,是香港的政治及商业中心,很多银行、跨国金融机构及外国领事馆都设在中环。香港的政府总部、立法会大楼以及前港督府(现称礼宾府)也是位于中环。中环是香港的政经中心及高级购物商业区,在中环有数不尽的金融中心、各种各样的餐饮食肆和品牌时装专卖店,是游客和香港当地人最喜欢逛街的地方。此外,中环有很多建筑成为标志性的建筑,如上海银行大厦等。曾经是亚洲最高的建筑——怡和大厦也坐落在中环。

（二）九龙半岛

九龙半岛是香港的三大区域之一,其东南西三面被维多利亚港包围,也是香港非常繁荣的地区。以尖沙咀、油麻地及旺角等最具吸引力,著名的商业中心有尖沙咀中心、帝国中心、好时中心、南洋中心等。

1. 尖沙咀

尖沙咀古称尖沙头,位于九龙半岛的南端,是香港九龙主要的游客区和购物区。这里有多个博物馆和文娱中心,饮食业和酒吧等也相当蓬勃,可以欣赏多样的异国文化。这里有全港最大的清真寺,有南亚裔及非洲裔人士聚居的重庆大厦和韩国街,有特色公园——九龙公园。

2. 宋城

香港宋城位于九龙荔枝角荔园游乐场旁边,1979年建成开放。宋城景区是参照《清明上河图》的画意设计,是宋代都城汴京生活风貌的缩影,整个建筑景观非常古朴。城中有一条小河贯通南北,小河两岸有楼阁;城中有一座蜡像艺术馆,陈列着白蜡制作的中国历代名人塑像。宋城景区经常有魔术、民间舞蹈及杂技表演,还有中国古代婚礼仪式的表演等。此外,景区中有穿宋代服装的商店,经营仿古酒茶。游客可用仿造的宋朝钱币或现今流通的货币,购买旅游纪念品。

景点讲解案例　黄大仙祠

黄大仙祠始建于1921年,是香港一级历史建筑,香港最著名的庙宇之一。寺庙建筑雄伟,是一座宏伟的中国式道教寺庙。庙宇主要供奉东晋道教仙人黄初平,同时也供奉儒、释两教神祇,如孔子、观音等,三教融合特色突出。祠内供奉着黄大仙,庙宇中的建筑有大雄宝殿,附近有小园林、三圣堂、从心苑等。祠内有九龙壁,是仿照北京故宫的九龙壁而建的,壁上刻有中国佛教协会主席的题诗。

（三）维多利亚港

维多利亚港简称维港,位于香港岛与九龙半岛之间,海景与夜景非常漂亮,被称为"世界三大夜景"之一。维多利亚港可欣赏大型灯光会演"幻彩咏香江",港口南北两岸建筑景观独具特色,南岸主要是具有现代感的高楼,尤其是香港国际金融中心和香港会议展览中心。北岸有星光大道、尖沙咀天星码头、香港太空馆和香港艺术馆等知名景点。

(四)新界与离岛

大屿山位于香港西南面,珠江口外,是香港境内最大的岛屿,其面积比香港岛大近一倍,是香港著名的旅游地。其主要旅游景点有:宝莲寺、大澳、青马大桥、天坛大佛等。

1. 宝莲寺

宝莲寺有南天佛国之称,是为香港四大禅林之首。始建于1924年,前身为清光绪年间所建的"大茅棚",1924年镇江金山寺和尚纪修出任该寺第一任主持才正式命名"宝莲禅寺"。宝莲寺寺外有地坛,仿北京天坛的圜丘坛所建造;寺左有木鱼峰天坛大佛、法华塔、华严塔;寺右有莲花山、狮子石。寺庙内的建筑景观主要有韦驮殿、大雄宝殿、宝莲池、天王大殿等。

2. 天坛大佛

天坛大佛坐落于大屿山宝莲寺,是全球最大的室外青铜佛像,因其佛像的莲花宝座是仿北京天坛设计,所以称为"天坛大佛"。天坛大佛建造工程历时12年,占地约6567平方米。天坛大佛主要由底座和佛像两部分组成,总高度34米,如图9-14所示。佛像底座设有3层,其正中放置有一口大铜钟,重达6吨,铜钟外刻有佛像、手印、经文等,每隔7分钟会敲打一次,共108次,象征解除人们的108种烦恼。天坛大佛底座的3楼供奉有佛祖舍利。

天坛大佛佛像以青铜铸造,佛头用黄金贴面,佛身是由200余片青铜打造,整座大佛造型集云冈、龙门佛像和唐代雕塑技术之精华于一体,庄重慈祥。

图9-14 天坛大佛

3. 迪士尼乐园

香港迪士尼乐园是全球第五个迪士尼乐园,首个根据加州迪士尼(包括睡公主城堡)为蓝本的主题乐园,乐园大致上包括四个主题区包括:美国小镇大街、探险世界、幻想世界和明日世界。除了家喻户晓的迪士尼经典故事及游乐设施外,香港迪士尼乐园还配合香港的文化特色,构思一些专为香港而设的游乐设施、娱乐表演及巡游。在乐园内还可寻得迪士尼的卡通人物米奇老鼠、小熊维尼、花木兰、灰姑娘、睡美人公主等。

四、主要旅游线路

香港旅游活动类型多以观光旅游和购物旅游为主。

主要的旅游线路有以下几条。

线路一:黄大仙—赤柱—香港会展中心—星光大道。

特色:此线路可欣赏香港宗教庙宇之一,观看演艺活动、文化活动和体育活动,是观光休闲旅游的绝佳线路。

线路二:青马大桥—香港海洋公园—维多利亚港湾。

特色:此线路以游览香港地标建筑之一——青马大桥,海洋公园感受游乐场、海豚表演、海洋性鱼类等,观赏中国第一大海港维多利亚港。

线路三:浅水湾海滩—太平山—维多利亚公园。

特色:此线路主要感受阳光沙滩,太平山赏香港的全貌。

线路设计案例 香港购物二日游

第一天:首先前往九龙半岛南端的尖沙咀,这里有众多大型购物商场和品牌专卖店。其次参观香港最大面积的购物中心,这里有时装、首饰、化妆品、数码产品、儿童用品等。游览香港最热门的购物地之一——旺角。下午游览夕阳菜街南街、花园街、通菜街、庙街等。

第二天:今天的游览以铜锣湾为核心,游览香港时代广场,这里有许多传统节日活动。中环作为香港的商业金融中心,游览香港国际金融中心商场。最后游览兰桂坊。

任务六　澳门特别行政区

任务导入

四川某旅行社组织了25位游客组成的旅行团至澳门开展三日游。请为他们设计旅游线路,并进行主要景点讲解。

任务分析

在这个任务中,需要注意把握旅游线路设计的原则,并熟悉澳门的旅游资源、旅游特色和旅游线路等,掌握导游词的写作方法与技巧。

一、旅游概况

澳门位于中国大陆东南沿海,是中国的一个特别行政区,由澳门半岛、氹仔岛、路环岛和路氹城4个部分组成,如图9-15所示。中国文化和西方文化的融合共存使澳门成为一个风貌独特的城市,留下大量的历史文化遗迹。澳门的旅游主要分为东区、南区、西区及市中心、北区等4个区域。其中,东区有松山炮台、东望洋灯塔、圣母雪地殿圣堂、渔人码头等;南区有圣奥斯定教堂、妈阁庙、海事博物馆、西望洋山、澳门旅游塔等;西区及市中心区域则包含了大三巴牌坊、大炮台、澳门博物馆、圣母玫瑰堂、仁慈堂、议事厅前地、新马路等;北区有普济禅院、林则徐纪念馆、望厦山等。

图9-15 澳门旅游资源分布图

二、民俗风情

(一)饮食文化

澳门饮食文化综合了各地的特点,中国菜、日本菜、韩国菜和泰国菜等种类繁多,最具吸引力的属葡国菜。澳门饮食特产有玛嘉烈葡挞、潘荣记金钱饼、黄枝记粥面等;氹仔则以海鲜和传统小吃最具代表;路环有黑沙滩烧烤。

(二)民间艺术

神功戏是中国传统祭神习俗,每逢神祇诞辰时候开演,常在庙前搭建大型竹棚表演神功戏。农历三月廿三是传统的妈祖诞,又称天后诞和娘妈诞,澳门通常会在妈阁庙前演出神功戏。神功戏开锣仪式时常有金龙、醒狮表演、祈福仪式等。

(三)地方特产

澳门特色商品种类繁多,主要有奢侈品、奢华珠宝、伴手礼、护肤品、葡萄酒等。常见的特产有杏仁饼、老婆饼、蛋卷、肉干等。

三、主要旅游城市及景区

(一)澳门半岛

澳门半岛是澳门居民的主要聚居地,也是澳门最早开发的地区,有超过400年的历史,主要的景点有大三巴牌坊、大炮台、白鸽巢公园、荷兰园、塔石、东望洋山、香山公园、澳门博物馆、天后宫等。其中,澳门历史城区于2005年7月正式成为世界文化遗产城区。

1. 大三巴牌坊

图 9-16 大三巴牌坊

大三巴牌坊有350多年历史,是澳门最为众人所熟悉的标志,是圣保罗教堂前壁的遗迹。圣保罗教堂1595年和1601年先后两次失火焚毁。教堂第三次修建由意大利籍耶稣会会士斯皮诺拉神父设计,并于1602年奠基,1635年建成,历时33年,是当时远东最大的天主教石建教堂。之后于1835年再次惨遭大火焚毁,仅遗教堂前的68级石阶及花岗石建成的前壁,因貌似中国牌坊而得名"大三巴牌坊",如图9-16所示。

2. 渔人码头

渔人码头占地100多万平方米,其中多个部分是填海而成。整个项目按照设计分为宫廷码头、东西汇聚、励骏码头3个主题区域。宫廷码头是一个表现中国古老文化的区域,区内以金黄色为主体的中国传统建筑,亭台楼阁,古色古香,其中宫殿式的四合院除提供各种富有地方色彩的民间小食外,还有工艺品展览馆。海边还设有多艘花艇食肆,供应中式海鲜美食。

3. 金莲花广场

金莲花广场位于澳门新口岸高美士街、毕仕达大马路及友谊大马路之间,是澳门的地标性建筑之一。其最具特色的景观是位于广场中央的"盛世莲花"的雕塑,该雕塑是澳门回归时中央政府赠送,以象征澳门永远繁荣昌盛。"盛世莲花"主体部分由花茎、花瓣和花蕊组成,共16个造型,采用青铜铸造,表面贴金,重6.5吨,基座部分由23块红色花岗岩相迭组成,雕塑总高6米,花体部分最大直径为3.6米。三层红色花岗岩相迭的基座,形似莲叶,寓意澳门三岛。

4. 妈祖阁

澳门妈祖阁,又称妈阁庙,俗称天后庙,位于澳门的东南方,背山面水,是澳门著名的名胜古迹之一,与普济禅院、莲峰庙并称为澳门三大禅院。妈祖阁主体建筑景观有大门、神山第一殿、正觉禅林、弘仁殿、观音阁等。妈祖阁的大门是典型的花岗岩建筑景观,门楣上方刻有"妈祖阁"三个大字。四大殿中,三殿均供奉天后妈祖,仅观音阁供奉观音菩萨。弘仁殿规模最小,是一座3平方米的石殿,相传建于明弘治元年,正觉禅林规模最大。

5. 澳门观光塔

澳门观光塔,位于澳门南湾新填海区及珠江口,是澳门地标建筑之一,是全球十大观光塔之一。澳门观光塔建于1998年,2001年建成,塔高338米,是全球第8高塔。澳门观光塔塔底部分设有购物中心、会展观光中心和旅游塔戏院等;塔中部分设有观光层、旋转餐厅、室外观光廊等。澳门观光塔观光层位于塔内的第58层,可远眺澳门、珠海及香港部分离岛的景观;360°旋转餐厅位于第60层,可享受地道的葡式、印度风味、海鲜、精美甜品等;室外观光廊位于223米的高空,宽1.8米,廊外不设扶手;塔顶可用于攀登和蹦极旅游。

6. 澳门博物馆

澳门博物馆位于大炮台山,1998年开放,是一个综合性博物馆。博物馆共有三层,其中第一、二两层位于炮台地面之下,第三层位于炮台上。展览的内容大致可分为三大部分,分别在馆内三层展区展示,第一层的主题是澳门地区的原始文明展览,这一层主要介绍澳门地区的起源及新石器时期至17世纪中叶,澳门这个重要的国际贸易商港的繁荣情况以及在往后的数百年里逐渐形成的独特的澳门文化。第二层是展示澳门的民间艺术与传统文化,典型的有澳门的传统节庆、日常生活习俗、传统手工艺及典型行业等。第三层是展示澳门的现代特色。

景点讲解案例 　澳门历史城区

澳门历史城区是一片以澳门旧城区为核心的历史街区,其间以相邻的广场和街道连接而成,包括20多处历史建筑。因为中西文化共融的缘故,城区中的大部分建筑都具有中西合璧的特色,2005年被评为世界遗产。这里保存了澳门400多年中西文化交流的历史精髓。它是中国境内现存年代最远、规模最大、保存最完整和最集中,以西式建筑为主、中西式建筑互相辉映的历史城区。区内景点众多,有妈祖阁、港务局大楼、郑家大屋、民政总署大楼、卢家大屋、大三巴牌坊、大炮台等。

(二) 氹仔岛

氹仔岛又名龙头湾、潭仔,位于澳门半岛南方约2.5公里处,东西向狭长形,形如一条鲸鱼。氹仔岛与澳门之间有两条大桥相连,分别是嘉乐庇总督大桥和友谊大桥,岛上有丰富的文化与旅游资源,著名景点有澳门大学、观音岩、菩堤园、住宅博物馆等。

1. 龙环葡韵住宅式博物馆

龙环葡韵为澳门八景之一,整个景点位于氹仔岛上,以海边马路的5幢葡萄牙式住宅为主的博物馆，住宅于1921年落成。博物馆主要以文字和图片还原了部分澳门的历史，场馆内珍藏着19世纪末期的家庭住宅摆设，浓缩了澳门土生葡人的家居生活状态。5幢建筑中，有3幢可以入内参观，分别是土生葡人之家、海岛之家和葡萄牙地区之家等，另外两间分别是展览馆和迎宾馆。

2. 菩提禅院

菩提禅院又名菩提园，位于氹仔岛卢廉若马路。建于清光绪年间，是氹仔岛最大的庙宇，也是澳门地区主要的佛教圣地之一。整个禅院占地面积很大，殿堂主要有大雄宝殿、六祖殿、普明殿、龙华堂等，还有花园及斋堂。大雄宝殿内供奉的是释迦牟尼铜像，佛像底部莲座高5.4米，重约6吨，以青铜铸造，佛像左手平放、右手平举。六祖殿内的六祖佛像为金身塑像，普明殿位于禅院大门的左前方，殿中间供奉的是释迦牟尼佛像，左侧是西方极乐世界的阿弥陀佛，右侧是长寿之佛药师佛。花园中供奉的是泰国四面佛，游人可在斋堂享用传统特色的斋菜。

（三）路环岛

路环岛自然风光优美，到处鸟语花香，有海滩、步行径、烧烤区等，是旅游者理想的休闲和度假胜地。路环岛著名的景点有圣方济各圣堂、妈祖雕像、黑沙海滩、竹湾、谭公庙、七苦圣母小堂等。

1. 妈祖文化村

妈祖文化村位于澳门路环岛叠石塘山，占地6200平方米，其主体建筑为妈祖巨雕神像和天后宫。妈祖雕像位于澳门的最高点，是迄今为止全球最高的汉白玉妈祖像。由120块汉白玉石镶嵌而成，高19.99米，其中面部由一块独立汉白玉石雕刻而成。妈祖雕像全身晶莹洁白，面容慈祥温和。

天后宫整体建筑有甬道、亭式山门、祭坛、大殿及梳妆楼四幢建筑，两侧是钟楼、鼓楼、南北廊庑楼等。

2. 黑沙湾

黑沙湾古称"大环"，是澳门著名的天然海滨浴场。黑沙湾宽约1公里，呈半月形，坡度平缓，滩面广阔，水质明净。黑沙海滩因其独特的黑色沙粒而得名，被誉为澳门八景之一。沙滩长约1350米，黑沙幼滑。沙滩边种植有常绿带大麻黄树，可供游人开展划艇、游泳、郊游等旅游活动，岸边建有高尔夫球场、奥林匹克标准游泳池、多用途运动场等旅游设施。

（四）路氹城

路氹城位于澳门的两个离岛氹仔岛与路环岛之间，这里原为一处海面，由填海而来。路氹城是澳门的新兴发展区域，包括澳门科技大学、东亚卫视影城、澳门蛋、路氹金光大道、银河娱乐度假村等，其中以路氹金光大道规模最为庞大。

四、主要旅游线路

（一）澳门半岛城区旅游线

此线路以人文文化、特色建筑为特色。主要景点有妈祖庙、港务局大楼、圣老楞佐教堂、圣奥斯定教堂、民政总署大楼等。

（二）氹仔旅游线

此线路以宗教文化、博物馆、特色建筑为特色。主要景点有菩提禅院、地堡街、北帝古庙、官也街、嘉模圣母堂、龙环葡韵住宅博物馆等。

（三）路环岛旅游线

此线路以休闲、度假为目的。主要景点有妈祖雕像、黑沙海滩、竹湾、谭公庙、七苦圣母小堂等。

任务七　宝岛台湾

任务导入

重庆某小学组织学生至台湾开展为期一周的夏令营活动，委托重庆国际旅行社做好组织工作。请为他们设计旅游线路，并准备景点讲解。

任务分析

在这个任务中，需要把握旅游线路设计的原则，熟悉台湾的旅游资源、旅游特色和旅游线路等，掌握导游词的写作方法与技巧，并考虑小学生的旅游需求特征。

一、旅游概况

台湾简称台，省会台北，由台湾岛、澎湖列岛、钓鱼岛、赤尾屿等海岛组成，是中国的第一大岛，如图9-17所示。台湾开发历史悠久，自古就是中国的神圣领土，从三国时代开始，便逐渐开拓、经营台湾，到光绪十一年（1885年）正式建立行省。台湾地形以山地为主，自然资源丰富，素有宝岛之称。台湾自然旅游资源和人文景观非常丰富：在自然旅游资源方面，有海岸景观、湖泊景观等；在人文景观方面，有台北故宫博物院、101大楼、西门町、淡水老街等。

二、民俗风情

（一）饮食文化

台湾饮食文化由台湾本地高山族饮食文化、闽客饮食文化、宗教信仰的饮食文化等组成，以福建闽南饮食文化为主。高山族早期多食小米、番薯，现主食多为大米，喜欢小米酒。闽客饮食又称"台湾菜"，是在福建与广东菜的基础上发展而来。台湾地区喜食海鲜、口味清淡，烹调时重视清、淡、鲜、醇。台湾的传统名菜主要有菜脯蛋、三杯鸡、花生猪脚等,代表性的特色饮食有蚵仔煎、虱目鱼肚粥、大饼包小饼、万峦猪脚、大肠蚵仔面线、甜不辣、台南担仔面等。

(二)民间艺术

台湾民间艺术丰富无比,保有中国几千年来一脉相承的传统风格,有皮影、陶艺、织布、藤编、传统纸扇、传统灯笼、刺绣、木雕、神像雕刻、传统彩绘、石雕等。

台湾皮影戏又称"皮猴戏",是我国古老的传统民间戏曲,起源于广东潮州,角色分为生、旦、净、末、丑等五大类。台湾皮影戏内容多选自我国传统故事和民间传说,唱腔以潮调为主,其剧目主要分为文戏和武戏两种类型,典型代表剧目有《火焰山》、《郑三宝下西洋》、《哪吒闹海》等。

(三)地方特产

台湾茶源自中国福建,至今有 200 余年历史,代表性的名茶主要有绿茶、文山包种茶、东方美人茶、铁观音茶、日月潭红茶、白毫乌龙茶、冻顶乌龙茶、高山茶等。其中,最具代表的属阿里山高山茶。高山茶有茶叶柔软、叶肉厚、色泽翠绿鲜活、滋味甘醇、香气淡郁、耐冲泡等特点。

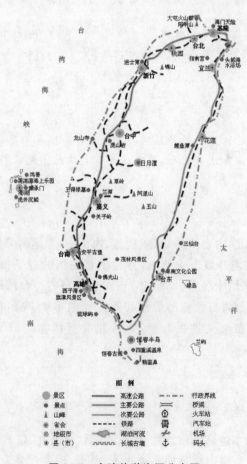

图 9-17 台湾旅游资源分布图

三、主要旅游城市及景区

(一) 台北

台北是台湾省最大的城市,也是台湾省的政治、经济、文化中心。旅游资源丰富,景点众多。

1. 台北故宫博物院

台北故宫博物院坐落于台北市,建造于1962年,1965年落成,占地总面积约16公顷,如图9-18所示。为仿造中国传统宫殿式建筑,主体建筑共4层,白墙绿瓦,正院呈梅花形。院前广场耸立五间六柱冲天式牌坊,整座建筑庄重典雅,富有民族特色。

图9-18 台北故宫博物院

台北故宫博物院的藏品包括清代北京故宫、沈阳故宫和原热河行宫等处旧藏之精华,还有海内外各界人士捐赠的文物精品,共约70万件。台北故宫博物院的藏品分为书法、古画、碑帖、铜器、玉器、陶瓷、文房用具、雕漆、珐琅器、雕刻、杂项、刺绣及缂丝、图书、文献等14类。博物院经常维持有5000件左右的书画、文物展出,并定期或不定期地举办各种特展。台北故宫博物院受展厅面积所限,通常每3个月会换一次展品,即使这样,要把这里所藏稀世文物逐个在世人面前亮相,至少也需要30年时间。尽管这里展出的文物是常换常新,但是有三件宝物始终没有换过,这就是翠玉白菜、东坡肉形石和毛公鼎,它们被称为台北故宫博物院的镇馆之宝。

2. 101大楼

101大楼位于台北市信义区,是世界第五高楼。其楼高509.2米,地上楼层共101层,地下5层。其特色之一在于楼中有列入世界吉尼斯纪录的最快速的电梯,上行速度可达每小时60公里,同时是世界上最长的室内电梯;特色之二在于这里有世界第一座防震阻尼器外露于整体设计的大楼,外形像大圆球,直径5.5米,也是世界第一。

3. 台北中山纪念馆

台北中山纪念馆位于台北市仁爱路,是为纪念孙中山先生百年诞辰而兴建的。它于1972年建成,景观为宫殿式建筑,黄色屋顶采用顶起翘角像大鹏展翼一样的形状。台北中山纪念馆一楼是中山先生铜像,大厅两侧是中山先生史迹展的东室和西室,东室是以中山先生与中华民国为主题的展览室,西室则是以中山先生与台湾为主题。

4. 西门町

西门町位于台北西门外,故称为"西门町",它是台北西区最重要的消费商圈。这里有步行街,主要有西门红楼、美国街、刺青街、电影街等,是各种潮流服饰的聚集地,还可欣赏街头艺人的街头表演。

景点讲解案例　　　北投温泉

北投温泉位于台北市北投区,是台湾百年来最著名的温泉乡。景区有三大温泉区,分别是北投、阳明山和金山。北投是大屯火山温泉区中最大的温泉区,温泉颜色粉白,有脂粉气。阳明山温泉水色浓绿,有很重的硫黄味,泉水水量多,溢成溪流,人们称它为北投的姐妹泉,这里风光秀丽,是避暑胜地。金山温泉水色清澈,可浴亦可饮,此处有景点北投公园、公共露天浴池、泷乃汤等。北投公园是北投温泉区的中心,园内有参天大树、潺潺的温泉、石拱桥等。

(二) 南投

南投位于台湾岛中部,境内80%以上为山地,自然资源丰富,有玉山公园、溪头、杉林溪和日月潭等。南投境内古迹众多,号称"前山第一城"的竹山,为境内开发最早之地。

1. 日月潭

图9-19　日月潭

日月潭是台湾著名的景点,是台湾唯一的天然湖,由玉山和阿里山之间的断裂盆地积水而成,和"净月潭"一起称为姊妹潭。日月潭湖面海拔760米,面积约9平方千米,平均水深30米,湖周长约35千米。日月潭中有一小岛远望像浮在水面上的一颗珠子,名珠子屿(光华岛),以此岛为界,北半湖形状如圆日,南半湖形状如弯月,日月潭因此而得名。日月潭周围有玄奘寺、慈恩塔、文武庙、高山族村落等。

2. 中台禅寺

中台禅寺位于台湾南投县埔里镇,于1994年创建,在全省有80多家分院。寺内有大雄宝殿、四天王殿、菩萨殿、三世佛殿、讲堂、知客室、斋堂等。中台禅寺主体殿堂为四天王殿,殿堂中央供奉弥勒菩萨,背面是韦驮菩萨。东方持国天王、南方增长天王、西方广目天王、北方多闻天王等四大天王像分布在殿堂四周。

景点讲解案例　　　竹　山

竹山镇为南投五镇之一,因山丘多竹而得名。根据历史记载,竹山是台湾最早开发的地方,以竹制品与食品、红番薯及乌龙茶等著名,境内古迹颇多,主要的旅游景点有三级古迹连兴宫、杉林溪、竹山镇旅游等。杉林溪的气候是温带季风气候区,夏季平均温度仅20℃,气候舒适。此地花品繁多,各季不同,有山樱、杜鹃、石楠、波斯菊、绣球花、蜡梅等。竹山拥有许多丰富的观光资源,典型的有太极峡谷、竹山梯子吊桥、瑞竹竹类标本园、青竹竹艺文化园区、照镜台、沙东宫国家地震公园、竹山秀林部落等。

(三) 花莲

1. 七星潭风景区

七星潭风景区位于花莲市区东北方,是一处绵长的新月形海岸,这里是看日出和观星赏月的最佳地方。七星潭最有名的当属弧形海湾,海水洁净湛蓝,黑石晶莹剔透。日出、赏星、赏月是游客最为喜欢的旅游活动。日出升起时,阳光照耀七星潭,海面波光粼粼,夜晚可欣赏明月星辰。七星潭风景区以自行车道为动脉,从南滨公园、经花莲港、四八高地到七星潭风景区,长达21公里的旅程有不同的风光。

2. 清水断崖

清水断崖是崇德、清水、和平等山临海悬崖所连成的大石崖,前后绵亘达21公里,成90°角直插入太平洋,高度均在800米以上,气派雄伟,号称世界第二大断崖。筑在断崖中间的苏花公路,在这些隧道的阻隔下,断断续续地出现。崖壁下方则是惊涛骇浪、波澜壮阔的太平洋。清水大断崖,是举世罕见的海岸断崖奇观,是台湾八大奇景之一。

3. 太鲁阁国家公园

太鲁阁国家公园位于台湾岛东部,公园横跨花莲、南投及台中,以大理岩峡谷景观和断崖而闻名。峡谷为台湾花莲县自太鲁至天祥之间20千米的大峡谷,峡谷内景区有长春祠、九曲洞、天祥村等。长春祠是入峡后的第一景,是为了纪念修筑中横公路的殉难者而建。祠后有380级台阶的石梯蜿蜒向上,称为天梯。九曲洞全长800米,入口处石壁上有黄杰将军所书的"九曲洞"与书法家梁寒操所书的"九曲蟠龙"。天祥村中建有文天祥塑像,后屏墙镌刻着《正气歌》。

(四) 阿里山

阿里山位于台湾省嘉义市,是著名的旅游风景区,如图9-20所示。该景区气候温和,盛夏是全台湾最理想的避暑胜地,阿里山的铁路与"阿里四景"(日出、云海、晚霞、森林)合称"五奇"。铁路全长72公里,却由海拔30米上升到2450米,坡度之大举世罕见。火车从山脚登峰,似沿"螺旋梯"盘旋而上,绕山跨谷钻隧洞。登山途中,火车穿越热带古木、亚热带阔叶树、温带针叶林、寒带林等植被景观。

图9-20 阿里山

景点讲解案例　西子湾风景区

西子湾位于高雄市西侧,北靠万寿山,南隔高雄港与旗津半岛相望。这里受海洋季风的调节而气候温和,晴日即暖,阴雨转凉,年平均温度为24℃。西子湾风景区自然风光优美,有西子湾海水浴场、夕阳美景和天然礁石登。西子湾海水浴场海滩平坦,白沙细软,滩边有大量的椰林,黄昏是欣赏西子湾的最佳时刻,海潮、夕阳

美妙至极。这里还有丰富的人文景观,主要有海滨公园、蒋公纪念馆、文物陈列馆等。蒋公纪念馆是一栋二层楼的西式建筑。史迹文物陈列馆于1974年修建后即开放参观,陈列馆依山而建,是国内二级古迹,陈列有人文及地理历史背景及其他台湾文物史料、古今景观照片、建筑模型、打狗抗日的炮战图。

四、主要旅游线路

(一) 台北旅游线

行程安排:该线路主要游览台北。

线路特色:此线路以城市观光、博物馆、逛街等为特色。主要景点有中山纪念堂、士林官邸、台北故宫博物院、淡水老街、台北中山纪念馆、台北101大楼、西门町等。

(二) 台湾环岛旅游线

行程安排:该线路主要包括台北—台中—台东。

线路特色:此线路以领略博物馆文化、城市风光、山水旅游为特色。主要景点有台北中山纪念馆、101大楼、台北故宫博物院、日月潭、阿里山、垦丁、花莲太鲁阁峡谷等。

(三) 海岸地貌景观旅游线

行程安排:该线路主要在台湾的东北部。

线路特色:此线路以欣赏海蚀地貌、海滩、海洋生物为特色。主要景点有关城海水浴场、太鲁阁、回头溪、三面崖等。

线路设计案例　　垦丁三日游

第一天:台湾南部之旅。参观垦丁国家公园、猫鼻头公园、后壁湖渔港等。

第二天:出发前往台湾最南部的景点。欣赏帆船石、鹅銮鼻公园、台湾最南点、垦丁大街等。

第三天:前往南湾沙滩,景点有七星潭风景区、台北海洋生物博物馆等。

本项目包括华南旅游区旅游概况、福建、广东、海南、香港、澳门、台湾等7个任务。通过对任务中华南旅游区概况、各省区旅游概况、民俗风情、主要旅游城市、旅游景点、精品旅游线路的学习,一方面使学生熟悉华南旅游区主要的旅游景点和旅游线路;另一方面提升学生景点导游词撰写和线路设计的能力,也激发他们强烈的爱国情感。

1. 选择华南旅游区中具有代表性的一个景点,撰写导游词,并进行脱稿讲解。
2. 以小组为单位,设计一条华南旅游区的旅游线路(可以是一个省、市,也可以是整个旅游区)要突出本区、省、市的旅游特色。

项目十
西南旅游区

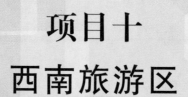

项目目标

职业知识目标:
1. 掌握西南旅游区的地理环境特点、旅游资源特征。
2. 熟悉西南旅游区主要的旅游城市与旅游景区的特色。
3. 熟悉西南旅游区主要的旅游线路。

职业能力目标:
1. 能分析西南旅游区地理环境与旅游资源的关系。
2. 能依据西南旅游区旅游资源的特点,设计有特色的西南旅游区旅游线路。
3. 能撰写西南旅游区特色旅游景区的讲解词。

职业素质目标:
1. 通过旅游线路的设计,培养学生学习的主动性,提高学生解决问题的能力。
2. 通过景点的讲解,培养学生良好的语言表达能力。

项目核心

西南旅游区旅游资源特征;西南旅游区主要的旅游城市;西南旅游区主要的旅游景区及特色;西南旅游区主要的旅游线路

任务一　西南旅游区概况

任务导入

北京某公司要组织一次前往西南地区的旅游,请为其设计一条旅游路线,并做好相应的接待准备。

任务分析

以西南地区作为旅游目的地设计旅游路线,必须要了解该旅游区的地理环境、旅游资源特征、主要旅游景点,并熟悉西南旅游区已有的特色旅游线路。

在我国自然区划概念中,西南地区包括中国西南部的广大腹地,包括青藏高原东南部、四川盆地、秦巴山地及云贵高原大部。而在旅游区划上,我国西南旅游区涵盖了四川、重庆、云南、贵州、广西等旅游亚区。

一、自然地理环境

(一)地形地貌结构复杂

该区位于青藏高原东侧,东面是华南区,北面是华中区,西接青藏区和缅甸,南临北部湾和越南、老挝等国;地跨四川盆地、滇西与滇南山地、云贵高原、横断山脉和广西丘陵盆地等地貌。

1. 四川盆地

四川盆地是中国四大盆地之一,面积16.5万平方公里。盆地周围山地环绕,北部为秦岭,东部为米仓山、大巴山,南部为大娄山,西北部为龙门山、邛崃山等。该区气候温暖湿润、冬暖夏热,大部分地区年降水量900~1200毫米,属亚热带湿润季风气候,植被为亚热带常绿阔叶林。

2. 云贵高原

云贵高原位于中国西南部,为中国四大高原之一,西起横断山脉,北邻四川盆地。它处于我国南北走向和东北—西南走向两组山脉的交汇处,地势西北高东南低,崎岖不平,海拔1000~2000米,包括云南省东部,贵州全省,广西壮族自治区西北部和四川、湖北、湖南等省边境,其相关延伸部分甚至包括老挝北部、缅甸东北部掸邦高原和泰国北部。云贵高原是典型的喀斯特地形,石灰岩广布,到处都有溶洞、钟乳石、石笋、石柱、地下暗河、峰林等。

3. 横断山脉

横断山脉是中国最长、最宽和最典型的南北向山系,是中国第一、第二阶梯的分界线,为中国四川、云南两省西部和西藏自治区东部一系列南北向平行山脉的总称。

(二)喀斯特地貌分布广泛

中国喀斯特地貌分布广、面积大,主要分布在碳酸盐岩出露地区,面积 91 万~130 万平方公里,其中以广西、贵州、云南和重庆所占的面积最大,是世界上最大的喀斯特区之一。西南地区有大量的碳酸盐岩、硫酸盐岩和卤化盐岩在流水的不断溶蚀作用下,在地表和地下形成了各种奇特的溶洞。

(三)亚热带季风气候明显

该旅游区大部分为亚热带季风性湿润气候,受地形影响,四季分异明显。亚热带季风气候十分适宜人类居住,夏季高温多雨,冬季温和少雨。

二、人文地理环境

(一)少数民族风情浓郁

本区是我国少数民族聚居且人口最多的地区,少数民族人口量约占全国少数民族人口总数的一半。有彝族、藏族、羌族、纳西族、傣族、苗族、侗族、白族、哈尼族等 30 多个少数民族,这些少数民族的民族风情,别具一格,是我国旅游资源开发潜力最大的区域之一。

(二)宗教名山古迹举世闻名

本区内有多处佛教、道教名山和寺庙,并保留了大量丰富多彩、极具特色的文物资源和宗教建筑、艺术、绘画等作品。例如,四川的峨眉山、乐山大佛、青城山,重庆大足石刻等。

三、旅游资源特点

(一)岩溶景观分布广泛

本区的岩溶地貌景观,如孤峰、石林、峰林、峰丛、天生桥、溶洞、岩洞瀑布等无所不有,堪称世界上岩溶地貌发育最典型、最完美的自然博物馆,也是闻名于世的岩溶风景游览胜地。西南地区的喀斯特地貌由云南石林的剑状、柱状和塔状喀斯特、贵州荔波的森林喀斯特、重庆武隆的以天生桥、地缝、天洞为代表的立体喀斯特共同组成。2007 年,在第 31 届世界遗产大会上,云南石林、贵州荔波、重庆武隆组成第一期的"中国南方喀斯特"全票入选世界自然遗产;2014 年,在第 38 届世界遗产大会上,广西桂林、贵州施秉、重庆金佛山和广西环江组成"中国南方喀斯特二期"项目,通过审议入选世界自然遗产,作为对"中国南方喀斯特"的拓展。

(二)民族风情别具一格

西南地区一直是多民族聚集地,在长期的生产生活中,形成了各自的民族习俗,创造出各富特色的民族文化,形成独具优势的人文旅游资源。少数民族的服饰、礼仪、习惯、建筑以及节庆活动对旅游者都具有极大吸引力,如苗族的芦笙节、龙舟节,白族的三月街,傣族的泼水节,彝族的火把节,傈僳族的刀杆节,壮族的山歌会等。

知识衔接

走 婚

这是居住在泸沽湖畔的纳西族支系——摩梭人特有的一种婚姻形式。摩梭人保留着母系家庭的生活方式。这种以走访为特征的"阿夏"婚姻方式,被称为"走婚"。在漫长的历史长河中,人类的婚姻制度经历了群婚、对偶婚、一夫多妻和一夫一妻制的演变,但摩梭人仍然保留着对偶制的某种婚姻形态。摩梭人的对偶制婚俗,突出特点为"走婚",即由男子的"走"而实现的婚姻。其形式是:男不娶、女不嫁,男女终身在自己的母系家庭。男女双方相爱或有了同居的意愿之后,每到夜晚,男到女家夜宿,次晨离开,再回到自己的母系大家庭里。双方都不是对方家庭的成员。有夫妻意义的情侣彼此称作"阿注"或"阿夏",意为"朋友"。摩梭人的婚姻关系结合自愿,解除自由,分手之后,男女双方都可以去结交新的朋友。

(三)动植物资源丰富

西南地区因地形复杂,气候垂直和水平分异显著,环境千差万别,为动植物的生存提供了适宜的条件。本区动植物资源十分丰富,植物种类达 15000 多种,其中,云南有植物种类 12000 多种,几乎占全国植物种数的一半,居全国第一,被誉为"植物王国"。本区的动物种类亦冠于全国,其中不乏珍稀品种,如灵猫、云豹、大熊猫、小熊猫、树鼩、大鲵、金丝猴、绿孔雀、亚洲象、水獭、懒猴、白颈长臂猿、双角犀鸟、飞蛙等。在野生生物繁多的地区建有许多自然保护区,如卧龙大熊猫自然保护区、贵州梵净山自然保护区、云南西双版纳自然保护区等。

任务二 四川省

任务导入

湖北某高校师生计划赴四川考察都江堰水利枢纽,并顺便游览四川省其他景点。作为旅游顾问的你,请为他们设计一条合理的旅游线路,并做好接待准备。

任务分析

四川旅游资源丰富,要为游客设计旅游路线,就必须了解四川的旅游资源概况、民俗风情、主要旅游城市及景区、已形成的旅游路线特色等知识,再根据游客的需求为其设计旅游线路。

一、旅游概况

四川省位于中国西南,地处长江上游,东连重庆,南邻滇、黔,西接西藏,北界青、甘、陕三省,面积48.5万平方公里,次于新疆、西藏、内蒙古和青海,居全国第五位,如图10-1所示。四川是著名的旅游资源大省,旅游资源极其丰富,拥有美丽的自然风景、悠久的历史文化和独特的民族风情,其资源数量和品位均在全国名列前茅。九寨沟、黄龙、峨眉山与乐山大佛、青城山与都江堰、大熊猫保护区等5处列入了联合国教科文组织世界遗产名录。四川地质构造复杂、地质地貌景观丰富、地质遗迹类型多样,已发现地质遗迹220余处,有兴文和自贡2处世界级地质公园,国家级地质公园16处,其数量居全国前列。

图10-1 四川省旅游资源分布图

二、民俗风情

(一) 饮食文化

四川省地处长江上游,物丰天宝,人杰地灵,山奇水秀,味美食精,素有"天府之国"之称,又有"食在中国,味在四川"之说。川菜是中国四大菜系之一。川菜注重"色、香、味、形",有"一菜一格,百菜百味"的特点,典型表现为味多、味广、味厚、味浓。川菜代表菜有鱼香肉丝、宫保鸡丁、夫妻肺片、麻婆豆腐、回锅肉、东坡肘子等。

(二) 民间艺术

四川的民族民间艺术资源丰富,不同特色的地域文化和民族文化,构成了丰富多彩的民族民间艺术资源。例如,蜀绣、绵竹年画、广元刺绣、成都蜀锦、四川民歌、四川茶道、川剧等。

1. 蜀绣

蜀绣是中国四大名绣之一,也称"川绣",它是以四川成都为中心的刺绣产品的总称。蜀绣起源于川西民间,在长期的发展过程中,由于受地理环境、风俗习惯、文化艺术等方面的影响,逐渐形成了严谨细腻、光亮平整、构图疏朗、浑厚圆润、色彩明快的独特风格。蜀绣作品的选材丰富,有花草树木、飞禽走兽、山水鱼虫、人物肖像等。蜀绣代表作有"芙蓉鲤鱼"、"蜀宫乐女演乐图"、"水草鲤鱼"等。

2. 川剧

川剧,流行于四川东中部、重庆及贵州、云南部分地区。川剧脸谱,是川剧表演艺术中重要的组成部分,是历代川剧艺人共同创造并传承下来的艺术瑰宝。川剧由昆曲、高腔、胡琴、弹戏、灯调五种声腔组成。2006年5月20日,川剧经国务院批准列入第一批国家级非物质文化遗产名录。

(三) 地方特产

四川物产丰富,特产众多。代表性特产有蜀绣、蜀锦(帛)、郫县豆瓣、南充竹帘画、宜宾竹制工艺品、自贡剪纸、蒙顶茶,名酒有宜宾五粮液、绵竹剑南春、泸州老窖、古蔺郎酒等。

1. 郫县豆瓣

郫县豆瓣是四川省特产,中国地理标志产品。它在选材与工艺上独树一帜,与众不同。香味醇厚却未加一点香料,色泽油润却未加任何油脂,全靠精细的加工技术和优良的原料而达到色、香、味俱佳的标准,具有辣味重、鲜红油润、辣椒块大、回味香甜的特点,是川味食谱中常用的调味佳品,有"川菜之魂"之称。

2. 宜宾五粮液

五粮液为大曲浓香型白酒,产于四川宜宾市,用小麦、大米、玉米、高粱、糯米5种粮食发酵酿制而成,在中国浓香型酒中独树一帜。宋代宜宾姚氏家族私坊酿制,采用大豆、大米、高粱、糯米、荞子五种粮食酿造的"姚子雪曲"是五粮液最成熟的雏形。1368年,宜宾人陈氏继承了姚氏产业,总结出陈氏秘方,时称"杂粮酒",后由晚清举人杨惠泉改名为"五粮液"。

3. 蒙顶茶

蒙顶山茶,亦称"蒙顶茶",属于绿茶类,因产于四川省雅安市蒙山之顶,故名"蒙顶山茶"。其中最具代表的是蒙顶甘露,这种茶叶紧卷多毫,色泽翠绿,鲜嫩油润,香气清雅,味醇而甘;冲泡后汤色绿黄,透明清亮,饮之清香爽口,沏二遍水时,越发鲜醇,齿颊留香。

三、主要旅游城市及景区

(一) 成都

成都市位于四川省中部,是四川省的省会。这里沃野千里,物产丰富,自古就有"天府"

的美誉。成都市是我国历史文化名城之一,早在公元前4世纪,蜀国开明王朝迁都至此,取名成都,至今已经有2300多年的建城历史。因西汉织锦业发达专设锦官管理,有"锦城"之称。五代后蜀孟昶在城墙上遍植芙蓉树,又有"芙蓉城"或"蓉城"之称。成都市旅游资源丰富,拥有众多享誉中外的文物古迹和风景名胜,如武侯祠、杜甫草堂、都江堰、青城山等。

1. 武侯祠

武侯祠是纪念三国时蜀汉丞相武乡侯诸葛亮的祠堂,始建于西晋末年,到唐代已具规模,明初与纪念刘备的"汉昭烈庙"相并,成为君臣合祀庙,清康熙十一年(1672年)重建。距今已有1500多年的历史。武侯祠占地面积56亩,祠内翠柏森森,殿宇重重,布局严谨,庄严肃穆。今存刘备墓(惠陵)、蜀汉"直百五铢钱"和47尊蜀汉人物塑像等珍贵文物。

2. 杜甫草堂

杜甫草堂位于成都西门外浣花溪畔,是唐代大诗人杜甫流寓成都时的故居。杜甫,被尊为中国的诗圣。759年,为躲避安史之乱,杜甫从长安流亡到成都,第二年在浣花溪畔建成茅屋一座,自称为"草堂",他在草堂只居住了三年零九个月,作诗240余首,很多诗都是以草堂为题、触景生情而作,其中《茅屋为秋风所破歌》一诗更成为后人推崇的千古绝唱。

3. 都江堰水利工程

著名的古代水利工程都江堰,位于四川都江堰市城西,古时属都安县境而名为都安堰,宋元后称都江堰,被誉为"独奇千古"的"镇川之宝",如图10-2所示。都江堰建于3世纪,是中国战国时期秦国蜀郡太守李冰及其子率众修建的一座大型水利工程,是世界迄今为止,年代最久、唯一留存、以无坝引水为特征的宏大水利工程。2200多年来,仍发挥巨大效益,成为"天府"富庶之源。都江堰水利工程最主要部分为都江堰渠首工程,这是都江堰灌溉系统中的关键设施,渠首主要由鱼嘴分水堤、宝瓶口引水工程和飞沙堰溢洪道三大工程组成。宝瓶口是内江进水咽喉,是内江能够"水旱从人"的关键水利设施。由于宝瓶口自然景观瑰丽,有"离堆锁峡"之称,属历史上著名的"灌阳十景"之一。2000年11月,青城山与都江堰被联合国教科文组织遗产委员会列入世界遗产名录。

4. 青城山

图10-2 都江堰水利工程

图10-3 青城山前门

青城山位于都江堰市西南,距成都66公里,如图10-3所示。山上林木葱茏,峰峦叠翠,状若城郭,故称青城,全山景物幽美,有"青城天下幽"之称。青城山是我国道教发祥地之一。东汉末年,道教创始人张道陵在此山设坛传教,逐渐发展成道教圣地。全山曾有道教宫、观

70余座,现尚有遗迹38处,著名的有建福宫、天师洞、三岛石、祖师殿、朝阳洞、上清宫以及天然图画、金鞭岩、石笋峰、丈人山等,其中天师洞和祖师殿为道教全国重点宫观。

(二) 阿坝藏族羌族自治州

1. 九寨沟——童话世界

九寨沟国家级自然保护区位于四川省阿坝藏族羌族自治州九寨沟县境内,是中国第一个以保护自然风景为主要目的的自然保护区,是拥有"世界自然遗产"和"世界人与自然生物保护圈"的旅游胜地。九寨沟是一条纵深50余千米的山沟谷地,大部分为森林所覆盖。因沟内有树正、荷叶、则查洼等9个藏族村寨坐落在这片高山湖泊群中而得名。九寨沟被誉为"童话世界",雪峰、彩林、翠海、叠瀑、蓝冰和藏情是九寨沟的"六绝",如图10-4所示。

图10-4 九寨沟瀑布

九寨沟国家级自然保护区主要保护对象是以大熊猫、金丝猴等珍稀动物及其自然生态环境。区内高等植物中有74种国家保护的珍稀植物,其中国家一级保护植物有银杏、红豆杉和独叶草3种,二级保护植物66种,主要集中在兰科(43种),列入中国濒危植物红皮书的植物5种。有国家一、二级保护动物18种,其中,一级4种、二级14种,代表性的动物有大熊猫、川金丝猴等。保护区还有丰富的古生物化石、古冰川地貌等。

2. 黄龙五彩池——人间瑶池

黄龙位于四川省阿坝州松潘县境内岷山山脉南麓,距成都450公里,距九寨沟120公里。历经千百年岁月形成的地表钙化蜿蜒在雪山峡谷中,宛若黄色"巨龙",故得名黄龙。黄龙是集大型露天岩溶钙化景观、自然风光、民族风情为一体的综合型风景名胜区。主景区黄龙沟的巨型钙华岩溶景观是当今世界规模最大、保存最完好的喀斯特地貌,有世界三大之

图10-5 黄龙五彩钙池

最:最壮观的露天钙华彩池群、最大的钙华滩流、最大的钙华塌陷壁。黄龙共有693个钙池,如图10-5所示。

黄龙不仅景色优美,自然资源也极其丰富。这里动植物资源丰富,高等植物达1500余种,多为国家特有物种,属国家1~3类保护的有11种,还有珍稀动物大熊猫、金丝猴、牛羚、云豹等国家保护动物。

(三) 乐山市

乐山，古称嘉州，位于四川盆地西南部，坐落在岷江、青衣江、大渡河三江交汇处，北与眉山接壤，东与自贡、宜宾毗邻，南与凉山相接，西与雅安连界。乐山在历史上属古蜀国，有"海棠香国"的美誉。乐山市是中国唯一拥有三处世界遗产的城市（峨眉山景区、乐山大佛景区、东风堰）。

1. 峨眉山

峨眉山位于中国四川省乐山市峨眉山市境内，是中国"四大佛教名山"之一，地势陡峭，风景秀丽，素有"峨眉天下秀"之称，山上的万佛顶最高，海拔3099米，如图10-6所示。《峨眉郡志》记载：云鬟凝翠，鬓黛遥妆，真如螓首蛾眉，细而长，美而艳也，故名峨眉山。峨眉山处于多种自然要素的交汇地区，区系成分复杂，生物种类丰富，特有物种繁多，保存有完整的亚热带植被体系，有植物3200多种，约占中国植物物种总数的十分之一。峨眉山还是多种稀有动物的栖居地，动物种类达2300多种，山路沿途有较多猴群，常结队向游人讨食，为该山一大特色。峨眉山宗教文化特别是佛教文化构成了峨眉山历史文化的主体，所有的建筑、造像、法器以及礼仪、音乐、绘画等都展示出宗教文化的浓郁气息。山上多古迹、寺庙，有报国寺、伏虎寺、洗象池、龙门洞、舍身崖、峨眉佛光等胜迹，是中国著名的旅游、休养、避暑目的地之一。1996年，峨眉山与乐山大佛被纳入世界遗产名录，属于世界文化与自然双重遗产。

图10-6　峨眉山金顶

知识衔接

峨眉山的"猴居士"

峨眉山猴区主要分布在清音阁、一线天至洪椿坪之间，此段为狭长的幽谷，面积大约25万平方米，是目前国内最大的自然生态猴保护区，猴区内现有三支家族式野生猴，达300多只。峨眉山猴种为名藏酋猴，是国家二级保护动物，色泽棕青，短尾，个大，被称为四川短尾猴、大青猴，因长期生活在佛教名山，故妙号为"猴居士"。

据说早在明清之际，峨眉山就有"山猴成群来寺，见人不惊，与人相亲，相戏索食，呷然成趣"的奇妙景观。那时候，寺庙里的和尚根据佛教"不可伤生"的训诫，也经常给生活在这里的藏酋猴投放食物，进山朝拜的香客也对它们肃然起敬，久而久之，爱猴、敬猴就成了当地的民风之一。

2. 乐山大佛

乐山大佛地处四川省乐山市东,岷江、青衣江、大渡河三江汇合的凌云山上,"佛是一座山,山是一尊佛"。大佛通高71米,头高14.7米,耳长6.72米,脚背宽9米,长11米,是迄今为止世界上最大的一座石刻弥勒坐像,如图10-7所示。

图10-7 乐山大佛

大佛建造前后历时90年,耗资数以亿贯,距今已有1200多年。大佛背靠凌云山,脚踏三江,气势雄伟。大佛体态端庄,比例匀称,设计巧妙,排水设施隐而不见,它历经千年风霜,至今仍然安坐在滔滔江水之畔,静观人间的沧海桑田。它是中华民族的文化瑰宝,是世界历史文化的宝贵遗产。

(四) 剑门蜀道

剑门蜀道风景区是国务院首批批准的国家级风景名胜区,位于绵阳、广元市境内,是在连绵不断的秦岭、巴山、岷山之间,以"蜀道"为主干的带状风景名胜区。蜀道北起陕西汉中宁强县,南到四川成都,全长450公里。沿线地势险要,山峦叠翠,风光峻丽,关隘众多,唐代李白有"蜀道难,难于上青天"的形容。沿蜀道分布着众多的名胜古迹,主要有古栈道、三国古战场遗迹、武则天庙皇泽寺、唐宋石刻千佛岩、剑门关、古驿道翠云廊、七曲山大庙、李白故里等。

剑门关位于景区中段,是蜀道上最重要的关隘。这里山脉东西横亘百余公里,72峰绵延起伏,形若利剑,直插霄汉。连山绝险,独路如门,素有"剑门天下雄"之说。关内长约500米的幽深峡谷中,有前人留下的"天下雄关"、"第一关"、"剑阁七十二峰"等碑刻。新建的剑门关楼,雄踞关口,气势恢宏。附近山峦绵亘,植被葱茏,景色秀丽。

(五) 海螺沟

海螺沟冰川是贡嘎山东坡众多冰川中的一条,尾端伸入到原始森林区达6千米,海拔只有2850米,是地球上同纬度的冰川中海拔最低的。在海拔2850米的地段上,长5700米的冰舌紧舔大地。冰面上分布着冰面湖、冰面河、冰裂缝、冰蘑菇、冰洞、冰桥……令人叫绝的冰川弧拱晶莹透明,蓝中透绿。海螺沟地形复杂,气候类型特殊,山下长春无夏,植被茂盛,绿荫苍翠,气候宜人,年平均气温在15 ℃左右。山顶终年积雪,年平均气温在-9 ℃左右。海螺沟地处中高山、高山、极高山地区,落差6000米以上,形成了自然界独特的7个植被带、7个土壤带,汇集了我国大多数的植物种类,拥有大量珍稀动植物资源。

(六) 蜀南竹海

蜀南竹海位于四川西南部的宜宾市境内,平均海拔高度在600～1000米,气温一般不低于0℃,最高不超过30℃,冬暖夏凉,气候宜人。蜀南竹海占地面积120平方公里,核心景区44平方公里,共有8大景区,134处景点,由27条峻岭,500多座峰峦组成,景区内共有竹子400余种,13万余亩,楠竹枝叠根连,葱绿俊秀,浩瀚壮观。蜀南竹海是世界上集中面积最大的天然竹林景区,独特的地理位置,造就了"云山竹海,天上人间"。蜀南竹海是中国唯一的集竹景、山水、湖泊、瀑布、古庙于一体,同时兼有历史悠久的人文景观的竹文化、竹生态休闲度假旅游目的地。蜀南竹海的植被覆盖率达92.8%,景区内绿色怡人、空气清新,是一座天然的绿色大氧吧。

四、主要旅游线路

(一) 川西小环线

川西小环线是从成都出发经过雅安—天全—泸定—康定—新都桥—八美—丹巴—日隆—都江堰—成都。

环线景点有:①海螺沟独特冰川景点;②康定的木格措景点和康定的跑马山人文风情景点;③新都桥摄影景点;④塔公草原自然风光景点;⑤八美高原景点;⑥丹巴美人谷景点和丹巴羌寨文化景点;⑦风情万种的四姑娘山景点;⑧卧龙熊猫自然保护景点;⑨都江堰的水利工程景点和都江堰的水磨古镇景点。

(二) 三国文化游

该路线主要能让游客感受浓郁的三国文化,寻找厚重的历史积淀,推荐四日游。

第一天:参观被称为"巴蜀第一县、蜀国第二都"的三国重镇、国家4A级景区——昭化古城。昭化古城较完整地保留了古城门、古街道、古城墙、古院落、古遗址等,修复了文庙、考棚、龙门书院及怡心园等古院落,复建了昭化县署、敬侯祠、蜀汉君臣园及汉寿坛、战胜坝等广场。

第二天:经姜维驻守剑门关遗址,游览国家4A级景区——皇柏古道翠云廊,再到东河口汶川大地震第一个地震遗址保护纪念地——广元市青川县东河口地震遗址公园(该地震遗址公园是由汶川大地震中地球应力爆发形成的,也是地质破坏形态最丰富、地震堰塞湖数量最多、伤亡最为惨重的地震遗址群)。最后赴阆中。

第三天:游览阆中古城,川北道贡院,沾文人灵气;游览国家级重点文物保护单位汉桓侯祠——张飞庙,感悟三国文化;参观伍明万雕塑馆,登上气势夺人的中天楼,感受金兆麟笔下描绘的:"泠然蹑级御长风,境判仙凡到半空。十丈栏杆三折上,万家灯火四围中。"登临古南楼遗址阆苑第一楼——华光楼,鸟瞰具有2300多年历史的阆中古城风貌;看戏品茶、听川东北原生态民歌小调,感受山狂、水狂、人欢跃的壮观场面。

第四天:参观女皇武则天的祭祀庙——皇泽寺。了解女皇不平凡的一生,聆听"乌龙感孕、凤凰催生"的故事,参观大佛楼、宋墓石刻、蚕桑十二事图。返回成都。

任务三　重庆市

任务导入

请为一对来自东北的老年夫妇设计一条川渝 7 天旅游行程,重庆有哪些旅游资源可以纳入其中呢?

任务分析

要为游客设计这样的旅游线路,必须了解重庆的旅游资源概况、风俗民情、主要旅游城市和景区、现有旅游线路等知识。

一、旅游概况

重庆,别称巴渝、山城、桥都、雾都,是我国的直辖市、世界温泉之都、长江上游地区经济中心,如图 10-8 所示。重庆因嘉陵江古称"渝水",故简称"渝"。北宋崇宁元年(1102 年),改渝州为恭州。南宋淳熙十六年(1189 年)正月,孝宗之子赵惇先封恭王,二月即帝位为宋光宗皇帝,称为"双重喜庆",遂升恭州为重庆府,重庆由此而得名。

重庆旅游资源十分丰富,有集山、水、林、泉、瀑、峡、洞等为一体的壮丽自然景色和融巴渝文化、民族文化、移民文化、三峡文化、"陪都"文化、都市文化于一炉的浓郁文化色彩。从夏禹王"三过其门而不入"的涂山旧痕,到国共两党众多的名人名事遗址;从大宁河千古悬棺,到"上帝折鞭之处"的合川钓鱼城古迹;从驰名古今的长江三峡,到誉满天下的大足石刻,组成了具有重庆特色的山城都市风光、长江三峡旅游黄金线和八大特色旅游区。

二、民俗风情

(一) 饮食文化

重庆的川菜博采全国各大菜系之长,兼收并蓄,妙味无穷。重庆的地方饮食创出了一些品牌,如鱼头火锅、狗肉汤锅、芋儿鸡等。其中,正宗的川菜味道一般都较浓辣,一些滋补菜系还以中药材及花朵入菜,味道相当特别。重庆餐饮业纷纷以特色菜品和服务招揽顾客,形成了南山泉水鸡、歌乐山辣子鸡、磁器口豆花鱼、潼南太安鱼、璧山来凤鱼等有影响的美食地带。

图 10-8　重庆市旅游景点分布图

(二) 民间艺术

重庆人杰地灵,具有代表性的民间艺术有綦江农民版画、铜梁龙灯、秀山花灯、酉阳摆手舞、九龙楹联、梁平三绝、接龙吹打、木洞山歌等。

1. 綦江农民版画

重庆市綦江是一个以农业为主的山区县,这里盛开着一朵散发着泥土芬芳的版画奇葩——綦江农民版画。綦江农民版画将石刻、木雕、泥塑、剪纸、挑花刺绣、蜡染等古老的民间工艺融入版画之中,使版画艺术充满了生动、活泼、亮丽、质朴、稚拙、幽默等特点。綦江农民版画是中国民间民族艺术的一朵奇葩,受到国内外美术界的高度赞誉。

2. 铜梁龙灯

铜梁龙灯既是彩扎的龙和灯,又是以龙和灯为道具的舞蹈,是集舞蹈、音乐、美术、手工艺品为一体的民间综合艺术。铜梁龙的特征可归纳为大、长、活三字。"大"不仅指体形,且指造型夸张,美工上集国画、素描、剪纸、刺绣等技巧为一体,并参考戏剧脸谱的描绘手法,彩笔走脊、描箸,着重突出龙的气质,使其神采飞扬、气势磅礴。龙身长一般在 24 节左右,比例适中,舞动灵活。"活"是说舞龙操作中引入机械原理,研制出手摇、发条、电动等各种方式,使龙腾跃翻卷更加灵动潇洒,活灵活现。

3. 秀山花灯

重庆市秀山土家族苗族自治县位于渝、湘、黔、鄂四省市接壤处,那里山清水秀、人杰地灵,民族民间文化艺术极为丰富,尤以花灯最受青睐。秀山花灯是一种古朴、诙谐、抒情、优美,集歌、舞、打击乐、琴弦乐为一体的综合艺术。它起源于元代土著人的"跳团团",受多种民族文化的影响,逐步演变为具有独特风格的民间艺术。

(三)地方特产

重庆知名特产有荣昌折扇、老四川灯影牛肉、梁平柚、蜀绣、涪陵榨菜、诗仙太白酒、羊角梨、三峡石砚、永川皮蛋、石柱黄连、天麻、江津米花糖、杜仲、党参、江津广柑、白市驿板鸭、龙凤饼、合川桃片等等。

1. 涪陵榨菜

涪陵榨菜是选用重庆市涪陵区特殊土壤和气候条件种植的青菜头,经独特的加工工艺制成的鲜嫩香脆的一种风味产品。它与法国酸黄瓜、德国甜酸甘蓝并称世界三大名腌菜,也是中国对外出口的三大名菜(榨菜、薇菜、竹笋)之一。其传统制作技艺被列入第二批国家级非物质文化遗产名录。

2. 石柱黄连

石柱黄连,重庆市石柱土家族自治县特产。因产于该县黄水森林公园,也称"黄水黄连",为毛茛科黄连属植物,药材商品为"味连",系常用名贵中药,石柱县是黄连的原始产区、中国黄连之乡,所产因品质优良,被确定为"国药"、"地道黄连"。

三、主要旅游城市及景区

(一)山城重庆

1. 磁器口古镇

磁器口古镇位于重庆市沙坪坝区嘉陵江畔,始建于宋代,面积1.5平方公里,是历经千年变迁而保存至今的重庆市重点保护传统街,如图10-9所示。作为嘉陵江重要的水陆码头,曾经"白日里千人拱手,入夜后万盏明灯"繁盛一时,被赞誉为"小重庆",是重温老重庆旧梦的好去处。一条石板路,千年磁器口。已有1800年的磁器口素有巴渝第一古镇之称,保存了较为完整的古建筑。古镇有古朴粗犷的巴渝遗

图 10-9 磁器口古镇

风,有古风犹存的茶馆、有历史传承的码头文化;有佛、道、儒三教并存的九宫十八庙;有正气凛然的红岩志士抗战遗址;有独具特色的川剧清唱、火龙表演,有工艺独特、品种繁多的传统旅游产品,有享誉四方的毛血旺、千张皮、椒盐花生等饮食三宝。

2. 解放碑

解放碑,原名抗战胜利纪功碑,是我国唯一的一座纪念中华民族抗日战争胜利的国家纪念碑,如图10-10所示。解放碑位于重庆市渝中区,它是抗战胜利和重庆解放的历史见证。

图 10-10 解放碑

抗日战争全面爆发后,国民政府迁都重庆。为了动员民众抗日救国,于 1941 年 12 月在重庆市建成了一座碑形建筑,名为"精神堡垒"(意指坚决抗战的精神)。堡垒为四方形炮楼式木结构建筑,共 5 层,通高 7 丈 7 尺(象征"七七事变")。抗日战争胜利后,重庆市决定在原"精神堡垒"的旧址上,建立"抗战胜利纪功碑",以纪念全国军民为抗日战争胜利做出的巨大牺牲。1949 年重庆解放,抗战胜利纪功碑改为人民解放纪念碑,由纪念中国人民抗日战争胜利变为纪念重庆解放。现在,解放碑是解放碑中央商务区(CBD)的代名词,是重庆市标志性建筑,也是西部最有影响的商业名区和重要的商务功能区。

3. 渣滓洞

渣滓洞,位于重庆市歌乐山下,三面环山,地势隐蔽,原为人工采煤的小煤窑,因渣多煤少而得名,1938 年开始被国民党特务机关改造成秘密监狱,用来关押和迫害革命者,其中包括著名的革命烈士江竹筠(江姐)。渣滓洞看守所分内、外两院。内院有 16 间男牢,2 间女牢。外院是特务的办公室和刑讯室。刑讯室内有审讯台、铁锁链、竹签、辣椒水、老虎凳等刑具用品。关押在此的有"六一"大逮捕案、"小民革"案、"挺进报"案、川东武装起义失败后被捕的革命者,如江竹筠、许建业、何雪松等,最多时有 300 多人。新中国成立前夕,国民党特务在溃逃前策划了震惊中外的大屠杀,仅 15 人脱险。有文艺作品《红岩》、《江姐》等以此为原型,这里是爱国主义教育基地。

(二)武隆喀斯特

武隆位于长江上游地区、重庆东南部,处乌江下游,在武陵山与大娄山结合部,境内有世界自然遗产和国家 5A 级旅游景区。

天生三桥位于重庆市的武隆城区东南 20 公里处,是全国罕见的地质奇观生态型旅游区。景区内游览路线从崖壁到谷底共 5 公里,以天龙桥、青龙桥、黑龙桥天生三座规模庞大、气势磅礴的石拱桥称奇于世,三桥平均高 200 米以上,桥面宽约 100 米,在距离仅 1.2 公里的范围内就有如此庞大的三座天生桥实属国内罕见。

芙蓉洞主洞长 2700 米,游览道 1860 米,洞高一般 8~25 米,最高 48.3 米;洞底总面积 37000 平方米,其中辉煌大厅面积 1.1 万平方米,最为壮观。整个芙蓉洞的最大静态客容量为 185000 人,芙蓉洞被誉为"世界三大洞穴"之一。2011 年 7 月,芙蓉洞风景区正式被国家旅游局批准为国家 5A 风景名胜区。

(三)长江三峡游览区

长江三峡是世界最大的峡谷之一,地跨重庆、湖北两省,沿江两岸有多处风景名胜,以壮丽河山、天然胜景闻名中外,如图 10-11 所示。它西起重庆奉节县的白帝城,东至湖北宜昌市南津关,由瞿塘峡、巫峡、西陵峡组成,两岸悬崖绝壁,江中滩峡相间,水流湍急,唐代大诗人李白经过这里留下了优美的诗句:"朝辞白帝彩云间,千里江陵一日还。两岸猿声啼不住,轻舟已过万重山。"

项目十 西南旅游区

图 10-11 瞿塘峡

景点讲解案例 长江三峡导游词

朋友们,大家好!今天我们要参观的便是长江三峡了,在我国流传这样的一句话:"三峡天下壮,请君乘船游。"接下来就请大家和我登上"轻舟"号,一起去领略一下三峡独特的魅力吧!

三峡的形成与长江是息息相关的,长江是我国第一大河流,发源于青藏高原,全长 6300 余公里,途径我国 11 个省、市、自治区,最终注入东海。长江在途经重庆东部奉节时,冲开了崇山峻岭,奔腾而下,形成了我们现在所看到的长江三峡,但是我们平常所说的三峡,则是瞿塘峡、巫峡以及西陵峡的总称。它西起四川东部奉节白帝城,东至湖北宜昌南津关,其中瞿塘峡以雄伟险峻,巫峡以幽深秀丽,西陵峡以滩多水急而著称。

好了,各位朋友,我们现在即将进入的便是长江三峡的第一峡谷——瞿塘峡了。瞿塘峡全长 8 公里,在三峡中以雄伟险峻著称。大家可以看到,在峡谷入口处有两块天然的绝壁对立,形成一个天造地设的大门,这便是夔门了,有一句话叫作:夔门天下雄。浩浩荡荡的长江经过此处,由于河道突然变窄,使得江水如同万马奔腾,十分壮观。而夔门同时也是世界上最有钱的门,为什么这样说呢?如果大家不相信的话,可以拿出新版的十元人民币,看看它的背后,便是夔门了。所以我建议大家在这里拍张照,一来可以作为留恋,二来也可以给大家带来多多财气,同时我也在这里祝愿大家的财运能够像这江水进入夔门一样滚滚而来。

进入夔门之后,便真正进入瞿塘峡了,由于这里地势险峻,两岸崇山无数,使得长江在这里变成了一条细带,向上看只能看到云天一线,向下看却看到波涛汹涌,是不是让人感到胆战心惊呢?瞿塘峡虽然较短,但是却同时拥有风箱峡、古栈道等诸多景点,特别是风箱峡中的悬棺更是令人惊奇。大家可以看到,在前面峭壁中有一条裂缝,裂缝中是不是有几个类似于风箱的东西呢?那便是古人的悬棺了!据考证,这些悬棺已有 2000 多年的历史,但古人是如何把笨重的悬棺放上悬崖上的则是未解之谜了。

随着游船出了大宁河口,我们现在到的便是长江三峡中幽深秀丽的巫峡了,它西连大宁河口,东至巴东县关渡口,全长45公里,是三峡中最完整的一个峡谷,因此人们又称它为大峡。虽然巫峡的美景众多,但最引人注目的还是巫山十二峰,那么今天我将重点给大家介绍我们眼前的神女峰。大家抬头往上看,在那群峰之巅耸立着一座山峰,峰顶有一人形石柱,看上去就像是一位亭亭玉立的少女,深情俯视着长江,那便是传说中的神女峰了。传说在很久以前,三峡中有十二条恶龙,它们危害百姓,无恶不作,王母娘娘的小女儿瑶姬知道后,便与众姐妹商量来到人间屠杀恶龙,并教给大禹治水的方法,而她们呢也被三峡美丽的景色所吸引,于是就变为巫山十二峰守护着三峡,神女峰便是瑶姬的化身了。

现在随着游船使出神女峰,放眼望去,大家可以看到,江面突然变得开阔,而我们现在所在的位置便是三峡中最后的一个峡谷,西陵峡了,西陵峡全长45公里,是三峡中最长的峡谷,素以滩多水急而著称,但是后来随着三峡大坝的修筑,这已经成为历史,现在船行于江面上,大家可以感到十分的平稳。西陵峡历来有三滩四峡,三滩分别是青滩、泄滩、崆岭滩,而四峡则是兵书宝剑峡、牛肝马肺峡、灯影峡及牛黄峡,西陵峡更是滩中有滩,峡中有峡,大滩有小滩,滩多水急。随着三峡的建成,这里的水位也不断上升,已经淹没了兵书宝剑峡和牛肝马肺峡,而人们现在也已经把牛肝马肺峡的相关文物送到文物保护区了。

好了,各位朋友我今天的讲解就到这里,希望自己的讲解能给大家带来美好的回忆,如果我有服务不周到的地方还请大家多多指正。

(四)石刻之乡——大足

大足始建于唐乾元元年(758年),以"丰大足"而得名,位于重庆西部。大足是驰名中外的"石刻之乡",石刻艺术星罗棋布,石刻造像不胜枚举,如图10-12所示。有晚唐至清代的石刻100余处,造像6万余尊。宝顶山、北山、南山、石门山、石篆山石刻规模最宏大,内容最丰富,保存最完好,雕刻最精美,是我国晚期石刻艺术代表作。大足石刻具有很高的历史、艺术、科学研究价值,与云岗、龙门石窟鼎足而立,素有"北敦煌、南大足"之说。1999年被联合国教科文组织遗产委员会列入世界遗产名录。

图10-12 修复后的千手观音

(五)金佛山

金佛山位于南川境内,系大娄山东段支脉的突异山峰,由金佛、柏枝、菁坝三山组成。景区山峰层峦叠嶂,群峰耸峙,最高峰海拔 2251 米,总面积 1300 平方千米,原始森林占三分之一。金佛山融山、水、林、石、洞于一身,气势雄伟,地形复杂,怪石嵯峨,洞穴深幽,山泉密布,佳木奇花遍野。金佛山自然保护区始建于 1979 年,山上珍稀动植物种类繁多。植物多达 5099 种,其中银杉、银杏、大叶茶、方竹、杜鹃王树属国家一类保护植物,被誉为"金佛山五绝"。金佛山动物有 500 多种,其中国家一级保护动物的金钱豹、云豹、华南虎、白冠鹤、红腹角鸡、金丝猴、黑叶猴、梅花鹿等。2013 年,金佛山被评为国家 5A 级旅游景区。2014 年,金佛山喀斯特(重庆)作为中国南方喀斯特第二期的一部分在第 38 届世界遗产大会上获准列入世界遗产名录。

(六)酉阳桃花源

酉阳桃花源景区集秦晋历史文化、土家民俗文化、自然生态文化、天坑溶洞地下河共生岩溶地质奇观于一体。是"远离尘世喧嚣、步入秦晋田园、探寻科学奥秘、回归绿色天堂"的绝佳运动、休闲、体验旅游目的地。酉阳桃花源是国家 5A 级旅游景区,总面积 2734 万平方米,由世外桃源、伏羲洞、桃花源国家森林公园、金银山、酉州古城、二酉山等 6 大部分组成的,森林覆盖率 80.4%,是重庆"特色森林公园"。桃花源动植物资源丰富,有水杉、南方红豆杉、银杏、珙桐 4 种国家一级保护植物,天麻、金丝楠木等 11 种国家二级保护植物;有白鹤、林麝、大灵猫等国家一级保护动物,被称为"植物王国、天然氧吧"。

(七)黔江小南海

黔江小南海,原名小瀛海,位于重庆与湖北交界处,是一个融山、海、岛、峡诸风光于一体的高山淡水堰塞湖泊,也是国内迄今保存最完整的一处古地震遗址。小南海地震遗址保存得极为完整,观之撼人心迹,被国内外专家誉为"全国独有、世界罕见"。它是国家 4A 级旅游景区、国家地质公园、国家级地震遗址保护区、全国防震减灾科普教育基地。

四、主要旅游线路

(一)魅力重庆一日游

行程安排:磁器口古镇—人民大礼堂—三峡博物馆—解放碑—重庆好吃街—洪崖洞—朝天门。

线路特色:一日游的行程包含重庆的精华景点,能了解到重庆的历史,看到重庆的发展,品到重庆的小吃,还能感受到重庆的特色。

(二)重庆一日游

行程安排:红岩革命纪念馆—歌乐山烈士陵园—白公馆—渣滓洞—磁器口古镇。

线路特色:这条线路主题为红色之旅。参观烈士们所处的环境,然后缅怀革命先烈,忆苦思甜,让人更加感谢以及珍惜现在的生活。

(三)重庆武隆两日游

行程安排:重庆主城—天生三桥—仙女山—印象武隆—芙蓉洞—回重庆主城。

线路特色:欣赏世界自然遗产喀斯特地貌的代表景观天生桥和溶洞。

中国旅游地理

任务四　广西壮族自治区

任务导入

北京某高校的学生想利用暑假游历广西，考察当地的民风民情，请你为他们设计一条旅游路线，并为他们做好讲解准备。

任务分析

要设计旅游路线，就必须了解广西的旅游资源概况、民俗风情、主要旅游城市及景区、主要旅游线路等知识，撰写主要景点的讲解词。

一、旅游概况

广西壮族自治区简称桂，如图10-13所示。省会南宁，素有绿城之美称。广西壮族自治区的自然景观以岩溶地貌最为突出。峰林是发育完美的热带岩溶地貌的典型代表，它们平地拔起，气势超群，造型奇特，形态最典型、风景最秀美的是桂林、阳朔一带的石灰岩峰林，曾

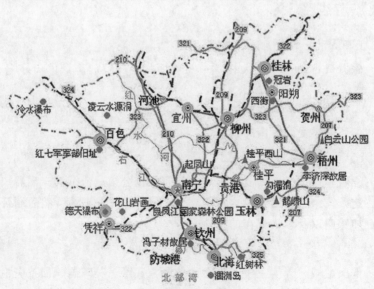

图10-13　广西壮族自治区旅游资源分布图

被明代旅行家徐霞客誉为"碧莲玉笋世界"。广西的洞穴众多且风景优美,比较著名的有桂林的芦笛岩、七星岩,柳州的都乐岩,玉林龙泉洞等。广西是多民族聚居区,少数民族以壮族为最多。各少数民族之间的语言、文化、民间艺术之间都有很大不同,形成了多姿多彩的民族风情,如苗族的踩花山、仫佬族的走坡节、壮族的三月三歌节,吸引着全国各地的旅游者前来观光。

二、民俗风情

(一)饮食文化

广西菜又称桂菜,起源于宋、元时期。桂菜兼容并蓄了其他地方菜肴的特长,利用广西的天然产品为主料,逐步形成了5种流派风味菜。桂北风味,以桂林、柳州地方菜组成,口味醇厚,色泽浓重,善炖、扣,嗜辛辣,擅长以山珍野味入菜;桂东南风味,包括南宁、梧州、玉林一带的地方菜,用料比较广泛,口味以清淡为主,以粉食为代表的各种风味小吃,更是样多味美;桂西风味菜,包括百色、河池一带的地方菜,带有浓厚的民族风味,擅长众菜合调,粗菜细做;海滨风味,以北海、钦州、防城地方菜组成,讲究调味,注重配色,擅长海产品制作。总的来说,广西的菜肴,多以本地盛产的山珍、水产和禽畜肉为原料,还常以岭南佳果诸如荔枝、杧果、菠萝等入菜。

(二)民间艺术

广西的民间艺术多样,主要有桂剧、彩调、壮剧、壮锦等。

1. 桂剧

桂剧,是用桂林方言演唱的剧种,表演细腻贴切、生动活泼,借助面部表情和身段姿态传情,注重以细腻而富于生活气息的表演手法来塑造人物形象。即使是武戏,也多是文做。桂剧流行于广西东北部及湖南南部地区,明末清初时形成,唱腔以皮黄为主,兼唱昆腔、高腔、吹腔等腔调,剧目有《抢伞》《拾玉镯》《柜中缘》等。

2. 壮锦

壮锦,与云锦、蜀锦、宋锦并称中国四大名锦,据传起源于宋代,是中华民族文化瑰宝。壮锦用壮文表示意为天纹之页,这种利用棉线或丝线编织而成的精美工艺品,图案生动,结构严谨,色彩斑斓,充满热烈、开朗的民族格调,体现了壮族人民对天地的崇拜和对美好生活的追求与向往。忻城县是广西壮锦的起源地之一,有着悠久的历史和深厚的文化底蕴,忻城壮锦曾经是广西壮锦中的精品,作为贡品晋献皇宫。

(三)地方特产

广西物产丰富,主要特产有合浦南珠、罗汉果、容县沙田柚、荔枝、香蕉、广西柑橙、砂糖橘、阳朔金橘、桂圆、田东杧果、八角、茴油、香菇、黑木耳、广西苍梧六堡茶等。

1. 合浦南珠

合浦南珠产于广西沿海、雷州半岛等地,以广西合浦出产的珍珠为南珠的上乘品。合浦珍珠驰名中外,历代皆誉之为"国宝",它细腻器重、玉润浑圆,瑰丽多彩,光泽经久不变,素有"东珠不如西珠,西珠不如南珠"之美誉。合浦是生产优良珍珠最理想的地方,它位于北部湾近陆海域,风浪较小,且两河流相夹,咸、淡水适中,水质好,水温适宜,发展珍珠产品有得天独厚的自然条件。

2. 柳州螺蛳粉

柳州螺蛳粉，就是将米粉配上各种配菜、汤的一种风味食品。柳州螺蛳粉主要以圆条线粉为主，用的是干粉，在煮之前需要浸泡。柳州螺蛳粉最大的特点在于其配菜螺蛳肉，用田螺肉或江河中的小螺蛳肉均可，味道都差不多。

三、主要旅游城市及景区

（一）南宁

南宁，简称邕，别称绿城、邕城、五象城，是广西壮族自治区的省会，广西第一大城市。北部湾经济区核心城市，中国面向东盟开放合作的前沿城市、国家"一带一路"海上丝绸之路有机衔接的重要门户城市。

南宁的伊岭岩，位于武鸣县境内，距南宁市郊18公里，是一座喀斯特岩溶洞。据地质学家推断，形成于100万年前。该洞窟位于梁满山腹中，状若海螺，洞分三层，曲折迂回，变化无穷。洞内已开辟八大景区，100多个大小景点，面积2.4万平方米。洞内千姿百态的钟乳石、石笋、石柱、石花、石幔，通过现代声光配置，组成了无数瑰丽逼真、任人想象神驰的景物。

（二）桂林

桂林是世界著名的旅游城市，其境内的山水风光举世闻名，千百年来享有"桂林山水甲天下"的美誉。桂林属亚热带气候，气候温和，雨量充沛，冬无严寒，夏无酷暑。

1. 阳朔

阳朔以风景秀丽著称，位于广西壮族自治区东北部，桂林市区南面，属桂林市管辖。阳朔有丰富的自然景观和人文景观。自然景观主要是山、水、岩洞、古榕等；人文景观主要是亭、台、楼、阁、石刻等。全县可供观赏的大小山峰数百座，一条十分诱人的漓江河，30多个岩洞，10多处楼台亭阁，近百处石刻，一株令人流连忘返的千年古榕。阳朔有5大景区、150余处景点，著名景点有莲花洞、碧莲洞、聚龙潭、世外桃源、刘三姐水上公园、滨江公园、蝴蝶泉、遇龙河、田家河、大榕树等。

2. 漓江

漓江，位于广西壮族自治区东部，属珠江水系。漓江发源于"华南第一峰"桂北越城岭漓江见闻猫儿山，漓江上游主流称六峒河；南流至兴安县司门前附近，东纳黄柏江，西受川江，合流称溶江；由溶江镇汇灵渠水，流经灵川、桂林、阳朔，至平乐，汇入西江，全长437公里。从桂林到阳朔约83公里的水程，称漓江。漓江阳朔段两岸是典型的岩溶峰林地貌，也是广西最美丽的河段。从近阳朔县境的潜经村开始，漓江进入峡谷地段，蜿蜒于丛山之中，河谷深切400米。漓江不但河谷深，且河床比降大，形成许多滩、洲、峡、矶等。

3. 龙脊梯田

龙脊梯田，位于广西龙胜县龙脊镇平安村龙脊山，距县城22公里，距桂林市80公里。龙脊梯田分为金坑（大寨）瑶族梯田观景区和平安壮族梯田观景区，如图10-14所示。通常意义上的龙脊梯田是指龙脊平安壮族梯田，也是开发较早的梯田。梯田分布在海拔300～

1100米之间,最大坡度达50°,前往梯田几乎都是盘山公路,龙脊梯田始建于元朝,完工于清初,距今已有650多年历史。

4. 象鼻山

象鼻山,又称仪山、沉水山,简称象山,位于漓江与桃花江汇流处,海拔200米,高出江面50米,长108米,宽100米,山体占地1.3万平方米,如图10-15所示。它由3.6亿年前海底沉积的纯石灰岩构成,山形酷似一头巨象伸长鼻临江汲水,因而得名。

图10-14 龙脊梯田

图10-15 象鼻山

5. 银子岩

银子岩溶洞是典型的喀斯特地貌,贯穿12座山峰,属层楼式溶洞,洞内汇集了不同地质年代发育生长的钟乳石,晶莹剔透,洁白无瑕,宛如夜空的银河倾斜而下,闪烁出像银子、似钻石的光芒,所以称为"银子岩"。洞内特色景点数十处,最为著名的景观有"三绝",即雪山飞瀑、音乐石屏、瑶池仙境;"三宝",即佛祖论经、混元珍珠伞、独柱擎天。大自然的鬼斧神工在这里被展示得淋漓尽致,故被誉为"世界溶洞奇观"。

(三) 柳州

柳州市位于广西中部,柳江绕城回流,北岸城中心三面环水,形成一个巨大的"U"字,古籍称其为"三江四合,抱城如壶",故又有"壶城"之称,世人则称之为"巨大的天然盆景"。

1. 鱼峰山

鱼峰公园位于柳州市中心,面积3.37万平方米。其山似立鱼又名"立鱼峰",山上绿树成荫,山脚一泓碧水称小龙潭。相传壮族歌仙刘三姐曾在此传唱山歌,并于小龙潭骑鱼升天成仙。登上鱼峰山顶,可俯瞰柳州全景。

2. 柳侯祠

柳侯祠位于柳州市中心柳侯公园内的西隅,原名罗池庙(因建于罗池西畔得名),现改名为柳侯祠,是柳州人民为纪念唐代著名的政治家、思想家、文学家柳宗元而建造的庙。现在的柳侯祠建筑结构为清代三进制木砖结构,面积约2000平方米。祠内陈列有许多文物及史料,反映了柳宗元的生平和政绩。

3. 都乐岩风景区

都乐岩风景区位于柳州市南12公里处都乐村旁的山腹里,故名"都乐"。都乐岩风景区由12座山峰、46个岩洞、一条3400米长的清溪和4个人工湖组成,方圆10公里。都乐岩风景区青山环绕、绿水长流,还有美丽的田园风光。在这里的艺术书法碑林区,可以欣赏到许多著名的书法艺术珍品。

(四)北海

北海地处广西壮族自治区南端,北部湾东北岸。旅游资源丰富,海洋旅游资源综合优势更为突出。北海的主要景点有北海银滩、海洋之窗、珍珠魂、还珠堂世界贝类珊瑚馆、南珠宫、珠海老街、大江埠旅游风景区、星岛湖旅游度假区、山口红树林自然保护区、涠洲岛的国家地质森林公园等。

1. 北海银滩

北海银滩位于广西北海市银海区,西起侨港镇渔港,东至大冠沙,由西区、东区和海域沙滩区组成,东西绵延约24公里,陆地面积12平方公里,总面积约38平方公里。北海银滩面积超过大连、烟台、青岛、厦门和北戴河海滨浴场沙滩的总和。沙滩均由高品位的石英砂堆积而成,在阳光的照射下,洁白、细腻的沙滩会泛出银光,故称银滩,北海银滩以其"滩长平、沙细白、水温净、浪柔软、无鲨鱼"等特点,而被称为"中国第一滩"。广西旅游以"北有桂林山水,南有北海银滩"而著名。

2. 涠洲岛

涠洲岛位于广西北海市正南面21海里的海面上,距北海市区36海里,是中国最年轻的火山岛,也是广西最大的海岛。涠洲岛与火山喷发堆积和珊瑚沉积融为一体,使岛南部的高峻险奇与北部的开阔平缓形成鲜明对比,其沿海海水碧蓝见底。2014年《中国国家地理》杂志评选出的中国最美的十大海岛,涠洲岛位列第二名。

(五)德天瀑布

德天瀑布位于中国广西崇左市大新县硕龙乡德天村,横跨中国、越南两个国家,是亚洲第一、世界第四大的跨国瀑布。它起源于广西靖西县归春河,终年有水,流入越南又流回广西,经过大新县德天村处遇断崖跌落而成瀑布。瀑布气势磅礴、蔚为壮观,年均水流量约为贵州黄果树瀑布的3倍,是国家4A级旅游景区。

四、主要旅游线路

(一)自然风光之旅

行程推荐:桂林(龙脊梯田)—南宁(青秀山)—德天(德天大瀑布)—通灵大峡谷。

线路特色:亲近大自然。龙脊梯田不仅可以体验到田园风光,而且有多家寨子,每个寨子都有自己浓郁的特色,细细游玩都能发现乐趣。南宁青秀山,气候宜人,奇山异卉,四季如春。位于中国与越南边境的德天瀑布,是亚洲第一、世界第四大跨国瀑布,瀑布气势磅礴、蔚为壮观。

(二)广西精华之旅

行程推荐:桂林市内(七星公园、象山公园、叠彩山、靖王城)—阳朔(杨堤、兴坪古镇、阳朔、遇龙河、十里画廊、西街)—南宁(青秀山、广西博物馆)—北海(银滩、涠洲岛)。

线路特色:从桂林到北海,有限的时间感受广西最精华的部分。

任务五 贵州省

任务导入

重庆市某高校的6位同学,将于8月份去贵州旅游,请为他们设计旅游线路并做好景点讲解工作。

任务分析

要设计旅游路线,就必须了解贵州的旅游资源概况、民俗风情、主要旅游城市及景区、主要旅游线路等知识;此外,还需要分析该团队的旅游需求与团队情况,撰写主要景点的讲解词。

一、旅游概况

贵州省简称黔或贵,位于我国西南部,地处云贵高原东部,群山蜿蜒起伏,峰峦错落叠嶂,地形极为复杂,气候属于中亚热带温润季风气候,整体是冬无严寒,夏无酷暑,是理想的避暑胜地,如图10-16所示。

贵州被誉为天然"大公园"。特殊的喀斯特地质地貌、原生的自然环境、浓郁的少数民族风情,形成了贵州以自然风光、人文景观和民俗风情交相辉映的丰富旅游资源。贵州拥有黄果树、龙宫、织金洞、红枫湖、舞阳河、兴义马岭河峡谷、荔波樟江、赤水等8个国家级风景名胜区,花溪、百里杜鹃等24个省级风景名胜区;铜仁梵净山国家级自然保护区和茂兰喀斯特原始森林、习水中亚热带常绿阔叶林、赤水原生林和草海鸟类栖息衍生地等国家级自然保护区;遵义会议会址、从江增冲鼓楼、盘县大洞等全国重点文物保护单位。

二、民俗风情

(一) 饮食文化

黔菜以精湛的烹调,繁多的菜式,美观的格局,独特的风味著称于世,具有鲜明的民族地域个性。贵州高原的辣文化、酸文化、糯文化、竹文化、傩文化、夜郎文化、土司文化、屯堡文化、移民文化等经过历史的积淀融合,造就了黔菜深厚的文化底蕴和独树一帜的风格。

(二) 民间艺术

贵州省少数民族人口多、分布广,各民族在长期的生产生活中创造了丰富多彩的手工技

图 10-16 贵州省旅游资源分布图

艺。这些传统技艺始终保持了原生形态和传统工艺,具有浓郁的民族特色和强烈的地域特点。

1. 蜡染工艺

蜡染古称"蜡缬","缬"的意思是染彩,它与"绞缬"(扎染)、"夹缬"(蓝印花布)一起被称为中国古代的三大纺染工艺。蜡染的起源一般都认为在汉代甚至更早,至南北朝广为流行于我国中原和江南各地。宋代以后,多数地区蜡染逐渐消失,被"夹缬"及其他染、织、绣品所取代,而在贵州、云南等边远少数民族地区至今保留发展了这一传统技艺。明清时期,"点蜡幔"、"顺水斑"、"蜡花"盛行贵州各地,蜡染工艺日臻完美,已成为地方各民族生活中重要的饰品。

2. 苗族刺绣

贵州是中国苗族刺绣中品种最多、手法最丰富、技艺最精湛的地区。苗族刺绣的技法有十多种,这些针法因地区、支系的差异而有不同的运用。苗族妇女会根据刺绣内容和图案需要来选择绣法,常常将多种刺绣针法综合应用,不同的技法产生不同的效果,大大增强了图案的表现力和艺术性。苗绣的制作工艺方法多样,工艺复杂,针法细腻多变,纹样十分精致,一件绣品通常需要很长的时间来完成。

3. 银饰工艺

银饰是苗族人民生活中重要的、不可或缺的饰品,在苗族社会生活中意义重大。它承载着深厚的历史文化信息,发挥着积极的社会功能作用,展现出精美绝伦的艺术审美价值。由于地域与支系的差别,苗族银饰显现为异彩纷呈、丰富多变的形态,在全省许多地区都有分布。最有代表性的是黔东南地区的台江、雷山、黄平等地的银饰工艺。

(三) 地方特产

贵州地方特产众多,代表性的特产有茅台酒、董酒、都匀毛尖、桐梓木兰片、毕节豆腐干、镇远陈年道菜、安顺百花串酱菜、独山盐酸菜、贵州雄精雕刻、贵州苗族桃花、贵州风味辣酱等。

1. 茅台酒

茅台酒独产于中国贵州省遵义市仁怀市茅台镇,是中国的传统特产酒。茅台酒是与苏格兰威士忌、法国科涅克白兰地齐名的世界三大蒸馏名酒之一,是大曲酱香型白酒的鼻祖,更是中国的国酒,至今已有800多年的历史。

2. 贵州雄精雕刻

贵州雄精雕刻,距今已有300多年的历史。它以雄精为材料,经过艺术加工,雕刻成各种人物、动物、花鸟以及如意摆件、佩件、玩器等,形象栩栩如生,作品十分精美可爱。

三、主要旅游城市及景区

(一) 贵阳

贵阳,贵州省省会,因位于境内贵山之南而得名,已有400多年历史。贵阳是一座"山中有城,城中有山,绿带环绕,森林围城,城在林中,林在城中"的具有高原特色的现代化都市,被中国气象学会授予"中国避暑之都"称号。

1. 黔灵公园

黔灵公园位于贵阳市西北角,因素有"黔南第一山"之称的黔灵山而得名。园内古木参天,植被茂密,集贵州高原灵气于一身。黔灵山上生长着1500余种树木、花卉和1000多种名贵药材。清泉怪石随处可见,并有成群的猕猴和鸟类栖息于此。黔灵公园是一座综合性的游览公园,公园幽静的山谷里还建有动物园,山上保存有第四纪冰川期的遗迹。

2. 红枫湖

红枫湖位于清镇市郊,距贵阳33公里,是由1958年挖水库修建猫跳河水电站而形成的人工湖,湖域水面东西可达2公里,为贵州高原人造湖之最。湖域四周遍布红枫树,金秋时节,枫叶似火、湖水轻柔,颇具诗情画意。红枫湖风景名胜区以热情似火的枫树和星罗棋布的湖泊群而扬名于天下。

(二) 安顺

1. 黄果树大瀑布

黄果树大瀑布位于中国贵州省安顺市镇宁布依族苗族自治县。黄果树大瀑布,是贵州

图 10-17 黄果树瀑布

第一胜景,中国第一大瀑布,也是世界最阔大壮观的瀑布之一,如图 10-17 所示。黄果树大瀑布的实际高度为 77.8 米,分布着雄、奇、险、秀风格各异的大小 18 个瀑布,形成一个庞大的瀑布"家族",被评为世界上最大的瀑布群,列入世界吉尼斯纪录。黄果树大瀑布是黄果树瀑布群中最为壮观的瀑布,是世界上唯一可以从上、下、前、后、左、右六个方位观赏的瀑布,也是世界上有水帘洞自然贯通且能从洞内外听、观、摸的瀑布。

2. 安顺龙宫

龙宫位于贵州安顺市南郊,距安顺市城区 27 公里,龙宫景区集溶洞、峡谷、瀑布、峰林、绝壁、溪河、石林、漏斗、暗河等多种喀斯特地质地貌景观于一体,是喀斯特地貌形态展示最集中、最全面的景区,被誉为"天下喀斯特,尽在龙宫"。龙宫景区由龙潭秘境和通漩田园两大主题片区组成,拥有中国最长、最美的水溶洞(一、二

图 10-18 "龙"字田

进龙宫),中国最大的洞中佛堂(观音洞),中国最大的洞中岩溶瀑布(龙门飞瀑),世界最大的水旱溶洞集群,世界上最大单体汉字"龙"字田等得天独厚的自然资源,如图 10-18 所示。

(三)遵义市

1. 遵义会议会址

遵义会议会址是贵州主要红色旅游区、革命传统教育基地,位于遵义市红花岗区红旗路 80 号。1935 年,中国工农红军第一方面军长征到遵义,中共中央在这里召开了政治局扩大会议,纠正了王明"左"倾冒险主义的错误,确立了毛泽东在红军和党中央的领导地位,使红军和党中央得以在极其危急的情况下保存下来,是中国共产党历史上的一个生死攸关的转折点。

2. 海龙屯遗址

海龙屯遗址位于遵义市北 30 公里之龙岩山上,史称"龙岩屯",是 700 多年前明代播州杨氏土司的庄园和城堡。海龙屯屯内面积 1.59 平方公里,由外城、内城构成,其上建有 9 关,各关均以巨石垒砌,关关石墙相连,建于悬崖之巅,地形险要,是一组极具地方特点和民族特色的古代建筑群。2015 年,在第 39 届世界遗产大会上,贵州省遵义海龙屯遗址与湖南永顺老司城遗址、湖北唐崖土司城遗址联合申报的中国土司遗址成功被列入世界文化遗产名录,成为中国的第 48 项世界遗产、贵州省首个世界文化遗产。

(四) 赤水丹霞

赤水丹霞位于贵州省赤水市境内,是青年早期丹霞地貌的代表,其面积达1200多平方公里,是全国面积最大、发育最美丽壮观的丹霞地貌。赤水保持了完整的、具有代表性的中亚热带森林生态系统和物种多样性,形成"丹山"、"碧水"、"飞瀑"、"林海"有机结合的丹霞景观。赤水丹霞作为"中国丹霞"的一部分,被列入世界自然遗产名录。

(五) 梵净山

梵净山位于贵州省东北部的铜仁地区,海拔2572米,系武陵山脉主峰、国家级自然保护区、联合国"人与生物圈"保护网成员。全境山势雄伟、层峦叠嶂,溪流纵横、飞瀑悬泻。其标志性景点有红云金顶、月镜山、万米睡佛、蘑菇石、万卷经书、九龙池、凤凰山等,如图10-19所示。

图10-19 梵净山的蘑菇石

梵净山自古就被佛家辟为"弥勒道场"。红云金顶是佛山之核心。绝峰上两殿鼎峙,两佛临銮,无边法界,极乐天宫的营造,是南宋白莲社在"人间净土"建设上的点睛之笔,是名山佛教发展史上的一个奇迹,是红云之上盛开的一朵奇葩。

梵净山山形复杂,环境多变,由此形成了生物多样性基地。根据统计资料,区内现有植物种类约2000余种,其中一级保护植物6种,二级保护植物25种,有珙桐林、铁杉林、水青冈林、黄杨林等44个不同的森林类型。原始森林里栖息着多种濒临灭绝的国家保护动物,如黔金丝猴、藏酋猴、云豹、苏门羚、黑熊等。

(六) 织金洞

织金洞,位于贵州省织金县官寨苗族乡,地处乌江源流之一的六冲河南岸,距省城贵阳120公里。规模宏大、形态万千、色彩纷呈,是织金洞景观的显著特色。织金洞洞内长度达12公里,相对高差150多米,洞内各种钟乳石、石笋、石帘千姿百态,各种堆积、结晶达120多种形态。织金洞的主要景点有望月楼、塔林、南天门、万寿山、望山湖、广寒宫、雪香宫、凌霄宫、讲经堂、天都广场、银雨宫等。

四、主要旅游线路

(一) 多彩贵州清凉之旅

线路行程:黔南州荔波县(大七孔、小七孔、水春河)—贵阳(青岩古镇、花溪公园、甲秀楼、黔灵公园)—安顺(黄果树大瀑布、陡坡塘瀑布、天星桥、龙宫塘)—毕节(织金洞)。

线路特色:在酷夏时节,这条线路全程气温不超过25 ℃,一路上溪流戏水,大河漂流,钻瀑布,走溶洞,体验十足的清凉水世界。在小七孔戏水的欢乐,在水春河漂流的刺激,黄果树大瀑布的雄伟壮观,龙宫入口的世外桃源,织金洞的银雨树等别处所无的奇特造型,给人带来一段愉悦的旅程。

(二) 红色征途感怀之旅

线路行程:贵阳—息烽(集中营纪念馆)—遵义(遵义会议会址、红军山、海龙屯、娄山关)—仁怀(国酒文化城、盐津温泉)—习水(土城四渡赤水纪念馆)—赤水(十丈洞、桫椤自然保护区、竹海、丙安古镇、大同古镇)。

线路特色:贵州拥有丰富的红色旅游资源,这条线路沿着红军长征时的足迹,遍及贵州的大部分地区,缅怀大量的革命文物与遗迹。这些丰富的红色遗迹在时代的硝烟下不应该被遗忘,而要作为爱国主义教育基地,让更多的年轻一代学习先烈们的精神。

(三) 探苗侗风情及民俗文化

线路行程:凯里(南花苗寨)—雷山(西江千户苗寨、郎德苗寨、雷公山)—麻江(农民绘画之乡铜鼓)—丹寨(卡拉村)—榕江(侗族风情、三宝侗寨)—从江(岜沙苗寨)—黎平(肇兴侗寨、地坪风雨桥)—锦屏(隆里古镇)—剑河(剑河温泉)—台江(施洞苗寨)。

线路特色:该条路线以观赏苗侗风情、民族建筑和苗岭风光为主。沿线可游览凯里、榕江、从江、黎平,出省至广西三江、桂林;或游施秉、镇远、铜仁,出省至湖南张家界。探寻苗寨、侗寨建筑艺术,感受民族节日。

任务六　云南省

任务导入

云南是我国少数民族最多的一个省。请为一个三口之家(孩子10岁)设计一条体验云南少数民族风俗文化的旅游线路。

任务分析

要完成此任务,就必须了解云南的旅游资源概况、民俗风情、主要旅游城市及景区、现有特色旅游线路,并根据家庭亲子游的特点,来进行线路设计。

一、旅游概况

云南,位于中国西南边陲,简称云或滇,省会昆明,如图10-20所示。云南特殊的地理气候环境,众多的民族,悠久的历史以及灿烂的文化,造就了云南得天独厚的旅游资源。云南境内有雄伟壮丽的山川地貌,山林、峰、洞、江河、湖、瀑等蔚为壮观,还有古老的人类遗址、恐龙化石及近代历史纪念物,以及25个少数民族绚丽多彩的民俗风情。云南有路南石林、大理、西双版纳、三江并流、昆明滇池、丽江玉龙雪山等国家级重点风景名胜区,有省级风景名胜区47处,还有昆明、大理、丽江、建水、巍山等5座国家级历史文化名城。此外,全省还建立了总面积达19260平方公里的县级以上自然保护区100多个,总面积为855平方公里的国家级、省级森林公园22个。

图10-20 云南旅游资源分布图

二、民俗风情

(一) 饮食文化

云南菜以擅长烹制山珍、淡水鱼鲜和蔬菜见长,具有鲜嫩回甜、酸辣微麻、重油味厚的特点,适合云南多民族人民的口味,自成一格,多姿多彩的地理风貌和干湿分明的立体气候,极其有利于动植物的生长,得天独厚的原料,为烹饪提供了丰富的来源。云南名菜有汽锅鸡、砂锅鱼、腌牛筋、香茅草烧鸡、酸笋煮鱼等。云南风味小吃过桥米线、云腿豆焖饭、蒸糕、烧饵块、丽江粑粑、酥油茶等,深受游客欢迎。

(二) 民间艺术

云南有着众多的少数民族,深厚、多样化的民族文化是云南的特色。云南省的民间艺术种类繁多、形式多样,有刺绣、扎染、银器饰品、东巴造纸、香格里拉藏族的转经筒、天珠、西双版纳傣锦、筒帕等。

1. 大理扎染

扎染是一种古老的印染手工艺。扎染产品选用民间土布为胚料,从天然植物的根、茎、叶、皮中提取色素为染色。其纹路自然,颜色青翠,形象素雅,取材生动,格调大方,而且贴身柔软舒适。

2. 傣锦

傣锦是傣族民间的一种古老的纺织工艺,以织工精巧、图案别致、色彩绚丽、美观大方、坚固耐用和富有浓厚的民族风格而著称。傣锦有各种珍奇异兽的图案、五谷花卉的植物图案和几何图案等。

(三)地方特产

云南有多种气候齐集、地形复杂多样的特点,长期以来都有"植物王国"、"动物王国"和"矿产宝库"的美誉。从中药材、奇石到茶叶和各种工艺品,云南到处都是宝。

1. 普洱茶

普洱茶产于云南省南部西双版纳自治州和澜沧江沿岸各县,多经普洱运销各地,普洱茶即因此得名。普洱茶有散茶和紧茶两种,均以优良的云南大叶茶的鲜叶做原料,经过杀青、揉捻、干燥等工序。紧茶则是将经过蒸软或炒软后的散茶,装入模型内压制成各种沱茶、饼茶、方茶、砖茶等。

2. 云南鲜花饼

鲜花饼是一款以云南特有的食用玫瑰花入料的酥饼,是以"花味、云南味"为特色的云南经典点心代表。据史料记载,鲜花饼早在300多年的清代就已经出现,鲜花饼具有花香沁心、甜而不腻、养颜美容的特点,早已广为流传。

3. 云南白药

云南白药是云南省出产的传统中成药。由云南民间医生曲焕章吸取民间传统配方,经过多年钻研和实践而首创配制而成,最初取名为"百宝丹",后称云南白药。由于它对止血愈伤、活血化瘀、消火去肿、排脓驱毒具有良好疗效,所以,云南白药成为主治各种跌打损伤、红肿疮毒、妇科血症、咽喉肿痛和慢性胃病的特效药品,从20世纪初问世以来,誉声中外,历久不衰,被誉为"伤科圣药"。

三、主要旅游城市及景区

(一)昆明

昆明,享"春城"之美誉,是云南省省会,国家级历史文化名城,我国重要的旅游、商贸城市,西部地区重要的中心城市之一。昆明有石林世界地质公园、滇池、安宁温泉、九乡、世界园艺博览园和云南民族村等风景名胜。

1. 滇池

滇池是云南省最大的高原湖泊,全国第六大淡水湖泊,有高原明珠之称。滇池,亦称昆明湖、昆明池、滇南泽、滇海,在昆明市西南,有盘龙江等河流注入,湖面海拔1886米,面积330平方千米。滇池风光秀丽,是国家级旅游度假区,四周有云南民族村、云南民族博物馆、西山华亭寺、太华寺、三清阁、龙门、筇竹寺、大观楼(见图10-21)等风景区。

2. 路南石林

路南石林是世界最典型的喀斯特地貌景观,景区范围达 350 平方公里,素有"造型地貌天然博物馆"之称,是中国的四大自然景观之一,如图 10-22 所示。路南石林景区由大石林、小石林、乃古石林、大叠水、长湖、月湖、芝云洞、奇风洞等风景片区组成,其中,石林的像生石,数量多,景观价值高,举世罕见。石林遍布着上百个黑色大森林一般的巨石群,有的独立成景,有的纵横交错,连成一片,占地数十亩、上百亩不等。只见奇石拔地而起,参差峥嵘,千姿百态,巧夺天工,被人们誉为"天下第一奇观"。

图 10-21 大观楼

图 10-22 石林阿诗玛

3. 世界园艺博览园

昆明世界园艺博览园(简称世博园)是昆明世界园艺博览会会址,设在昆明东北郊的金殿风景名胜区,距昆明市区约 4 公里。博览园占地面积约 218 万平方米,植被覆盖率达 76.7%,园区整体规划依山就势,集全国各省、区、市地方特色和 95 个国家风格的园林园艺品,庭院建筑和科技成就于一园,体现了"人与自然,和谐发展"的时代主题,是一个具有"云南特色、中国气派、世界一流"的园林园艺品大观园。

(二) 大理

大理市位于云南省西部,是大理白族自治州的州政府驻地。大理市地处云贵高原上的洱海平原,苍山之麓,洱海之滨,是古代南诏国和大理国的都城,也是古代云南地区的政治、经济和文化中心。下关风、上关花、苍山雪、洱海月是大理最著名的四大景观,因此,大理被称为"风花雪月"之城。

1. 大理古城

大理古城东临碧波荡漾的洱海,西倚常年青翠的苍山,形成了"一水绕苍山,苍山抱古城"的城市格局,如图 10-23 所示。从 779 年南诏王异牟寻迁都阳苴咩城,已有 1200 多年的建造历史。现存的大理古城是以明朝初年在阳苴咩城的基础上恢复的,城呈方形,开四门,上建城楼,下有卫城,更有南北 3 条溪水作为天然屏障,城墙外层是砖砌的;城内由南到北横贯 5 条大街,自西

图 10-23 大理古城

向东贯穿了8条街巷,整个城市呈棋盘式布局。

2. 崇圣寺三塔

崇圣寺三塔是云南省古代历史文化的象征,也是中国南方最古老、最雄伟的建筑之一,如图10-24所示。该组建筑群位于大理古城以北1.5公里苍山应乐峰下,背靠苍山,面临洱海,三塔由一大二小三座佛塔组成,呈鼎立之态,远远望去,卓然挺秀、俊逸不凡。三塔中的主塔是千寻塔,底宽9.9米,现存高度69.13米,16层,为方形密檐式空心砖塔,是中国现存座塔最高者之一,与西安大雁塔、小雁塔同是唐代的典型建筑,造型上也与西安小雁塔相似,为唐代的典型塔式建筑之一。塔以白灰涂面,每级四面有龛,相对两龛供佛像,另两龛为窗洞。塔内装有木骨架,塔身内壁垂直贯通上下,设有木质楼梯,循梯可达顶层,从瞭望小孔中欣赏大理古城全貌。

图10-24 崇圣寺三塔

3. 蝴蝶泉

蝴蝶泉位于苍山第一峰云弄峰神摩山下,南距大理古城27公里。蝴蝶泉面积50多平方米,为方形泉潭。泉水清澈如镜,有泉底冒出,泉边弄荫如盖,一高大古树,横卧泉上。每年春夏之交,特别是4月,大批蝴蝶聚于泉边,漫天飞舞。最为奇特的是万千彩蝴蝶,首尾相衔,一串串地从大合欢树上垂挂至水面。五彩斑斓,蔚为壮观。蝴蝶泉奇景古已有之,明代徐霞客笔下已有生动的记载。

(三) 丽江

丽江市地处横断山脉三江并流区域,地形地貌复杂、民族多、历史久、旅游资源丰富。全市共有旅游风景点104处,以"二山、一城、一湖、一江、一文化、一风情"为主要代表。二山,即玉龙雪山和老君山;一城,即丽江古城;一湖,即泸沽湖;一江,即金沙江;一文化,即纳西东巴文化;一风情,即摩梭风情。

1. 丽江古城

丽江古城,又名"大研古镇",与四川阆中、山西平遥、安徽歙县并称为"保存最为完好的四大古城"。丽江古城民居在布局、结构和造型方面按自身的具体条件和传统生活习惯,结合汉族以及白族、藏族民居的传统,并在房屋抗震、遮阳、防雨、通风、装饰等方面进行了大胆、创新发展,形成了独特的风格。丽江大研古镇已有近千年历史,是国家级历史文化名城和我国首批进入世界文化遗产名录的世界文化遗产古城。它是以充分体现人与自然和谐统一,多元融合的文化为特点,以平民化、世俗化的百姓古雅民居为主体的"建筑群"类型的世界文化遗产,是一座至今还保存完好的文化古城。

> **知识衔接**
>
> ### 木　府
>
> 　　木府是丽江木氏土司衙门的俗称,位于丽江古城狮子山下,是丽江古城文化之"大观园"。整个建筑群坐西向东,是一座辉煌的建筑艺术之苑。
>
> 　　自古以来,丽江便是纳西族聚集的地方。纳西族人原来没有汉族的姓氏,朱元璋建立明王朝后,远在滇西北丽江纳西族土司阿甲阿得审时度势,于1382年"率从归顺",举人臣之礼,此举大获朱元璋赏识,朱元璋便将自己的姓去掉一撇和一横,钦赐其"木"姓,从此纳西传统的父子连名制得以改成汉姓名字。"北有故宫,南有木府。"木府是一座辉煌的建筑艺术之苑,它充分反映了明代中原建筑的风采气质,同时保留了唐宋中原建筑古朴粗犷的流风余韵,而其坐西朝东,府内玉沟纵横,活水长流的布局,则又见纳西族传统文化之精神。丽江旅游有一句话:"不到木府,等于不到丽江。"一座木府,凝聚了丽江这座世界名城的千年文明精魂和各族人民的博大智慧。

2. 玉龙雪山

玉龙雪山古称耸雪山、雪山、雪岭,位于云南省丽江市玉龙纳西族自治县境内,丽江市区北面15公里外,玉龙雪山最高海拔5596米,面积455平方公里,雪山的13峰终年积雪不化,如一条矫健的玉龙横卧山巅,有一跃而入金沙江之势,故名"玉龙雪山"。玉龙雪山景观分为雪域冰川景观、高山草甸景观、原始森林景观、雪山水景等,主要景点有玉柱擎天、云杉坪、雪山索道、黑水河、白水河、蓝月谷及宝山石头城等。

3. 泸沽湖

位于云南省宁蒗县与四川省盐源县交界处的泸沽湖,像一颗晶莹的宝石,闪耀在滇西北高原的万山丛中。那美妙绝伦的湖光山色,那国内外罕见的有着若干母系氏族公社特点的民族风情,给这翡翠般的世界,涂上了一层古老而神秘的色彩。泸沽湖四周森林茂密,空气清新,由于人烟稀少,是目前全国范围内遭受人为破坏最轻、自然生态保护得最好的地方之一。由于无污染,泸沽湖水清澈透明,水质略甜,四周风景如诗如画,秀丽迷人,如图10-25所示。

图10-25　泸沽湖

泸沽湖将自然景观和人文景观融为一体,尤其是以摩梭人独特的文化和民族风俗使其具有独特而丰富的内涵,在全国乃至全球都是不可替代的世界文化遗产。那醉人湖光山色,古老原始而又神秘的民族风情,原始的宗教文化,如痴如醉的歌舞之乡,是旅游者的天堂。

（四）香格里拉

香格里拉市是迪庆藏族自治州下辖市之一，位于云南省西北部，是滇、川及西藏三省区交汇处，也是举世闻名的"三江并流"风景区腹地。香格里拉，是迪庆藏语，意为"心中的日月"。其主要旅游景点有哈巴雪山、虎跳峡、普达措国家公园、梅里雪山等。

1. 哈巴雪山

哈巴雪山位于香格里拉县东南部，是喜马拉雅山造山运动及其以后第四纪构造运动的强烈影响下急剧抬高的高山，最高峰海拔5396米，而最低江面海拔仅为1550米，山势上部较为平缓，下部则陡峭壁立，望之险峻雄伟而又美丽神秘。"哈巴"为纳西语，意思是金子之花朵。哈巴雪山与玉龙雪山隔虎跳峡相望，攀登季节为每年11月到次年2月，受季风影响，1、2月风力较大，经常达8级以上。11月与12月风力较小，是攀登的最佳季节。

2. 虎跳峡

图 10-26　虎跳峡

虎跳峡，以"险"名天下，是中国最深的峡谷之一，如图10-26所示。虎跳峡位于香格里拉市虎跳峡镇境内，距香格里拉市96公里，距丽江市80公里，在云南省玉龙纳西族自治县（原丽江纳西族自治县）龙蟠乡东北，峡谷长17千米，南岸玉龙雪山主峰海拔5596米，北岸中哈巴雪山海拔5396米，中间江流宽仅30～60米。虎跳峡的上峡口海拔1800米，下峡口海拔1630米，两岸山岭和江面相差2500～3000米，谷坡陡峭，蔚为壮观。江流在峡内连续下跌7个陡坎，216米短距离落差，水势汹涌，声闻数里，为世界上最深的大峡谷之一。旧时曾因山崩截断江流，至今尚有崩积物遗留。

3. 普达措国家公园

普达措国家公园是中国政府确立的第一个国家公园，国家5A级旅游风景区，位于云南省迪庆藏族自治州香格里拉市境内，最高海拔4159米，其主要景点有属都湖、碧塔海和弥里塘亚高山牧场等。普达措国家公园基本上包括了高原上的全部自然景观，高山湖泊如明镜一般、牧场水草丰美、湿地里百花盛开、原始森林里飞禽走兽时常出没。碧塔海、属都湖两个美丽的淡水湖泊素有"高原明珠"之称，原始生态环境保存完好。

（五）西双版纳

西双版纳傣族自治州，为云南省下辖自治州，位于云南省南端。西双版纳，古代傣语为"勐巴拉那西"，意为"理想而神奇的乐土"，这里以美丽的热带雨林自然景观和少数民族风情而闻名于世，是镶嵌在祖国南疆的一颗璀璨明珠。在这片富饶的土地上，有占全国四分之一的动物和六分之一的植物，是名副其实的"动物王国"和"植物王国"。其代表性景区有野象谷、曼飞龙佛塔、橄榄坝、独树成林、热带植物园、孔雀湖、水井塔、茶树王、泼水节观礼台、空中走廊、民族风情园等。

（六）哈尼梯田

哈尼梯田位于云南南部，遍布于红河州元阳、红河、金平、绿春四县，总面积约100万亩，仅元阳县境内就有17万亩梯田，是哈尼族人世世代代留下的杰作。元阳梯田是哈尼族人1300多年来生生不息地"雕刻"的山水田园风光画。元阳哈尼族开垦的梯田随山势地形变化，因地制宜，坡缓地大则开垦大田，坡陡地小则开垦小田，甚至沟边坎下石隙也开田，因而梯田大者有数亩，小者仅有簸箕大，往往一坡就有成千上万亩。元阳梯田规模宏大，气势磅礴，绵延整个红河南岸的红河、元阳、绿春及金平等县，仅元阳县境内就有17万亩梯田，是红河哈尼梯田的核心区。2013年6月22日在第37届世界遗产大会上哈尼梯田被成功列入世界遗产名录，成为我国第45处世界遗产。

（七）三江并流

三江并流是指金沙江、澜沧江和怒江这三条发源于青藏高原的大江在云南省境内自北向南并行奔流170多公里，穿越担当力卡山、高黎贡山、怒山和云岭等崇山峻岭之间，形成世界上罕见的"江水并流而不交汇"的奇特自然地理景观。其间澜沧江与金沙江最短直线距离为66公里，澜沧江与怒江的最短直线距离不到19公里。三江并流地区是世界上蕴藏最丰富的地质地貌博物馆。2003年7月被列入世界遗产目录。

三江并流地区被誉为"世界生物基因库"。这一地区占我国国土面积不到0.4%，却拥有全国20%以上的高等植物和全国25%的动物种数。国家级保护动物，也是珍稀濒危动物的有滇金丝猴、羚羊、雪豹、孟加拉虎、黑颈鹤等77种；国家级保护植物，如秃杉、桫椤、红豆杉等共有34种。

四、主要旅游线路

（一）自然与民俗共享的一路向西之旅

行程推荐：昆明—大理—丽江—香格里拉—昆明。

线路特色：这是一条云南旅游线路中比较经典的线路。这条线路的交通很发达，旅游信息很开放，自然风光和民俗风情融为一体，充分展示出云南的神奇与美丽。沿线景点可游览大理（洱海、南昭风情岛、小普陀、观音阁、苍山、清碧溪、大理古城、洋人街）、丽江（古城四方街、黑龙潭、云杉坪、玉龙雪山、束河、白沙村）、香格里拉（长江第一湾、虎跳峡、普达措国家公园及佛教圣地——松赞林寺）等。

（二）西双版纳

行程推荐：昆明—西双版纳—中缅—昆明。

线路特色：西双版纳是世界北回归线上仅存的一片绿洲，是中国唯一保存的一块热带森林区，是国家级重点风景名胜区，民族文化、民族风情、热带雨林、观赏植物、野生动物等自然和人文景观融为一体。沿线可观赏到傣族早市、傣寨、勐仑植物园、版纳原始森林公园、傣族泼水、傣族歌舞表演、打洛独树成林、景真八角亭、边贸集市、国门、界碑，出境中缅游卧佛寺、和平塔、大金塔、戒毒展览。

（三）摄影之旅

行程推荐：昆明—建水—元阳—昆明。

线路特色:元阳以其壮观的梯田,绚丽的民族和民族文化,多彩的民族节日而著称。元阳有哈尼、瑶、苗、傣、壮、彝等民族,民族风情非常浓郁。对于摄影发烧友来说,在这里能体验到多彩的民族民俗风情,又能拍到美感十足的靓片。沿途游览建水(建水古城、文庙、朱家花园、双龙桥、团山民居)、元阳(哈尼梯田观日出和日落、菁口文化民俗村)。

线路设计案例 大理、丽江、香格里拉、泸沽湖7天6晚火车双卧经典游

第一天:早上抵大理,早餐后,乘车到国家级历史文化名城——大理古城,游览大理古城、洋人街。游览中国南方最古老、最雄伟的建筑之一——崇圣寺三塔,之后游览国家3A级旅游区——蝴蝶泉景区(游览50分钟)。下午14:30在蝴蝶泉桃源码头登上大游船,游览国家级风景名胜、国家级自然保护区、高原淡水湖泊——洱海。洱海湖面南北长41.5千米,东西宽39千米,周长116千米,面积约251平方千米,湖水清澈如镜,风光秀美。17:30下游船,乘车返回下关,晚餐品尝大理特色美味——大理土巴碗。

第二天:早餐后乘车至丽江,乘车前往国家4A级景区、中国民间艺术之乡、云南十大名镇——银都水乡新华村,参观玉珍官和银都。感悟大理独具魅力的文化和人文精神,参观集民俗和民族手工艺品生产加工为一体的白族村寨——石寨子。(自由活动大约150分钟,含用餐时间),中餐后乘车到丽江。在城区自由活动(120分钟),入住酒店,之后游览国家4A级旅游区、国家历史文化名城、世界文化遗产、全国文明风景旅游区——丽江古城(游览60分钟)。丽江古城始建于南宋末年,是纳西族古文化的积淀圈,坐落在玉龙雪山下丽江坝中部,海拔2400米。丽江古城以四方街为中心区,以其江南水乡的美景、别具风格的布局及建筑特色,被誉为"东方威尼斯"、"高原姑苏"。18:30左右用完晚餐后在古城内自由活动并自行回酒店。

第三天:早餐后,从丽江乘车至香格里拉:远眺"长江第一湾"(拍照15分钟),中午11:30左右游览气势磅礴的峡谷——虎跳峡(游览60分钟),参观后在虎跳峡镇用午餐。下午15:30左右到香格里拉县城,下午在城区自由活动,晚入住酒店。

第四天:早餐后出发游览普达措国家公园(游览300分钟),乘环保车游览属都湖、碧塔海,走进森林成毯的净土,欣赏雪域高原上的美丽湖泊和茂密的原始森林、高原牧场。参观后返回香格里拉县城。12:30左右用午餐,14:30左右出发返回丽江,途中在休息停靠站休息(10分钟)后回酒店。

第五天:早餐后,乘大巴前往泸沽湖。途中游览《千里走单骑》拍摄现场——山路十八湾,拍照15分钟,沿途欣赏金沙江河谷奇、秀、险的风景。12:00左右到宁蒗用午餐(40分钟),观景台远眺泸沽湖全景(20分钟),14:30左右到达泸沽湖自由活动,晚入住酒店。

第六天:泸沽湖,早餐后观泸沽湖日出,8:00左右乘猪槽船游湖1.5小时左右(登里务比岛,参观里务比寺、土司墓),参加摩梭风情家访30分钟左右,乘大巴返回丽江。12:00左右到宁蒗用午餐(40分钟),17:00左右到达丽江,结束愉快的泸沽湖旅游。

第七天：丽江，早餐后乘车到国家3A级旅游区——黑龙潭（游览40分钟），该潭又名玉泉公园，位于丽江古城北端象山脚下，始建于1737年。山上苍松古柏葱茏，山脚清泉四处涌出，潭畔花草树木繁茂，楼阁亭台点缀其间，风景秀丽，为丽江风景园林建筑的经典之作。游览丽江纳西东巴文化的重要发祥地之———东巴大峡谷（游览45分钟），它是一个以纳西族文化为核心，融自然景观为一体的风景名胜旅游区，为纳西族中部地区的东巴圣地、丽江古城的溯源。游览茶马古道重镇——束河古镇（50分钟），午餐后乘车返回大理，下午回到大理，晚餐后乘旅游专列离开，结束愉快旅程。

本项目包括西南旅游区的概况、四川、重庆、广西、贵州、云南共6项任务。通过对任务中西南旅游区概况、各省区旅游概况、民俗风情、主要旅游城市、旅游景点、精品旅游线路的学习，让学生能在掌握西南旅游区及各亚区的旅游资源，为旅游主题选择、旅游线路产品设计做好准备。

1. 选择西南旅游区中具有代表性的一个景点，撰写导游词，并进行脱稿讲解。
2. 以小组为单位，设计一条西南旅游区内的旅游线路（可以是一个省、市，也可以是整个旅游区），要求突出该区、省、市的旅游特色。

项目十一 西北旅游区

项目目标

职业知识目标：
1. 掌握西北旅游区的地理环境特点、旅游资源特征。
2. 熟悉西北旅游区主要的旅游城市与旅游景区的特色。
3. 熟悉西北旅游区主要的旅游线路。

职业能力目标：
1. 能分析西北旅游区地理环境与旅游资源的关系。
2. 能依据西北旅游区旅游资源的特点，设计有特色的西北旅游区旅游线路。
3. 能撰写西北旅游区特色旅游景区的讲解词。

职业素质目标：
1. 通过旅游线路的设计，培养学生学习的主动性，提高学生解决问题的能力。
2. 通过景点的讲解，培养学生良好的语言表达能力。

项目核心

西北旅游区旅游资源特征；西北旅游区主要的旅游城市；西北旅游区主要的旅游景区及特色；西北旅游区主要的旅游线路

任务一　西北旅游区概况

任务导入

国内文化考察团一行12人将进行一次丝绸之路考察活动,请做好这次旅游线路设计及接待准备工作。

任务分析

要做好此项任务,必须了解丝绸之路沿线的地理环境、旅游资源特征、主要旅游景点,并熟悉西北旅游区已有的特色旅游线路,尤其是丝绸之路主题路线。

一、自然地理环境

西北地区气候有半干旱、干旱及极干旱之分;植被有温带草原、荒漠草原和荒漠的差别;地貌有我国最平坦的高原、最大的内陆盆地,还有浩瀚的沙漠和戈壁。

(一) 气候特征鲜明

西北地区靠近全世界最强大的西伯利亚—蒙古高压中心,经常狂风怒吼,干冷异常。特别是山谷隘口处,风力更大,七角井、阿拉山口、达坂城等都是著名的风口。这种独特干旱气候,形成了以风蚀城堡、雅丹地貌、火焰山、戈壁等典型的、奇异的沙漠景观。

(二) 明显干旱区水文特征

本区的河流除额尔齐斯河属北冰洋水系外,其余均属于内陆流域,大多数河流发源于周围的山地,向盆地内部汇集,构成向心水系,多为中小河流,流程短、流量小、水量季节变化分明,具有明显的干旱区水文特点。在山麓冲积平原——洪积扇的下部常有泉流河发育;天山北麓玛纳斯地区的泉流最丰富,形成大泉沟、老龙河等泉流河。本区内陆湖泊众多,如位于塔里木盆地的博斯腾湖,湖中动植物资源丰富,盛产芦苇、各种鱼类和麝鼠;又如我国最低的地方——海拔为-154米的艾丁湖等。

(三) 植被稀少

本区干旱少雨、蒸发旺盛、风沙剧烈、植被稀少,主要为草原植被和荒漠植被,分布着我国最主要的草原和沙漠,面积约20亿亩,条件各异,类型多样。受气候条件影响,大致以贺兰山一线为界,以西为荒漠,以东为草原。荒漠植被覆盖度低,结构十分简单,以旱生灌木和小半灌木为主,都具有极强的耐旱力,根系和地下茎发达,如麻黄、沙拐枣、碱蓬、胡杨、怪柳等。

二、人文地理环境

(一) 少数民族众多

该区少数民族众多,除汉族外,还有维吾尔、哈萨克、回、乌孜别克、蒙古等少数民族,是我国民族成分较多的地区之一。西北地区民族文化底蕴深厚,内涵丰富,地域特色浓郁,自然与人文融为一体,形态多姿多彩,独具魅力。

(二) 交通要地,沟通东西方的纽带

西北旅游区在历史上长期为东西方经济文化交往的纽带,是陆地丝绸之路的必经之地。4000多年前,中国人把绚丽多彩的丝织品及其他商品传至西方,其中持续时间最长、影响最大的就是由长安出发,经渭河流域、河西走廊、新疆、帕米尔到中亚、西亚、欧洲、北非的路线。沿着这条路线,西方的技术和产品又传到中国。在中西方的商品技术交流中,丝绸贸易额巨大,曾引起西方世界的轰动,因此19世纪德国地质地理学家李希霍芬首先称之为"丝绸之路"。"丝绸之路"是中国与西方国家间的一条贸易通道,也是一条政治、经济、文化交往的友谊之路。千年丝路,留下了数量巨大、种类丰富的历史文物和遗迹。例如,古城、古遗址、古石窟、古道、古寺庙等,具有极高的历史文化价值和艺术观赏价值。

知识衔接

丝绸之路

"丝绸之路"是指起始于古代中国,连接亚洲、非洲和欧洲的古代陆上商业贸易路线。狭义的丝绸之路一般是指陆上丝绸之路。广义上讲又分为陆上丝绸之路和海上丝绸之路。

陆上丝绸之路是连接中国腹地与欧洲诸地的陆上商业贸易通道,形成于公元前2世纪与公元1世纪间,直至16世纪仍保留使用,是一条东方与西方之间经济、政治、文化进行交流的主要道路。汉武帝派张骞出使西域形成其基本干道。它以西汉时期长安为起点(东汉时为洛阳),经河西走廊到敦煌。

海上丝绸之路是古代中国与外国交通贸易和文化交往的海上通道,该路线主要以南海为中心,所以又称南海丝绸之路。海上丝绸之路形成于秦汉时期,发展于三国至隋朝时期,繁荣于唐宋时期,转变于明清时期,是已知的最为古老的海上航线。

2014年6月22日,中、哈、吉三国联合申报的陆上丝绸之路的东段"丝绸之路:长安—天山廊道"的路网成功申报为世界文化遗产,成为首例跨国合作而成功申遗的项目。

三、旅游资源特点

(一) 地质地貌景观独特

西北旅游区是我国沙漠集中分布的地区,东起东北平原西部,西到新疆喀什噶尔,绵延分布着广袤无垠的沙漠和戈壁,总面积达 128 万平方千米,尤以新疆分布最广。在乌鞘岭和贺兰山以西地区,沙漠分布最集中,面积也最大,我国最大的四个沙漠都分布在这一地区,有我国最大的沙漠塔克拉玛干沙漠,我国第二大沙漠古尔班通古特沙漠,世界沙丘最高大的巴丹吉林沙漠,浩瀚无边的腾格里沙漠。

沙漠地区深居内陆,气候变幻莫测,日照强烈,冷热剧变。夏季酷热干燥,降水少不稳定,冬季干冷;春秋风大沙多,温差大。这些地区风力强大,成为塑造地表的主力。在风力作用下,本区风沙地貌发育典型,风蚀地貌和风积地貌类型齐全,一些地区受多种特定自然条件影响,形成自然奇观。

(二) 引人入胜的丝路古迹

丝绸之路的开辟和繁荣,沿途许多地方得到开发,曾盛极一时,并留下了数量巨大、种类丰富的历史遗物和历史遗迹,有着很高的历史价值和艺术价值。在军事设施方面,以明代嘉峪关、汉代阳关、玉门关、秦长城遗址最为著名;宗教方面,石窟艺术占有突出地位,著名的有敦煌莫高窟、麦积山石窟、炳灵寺石窟、榆林窟、文殊山石窟和克孜尔千佛洞等,是我国石窟艺术最集中的地区。丝路沿途还遍布古墓,每年都有惊人的珍贵文物出土。

古丝绸之路曾有过众多的"小国",由于自然条件变化以及疾病、战争等原因,许多赫赫有名的城池已变为废墟,如楼兰古城、高昌故城、交河故城等。干旱少雨的气候使这些故城得以保留,古颜残容,任人遐想,更具魅力。

(三) 多彩的民风民俗

西北旅游区是我国少数民族聚居较多的地区之一,有维吾尔、哈萨克、蒙古、回、满等 40余个少数民族,各民族有着悠久的历史和独特古老的文化,民俗活动异彩纷呈,民族风情绚丽多姿,其中以新疆、宁夏和内蒙古最为突出。在长期的历史发展和文化交流中,自然交融,形成了浓郁的西域文化特色。

任务二　甘肃省

任务导入

重庆市某高校的 10 位同学,将于 7 月份至甘肃,进行为期一周的旅游活动,委托重庆青年旅行社承担组团工作。请为他们设计旅游线路并做好景点讲解工作。

任务分析

要完成此任务,必须了解甘肃的旅游资源概况、民俗风情、主要旅游城市及景区、主要旅游线路等知识。

一、旅游概况

甘肃简称甘或陇,位于中国的腹部地带黄河上游,是中华民族和中国古文化的发祥地之一,如图11-1所示。甘肃以甘州(张掖)、肃州(酒泉)两地首字得省名。甘肃的旅游资源十分丰富,具有沙漠戈壁、名刹古堡、草原绿洲、佛教圣地、冰川雪山、红色胜迹和民族风情等独特景观。代表性的景点有"东方雕塑馆"麦积山石窟、华夏民族祭祀人文始祖的伏羲庙,气势恢宏的武威雷台汉墓、"天下第一雄关"嘉峪关、"世界艺术宝库"莫高窟,以及鸣沙山、月牙泉、玉门关和雅丹国家地质公园等。

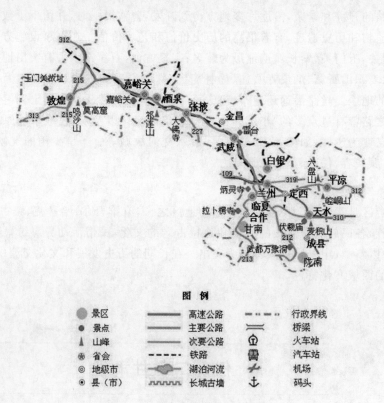

图 11-1 甘肃省旅游资源分布图

二、民俗风情

(一)饮食文化

甘肃省南北跨度很大,饮食特色从地域上来讲可以分成三大板块:以敦煌为代表的西部饮食文化;以兰州为代表的中部饮食文化;以陇南为代表的南部饮食文化。甘肃的西部是古丝绸之路,饮食文化受外来文化影响很大,有着很浓的"胡风",食物原料都是从外传入的,如葡萄、苜蓿、胡萝卜、胡蒜、胡椒以及许多带"胡"字的食物及食物原料。以兰州为代表的甘肃中部是甘肃饮食文化的集大成者,融合了东部与西部的特色。兰州人以面食为主食,喜食咸味与辛辣。甘肃南部主食仍以面食为主,但由于气候多样,故而饮食也较繁杂,著名的小吃有洋芋搅团、肉夹馍、米皮、面皮、豆花、荞麦面、锅盔等。

兰州清汤牛肉面俗称"牛肉拉面",是兰州最为著名的风味小吃和最具特色的大众化经济小吃。兰州牛肉面创始于光绪年间,系回族老人马保子首创。兰州牛肉面以肉烂汤鲜、面质精细而蜚声中外。兰州牛肉面有一清(汤清)、二白(萝卜白)、三红(辣子油红)、四绿(香菜绿)、五黄(面条黄亮)五大特点。面条根据粗细可分为大宽、宽、细、二细、毛细、韭叶子等种类。

(二) 民间艺术

甘肃的民间艺术是人类文化发展史上的艺术珍品,是研究我国古代文化艺术宝贵的资料。

1. 陇剧

陇剧由陇东道情发展而来。在100多年前,由民间艺人赶着毛驴,驮着锣鼓乐器,用皮影艺术表演。后经系统地挖掘、搜集、整理、改造,于1959年搬上舞台,并正式定名为陇剧。陇剧在保持陇东道情独特风格的基础上,吸收秦腔、越剧、昆曲、黄梅戏、秧歌剧等戏剧之长,从音乐、唱腔、表演、舞台美术等方面作了大胆的创新,形成了节奏明快、曲调婉转动听、表演细腻优美、服饰飘逸素雅、布景柔和协调、富有民间色彩的独特风格。

2. 庆阳香包绣制

庆阳香包绣制是甘肃省庆阳市的汉族传统手工艺品。按照剪纸的图样,在丝绸布料上用彩色的线绣出各种各样的图案,然后缝制成不同的造型,内芯填充上丝棉、香料,就做成一种小巧玲珑、精致漂亮的刺绣品。这种刺绣品叫作香包,又叫荷包,庆阳民间称作耍活子。

(三) 地方特产

甘肃特产丰富,有苦水玫瑰、白兰瓜、百合、水蜜桃、黑瓜子、天水花牛苹果、灵台小枣、金昌红棕鱼、静宁早酥梨、定西马铃薯、武威人参果、天祝白牦牛等。

1. 苦水玫瑰

盛产于甘肃兰州市永登县苦水镇的玫瑰,是兰州市市花,历经200多年的栽培,形成了闻名遐迩的"苦水玫瑰"品牌,其特点是花繁汁多、清香纯正,苦水镇也因此享有"中国玫瑰第一乡"的美誉。玫瑰的用途很广,经济价值极高,玫瑰花是做糕点、酿酒的必备香料,玫瑰油是香烟、香皂、香水和高级化妆品的主体原料。

2. 兰州百合

百合有极高的食用价值,兰州百合含糖量高、粗纤维少、肉质细腻,还含有其他有益成分。兰州百合始栽于明万历三十三年(1605年),至今已有400多年的历史。

三、主要旅游城市及景区

(一) 兰州

兰州,古称金城,是中原通往西北、西南的交通要塞,是古丝绸之路的重要补给站,自古为西北重镇。黄河横贯甘肃中部,穿越兰州市辖区 110 多公里,使兰州成为全国黄河唯一穿城而过的省会城市,形成了独特的百里黄河风情线。沿线可以看到永靖黄河三峡、炳灵寺石窟、景泰黄河石林、兴隆山、吐鲁沟等名胜古迹和众多文化遗存;可以游览五泉山、白塔山、中山桥、黄河母亲雕塑、水车博览园以及南北滨河路的美丽夜景。

1. 五泉山

五泉山位于兰州市南,是一座大型园林和著名风景区,因山上有五泉而得名。山上多寺院楼阁,主要建筑有崇庆寺、千佛阁、嘛尼寺、地藏寺、三教洞等。崇庆寺内存有金代的高 3 米、重 5 吨的铁钟和明代高 5 米多、重 5 吨的铜佛。现五泉山被辟为公园,可登高远望,鸟瞰市容。

2. 白塔山

白塔山位于兰州市黄河北岸,因山顶有白塔而得名,海拔 1700 多米,占地 300 多万平方米,是祁连山东延的余脉,山势起伏,层峦叠嶂。山下有气势雄伟的金城关、玉迭关、王堡城,为古代军事要冲。白塔山主要建筑有白塔寺和三台建筑群。

(二) 敦煌市

敦煌市位于甘肃省河西走廊的最西端,地处甘肃、青海、新疆三省(区)的交汇处,位于古代中国通往西域、中亚和欧洲的交通要道——丝绸之路上,曾经拥有繁荣的商贸活动。以"敦煌石窟"、"敦煌壁画"闻名天下。

1. 莫高窟

莫高窟,又称"千佛洞",位于敦煌市东南 25 公里,因地处莫高镇而得名,是中国最大、最著名的佛教艺术石窟,如图 11-2 所示。莫高窟始建于十六国的前秦时期,历经十六国、北朝、隋、唐、五代、西夏、元等历代的兴建,形成巨大的规模,现存石窟 735 个,壁画总面积约 45000 平方米,泥质彩塑 2415 尊,是世界上现存规模最大、内容最丰富的佛教艺术圣地。莫高窟的艺术特点主要表现在建筑、塑像和壁画三者的有机结合上。1987 年,被联合国教科文组织列为世界文化遗产,也是中国著名的四大佛教石窟之一。敦煌石窟艺术不仅是极具吸引力的旅游资源,更是全人类宝贵的文化遗产。

图 11-2 莫高窟

知识衔接

敦煌飞天

敦煌飞天是敦煌莫高窟的名片,是敦煌艺术的标志。只要看到优美的飞天,人们就会想到敦煌莫高窟艺术。在敦煌莫高窟492个洞窟中,几乎每个洞窟都画有飞天。

佛教中把化生到净土天界的神庆人物称为"天",如"大梵天"、"功德天"、"善才天"、"三十三天"等。《金光明经疏》中记载:"外国呼神亦为天。"佛教中把空中飞行的天神称为飞天。飞天多画在佛教石窟壁画中,道教中把羽化升天的神话人物称为"仙",如"领先仙"、"天仙"、"赤脚大仙"等,把能在空中飞行的天神称为飞仙。《太平御览》记载:"飞行云中,神化轻举,以为天仙,亦云飞仙。"飞仙多画在墓室壁画中,象征着墓室主人的灵魂能羽化升天。佛教传入中国后,与中国的道教交流融合。在佛教初传不久的魏晋南北朝时期,曾经把壁画中的飞天亦称为飞仙,是飞天、飞仙不分。后来随着佛教在中国的深入发展,佛教的飞天、道教的飞仙虽然在艺术形象上互相融合,但在名称上,只把佛教石窟壁画中的空中飞神称为飞天。敦煌飞天就是画在敦煌石窟中的飞神,后来成为敦煌壁画艺术的一个专用名词。

2. 鸣沙山和月牙泉

鸣沙山,位于敦煌城南约5公里处,东起莫高窟崖顶,西接党河水库,整个山体由细米粒状黄沙积聚而成,东西长约40公里,南北宽约20公里,最高海拔1715米。"沙岭晴鸣"为敦煌八景之一。狂风起时,沙山会发出巨大的响声,轻风吹拂时,又似管弦丝竹,因而得名为鸣沙山。

图11-3 月牙泉

月牙泉,被鸣沙山环抱,长约150米,宽约50米,因水面酷似一弯新月而得名,如图11-3所示。月牙泉南北长近100米,东西宽约25米,泉水东深西浅,最深处约5米,有"沙漠第一泉"之称。月牙泉有四奇:月牙之形千古如旧、恶境之地清流成泉、沙山之中不淹于沙、古潭老鱼食之不老。

3. 雅丹地貌

在敦煌境内的雅丹地貌,面积约400平方公里。它的形成经历了30万~70万年的岁月。每当大风刮过时,会发出各种怪叫声,因而也被当地人称为"敦煌雅丹魔鬼城"。这里看不见一草一木,到处是黑色的砾石沙海。黄色的黏土雕像,在蔚蓝的天空下各种造型惟妙惟肖。

4. 玉门关遗址

玉门关,俗称小方盘城,相传和田美玉经此输入中原而得名。在河西走廊西端的敦煌市境内,为汉代西陲两关之一,是丝绸古道西出敦煌进入西域北道和中道的必经关口,自古为中原进入西域之门户。当年的玉门关,驼铃悠悠,人喊马嘶,商队络绎,使者往来,一派繁荣景象。现在的玉门关遗迹,是一座四方形小城堡,耸立在东西走向戈壁滩狭长地带中的砂石岗上,登上古关,举目远眺,四周沼泽遍布,沟壑纵横,长城蜿蜒,烽燧兀立,胡杨挺拔,泉水碧绿。红柳花红,芦苇摇曳,与古关雄姿交相辉映,使你心驰神往,百感交集,怀古之情,油然而生。

(三) 嘉峪关

图 11-4　嘉峪关

嘉峪关,被称为天下第一雄关,位于甘肃省河西走廊的西端,始建于明洪武五年(1372 年),是明代万里长城的西端起点,是明代长城沿线建造规模最为壮观,保存程度最为完好的一座古代军事城堡,是明朝及其后期各代,长城沿线的重要军事要塞,素有"中外钜防"、"河西第一隘口"之称。嘉峪关关城 1961 年被国务院公布为第一批全国文物重点保护单位。1965 年以关名建市。2007 年嘉峪关文物景区成为首批国家 5A 级旅游景区,如图 11-4 所示。

(四) 麦积山石窟

麦积山石窟是中国四大佛教石窟之一,位于天水东南部,因该山状如堆积的麦垛而得名。石窟始建于 1500 多年前,大多在 7~27 米高的悬崖峭壁上开凿,层层相叠,密如蜂巢。各洞窟之间有栈道相连,攀缘而上可达山顶。麦积山石窟中最有名的就是泥塑,塑像大小与真人相似,有的交头接耳,有的低眉含嫣,形态栩栩如生,被誉为"东方塑像馆"。

麦积山石窟虽以泥塑为主,但也有一定数量的石雕和壁画,雕刻技艺精湛,壁画古朴典雅,不论是北朝的"秀骨清像",还是隋唐的"丰满圆润",都刻画得栩栩如生,温婉可亲,极富生活气息。洞窟多修成别具一格的"崖阁",在东崖泥塑大佛头上 15 米高处的七佛阁,是我国典型的汉式崖阁建筑,具有很高的价值。

(五) 张掖丹霞地貌

张掖丹霞地貌分布广阔,场面壮观,造型奇特,色彩艳丽,是我国干旱地区最典型和面积最大的丹霞地貌景观,具有很高的科考价值和旅游观赏价值。张掖丹霞地貌集中分布在临泽、肃南两县境内,面积达 300 多平方公里,是中国丹霞地貌发育最大、最好、地貌造型最丰富的地区之一。其层级错落交替、岩壁陡峭、气势磅礴、形态丰富、色彩斑斓,有七彩峡、七彩塔、七彩屏、七彩练、七彩湖、七彩大扇贝、火海、刀山等奇妙景观,令人不得不赞叹大自然的鬼斧神工。

（六）武威雷台

雷台位于甘肃武威城区北关中路，1969年在台下东南角发现了一座东汉大型砖室墓，出土有金、银、铜、铁、玉、骨、漆、石、陶等珍贵文物共231件，古钱币3万枚，被史学界称为一座丰富的"地下博物馆"。在出土文物中以铜奔马艺术价值最高，铜奔马又称马超龙雀、马踏飞燕，马高34.5厘米，长45厘米，重17.5千克，马呈飞奔状，三足腾空，昂首扬尾，右后足下踏一展翅奋飞回首惊视的"风神鸟"龙雀，改变了传统天马的造型手法，又符合力学平衡原理，蕴含丰富的天马文化内涵，铸造技巧精湛，堪称青铜艺术极品。1983年10月，"马踏飞燕"被国家旅游局确定为中国旅游标志。

四、主要旅游线路

（一）丝绸之路旅游路线

行程安排：天水—平凉—兰州—武威—张掖—酒泉—嘉峪关—敦煌。

线路特色：饱经沧桑的古丝绸之路，遗留下许多令人感慨不已的遗址遗迹。丝绸之路这一"永不衰落的旅游产品"，被国家列为对外推出的十大经典旅游线路之首。丝绸之路甘肃段被誉为"丝绸之路的黄金路段"，这一线路从东到西可以欣赏到麦积山石窟、伏羲庙、武威雷台汉墓、张掖大佛寺、河西走廊富饶的绿洲、嘉峪关、莫高窟、鸣沙山、月牙泉、玉门关和雅丹国家地质公园等一批世界级的旅游景点。

（二）兰州西北风情二日游

行程安排：兰州市区—五泉山公园—吐鲁沟国家森林公园—炳灵寺石窟—兰州市区。

线路特色：自然和人文景观相结合，突出西北丝路资源特色，可从视觉和精神上享受西北风情。

（三）敦煌神奇自然二日游

行程安排：莫高窟—敦煌博物馆—鸣沙山月牙泉—西千佛洞—玉门关—魔鬼城。

线路特色：拜访佛教艺术宝库，体会西北的魅力与大自然的神奇。

任务三　宁夏回族自治区

任务导入

武汉某一家三口准备到宁夏进行一次亲子之旅，请为他们设计一条合理的旅游路线。

任务分析

要完成此任务,必须了解宁夏的旅游资源概况、风俗民情、主要旅游城市和景区、现有旅游线路等知识。

一、旅游概况

宁夏回族自治区,简称宁,省会银川市,位于中国西北部,黄河上游地区,东邻陕西省,西部、北部接内蒙古自治区,南部与甘肃省相连,如图 11-5 所示。宁夏的旅游资源丰富,有"东方金字塔"之称的西夏王陵、中国最大的喇嘛式建筑群青铜峡 108 塔、贺兰山的明长城及古关塞遗址,还有须弥山石窟、贺兰山岩画、南关清真大寺等,一起构成了宁夏特有的人文景观。此外,还有黄土高原上"绿色明珠"之称的六盘山、连绵起伏的贺兰山、驰名中外的沙坡头、滚滚而流的九曲黄河,还有被称为生态旅游"黄金宝地"的沙湖等,一起构成了宁夏丰富的自然景观。

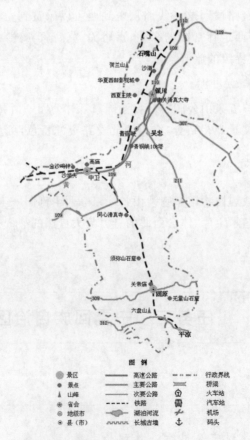

图 11-5　宁夏回族自治区旅游资源分布图

二、民俗风情

(一) 饮食文化

宁夏民族众多,有回、汉、满、蒙等20多个民族。在465万人口中,回族占140多万人。宁夏回族人民的日常饮食有规律,喜欢吃牛、羊、骆驼等反刍类食草动物的肉,也吃鸡、鸭、鱼,但不吃马、驴、骡、狗的肉,也不吃牲畜的血液和自死的禽畜,尤其禁食猪肉。

(二) 民间艺术

宁夏历史悠久,文化底蕴深厚,既有中原文化的渗透,又受少数民族文化的影响,故而形成了独特的地域文化,孕育了多姿多彩、内容丰富的民间艺术。

1. 花儿

花儿,是流传于我国西北地区的一种独具风采的高腔山歌。曲调高亢悠扬,歌词淳朴清新,有着鲜明的地方特色和浓郁的民族风格。

2. 口弦

"口弦",又叫"口儿",是宁夏回族妇女喜爱的一种小型弹拨乐器,演奏的曲调悦耳动听,它的曲调比较固定,有"廊檐滴水"、"骆驼铃"、"珍珠倒卷帘"等口弦令。

(三) 地方特产

在宁夏回族聚居区,盛产枸杞、甘草、贺兰石、滩羊、发菜,人们依其颜色分别称为红、黄、蓝、白、黑,它们被誉为"宁夏五宝"。

1. 红——枸杞

枸杞,又称枸杞子、红耳坠,枸杞子药食同源的历史悠久,是驰名中外的名贵中药材,早在《神农本草经》中就被列为上品。宁夏栽培枸杞已有四五百年历史,这里的自然条件适宜枸杞生长,所产枸杞粒大、肉厚、籽少、味正、质优。

2. 黄——甘草

宁夏素来就是甘草之乡,所产甘草历史源远,名盖西北,故又有"西镇甘草"、"西正草"之称。长期以来,西镇甘草与产自内蒙古草原的"梁外甘草",齐名媲美,同为我国传统的甘草佳品。

3. 蓝——贺兰石

贺兰石,又称吉祥石、碧紫石,为"宁夏五宝"之首。贺兰石产于宁夏贺兰山2600米左右悬崖上,是大自然经过数亿年的磨炼而形成的"精灵"。贺兰石形成于13亿年前,因地壳变动、泥沙沉积而形成,属于水成岩;质地均匀细密,清雅莹润,绿紫两色,天然交错,刚柔相宜,叩之有声。清末已流传"一端二歙三贺兰"的说法,说明贺兰石在我国源远流长的工艺史上具有一定地位。

4. 白——滩羊皮

宁夏滩羊属羊尾脂、粗毛型。裘皮用绵羊品种,在世界裘皮中独树一帜。白色皮张毛色洁白,光泽如玉,皮板薄如厚纸,但质地坚韧,柔软丰匀。

5. 黑——发菜

发菜是高原特有的野生陆地藻类生物,因形似人的头发而得名,纤细如发丝,俗称头发菜。发菜谐音"发财",与甜食搭配烹制为佳,深受人们的喜爱。现因挖掘发菜破坏草地植被,已被纳入保护。

三、主要旅游城市及景区

(一) 银川市

银川市,简称"银",是宁夏回族自治区的省会。银川是历史悠久的塞上古城,史上西夏王朝的首都,是国家历史文化名城,民间传说中又称"凤凰城",古称"兴庆府"、"宁夏城",素有"塞上江南"、"鱼米之乡"的美誉。

1. 西夏王陵

图 11-6 西夏王陵遗址

西夏王陵又称西夏帝陵、西夏皇陵,是西夏历代帝王陵以及皇家陵墓,如图 11-6 所示。王陵位于宁夏银川市西,西傍贺兰山,东临银川平原,海拔 1130～1200 米之间,是中国现存规模最大、地面遗址最完整的帝王陵园之一,也是现存规模最大的一处西夏文化遗址。西夏王陵营建年代约为 11 世纪初至 13 世纪初,是汉族文化、佛教文化、党项族文化的有机结合,有"东方金字塔"之称。1988 年西夏王陵列为全国重点文物保护单位,国家重点风景名胜区。

2. 承天寺塔

承天寺塔在银川市老城西南隅承天寺内,俗称西塔。始建于西夏天祐垂圣元年(1050年),后遭地震破坏,清嘉庆二十五年(1820年)重建。这是一座平面八角形楼阁式砖塔,11层,高 64.5 米。塔内木梯可盘旋登高,遥望银川一派风光。塔身每层都有壁龛。塔刹是八角尖顶,绿色琉璃,外观秀美,直插云端。

3. 南关清真寺

南关清真寺位于银川市老城南环东路,始建于明代末年。1980 年重建,建筑面积 1300平方米,高 22 米,寺中央矗立着直径 9 米多的大圆顶,顶端高悬月灯,四角为 4 个直径 3 米小圆顶,具有鲜明的伊斯兰民族风格。清真寺分为两层:第一层为洗浴室、小礼拜殿等;第二层为大礼拜殿,可容千人做礼拜。

(二) 六盘山

六盘山地处宁夏南部,位于西安、银川、兰州三省所形成的三角地带中心;山高 2928 米,横贯南北,长达 240 公里;有公路盘曲,盘道六重,始达峰顶,故名六盘山。六盘山国家级自然保护区成立于 1982 年,是中国西北地区森林生态系统类型的自然保护区,是水源涵养林基地和自治区风景名胜区,主要保护目标为水源涵养林及野生动物。

六盘山红军长征纪念亭位于六盘山之巅。1935 年 10 月,毛泽东率领的红一方面军长征翻越六盘山,打开了通往陕北革命根据地的最后通道。毛泽东即兴写下了气壮山河的《清平乐·六盘山》,使六盘山名扬全国。

（三）沙坡头

沙坡头位于宁夏回族自治区中卫市城区西部腾格里沙漠的东南缘，是国家 5A 级旅游景区，国家级沙漠生态自然保护区，如图 11-7 所示。沙坡头东起二道沙沟南护林房，西至头道墩，北接腾格里沙漠，南临黄河，长约 38 千米，宽约 5 千米，海拔在 1300～1500 米，总面积 4599.3 万平方米，占中卫市城区土地总面积的 3%，是全国 20 个治沙重点区之一。

图 11-7　沙坡头景区

沙坡头集大漠、黄河、高山、绿洲为一处，具西北风光之雄奇，兼江南景色之秀美。沙坡头有中国最大的天然滑沙场，有横跨黄河的"天下黄河第一索"，有黄河文化代表古老水车，有黄河上最古老的运输工具羊皮筏子，有沙漠中难得一见的海市蜃楼。游客可以骑骆驼穿越腾格里沙漠，可以乘坐越野车沙海冲浪，咫尺之间可以领略大漠孤烟、长河落日的奇观。

（四）贺兰山

贺兰山是中国宁夏回族自治区西北山岭，主峰亦称贺兰山，海拔 3556 米。贺兰山不但是我国河流外流区与内流区的分水岭，也是季风气候和非季风气候的分界线。由于贺兰山山势的阻挡，既削弱了西北高寒气流的东袭，阻止了潮湿的东南季风西进，又遏制了腾格里沙漠的东移，对银川平原发展成为"塞北江南"有着显赫功劳。

贺兰山在古代是匈奴、鲜卑、突厥、回鹘、吐蕃、党项等北方少数民族驻牧游猎、生息繁衍的地方，他们把当时生产生活场景、图腾信仰、社会习俗等凿刻在贺兰山的岩石上，日积月累后就形成了神秘的"贺兰山岩画"。贺兰山岩画构图奇特、形象怪诞：既有个体图像，又有组合画面；既有人物像、人面像，又有动物、天体、植物符号和不明含义的符号。1997 年贺兰山岩画被列入非正式世界遗产名录。

（五）青铜峡 108 塔

青铜峡 108 塔是中国现存的大型古塔群之一，位于银川市南 60 公里的青铜峡水库西岸崖壁下，塔群坐西面东，依山临水，塔基下曾出土西夏文题记的帛书和佛祯。佛塔依山势自上而下，按奇数排列成 12 行，总计 108 座，形成总体平面呈三角形的巨大塔群，因塔数而得名，如图 11-8 所示。

图 11-8　青铜峡 108 塔

四、主要旅游线路

（一）神奇的宁夏游

行程安排：银川—中卫—固原。

线路特色：体验宁夏悠久的回民文化、自然风光和神秘贺兰文化，包括西夏王陵、沙湖、贺兰山岩画、沙坡头、须弥石窟等旅游景点。

（二）感受宁夏四日游

行程安排：银川（镇北堡影视城、西夏王陵）—沙坡头—腾格里沙漠（通湖草原）—青铜峡108塔—中华回乡园—黄沙古渡。

线路特色：大漠风光、沙海绿洲、塞上江南风光。

任务四　新疆维吾尔自治区

任务导入

上海某高校10位教师将于8月份至新疆，进行为期一周的旅游活动，特别是体验新疆的少数民族文化，请为他们设计一条旅游线路并做好景点讲解工作。

任务分析

要完成此任务，就必须了解新疆的旅游资源概况、民俗风情、主要旅游城市及景区、主要旅游线路等知识，并撰写主要景点的导游词。

一、旅游概况

新疆维吾尔自治区，简称新，古称西域，是中国面积最大的省级行政区，是历史上古丝绸之路的重要通道，如图11-9所示。

新疆自然景观神奇独特，冰峰与火洲共存，瀚海与绿洲为邻。著名的自然风景有天池、喀纳斯湖、博斯腾湖、赛里木湖、巴音布鲁克草原等。新疆人文旅游资源丰富，在新疆5000多公里古丝绸之路的南、北、中三条干线上留下数以百计的古城池、古墓葬、千佛洞、古屯田遗址等人文景观，其中，交河故城、高昌故城、楼兰遗址、克孜尔千佛洞、香妃墓等蜚声中外。新疆自古以来就是一个多民族聚居的地区，各民族的文化艺术和风情习俗绚丽多彩，构成了具有浓郁民族特色的旅游人文景观。

图11-9 新疆维吾尔自治区旅游资源分布图

二、民俗风情

（一）饮食文化

新疆人的主食是面条、馕和牛羊肉，菜以酸辣口味为主，洋葱、番茄、辣椒、土豆、大蒜头等是常用的蔬菜配料，当然也少不了孜然、辣椒粉、醋等调味料。总的来说，新疆各民族的人们都偏爱吃面食、奶制品、牛肉、羊肉及各种瓜果。新疆特色美食有大盘鸡、葡萄干炒饭、一菜两味鱼、五香羊头肉、香酥羊排、薄饼羊肉、清炖羊肉、葱爆羊肉、烤羊肉串、手抓羊肉、风味羊腿、烤全羊、馕包肉等。

> **知识衔接**
>
> **馕**
>
> 沙漠补给——馕。"千年不死，死后千年不倒，倒后千年不坏"说的是新疆沙漠中的胡杨，可是在新疆有一种美食，它同胡杨一样，可以久储不坏，它就是——馕。它是新疆各民族喜爱的主要面食之一，距今已有2000多年的历史，考古学者曾在古墓出土过古代的馕。据考证，"馕"字源于波斯语，流行在阿拉伯半岛、土耳其、中

亚细亚各国。维吾尔族原先把馕叫作"艾买克",直到伊斯兰教传入新疆后,才改叫"馕"。它的品种很多,大约有50多种。新疆人把馕作为日常生活必备的食品。馕含水分少,便于携带,适宜于新疆干燥的气候;加之烤馕制作精细,用料讲究,吃起来香酥可口,富有营养,"可以一日无菜,但绝不可以一日无馕。"足以证明馕在维吾尔族人民生活中的重要地位。馕在新疆人的饮食生活中占据着重要地位,囊泡奶茶是大多数新疆人早餐必不可少的美味。

(二)民间艺术

新疆民间艺术丰富多样,有十二木卡姆、刀郎木卡姆、土陶、葫芦人摔跤、和田地毯制作技艺等。

1. 十二木卡姆

十二木卡姆,是维吾尔族一种大型传统民间古典歌舞音乐,集歌、诗、乐、舞、唱、奏于一身。它运用音乐、文学、舞蹈、戏剧等各种语言和艺术形式表现了维吾尔族人民绚丽的生活和高尚的情操,反映了他们的理想和追求以及当时的历史条件下所产生的喜怒哀乐。2005年,"十二木卡姆"被联合国列入世界非物质文化遗产名录。2006年5月20日,十二木卡姆经国务院批准列入第一批国家级非物质文化遗产名录。

2. 刀郎木卡姆

刀郎木卡姆是一种集歌、舞、乐于一体的大型综合艺术形式,主要分布在南疆、北疆、东疆各维吾尔族聚居区,在乌鲁木齐等大、中、小城镇也广为流传。维吾尔刀郎木卡姆艺术始于民间文化,发展于各绿洲城邦国宫廷及都府官邸,经过整合发展,形成了多样性、综合性、完整性、即兴性、大众性的艺术风格,并成为维吾尔族文化的杰出表现形式。

(三)地方特产

新疆的特产主要有玉雕、细毛羊、和田玉、和田地毯、伊犁贝母、吐鲁番葡萄、葡萄干、哈密瓜、棉花、高红色素西红柿、库尔勒香梨、无花果、石榴、巴旦杏、蟠桃、核桃、帕米尔优质天然矿泉水等。

1. 和田玉

新疆自古以来以产美玉而闻名,其中又以和田玉最负盛名。其质地温润细腻,呈脂肪光泽,其声若金磬之余音,绝而复起,残声远沉,徐徐方尽,非东方、南方所产之玉能比。羊脂玉因色似羊脂,故名。羊脂玉质地细腻,色如羊脂,给人一种刚中见柔的感觉,这是白玉中最好的品种,目前世界上仅新疆有此品种,产出十分稀少,极其名贵。

2. 哈密瓜

哈密瓜又名雪瓜、贡瓜,是一种优良的甜瓜品种,果型圆形或卵圆形,出产于新疆。味甜,果实大,以哈密所产最为著名,故称为哈密瓜。据史料记载,清朝康熙年间,哈密王把甜瓜作为礼品向朝廷进贡,"哈密瓜"便由此得名,并成为新疆甜瓜的总称。

3. 吐鲁番葡萄

吐鲁番在新疆中部的低洼盆地上，被称为"火洲"，由于这里气温高、日照时间长、昼夜温差大，特别适合葡萄的生长，因而瓜果丰茂，又因独特的地理位置使吐鲁番的地下水贮量丰富，所以水果中的含糖量非常高。现有葡萄品种有无核白葡萄、红葡萄、黑葡萄、玫瑰香、白布瑞克等500多种，堪称"世界葡萄植物园"。

三、主要旅游城市及景区

（一）乌鲁木齐

乌鲁木齐，通称"乌市"，是新疆维吾尔自治区的省会。"乌鲁木齐"是蒙古语，意为"优美的牧场"。乌鲁木齐位于天山中段北麓，准噶尔盆地东南，海拔600~900米。乌鲁木齐的游览胜地主要有红山、燕尔窝、水磨沟和白杨沟等。

1. 红山

红山又名虎头山，位于市内乌鲁木齐河东岸，因山上红岩嶙峋而得名，海拔910米，山势陡险，气势雄伟，山顶建有九级镇龙塔。在繁华的市中心，红山孤峰突起，亭塔兀立，河桥依衬，显得分外壮丽。登山远眺，全市一览无余。红山成为乌鲁木齐市的象征。

2. 燕尔窝

燕尔窝位于乌鲁木齐市南郊燕尔崖山坳下，面积约6平方公里，是久负盛名的自然风景区。燕尔窝盛夏流水潺潺，古树参天，野花芬芳，姹紫嫣红，为市郊避暑胜地。东侧万木丛中有革命烈士陵园，青色大理石砌筑大门，花岗岩石镶砌祭奠广场，祭坛上并排着陈潭秋、毛泽民等烈士的汉白玉墓碑。园内遍植果树，繁茂葱郁，环境清幽。

（二）喀什市

喀什，古称疏勒，位于塔里木盆地西缘，帕米尔高原东麓，是古"丝绸之路"南道和北道的汇合点，为通往中亚的最大中转站，也是我国古西域最早的国际市场。喀什古迹众多，香妃墓、艾提尕尔清真寺等蜚声中外。

1. 艾提尕尔清真寺

艾提尕尔清真寺位于喀什市中心，是新疆最大的清真寺，为新疆伊斯兰教活动中心，有"小麦加"之称，如图11-10所示。该寺面积16000多平方米，为不对称的四合院形式，由入口门楼、讲经堂、礼拜殿组成。宽敞高大的门楼两侧矗立着两座10多米高的塔楼，塔楼与寺门以短墙相连，巧妙地将两座塔楼、一组壁龛和入口门楼联结成一个整体，庄严肃穆，宏伟壮观。礼拜殿为半开敞式联柱殿，面积2600平方米，可同时容纳六七千名穆斯林做礼拜。殿内壁画色彩浓郁，富丽堂皇。艾提尕尔清真寺是喀什的形象标志。

图11-10 艾提尕尔清真寺

2. 香妃墓

香妃墓实际上是阿帕霍加家族陵墓的俗称,是典型的伊斯兰风格的宫殿式陵墓建筑。"香妃墓"之称的来历,源于民间传说。香妃本名为买木热·艾孜姆,自幼体有异香,被称为"伊帕尔罕"(香姑娘)。她被清朝皇帝选为妃子,赐号"香妃",因不服京城水土病故,由124人抬运棺木,历时3年运尸回乡,安葬于阿帕克霍加墓中。现主墓室中尚存驼轿一乘,据说就是当年运尸时从北京带来的。但乾隆帝有一个维吾尔族妃子却是事实,她就是容妃,于乾隆五十三年(1788年)卒,享年55岁,葬于清东陵之裕陵妃园寝。

(三) 吐鲁番

吐鲁番古称高昌,位于新疆东部吐鲁番盆地中,为古"丝绸之路"北道上的重镇。吐鲁番盆地是我国海拔最低的一个盆地,中心的艾丁湖湖面低于海平面154米,是世界上仅次于死海的洼地。吐鲁番是著名的"火洲",由于深居内陆,高山封闭,气候十分干旱,年降水量仅15~25毫米,最高气温可达48℃,是我国夏季最热的地方。吐鲁番地下水丰富,用坎儿井引向地面,灌溉之处一片绿洲。坎儿井是我国西北干旱地区特有的灌溉系统,也是吐鲁番主要旅游资源之一。

1. 火焰山

火焰山位于吐鲁番市以东40千米处,横亘于盆地中部,东西长约100千米,南北宽10千米。火焰山主要由红色砂岩构成,山上寸草不生,在烈日照射下,红砂岩熠熠发光,犹如阵阵烈焰,由此得名,如图11-11所示。我国古典小说《西游记》中描写的唐三藏路过火焰山,孙行者三借芭蕉扇的神话故事便以此山为题材。在火焰山西段有一条长约8千米的葡萄沟,绿荫浓郁,水渠纵横,是一座枝茂叶盛的葡萄园,这里是最富吐鲁番风情的地方。

图11-11 火焰山

2. 高昌故城

高昌故城位于吐鲁番城东南约40千米处,曾是古"丝绸之路"的交通枢纽,因地势高敞,富庶昌盛,故名高昌壁。经唐代200余年的经营,达到鼎盛时期。以后由于战火延绵,高昌城渐次衰落,直到废弃。高昌故城是"丝绸之路"上保存最好的遗址之一,总面积约200万平方米,城垣大部分残存,为夯土筑,城内街道、市井、寺庙神龛等遗址仍清晰可辨,布局类似唐代模式。

3. 交河故城

交河故城位于吐鲁番城西约10千米的河心洲高崖上,俗称崖儿城。城下有两条小河交叉环抱,故名交河。交河最早是汉代车师王前庭治所,7世纪中叶,唐王朝为了加强在西域的经营,曾在交河城设置西域最高军事机构安西都护府。故城迄今保存较完好,城依土崖作长方形,无城垣,南北长1000米,东西最宽处约300米,城中有一南北大道,以其为中轴线将全城分为若干区域,功能分明,井然有序。

4. 柏孜克里克千佛洞

柏孜克里克千佛洞在吐鲁番市东北约50千米,南距高昌故城20余千米,为新疆著名石窟之一。洞始凿于南北朝末期,现存64窟。其特点为有些洞窟采取了开凿石崖与土坯砌建并用的建筑形式。壁画内容丰富多彩,大多是用汉文、回鹘文双行并写的榜书,为古代高昌地区保存最好、内容最丰富的一处石窟。

(四) 巴音郭楞蒙古自治州

1. 罗布泊

罗布泊,曾是我国第二大咸水湖,它位于新疆塔克拉玛干沙漠的东部,西起塔里木河下游,东至河西走廊,南邻阿尔金山,北到库鲁克山。罗布泊的自然条件极其恶劣,不仅没有人烟,就连生物也难以生存。罗布泊古称蒲昌湖,又名盐泽。在历史上,它曾接纳从塔里木盆地流来的众河之水:西部主要有塔里木河、孔雀河和车尔臣;东部主要有甘肃的疏勒河。所以,蒙古语称它为"罗布诺尔",意思是"汇入多水之湖"。

今日的罗布泊,湖底已干涸,残留的湖水也很浅,沼泽连片,人若误陷其中,不能自拔。沿岸裸露的湖底,布满盐层,有的地方坚硬的盐峭耸立,如石林一般。盐峭都是正多边形的结晶体,高达80厘米,直径50厘米,上部周围翘起,中间凹下,好似荷叶,地面沙碱土下面埋藏着盐的大块结晶体,还有丰富的钾盐、石膏、镁等矿物。罗布泊在历史上曾是"丝绸之路"的必经地带。那时,来往商旅、游客穿过这个险恶地区,经常因饥渴而死,被人们称为"死亡之地"。

2. 楼兰古城

楼兰古城,位于罗布泊西部,处于西域的枢纽,在古代丝绸之路上占有极为重要的地位。我国内地的丝绸、茶叶、西域的马、葡萄、珠宝,最早都是通过楼兰进行交易的。楼兰古国在公元前176年前建国,到630年却突然神秘地消失了,只留下了一片废墟静立在沙漠中,引发后人很多的遐想。楼兰古城最早的发现者是瑞典探险家斯文·赫定。最初只是发现了几件木雕残片。1901年3月,斯文·赫定进行挖掘,发现了一座佛塔和三个殿堂以及带有希腊艺术文化的木雕建筑构件、五铢钱等大批文物。随后他们又在这片废墟东南部发现了许多烽火台一起延续到罗布泊西岸的一座被风沙掩埋的古城,这就是令世人震惊的楼兰古城。

楼兰古城四周的墙垣,多处已经坍塌,只剩下断断续续墙垣孤零零地站立着。城区呈正方形,面积约十万平方米。楼兰全景旷古凝重,城内破败的建筑遗址了无生机,显得格外苍凉、悲壮。1980年4月,孔雀河下游的铁板河出口处发现了一批早期楼兰人墓群,并发现保存完好的古楼兰人干尸,即"楼兰美女"。根据解剖测定结果,古尸距今约3800年。

(五) 喀纳斯湖

喀纳斯湖是新疆阿勒泰地区布尔津县的淡水湖,与我国绝大部分的江河属于太平洋水系不同,喀纳斯湖属于北冰洋水系。环湖四周原始森林密布,阳坡被茂密的草丛覆盖。湖水来自奎屯、友谊峰等山的冰川融水和当地降水,从地表或地下泻入喀纳斯湖,湖面海拔1374米,面积44.78平方公里,湖水最深处达196米左右。传说,喀纳斯湖中有水怪出没,据称身长可达到10米,有科学家推测为大型淡水食肉鱼类哲罗鲑,未得到实际观测支持。喀纳斯湖自然景观保护区就是以喀纳斯湖为中心建立的,保护区自上而下分别为冰川恒雪带、山地冻雪带、高山草甸带、山地草原带等,垂直分布,是中国唯一的西伯利亚区系动植物保护分布区。

四、主要旅游线路

(一)西域自然风光之旅

行程安排:乌鲁木齐—天池—吐鲁番—阿勒泰—喀纳斯湖—乌尔禾魔鬼城—乌鲁木齐。

线路特色:此线路可以欣赏新疆北部自然美景,包括天池、火焰山、喀纳斯湖、乌尔禾魔鬼城等知名自然景观。

(二)南疆民俗之旅

行程安排:乌鲁木齐—吐鲁番市—博斯腾湖—库尔勒—库车—阿克苏—喀什。

线路特色:此线路可以参观香妃墓、艾提尕尔清真寺,可以到当地维吾尔族家庭做客,体验维吾尔族的生活习俗。

线路设计案例 环疆11日游

行程安排:乌鲁木齐—天池—布尔津—喀纳斯—克拉玛依—经赛里木湖至清水河—经霍尔果斯口岸至伊宁—那拉提草原—巴音布鲁克草原—吐鲁番。

路线特色:全方位,多面感受新疆的民族风情、自然风光和地方特产。沿途先去古称"瑶池"的天池,湖面海拔1900多米,湖面呈葫芦形可欣赏天池八景;横穿新疆第二大沙漠——古尔班通古特沙漠,欣赏"金山银水"("金山"——阿尔泰山,"银水"——额尔齐斯河);造访高原湖泊喀纳斯湖,观看戈壁,感受胡杨顽强的生命和不屈的风姿,体验游牧民族的草原生活。

具体日程:

第1天:哈密—鄯善—吐鲁番葡萄沟(参观)—和硕—和静—焉耆—博湖(参观中国最大淡水湖)(吐鲁番地区)(巴音郭楞蒙古自治州)。

第2天:博湖—库尔勒—策云—轮台(西域都护府)。

第3天:和田—墨玉—皮山—叶城—泽普—莎车—英吉沙(手工小刀最有名)—疏勒—喀什(和田地区)(喀什地区)。

第4天:喀什—阿图什—阿克苏—新和—库车(喀什地区、阿克苏地区)。

第5天:库车—轮台—策云—库尔勒—焉耆—和静—巴伦台(巴音布鲁克大草原、巴音布鲁克天鹅湖)—那拉提国家森林公园(巴音郭楞蒙古自治州)。

第6天:那拉提—新源—巩留—伊宁—霍城—清水河(霍尔果斯口岸—中哈边境)—三台(赛里木湖)—五台—精河县(伊犁哈萨克自治州)。

第 7 天：精河县—乌苏市—奎屯市—克拉玛依油田—乌尔禾（世界魔鬼城）—和布克塞尔—布尔津。

第 8 天：布尔津—喀纳斯湖（参观高原湖泊—布尔津）。

第 9 天：布尔津—和布克塞尔—克拉玛依市—奎屯—沙湾—石河子市—玛纳斯—呼图壁—昌吉—乌鲁木齐市。

第 10 天：乌鲁木齐参观大巴扎，购物休整。

第 11 天：乌鲁木齐—达坂城—吐鲁番—鄯善—哈密—星星峡—柳园—瓜洲。

任务五　内蒙古自治区

任务导入

内蒙古自治区大力开发出了那达慕大会、蒙古族服装服饰艺术节、呼和浩特昭君文化节、额济纳金秋胡杨生态旅游节、满洲里中俄蒙三国旅游节等一批高品位的旅游节庆活动作为自己的名牌产品。假如你要去内蒙古进行一次旅游活动，请设计一条内蒙古旅游线路。

任务分析

要完成此任务，必须了解内蒙古的旅游资源概况、民俗风情、主要旅游城市及景区、主要旅游线路等知识。

一、旅游概况

内蒙古自治区，简称内蒙古，省会呼和浩特市，如图 11-12 所示。它是中国第一个省级少数民族自治区，横跨东北、华北、西北地区，内与黑龙江、吉林、辽宁、河北、山西、陕西、宁夏、甘肃 8 省区相邻；外与俄罗斯、蒙古接壤，边境线 4200 多公里。内蒙古旅游资源丰富，不仅有独特的草原文化、浓郁的民俗风情、悠久的历史古迹、壮美的自然风光和边境口岸，还有大草原、大沙漠、大森林、大湖泊、大湿地、大温泉、大口岸、大民俗、大冰雪等壮美的自然风光，对发展旅游业有着得天独厚的优势和条件。

二、民俗风情

（一）饮食文化

内蒙古饮食特色主要体现在蒙古族饮食风味上。蒙古族人的饮食比较粗犷，以羊肉、

图 11-12 内蒙古自治区旅游资源分布图

奶、野菜及面食为主要的菜点原料;烹调方法相对比较简单,以烤最为著名;菜点崇尚丰满实在,注重原料的本味。草原牧区"以乳肉为主"就形成了独特的内蒙古草原的饮食习俗,出现了一些特殊的食品,如"蒙古八珍"和"成吉思汗火锅"。内蒙古的特色食品有奶茶、奶皮、奶豆腐、马奶酒、炒米等。

(二) 民间艺术

内蒙古民族文化丰富多彩,民间艺术也是形式多样。著名的有:蒙古族安代舞、长调、呼麦、倒喇舞、花鞭鼓舞、顶碗舞,锡林郭勒的角斗,鄂尔多斯的盅子舞等。

1. 长调

长调,是蒙古族民歌的一种形式,蒙古语叫长歌,是相对短歌而言。长调民歌曲调悠长,歌词内容深长久远,是一种具有鲜明游牧文化特征的独特演唱形式。2005 年,长调被联合国教科文组织宣布为人类口头和非物质遗产代表作名录,2006 年,长调被列入国家级非物质文化遗产名录。

2. 呼麦

呼麦是蒙古族人创造的一种神奇的歌唱艺术:一个歌手纯粹用自己的发声器官,在同一时间里唱出两个声部。呼麦声部的基本结构为一个持续低音和它上面流动的旋律相结合。又可以分为"泛音呼麦"、"震音呼麦"、"复合呼麦"等。在中国各民族民歌中,它是独一无二的。

(三) 地方特产

内蒙古自治区位于中国北部边疆,地大物博,物产丰盈。特产有风干牛肉、奶茶、奶皮、奶豆腐、马奶酒等。同时,内蒙古是中国中草药生产基地之一,有誉称为中国"国老"的甘草、补气药材之最黄芪、中国地精——肉苁蓉等药材几十种。

1. 风干牛肉

风干牛肉,又称"风干牛肉干"、"牛肉干"。内蒙古大草原,是天然的草牧场。水草丰美,牛羊肥壮,生活在这里的蒙古民族牧民有世代晾晒牛肉干的生活习惯。

2. 奶酪

奶酪,俗称"酪蛋子",是蒙古族居民十分喜爱的一种食品。奶酪,分生奶酪和熟奶酪两种。

三、主要旅游城市及景区

(一) 呼和浩特市

呼和浩特,蒙古语意为"青色的城",简称"青城",因召庙云集,又称"召城",是祖国北疆的历史文化名城。呼和浩特市拥有为数众多的博物馆与文化史迹,如战国赵、秦汉、明朝的古长城;北魏盛乐古城遗址;见证胡汉和亲、被誉为民族团结象征金字塔的昭君博物院;黄教寺庙——大召寺;清朝管辖漠南、漠北等地的将军衙署;现存中国和世界存唯一的蒙古文标注的天文图石刻——金刚座舍利宝塔;辽代万部华严经塔(白塔);清康熙帝六女儿和硕恪靖公主府等。

1. 大召寺

大召寺是呼和浩特玉泉区南部的一座大藏传佛教寺院,属于格鲁派(黄教)。大召寺中"召"为藏语寺庙之意。汉名原为"弘慈寺",后改为"无量寺"。因为寺内供奉一座银佛,又称"银佛寺"。大召寺是呼和浩特最早建成的黄教寺院,也是内蒙古地区仅晚于美岱召的蒙古人皈依黄教初期所建的大型寺院之一,在内蒙古地区有大范围的影响。由明代蒙古土默特部落的首领阿拉坦汗于明万历七年(1579年)主持创建,1580年建成,是呼和浩特最早兴建的喇嘛教寺院,也是内蒙古少有的不设活佛的寺庙。

2. 昭君墓

昭君墓位于呼和浩特市南郊大黑河南岸,墓呈覆斗形高33米,占地20余亩。传说,因每年深秋九月,塞外草衰时,附近草木枯黄,唯独昭君墓上芳草青青,故古人称之为"青冢"。在内蒙古人民的心中,王昭君已经不是一个人物,而是一个象征,一个民族团结的象征,昭君墓也不是一个坟墓,而是一座民族友好的历史纪念塔。

(二) 包头市

包头是蒙古语"包克图"的谐音,意为"有鹿的地方"。包头是沟通北方草原游牧文化与中原农耕文化之间的交通要冲,公元前307年,赵武灵王在包头地区设九原郡。目前,包头居住着蒙古族、汉族、回族、满族、达斡尔族、鄂伦春族等31个民族。

1. 五当召

五当召，原名巴达格尔召（藏名）。清乾隆皇帝赐名为"广觉寺"。因召前有峡谷名五当沟，故通称五当召。五当召是一座政教合一的喇嘛教（黄教派）寺庙，活佛传世七代，喇嘛最多时达1200余人。召庙主体由六个大殿，三座活佛府和一幢安放历代活佛骨灰的灵堂组成，庙宇建筑气势雄伟，富丽堂皇。五当召是中国著名的藏传佛教圣殿，历史上是一所研究藏传佛教弘法化众的高等学府，其政治地位之高，宗教影响之广，建筑规模之大，在内蒙古地区独一无二。

2. 赵长城

赵长城是中国现存最古老的长城，是战国时期赵国君主武灵王为巩固边境、防止北方胡人入侵而筑，距今已有2000多年的历史了。它全长约500公里，东起河北宣化境内，西入内蒙古乌拉特前旗，迤逦于阴山南麓的群峰丘陵之中，横亘于包头地区的中部，在包头境内约150公里。据历史学家推断，赵武灵王筑长城的时间应当在公元前306年至公元前300年之间。

3. 美岱召

美岱召始建于明代中期，是被明朝封为顺义王的成吉思汗第十七世孙阿勒坦汗，统领蒙古十二土默特所居住的古城寺庙。1606年称灵觉寺，清乾隆曾赐名寿灵寺。美岱召的得名是因为麦达力活佛在此坐床的缘故。1583年，西藏僧界特派麦达力活佛来蒙古掌教，因麦达力活佛曾在灵觉寺坐床并为弥勒佛像主持开光仪式，人们便俗称灵觉寺为麦达力召即美岱召。美岱召是喇嘛教传入蒙古时的一个重要弘法中心，它在研究明代蒙古史、佛教史、建筑史、美术史上都有重要的价值。

（三）呼伦贝尔

呼伦贝尔是世界上绝无仅有的未受污染的草原。呼伦是蒙古语，汉语意思是"水獭"，贝尔就是"雄水獭"的意思。

1. 呼伦贝尔草原

图11-13 呼伦贝尔草原

呼伦贝尔草原位于大兴安岭以西，由呼伦湖、贝尔湖而得名，如图11-13所示。地势东高西低，海拔在650～700米之间，是中国保存完好的草原，是世界著名的三大草原之一。呼伦贝尔草原总面积约10万平方千米，天然草场面积占80%，这里地域辽阔，风光旖旎，水草丰美，有"牧草王国"之称。3000多条纵横交错的河流，500多个星罗棋布的湖泊，组成了一幅绚丽的画卷，一直延伸至松涛激荡的大兴安岭。呼伦贝尔大草原是中国现存最丰美的优良牧场，微风吹来，牧草飘动，处处是"风吹草低见牛羊"的景象。

2. 阿尔山矿泉

阿尔山，并非山名，在蒙语中是"圣水"的意思。阿尔山矿泉有48眼，分布在南北长500

米、东西宽 70 多米的范围内。分冷泉、温泉、热泉、高温泉 4 种，含有放射性元素氡、氯、镁、硫、硅等多种元素。矿泉水对多种疾病有良好疗效，特别是对风湿性关节炎、增生性关节炎、类风湿、牛皮癣等疾病有特殊疗效。

（四）成吉思汗陵

成吉思汗陵是蒙古帝国第一代大汗成吉思汗的衣冠冢，位于鄂尔多斯市伊金霍洛旗草原上，距鄂尔多斯市区 40 公里，如图 11-14 所示。由于蒙古族盛行"密葬"，所以真正的成吉思汗陵究竟在何处始终是个谜。现今的成吉思汗陵经过多次迁移，直到 1954 年才由青海的塔尔寺迁回故地伊金霍洛旗。

陵园占地面积约 55000 多平方米，主体建筑由三座蒙古式的大殿和与之相连的廊房组成，建

图 11-14　成吉思汗陵

筑雄伟，具有浓厚的蒙古民族风格。建筑分正殿、寝宫、东殿、西殿、东廊、西廊 6 部分。成吉思汗陵的主体是由三个蒙古包式的宫殿一字排开构成。三个殿之间有走廊连接，在三个蒙古包式宫殿的圆顶上，金黄色的琉璃瓦在灿烂的阳光照射下，熠熠闪光。圆顶上部有用蓝色琉璃瓦砌成的云头花，即是蒙古民族所崇尚的颜色和图案。整个陵园的造型，犹如展翅欲飞的雄鹰，极显蒙古族独特的艺术风格。

（五）元上都遗址

元上都遗址位于内蒙古自治区锡林郭勒盟正蓝旗草原，这里曾是世界历史上最大帝国元王朝的首都，都城初建于元宪宗六年（1256 年），名开平府，后改为上都，又名上京。它是中国大元王朝的发祥地，也是蒙元文化的发祥地，忽必烈在此登基建立了元朝。

元上都遗址完整保存了 13—14 世纪元上都城的整体格局和城址、关厢、铁幡竿渠与墓葬群等 4 大人工遗存要素，在外形、材料、传统建造技术和位置等方面的特征，真实保存了具有蒙汉民族文化结合特征的都城形制、历史格局与建筑材料等。2012 年 6 月 29 日，在第 36 届世界遗产大会上，中国的元上都遗址被列入了世界遗产名录。

四、主要旅游线路

内蒙古旅游拥有八大产品亮点：秀美的草原风光、浓郁的民族风情、灿烂的历史文化、浩瀚的沙漠戈壁、童话般的森林冰雪、特殊地貌景观、别样的边城风情、发人畅想的"神舟"系列飞船项目。现形成四条经典旅游线路，让游客可以分区域全面了解和探访内蒙古的自然风光和人文风情，它们分别是：

线路 1：呼和浩特—包头—鄂尔多斯—乌兰察布—巴彦淖尔。

特色：蒙古族文化、草原、沙漠、休闲度假、现代工业旅游。

线路 2：锡林浩特—赤峰。

特色：草原、蒙古族文化、红山文化、辽文化、地质奇观、温泉度假。

线路 3：呼伦贝尔—兴安—通辽草原。

特色：蒙古族文化、温泉度假、森林冰雪、边城异趣。

线路4：阿拉善—乌海。

特色：岩画、宗教朝圣、居延文化、航天科普、沙漠戈壁。

本项目包括西北旅游区的概况、甘肃、宁夏、新疆、内蒙古共五项任务。通过对任务中西北旅游区概况、各省区旅游概况、民俗风情、主要旅游城市、旅游景点、精品旅游线路的学习，让学生能在掌握西北旅游区及各亚区的旅游资源，为旅游主题选择、旅游线路产品设计做好准备。

1. 选择西北旅游区中具有代表性的一个景点，撰写导游词，并进行脱稿讲解。
2. 以小组为单位，设计一条西北旅游区内的旅游线路（可以是一个省、市，也可以是整个旅游区），要求突出该区、省、市的旅游特色。

项目十二
青藏旅游区

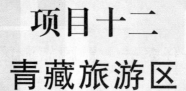

项目目标

职业知识目标:
1. 掌握青藏旅游区的地理环境特点、旅游资源特征。
2. 熟悉青藏旅游区主要的旅游城市与旅游景区的特色。
3. 熟悉青藏旅游区主要的旅游线路。

职业能力目标:
1. 能分析青藏旅游区地理环境与旅游资源的关系。
2. 能依据青藏旅游区旅游资源的特点,设计有特色的青藏旅游区旅游线路。
3. 能撰写青藏旅游区特色旅游景区的讲解词。

职业素质目标:
1. 通过旅游线路的设计,培养学生学习的主动性,提高学生解决问题的能力。
2. 通过景点的讲解,培养学生良好的语言表达能力。

项目核心

青藏旅游区旅游资源特征;青藏旅游区主要的旅游城市;青藏旅游区主要的旅游景区及特色;青藏旅游区主要的旅游线路

任务一 青藏旅游区概况

任务导入

青藏高原拥有世界最高的山峰——珠穆朗玛峰,它是攀登者的圣地,心灵的守望。西藏的布达拉宫及众多的宗教古建筑均充满了神秘色彩,吸引着广大的旅游爱好者,并作为自己一生中必去的地方。若是到青藏进行一次自助游,请设计一条合理的旅游线路。

任务分析

以青藏旅游区作为旅游目的地,必须要了解该旅游区的地理环境、旅游资源特征、民俗风情、主要旅游景点,并熟悉青藏旅游区已有的特色旅游线路。

青藏地区位于中国西南部,横断山脉以西,喜马拉雅山以北,昆仑山和阿尔金山、祁连山以南,包括青海省、西藏自治区、四川西部、甘肃西南部和新疆南部边缘地区。青藏旅游区包括西藏自治区和青海省,是中国藏族聚居的地区。

一、自然地理环境

(一)高原"世界屋脊"

青藏高原是世界上最高的高原,被称为"世界屋脊"。高原内部横亘着数列巨大山脉,大致呈东西向。山脉自北向南分别为阿尔金山、祁连山,昆仑山,喀喇昆仑山和唐古拉山,冈底斯山和念青唐古拉山。最南是喜马拉雅山脉,长2400千米,平均海拔超过6000米。东部为岭高谷深、纵列分布的横断山脉。高原上高峰林立,位于喜马拉雅的西端中尼边境上的世界最高峰珠穆朗玛峰,海拔8848米,被誉为"世界第三极"。高原上海拔超过8000米的山峰有14座,超过7000米的有80多座,6000米以上的山峰极为普遍。

(二)独特的高原气候

青藏高原虽地处亚热带、温带的纬度上,但因其海拔高,对流层的大气环流发生改变形成了独特的高原气候。空气薄、污染少、透明度好、天空湛蓝、太阳辐射强、光照充足,拉萨就有"日光城"之称。气候寒冷,年均气温大多低于5 ℃,7月平均温也在8 ℃~18 ℃,是我国夏季温度最低的地区。该区年温差小,日温差大,"一年无四季,一天有四季"。

(三)复杂多样的自然景观

青藏高原是世界中低纬度的低温中心,许多高于雪线的山峰多发育着现代冰川,其中喀喇昆仑山、喜马拉雅山、念青唐古拉山、祁连山和横断山区的规模较大。冰川种类齐全,有平顶冰川、冰斗冰川、悬冰川、山谷冰川等,冰川地貌富有特色,如冰塔林立,冰洞幽深,冰湖如镜,冰芽如花,还有冰墙、冰桥等。由于地势和气候的影响,高原的植被具有耐寒、耐干、耐盐、抗风的特征。地表景观主要表现为高山草甸、草原和高寒荒漠等景观。动物有藏系绵羊、山羊、牦牛、犏牛等。原始森林主要分布在雅鲁藏布江流域、横断山区和青海东南部,栖息着太阳鸟、鹭、猞猁、白唇鹿等珍稀动物。

二、人文地理环境

(一)宗教文化色彩浓郁

青藏旅游区宗教文化深厚,对该区人民的社会生活产生了深远的影响。在藏区,很多习俗和民族节日都与宗教相关,形成了独特的宗教文化。藏传佛教是佛教传入西藏后在特殊的地理环境和历史背景下发展起来的佛教形式之一。在7世纪前后,佛教由王室倡导传入西藏,松赞干布建筑了供佛的大昭寺、小昭寺的前身。现在,佛教圣迹圣地比比皆是,寺院庙堂遍布藏区,经幡随处可见,朝觐拜佛的信徒络绎不绝。

藏传佛教具有强烈的地方色彩,宫殿寺庙建筑具有独特的地域风格,并保留了大量珍贵的宗教艺术品。随着佛教文化的交流和传播,来自各地的建筑艺术工匠们,用他们精湛的技艺丰富了西藏的佛教建筑、雕塑、绘画,并与本土民族艺术相融合,最终形成了特色鲜明的藏传佛教艺术。

(二)民俗风情多姿多彩

青藏高原上居住的民族有藏族、门巴族、珞巴族、蒙古族、回族等,主要为藏族。藏族在与严酷的自然环境的斗争中,形成了剽悍、豪放、粗犷、爽朗的民族性格,创造了自成一派的藏族文化,并因为青藏高原自然环境的特殊性,在宗教信仰、民俗风情及文化艺术方面呈现出强烈的地域特色。藏族节日多与宗教有关,比较重要的节日有藏历新年、达玛节、雪顿节、望果节等。

(三)文化内涵深厚

藏族文化内涵丰富,意境深远,独具特色。藏族有自己的语言和文字,现行藏文是7世纪初根据古梵文和西域文字制定的拼音文字;保留了大量的历史、天文、地理、医学等资料和作品。藏族文学作品生动活泼,至今口口相传的《格萨尔王传》是目前世界上最长的活史诗,是藏族人民集体创作的一部伟大的英雄史诗,历史悠久,结构宏伟,卷帙浩繁,内容丰富,气势磅礴,流传广泛。史诗从生成、基本定型到不断演进,包含了藏民族文化的全部原始内核,具有很高的学术价值、美学价值和欣赏价值,是研究古代藏族社会的一部百科全书,被誉为"东方的荷马史诗"。

三、旅游资源特点

青藏旅游区的旅游资源种类繁多,富有特色,地域组合条件好。古老悠久的历史和独特的藏传佛教及雪域高原文化景观、特色鲜明的民族风情与唯我独尊的"第三极"高寒自然景观有机结合,人文景观和自然景观相映成趣,为开展多种旅游活动提供了必要条件。

(一) 高原自然景观独特

青藏高原是世界上独一无二的具有神秘色彩的地理单元,气势磅礴,雄伟壮观。青藏高原有着迷人的冰雪景观。这里是我国最大的雪峰,冰川营垒,也是全球中低纬度地区的最大冰川活动中心。本区的冰川面积达3.4万平方千米,占全国冰川总面积的80%,山岳冰川形态多样。奇特的高原,繁衍着奇特的动物。久负盛名的"高原之舟"牦牛,是这里主要的民间交通工具。此外,还有野驴、藏羚羊、棕熊、白唇鹿、麝、雪鸡、棕头鸥、斑头雁等珍贵稀有的特产动物。

(二) 地热资源丰富

青藏高原构造运动强烈,岩浆活动频繁,是我国地热资源最丰富的地区。雅鲁藏布江中上游的河谷地带,处于印度板块与欧亚板块相互碰撞的缝合线位置,地热活动最为强烈且普遍。这里的地热类型众多,有温泉、热泉和沸泉,有热水湖、热水池和热水沼泽,还有不断冒出热气的喷气孔、硫黄气孔、间歇喷泉、水热爆炸穴等。

青藏高原的地热资源不仅提供了重要的能源,而且是我国其他地方难得一见的自然奇观。地热田热气蒸腾,与雪山、冰川映衬辉照,构成一幅绝妙的高原自然景观,成为本区独具特色的旅游资源。其中,最著名的是羊八井的热气田。

(三) 神秘的宗教与古建筑

青藏高原旅游区具有浓厚的宗教色彩。本区流行藏传佛教,俗称喇嘛教。喇嘛教是公元7世纪佛教传入西藏后,掺入了本地区固有的宗教成分而形成的一种宗教,与一般的佛教有所区别。它属北传佛教,与汉传佛教、南传佛教并称佛教三大地理体系,归属于大乘佛教之中,但以密宗传承为其主要特色。喇嘛教在发展历史上曾两度兴旺,留下了大量独具特色的宫殿寺庙建筑和珍贵宗教艺术品,形成了独特的民族传统和文化习俗。

本区的藏族居民基本上都信奉喇嘛教,因此青藏高原成为我国近现代史上寺庙和教徒最多的地区,有数以千计的喇嘛寺庙,著名的布达拉宫、大昭寺、哲蚌寺、萨迦寺、塔尔寺等依然保持着古老而神秘的色彩。佛事活动兴盛,香火缭绕,终年不断,日益吸引着大量中外游客前去观光。

任务二　青海省

任务导入

现在自驾游的人越来越多,请结合青海的旅游资源,设计一条主题鲜明的自驾青海的游览路线。

项目十二 青藏旅游区

任务分析

青海省旅游资源丰富,要设计主题鲜明的旅游路线,就必须了解青海的旅游资源概况、民俗风情、主要旅游城市及景区、已形成的旅游路线特色等知识,再根据游客的需求为其设计推荐主题旅游线路。

一、旅游概况

青海省为我国青藏高原上的重要省份之一,因境内有全国最大的内陆咸水湖——青海湖,而得省名。青海省位于青藏高原东北部,与新疆、甘肃、四川、西藏四省区比邻,是长江、黄河、澜沧江的发源地,被誉为"江河源头"、"中华水塔",如图12-1所示。

青海省自然风光雄奇壮美,具有青藏高原特色。全省已开发出旅游景点有"百鸟的王国"——青海湖鸟岛、"高原的西双版纳"——孟达自然保护区、藏传佛教著名寺院——塔尔寺,西北四大清真寺之一的东关大寺、阿尼玛卿大雪山、"海藏咽喉"——日月山、全国最大的人工水库龙羊峡、都兰国际狩猎场、坎布拉森林公园等。

图 12-1 青海省旅游资源分布图

二、民俗风情

(一) 饮食文化

青海各族饮食习俗各有不同。汉族大部分是从外地迁来的,饮食习俗基本与原居地保持一致;青海省藏族长期过着游牧生活,主要牲畜是牦牛和羊。农作物以耐寒、抗旱的青稞为主。藏族的食物主要是牦牛奶、牛羊肉、糌粑等。食品的花样虽不算多,却有独特的民族风味。回族几乎遍布青海的州、县,回族以面食为主,不饮酒、喜饮茶,茶具多是细瓷,很讲究。

(二) 民间艺术

青海独特的地理位置以及各民族交融的悠久历史,形成了独具特色、底蕴深厚的高原民间艺术文化。其主要代表有热贡艺术、土族盘绣、寺院的石雕、面具、木版画、刺绣、剪纸、皮影、农民画等,有着浓郁的青海地方特色。

1. 热贡艺术

藏语"热贡"意为梦想成真的金色谷地,是雪域文化和中原佛教艺术完美结合的独特艺术形式。热贡艺术距今有700多年的历史,主要内容包括绘画、堆绣、雕塑、建筑、图案等,其技法既继承了藏族佛教传统创作手法,又融会了汉族绘画和其他地方的民间艺术,成为独树一帜的艺术奇葩,在国内乃至世界文化领域中具有独一无二的资源优势。2006年,热贡艺术被列入国家首批非物质文化遗产保护名录。2009年,入选世界非物质文化遗产。

2. 青海平弦戏

平弦又称"赋子",又名"赋腔"。这是因为在它的众多曲调中,最基本的一个曲调的名称叫作"赋子"。又因为它以西宁为中心流行于湟中、湟源、大通、平安、互助等湟水流域各族人民中,所以又称平弦为"西宁赋子"。远在他乡的青海人世传子孙,叫它为"青海赋腔"。

(三) 地方特产

青海物产丰富,特产主要有青稞酒、冬虫夏草、贝母、鹿茸、雪莲、黑枸杞、红景天、人参果、西宁大黄、五香咖喱、牛奶干、沙果、旱獭皮、藏刀等。

1. 冬虫夏草

冬虫夏草,又称"虫草"、"冬虫草",为中华之特产,主要产于中国四川、青海境内的青藏高原上。冬虫夏草,是麦角菌科真菌,是寄生在蝙蝠蛾科昆虫幼虫上的子座及幼虫尸体的复合体,主要活性成分是虫草素,其有调节免疫系统功能、抗肿瘤、抗疲劳等多种功效。冬虫夏草传统上既作药用,又作食用,是中外闻名的滋补保健珍品。

2. 人参果

人参果是指一种野生的多年生草本植物的块根,高原人称这种植物的块根为蕨麻,又称延寿果、蓬莱果等。人参果是一种甜食辅料,它的全株又是藏药之一,性味甘、温,有健脾益胃、收敛止血、生津止渴、补血益气之功效,是有助健康,并使人益寿延年的佳果。

三、主要旅游城市及景区

(一) 西宁

西宁位于青藏高原东北部的湟水谷地,四周群山环抱,湟水蜿蜒其中,扼青藏高原的东方门户,兰青、青藏铁路在此交接,青藏公路由此伸延。西宁是一座有 2000 多年历史的古城,境内名胜古迹颇多,现存的主要有清真大寺、塔尔寺和北山寺等著名旅游点。

1. 东关清真大寺

清真大寺位于西宁市东关东大街,始建于明洪武年间,历经几代修葺扩建,规模日臻宏大,成为青海最大的清真寺,也是西宁规模最大、保存最完整的古代建筑。寺院坐西面东,飞檐斗拱,辉煌壮丽,鹅黄色的西式大门赏心悦目,格外雅观。主体建筑礼拜大殿为中国古代宫殿式建筑,木结构,上装藏式镏金宝瓶,为国内清真寺所仅有。殿内宽敞雅静,可容 3000 人礼拜。每逢星期五的"主麻日"和每年的古尔邦节,附近伊斯兰教信徒纷纷前来参加宗教活动。

2. 塔尔寺

塔尔寺位于西宁西南的湟中县鲁沙尔镇,距西宁约 30 千米,为纪念黄教鼻祖宗喀巴而建,是黄教六大寺院之一,如图 12-2 所示。塔尔寺是我国西北部地区的佛教中心,也是藏、蒙等喇嘛教众朝觐的圣地,在全国享有盛名。塔尔寺依山就势,由众多的殿宇、经堂、佛堂、寺舍组成,规模宏大,建筑考究,为一完整的藏汉相结合的古宗教建筑群。大金瓦寺、小金瓦寺和大经堂等建筑最为著名。塔尔寺的建筑具有高度的艺术水平和独特的民族风格。酥油花、壁画和堆绣被称为塔尔寺"三绝",具有很高的艺术价值。

图 12-2 塔尔寺

知识衔接

塔尔寺堆绣

堆绣是在布幔上用各色布块(绸缎)粘贴、堆砌的大小佛像和周围点缀的花卉图案。它是塔尔寺独有的一种地方民族手工艺品。堆绣题材是以表现佛的各种活动为主,人物、山水、花卉、鸟兽等依据佛经故事情节制作,配以各色衬景,造型生动、立体感强,做工有许多绝妙之处,故塔尔寺把堆绣佛像视为珍贵文物,加以保存。堆绣多悬挂在经堂内,给慕名而来的中外游客以美的艺术享受。

堆绣艺术以绣佛像为主。它是用精湛的手工技艺,将各种绸缎剪成所需的各种形状,塞以羊毛或棉花之类的填充物,在精心地绣在布幔上,按照人物不同形象、姿态、动作,堆绣成高低起伏,富有强烈的立体感、真实感的画面。该寺大经堂内悬挂的堆绣"十八罗汉"珍品,就是塔尔寺艺僧们巧夺天工的艺术杰作。

塔尔寺每年农历四月、六月两次大法会上所晒的"大佛",也是艺僧们在巨幅锦幔上堆绣的大型佛像。大佛长十余丈,宽六七丈,从山顶一直展到山腰,气势壮观,供数万游客信徒瞻仰膜拜。堆绣是塔尔寺独特的传统艺术,是艺僧们美妙的艺术佳作。

(二) 青海湖

图 12-3 青海湖

青海湖是我国最大的湖泊,也称"西海",面积 4583 平方千米,湖面宽阔,一碧万顷,湖中有 5 个小岛,其中鸟岛最引人注目。每年的 3 月下旬后,栖息的候鸟众多,有 10 万多只,其中有斑头雁、天鹅、鱼鸥、秋沙鸭等,成为鸟的世界。有时鸟声如雷,数十里外能听见。冬季来临,鸟儿南飞,所以,参观时间以夏季为佳。青海湖和倒淌河、日月山构成了以鸟类观赏、湖光山色、避暑休闲为主的旅游区,如图 12-3 所示。

(三) 日月山

日月山位于青海湖东侧,藏语称"尼玛达娃",蒙古语称"纳喇萨喇",即太阳和月亮之意。因山体呈现红色,古代称为"赤岭"。日月山,历来是内地赴西藏大道的咽喉。早在汉、魏、晋以至隋、唐等朝代,都是中原王朝辖区的前哨和屏障。故有"西海屏风"、"草原门户"之称。日月山为祁连山支脉,西北—东南走向,长 90 公里,最高峰阿勒大湾山,海拔 4455 米。据说,当年文成公主从长安进藏时,在此地停留休息并学习骑马。如今,根据文成公主那些动人的历史传说而建设了日月山景区,景区内有文成公主像、文成公主纪念馆以及日亭、月亭、日月泉等。

(四) 金银滩

金银滩位于青海省海北藏族自治州,距青海省会西宁 90 公里。金银滩草原牧草肥美、牛羊肥壮,人们以金银遍地形容这片美丽而富饶的土地,故得名"金银滩"。金银滩草原拥有著名的金滩、银滩大草原,是世界名曲《在那遥远的地方》的诞生地;这里还曾是鲜为人知的神秘禁区,它孕育了新中国第一颗原子弹、氢弹,是中国第一个核武器研制基地。

金银滩的黄金季节是 7、8、9 三个月,鲜花盛开、百鸟飞翔,尤其是百灵鸟儿的歌声,动听迷人。这里是一片绿草如茵的大草原。浮云般的羊群、棕黑相间的牦牛,星星点点地徜徉在青草和野花丛中。穿着藏服的藏民,骑着骏马悠然地在草原上缓缓而来。远处,山峦起伏,偶有雄鹰飞过的身影,莲花般的蒙古包散落在白云深处。

(五) 察尔汗盐湖

"察尔汗"是蒙古语,意为"盐泽"。察尔汗盐湖位于青海西部的柴达木盆地,是中国最大的盐湖,也是世界上最著名的内陆盐湖之一,距西宁 750 公里。盐湖东西长 160 多公里,南北宽 20~40 公里,盐层厚为 2~20 米,面积 5800 平方公里,海拔 2670 米。湖中储藏着 500 亿吨以上的氯化钠。还出产闻名于世的光卤石,它晶莹透亮,十分可爱。

盐湖地处戈壁瀚海,这里气候炎热干燥,日照时间长,水分蒸发量远远高于降水量。因长期风吹日晒,湖内便形成了高浓度的卤水,逐渐结晶成了盐粒,湖面板结成了厚厚的盐盖,异常坚硬。令人难以置信的是盐湖上还有一条长 32 公里的公路和铁路穿行而过,是一座浮在卤水上的"万丈盐桥"。

(六) 茶卡盐湖

茶卡盐湖又称茶卡或达布逊淖尔,"茶卡"是藏语,意即盐池;"达布逊淖尔"是蒙古语,也是盐湖之意。茶卡盐湖位于青海省海西蒙古族藏族自治州乌兰县茶卡镇附近。在茶卡盆地的南面有鄂拉山,北面青海南山,与青海湖相隔。茶卡镇地处109、315国道交汇处,是古丝绸之路的重要站点。茶卡盐湖是柴达木盆地有名的天然结晶盐湖。盐粒晶大质纯,盐味醇香,是理想的食用盐,但不可直接食用。因其盐晶中含有矿物质,呈青黑色,故称"青盐"。

(七) 可可西里自然保护区

可可西里自然保护区位于青海西南部的玉树藏族自治州境内。保护区西与西藏相接,南同格尔木唐古拉乡毗邻,北和新疆维吾尔自治区相连,东至青藏公路,总面积4.5万平方公里,是21世纪初世界上原始生态环境保存较好的自然保护区,也是中国建成的面积最大,海拔最高,野生动物资源最为丰富的自然保护区之一。青海可可西里国家级自然保护区主要是保护藏羚羊、野牦牛、藏野驴等珍稀野生动物、植物及其栖息环境。

四、主要旅游线路

青海已形成东部、中部和西部三大旅游区,旅游设施日渐配套,可为国内外旅游者提供多种有效旅游措施。青海与周围各旅游亚区道路交通便捷,自驾环青海湖旅行者众多。

(一) 一路向北,草原与油菜花之旅(2天)

行程安排:西宁—卓尔山风景区/祁连草原—祁连县城(住宿)—门源—仙米林场—西宁。

线路特色:轻松休闲,绿色的祁连草原,黄色的油菜花,蓝色的天空,遍地牛羊,非常独特的一条轻松旅游线。

(二) 环青海湖休闲之旅(2天)

行程安排:西宁—151基地—黑马河—茶卡盐湖—黑马河(住宿)—鸟岛—西海镇—金银滩—西宁。

线路特色:青海湖是青海的象征,凡来青海,必去青海湖。还可以乘小火车深入茶卡盐湖湖中观光,可以观看现代化大型采盐船采盐时喷水吞珠的壮丽场景。顺道还可以欣赏王洛宾写下那首著名的《在那遥远的地方》的金银滩及青海湖的鸟岛。

(三) 一路向南,黄河丹霞之旅(2天)

行程安排:西宁—塔尔寺—贵德(住宿)—坎布拉—李家峡—牙同高速—西宁(2天)。

线路特色:青海是多民族聚集地,除了汉族,省内以回族藏族为主,而向南走,主要是藏族聚集地。位于湟中县的塔尔寺,由于是格鲁派创始人宗喀巴大师的诞生地,在藏传佛教中具有崇高的地位。天下黄河贵德清,见识一下清澈的黄河源。还有集奇特"丹霞"地貌、茂密的森林植被、古老的宗教文化、雄伟的电站大坝、绮丽的峡谷库区及独特的藏族风情于一体的坎布拉国家森林公园。

任务三 西藏自治区

任务导入

西藏是旅游者心中的圣地。那独特、神秘的藏族文化吸引着无数旅游者。目前,到西藏进行自驾游、骑行的旅游者络绎不绝,请设计一条自驾游旅游线路。

任务分析

要设计这样的旅游线路,必须了解西藏的旅游资源概况、风俗民情、主要旅游城市和景区、现有旅游线路等知识。

一、旅游概况

西藏古称"蕃",简称"藏",自治区省会设在拉萨,如图12-4所示。西藏在唐宋时期称为"吐蕃",清朝康熙年间起开始称"西藏"至今。西藏自治区位于青藏高原西南部,北邻新疆,东连四川,东北紧靠青海,东南连接云南,南与缅甸、印度、不丹、锡金、尼泊尔等国毗邻,西与克什米尔地区接壤。

西藏旅游资源丰富,主要有以拉萨布达拉宫、大昭寺为代表的藏民族政治、经济、宗教、历史、文化中心人文景观区;以日喀则扎什伦布寺、萨迦寺为代表的后藏宗教文化人文景观区;以藏北"古格王朝古都遗址"为主的文物古迹人文景观区;以昌都康区文化为代表的"茶马古道"历史文化景观区等。自然景观上,西藏现有世界级国家自然保护区3处:珠峰自然保护区、藏北羌塘自然保护区、藏东南雅鲁藏布大峡谷自然保护区;湖泊类有"西藏三大圣湖"——羊卓雍错、纳木错和玛旁雍错为代表的高原湖泊。

二、民俗风情

(一)饮食文化

藏餐,是人们对西藏及广大藏区菜点的统称,尤其是以拉萨藏餐为代表的藏族餐饮的总称。藏餐菜品不多,不分菜系、菜派,但不同地方的菜点风格各异。大致可分为四种风味:以阿里、那曲为代表的羌菜;以拉萨、日喀则、山南为代表的卫藏菜,也叫拉萨菜;以林芝、墨脱、梓木为代表的荣菜;以过去王家贵族及官府中的菜肴为代表的宫廷菜,共有200多种。西藏饮食有"四宝"——糌粑、茶叶、酥油、牛羊肉。

图 12-4 西藏旅游景点分布图

(二) 民间艺术

西藏民间艺术丰富多彩,内容与藏族文化密切相关,包括唐卡、藏戏、面具艺术、壁画、雕刻、服装、石刻、泥塑等方面。

1. 唐卡

唐卡也称唐嘎、唐喀,是刺绣或绘画在布、绸或纸上的彩色卷轴画,是富有藏族文化特色的一个画种。唐卡题材广泛,有表现宗教题材的,有反映藏族历史和民族风情的,也有反映天文历法和藏医、藏药的唐卡。绘制唐卡所用颜料取自不透明的矿物及植物颜料,再按比例加上一些动物胶及牛胆汁,使绘就的唐卡即使经过数千年,依然色泽鲜艳不褪色。

2. 藏戏

藏戏是藏民族民间传统戏剧。藏文称"阿吉拉姆",系藏语"仙女大姐"之意,简称"拉姆"。藏戏已有600余年的历史,是中国比较古老的民族剧种。藏戏是以民间歌舞、民间说唱形式表现故事内容的综合性表演艺术,音乐、唱腔韵味隽永,面具、服饰五彩缤纷,显示了藏戏深厚的文化根基。

(三) 地方特产

西藏特产众多,主要有唐卡、藏香、藏刀、藏族服饰、藏毯、天珠、冬虫夏草、麝香、藏红花、雪莲花等。

1. 藏香

藏香采用纯天然无污染的青藏高原特有的30余种藏草药为原料制作而成。不仅可用于佛事活动,而且还具有杀灭细菌、驱除污浊之气、预防感冒等流行性疾病、增强睡眠等独特的医疗功效。藏香与其他省区不尽相同:一是配的香料多,如麝香、木香、藏红花等20多种;二是粗长,长约60厘米,粗5～6毫米;三是包装讲究,用彩色丝线绑扎,置于精制的木盒内,便于馈赠。

2. 藏毯

藏毯是西藏各类民族手工艺品中又一亮点。藏毯是世界三大名毯之一，以其精良的制作，具有浓郁民族、宗教特色的图案，讲究美学搭配的着色闻名于世。藏毯分各种不同尺寸的大小，不同形式的风格，如高贵素雅型的、浓重华贵型的，有地毯式的，有挂毯式的，样样均可以称得上是艺术精品。

三、主要旅游城市及景区

（一）拉萨

拉萨市是西藏自治区的首府，位于西藏的中部，有"日光城"之称。藏语拉萨意为"圣地"。松赞干布统一西藏部落后就定都于此，已有1300多年的历史，古迹有布达拉宫、大昭寺、哲蚌寺、甘丹寺、色拉寺以及罗布林卡等。

1. 布达拉宫

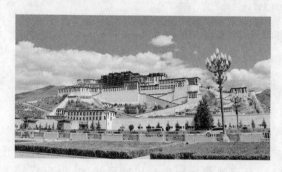

图 12-5　布达拉宫外景

布达拉宫坐落于拉萨市区西北玛布日山上，是世界上海拔最高，集宫殿、城堡和寺院于一体的宏伟建筑，也是西藏最庞大、最完整的古代宫堡建筑群，如图 12-5 所示。布达拉宫主体建筑为白宫和红宫。白宫，是达赖喇嘛的冬宫，也曾是原西藏地方政府办事机构所在地，高 7 层。位于第 4 层中央的东有寂圆满大殿，是布达拉宫白宫最大的殿堂，面积 717 平方米，这里是达赖喇嘛坐床、新政大典等重大宗教和政治活动的场所。第 5、6 层是摄政的办公和生活用房等。最高处第 7 层有两套达赖喇嘛冬季的起居宫。红宫，主要是达赖喇嘛的灵塔殿和各类佛殿。300 余年来，布达拉宫收藏和保存了大量极为丰富的历史文物。其中有 2500 多平方米的壁画、近千座佛塔、甘珠尔经、上万幅唐卡、贝叶经等珍贵的经文典集，还有明、清两代皇帝封赐达赖喇嘛的金册、金印、玉印以及大量的金银工艺品。

知识衔接

仓央嘉措

仓央嘉措（1683—1706 年），为第六世达赖喇嘛，门巴族人，西藏历史上著名的人物。1683 年生于西藏南部门隅地区，家中世代信奉宁玛派佛教。1697 年被当时的西藏摄政王第巴·桑结嘉措认定为五世达赖的转世灵童，同年在桑结嘉措的主持下在布达拉宫举行了坐床典礼。1705 年被废，1706 年在押解途中圆寂。仓央嘉措是一位才华出众、富有文采的民歌诗人，写了很多细腻真挚的情歌。最为经典的

> 拉萨藏文木刻版《仓央嘉措情歌》,词句优美,朴实生动,汇集了仓央嘉措60多首情诗,如今已被译成20多种文字,几乎传遍了全世界,他的诗歌已经超越民族、时空、国界,成为宝贵的文化遗产。其中最著名的是"曾虑多情损梵行,入山又恐别倾城。世间安得双全法,不负如来不负卿。"

2. 罗布林卡

罗布林卡位于拉萨市西郊,是历代达赖喇嘛的避暑夏宫,藏语罗布林卡为"珍珠花园"之意。罗布林卡始建于18世纪,以后陆续增建。全园占地约36万平方米,现辟为人民公园。园内宫殿佛堂华丽,亭台池榭曲折清幽,林木葱郁,花卉繁茂,环境优美恬静。园内还饲养有鹿、豹等多种动物,为西藏最美的园林。其建筑壁画和装饰是西藏各大寺的精华。

3. 大昭寺

大昭寺位于拉萨市中心,是西藏佛教朝拜圣地,为拉萨最古老建筑之一。相传始建于公元7世纪唐朝初期,是藏王松赞干布为纪念文成公主入藏和在西藏宣扬佛教而兴建的第一座庙宇,以建筑精美、塑像壁画生动而著称。

大昭寺总面积2500多平方米,现存金殿五座,正殿高四层,梁架斗拱为典型汉族建筑风格。柱头檐部装饰色彩艳丽,对比强烈,为典型藏族风格。橡头木雕伏兽、狮身人面像,则兼收印度、尼泊尔建筑艺术。寺内有佛像300多尊,最珍贵的是文成公主从长安带来的释迦牟尼镀金铜像。殿堂回廊布满藏式壁画,内容多为佛教故事、藏民生活、西藏风光等,十分精美。寺内还保存有唐代以来的大量文物,极其珍贵。

4. 哲蚌寺

哲蚌寺位于拉萨西北5千米的山坡上,明永乐十四年(1416年)由喇嘛教格鲁派(黄教)创始人宗喀巴的门徒兴建,是喇嘛教最大的寺院,也是国内僧侣最多的佛殿。哲蚌寺、甘丹寺和色拉寺合称为拉萨三大寺。寺内有教学、教仪、教务、杂务等部,并设有扎仓。

哲蚌寺全寺依山而起,犹如一座山城。殿宇连接,规模宏大,白色为主调的建筑错落有致,具有浓厚的藏族宗教建筑艺术色彩。主体建筑错钦大殿雄伟壮观,经堂面积1850平方米,可同时容纳9000名喇嘛诵径。佛殿幽暗,运用空间、色彩、装饰和天窗来光等手法,造成光怪陆离的宗教气氛,寺内藏有大量佛教经典和珍贵文物。

5. 羊八井

羊八井,即羊八井镇,位于拉萨市西北91公里的当雄县境内,海拔4300米,面积约100平方公里。羊八井北临念青唐古拉山,四面山顶终年白雪皑皑。进入盆地后,整个大地被热气弥漫,蒸气灼人,到处都有地热露头点,沸泉、热泉、温泉、热水湖、水热爆炸穴等等。有的白色气柱带着刺耳的啸声直上云霄。融融热流的羊八井蒸汽田在白雪皑皑的群山环抱之中,这一完美的契合,构成了世界屋脊上引人入胜的天然奇观。

(二) 日喀则

日喀则坐落在雅鲁藏布江与年楚河交汇处,是西藏第二大城市。这里土地肥沃,农牧业发达,历来是西藏的粮仓和农牧产品集散地。日喀则是后藏中心,历史文化名城,为历代班禅的驻留之所,名胜古迹以扎什伦布寺、夏鲁寺最为著名。

1. 扎什伦布寺

扎什伦布寺是后藏黄教的最大寺院,是班禅四世以后历代班禅举行宗教和政治活动的中心,全国重点文物保护单位之一。寺院依山而建,错落有致。大经堂有释迦牟尼和八大弟子塑像及班禅的宝座,四壁有许多古老的壁画。大强巴殿内有世界最高大的铜佛——弥勒佛,佛高22.7米,坐落在3.8米高的台座上,装饰华贵,共花费黄金279千克,紫铜115000千克,历时4年才完成。每年的展佛节,这里都会举行盛大的宗教活动,展佛节为期3天,展出不同的佛像。期间举行的传召、祈雨法会有600名喇嘛奏乐诵经,其声势之大,是西藏其他寺庙不能比拟的,如图12-6所示。

图12-6　扎什伦布寺外景

知识衔接

活佛转世

藏传佛教和政治结合形成政教合一的制度,清朝册封"达赖"和"班禅"后更是得到充分的发展。达赖喇嘛是喇嘛中至高至上至尊者,在宗教中有无限权威,班禅则协助达赖管理西藏事务。活佛转世是藏传佛教首领的传承制度,所谓活佛转世,是指生前已修成菩提心体,死后不昧本性而轮回转生,复接其前生的职位。能转世的活佛是威望极高的大喇嘛,如达赖、班禅等上层喇嘛。这种制度始创于噶玛噶举派,以后各寺纷起效仿,达赖和班禅的转世制度得到清朝的确认,并采用金瓶掣签以决定转世灵童。在寻找灵童的期间,寺院根据活佛遗嘱和祭佛预兆,派大量僧侣外出寻求,规模宏大,礼仪隆重,是藏族生活中的一件特大的盛事。至今达赖已经传14世,班禅传11世。

2. 夏鲁寺

夏鲁寺位于日喀则东南20千米处,以藏汉结合的建筑风格闻名西藏,它是用藏式殿楼配以汉式宫殿楼阁式的琉璃砖瓦房顶,飞檐兽吻,加上木架斗拱支撑,两种不同建筑风貌融合得体,充分显示了藏汉兄弟民族的能工巧匠们亲密的协作关系。

(三)珠穆朗玛峰

珠穆朗玛峰是喜马拉雅山脉的主峰,为世界最高峰,位于中华人民共和国与尼泊尔边界上,它的北坡在中国青藏高原境内,南坡在尼泊尔境内,而顶峰位于中国境内。藏语中"珠穆"是女神的意思,"朗玛"是第三的意思。因为在珠穆朗玛峰的附近还有四座山峰,珠峰位居第三,所以称为珠穆朗玛峰。珠穆朗玛峰是世界海拔最高的山峰,按2005年中国国家测绘局测量的岩面高为8844.43米,尼泊尔则使用传统的雪盖高8848米,2010年起两国官方互相承认对方的测量数据。除了是海拔最高的山峰之外,它也是距离地心第五远的高峰。

(四)林芝

林芝是西藏自治区的一个地级市,古称工布,"林芝"是藏文"尼池"或"娘池"音译而来,藏语意为"娘氏家庭的宝座或太阳的宝座"。林芝位于西藏自治区东南部,雅鲁藏布江中下游,其西部和西南部分别与拉萨市、山南市相连,西连那曲地区嘉黎县,东接昌都市,南部与藏南地区(印度占据)、缅甸国接壤,被称为西藏的江南,有世界上最深的峡谷——雅鲁藏布江大峡谷和世界第三峡谷帕隆藏布大峡谷。

(五)纳木错

纳木错为藏语,蒙古语名称为"腾格里海",都是"天湖"之意。纳木错是西藏的"三大圣湖"之一,是西藏最大的内陆湖,是世界上最高的大湖。湖水清澈透明,湖面呈天蓝色。最大水深达33米以上,湖水矿化度大致为每升1.7克左右,水质微咸,不能饮用,是中国仅次于青海湖的第二大咸水湖。纳木错是一个封闭式湖泊,湖区降水很少,日照强烈,湖水来源主要是天然降水和高山融冰化雪补给,一部分是流域内冰川的融水,另一部分是流域总面积土地上降雨所形成的径流。

四、主要旅游线路

(一)拉萨—日喀则—纳木错四日游

具体行程安排:

第一天:拉萨市内—布达拉宫—大昭寺—八角街。

第二天:拉萨—曲水—羊湖—浪卡子—卡诺拉冰川—江孜—远观宗山古堡—日喀则。

第三天:日喀则—扎什伦布寺—曲水—拉萨。

第四天:拉萨—羊八井—纳木错—拉萨。

(二)拉萨—林芝四日经典游

具体行程安排:

第一天:拉萨—米拉山口—巴松措—林芝。

第二天:林芝—鲁朗—雅鲁藏布江大峡谷—加查(山南地区)。

第三天:加查—拉姆拉错—雍布拉康—泽当。

第四天:泽当—羊卓雍错—拉萨。

(三)青藏铁路六日游

行程安排:西宁—青海湖—拉萨—日喀则—纳木错。

第一天:日月山,看塞外风光与塞上江南区别;游览中国唯一的自动向西流的"倒淌河";参观青海湖。

第二天:坐火车到拉萨,欣赏沿途美景

第三天:参观布达拉宫、大昭寺,漫步八角街。

第四天:前往日喀则,翻越冈巴拉山,游世界上最高的淡水湖羊卓雍湖,远观卡若拉冰川。

第五天:游扎什伦布寺,瞻仰十世班禅大师陵塔。返回拉萨途中可欣赏雅鲁藏布江风光,感受高原第一河的气势。

第六天:经拉萨河、藏北草原、翻越那根拉山、游览纳木错,羊八井。

线路特色:铁路进藏,逐步适应高原,行程轻松舒适。

本项目包括青藏旅游区的概况、青海、西藏共三项任务。通过对任务中青藏旅游区概况、各省区旅游概况、民俗风情、主要旅游城市、旅游景点、精品旅游线路的学习,让学生能掌握青藏旅游区及各亚区的旅游资源,为旅游主题选择、旅游线路设计做好准备。

1. 选择青藏旅游区中具有代表性的一个景点,撰写导游词,并进行脱稿讲解。

2. 以小组为单位,设计一条青藏旅游区内的旅游线路(可以是一个省、市,也可以是整个旅游区),要求突出该区、省、市的旅游特色。

本课程阅读推荐

1.《中国自助游》(第2版)(《亲历者》编辑部编,中国铁道出版社,2016年版)

我们倡导自助式的深度旅行,用眼睛和心灵去发现美。中国这片辽阔的土地上处处都是风景,去哪儿玩、玩什么、怎么玩?《中国自助游》可以帮助我们轻松解决这些困扰。这是一本包含自然景观、人文景观、资讯攻略等多方面旅游图书,对于旅行者来说,一本好的旅行指南,是迷途中的路标,带领我们领略别样的美景。

2.《中国国家地理》(月刊,主办单位:中国科学院、地理科学与资源研究所和中国地理学会)

《中国国家地理》杂志是地理书籍中最权威,最值得信赖的一本书。地理杂志对每个景点都进行了深入研究与调查,写出了各个景点的美、魂、文化,所以我们推荐《中国旅游地理》,这样将会使您的旅途更加充满乐趣,不但领略了风景,还领略到了风景之外的魂。

3.《徐霞客游记》(徐弘祖著,上海古籍出版社,2016年版)

本书是我国地学史上的重要著作,也是一部富有特色的游记。全书生动地记述了作者三十余年对祖国名山大川,特别是西南地区实地考察的心得。作者对石灰岩地貌的研究,比欧洲人要早一两百年,故此书极具科学价值和文学价值。

4.《中国的世界遗产》(罗哲文、曹南燕、柴福善、张义生编著,机械工业出版社,2013年版)

本书以图文并茂的形式予以全面展示,且文笔简洁流畅,无疑为一部我国世界遗产的集大成之作。《中国的世界遗产》旨在让读者了解我国世界遗产的文化、历史、艺术及自然特点等。

5.《行走中国》(共5册)(卞之林,刘芝凤等著,上海锦绣文章出版社,2008年版)

这是一部适合大众尤其是青年学生轻松阅读的人文地理百科全书。它生动活泼的文本与知识专栏的理性概括相结合,全面展示了祖国大地的起伏沧桑与人文风情;汇集众多摄影名家的珍贵摄影作品,带给您强烈的视觉冲击。

6.《天堂在左,西藏在右》(王连文著,北京联合出版公司,2016年版)

这是一本关于西藏的旅游地标读物,每一座神奇而圣洁的山在这里呈现,每一个高洁而清澈的湖,每一个梵呗声声的古寺,每一幅佛意充沛的唐卡……西藏,在这本书里,尽情展现着自己在雪域高原上的每一处胜景,这里是西藏,这里更是充满圣洁的天堂!

参考文献

[1] 刘琼英.中国旅游地理[M].上海:上海交通大学出版社,2012.
[2] 陈锡畴.中国旅游地理[M].北京:高等教育出版社,2012.
[3] 刘振礼,王兵.中国旅游地理[M].天津:南开大学出版社,2007.
[4] 尤陶江.中国旅游地理[M].北京:高等教育出版社,2009.
[5] 裴凤琴.中国旅游地理[M].重庆:西南财经大学出版社,2013.
[6] 林婉如.中国旅游地理[M].大连:东北财经大学出版社,2008.
[7] 陈波,史国然.中国旅游地理[M].北京:中国铁道出版社,2010.
[8] 曾九江.中国旅游地理[M].北京:现代教育出版社,2011.
[9] 郑朝贵.旅游地理学[M].合肥:安徽大学出版社,2009.
[10] 杨载田.中国旅游地理[M].北京:科学出版社,2010.
[11] 王辉,苗红.中国旅游地理[M].北京:北京大学出版社,2010.
[12] 周凤杰.中国旅游地理[M].北京:中国林业出版社,2008.
[13] 伍海霞.中国旅游地理[M].武汉:武汉大学出版社,2012.
[14] 李光宇.旅游学概论[M].北京:化学工业出版社,2008.
[15] 姚昆遗,贡小妹.旅游文化学[M].北京:旅游教育出版社,2006.
[16] 丁季华.旅游资源学[M].上海:上海三联书店,1999.

教学支持说明

为了改善教学效果,提高教材的使用效率,满足高校授课教师的教学需求,本套教材备有与纸质教材配套的教学课件(PPT 电子教案)和拓展资源(案例库、习题库、视频等)。

为保证本教学课件及相关教学资料仅为教材使用者所得,我们将向使用本套教材的高校授课教师免费赠送教学课件或者相关教学资料,烦请授课教师通过邮件或加入旅游专家俱乐部 QQ 群等方式与我们联系,获取"教学课件资源申请表"文档并认真准确填写后发给我们,我们的联系方式如下:

E-mail:lyzjjlb@163.com

旅游专家俱乐部 QQ 群号:306110199

旅游专家俱乐部 QQ 群二维码:

群名称:旅游专家俱乐部
群　号:306110199

教学课件资源申请表

填表时间：_____年___月___日

1. 以下内容请教师按实际情况写，★为必填项。
2. 学生根据个人情况如实填写，相关内容可以酌情调整提交。

★姓名		★性别	□男 □女	出生年月		★职务	
						★职称	□教授 □副教授 □讲师 □助教

★学校		★院/系	
★教研室		★专业	
★办公电话		家庭电话		★移动电话	
★E-mail（请填写清晰）		★QQ号/微信号	
★联系地址		★邮编	

★现在主授课程情况	学生人数	教材所属出版社	教材满意度
课程一			□满意 □一般 □不满意
课程二			□满意 □一般 □不满意
课程三			□满意 □一般 □不满意
其他			□满意 □一般 □不满意

教材出版信息					
方向一	□准备写	□写作中	□已成稿	□已出版待修订	□有讲义
方向二	□准备写	□写作中	□已成稿	□已出版待修订	□有讲义
方向三	□准备写	□写作中	□已成稿	□已出版待修订	□有讲义

请教师认真填写表格下列内容，提供索取课件配套教材的相关信息，我社根据每位教师/学生填表信息的完整性、授课情况与索取课件的相关性，以及教材使用的情况赠送教材的配套课件及相关教学资源。

ISBN（书号）	书名	作者	索取课件简要说明	学生人数（如选作教材）
			□教学 □参考	
			□教学 □参考	

★您对与课件配套的纸质教材的意见和建议，希望提供哪些配套教学资源：